Fondements historiques du Québec

3e édition

Gilles Laporte

Luc Lefebvre

Chenelière
Éducation

Fondements historiques du Québec
3ᵉ édition

Gilles Laporte, Luc Lefebvre

© 2008, 2000, 1995 Les Éditions de la Chenelière inc.

Édition : Sophie Jaillot
Coordination : Julie-Anne Richard
Révision linguistique : Cindy Villeneuve
Correction d'épreuves : Danielle Maire
Conception graphique et infographie : Italique
Conception de la couverture : Italique
Impression : Imprimeries Transcontinental

Dans cet ouvrage, le masculin est utilisé comme représentant des deux sexes, sans discrimination à l'égard des hommes et des femmes, et dans le seul but d'alléger le texte.

**Catalogage avant publication
de Bibliothèque et Archives nationales du Québec
et Bibliothèque et Archives Canada**

Laporte, Gilles, 1961-

   Fondements historiques du Québec

   3ᵉ éd.

   Comprend des réf. bibliogr. et un index.

   ISBN 978-2-7650-1562-8

   1. Québec (Province) – Histoire – 19ᵉ siècle. 2. Québec (Province) – Histoire – 20ᵉ siècle. 3. Québec (Province) – Politique et gouvernement. 4. Relations fédérales-provinciales (Canada) – Québec (Province). ɪ. Lefebvre, Luc, 1964-   .
ɪɪ. Titre.

FC2911.L36 2007   971.4'03   C2007-941773-6

**Chenelière
Éducation**

7001, boul. Saint-Laurent
Montréal (Québec)
Canada H2S 3E3
Téléphone : 514 273-1066
Télécopieur : 514 276-0324
info@cheneliere.ca

ISBN 978-2-7650-1562-8

Dépôt légal : 1ᵉʳ trimestre 2008
Bibliothèque et Archives nationales du Québec
Bibliothèque et Archives Canada

Imprimé au Canada

3 4 5 6 7 ITG 15 14 13 12 11

Nous reconnaissons l'aide financière du gouvernement du Canada par l'entremise du Programme d'aide au développement de l'industrie de l'édition (PADIÉ) pour nos activités d'édition.

Gouvernement du Québec – Programme de crédit d'impôt pour l'édition de livres – Gestion SODEC.

DANGER

LE
PHOTOCOPILLAGE
TUE LE LIVRE

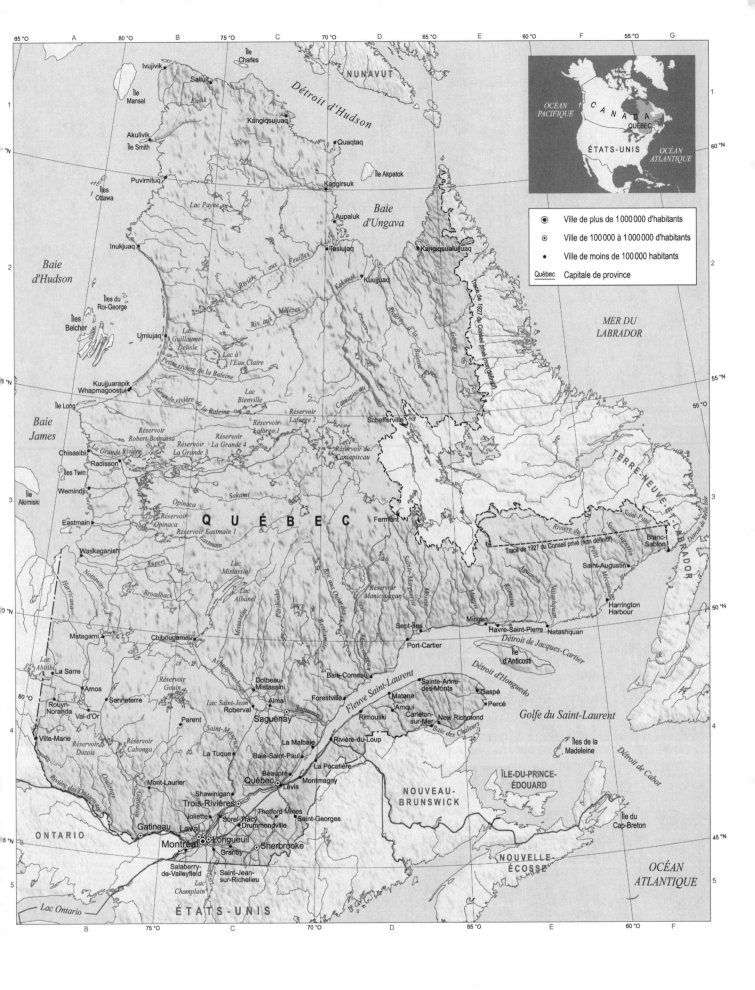

Échelle 1 : 8 000 000

0   80   160   240 km

L'enseignement de l'histoire du Québec traverse actuellement une importante zone de turbulences. La réforme de l'enseignement de l'histoire nationale au secondaire, qui consiste notamment à procurer aux élèves une formation plus citoyenne, est née dans la controverse. La préparation du présent ouvrage nous a donc amenés à nous plonger dans la documentation ministérielle et tout le débat qui a suivi. Par conséquent, cette nouvelle édition de *Fondements historiques du Québec* s'appuie à la fois sur notre expérience de ces 12 dernières années, mais aussi sur le fait que le contenu des cours d'histoire au secondaire est sur le point de changer, incitant les niveaux d'enseignement supérieurs à s'ajuster au nouveau contexte pédagogique. Qu'auront au juste encore besoin d'apprendre ceux qui auront déjà eu deux années d'histoire nationale ? La réponse à cette question nous convainc de l'importance de maintenir au collégial un cours d'histoire nationale décrivant sans complaisance les crises et les ruptures à l'origine des problématiques actuelles, car, à l'instar de l'historien Éric Bédard, nous pensons que «si vous ne comprenez pas l'infériorité économique qui fut celle des Canadiens français, vous ne pouvez pas comprendre la Révolution tranquille, la création de la Caisse de dépôt, la nationalisation de l'électricité…».

Or, au moment même où se met en place cette réforme au secondaire, critiquée comme jamais aucune autre auparavant, l'enseignement de l'histoire du Québec au collégial est en train de disparaître. Il offre pourtant un juste recentrage sur le milieu, une occasion d'aborder des dimensions plus pointues ou plus controversées, et il constitue un excellent laboratoire où expérimenter les différents outils conceptuels acquis dans les autres cours de sciences humaines. Malgré cela, la place de ce cours dans le cursus de l'étudiant du collégial ne cesse de diminuer depuis 15 ans. De fait, entre la majorité des élèves qui quitteront le secondaire avec une formation historique standardisée – que d'aucuns jugent déjà édulcorée – et l'infime minorité de ceux qui accéderont à des études universitaires en histoire, nous risquons de voir disparaître l'occasion assez rare d'un exercice critique mettant à profit les expériences de vie et les outils conceptuels acquis par les apprenants depuis leur troisième année du secondaire.

Pourtant, que ce soit lors d'une campagne électorale ou lorsque l'actualité s'en mêle, l'étude des origines du Québec actuel offre aux étudiants en âge d'exercer leur droit de vote ou d'entrer sur le marché du travail la chance extraordinaire de pouvoir établir des liens avec leur connaissance du «terrain» et d'être directement en phase avec le monde qui les entoure. L'étude de l'histoire du Québec au niveau postsecondaire les prépare en effet particulièrement bien à participer aux grands débats actuels. Prenons l'exemple du récent débat sur les «accommodements raisonnables». Sur cet enjeu comme sur beaucoup d'autres, l'histoire du Québec permet à tous de s'appuyer sur des valeurs humaines et des dynamiques collectives pour appréhender le présent; elle offre à ce titre d'intarissables leçons.

L'enseignement de l'histoire du Québec mérite donc selon nous de re- prendre sa place dans les programmes de sciences humaines au collégial, car si la réforme de l'enseignement de l'histoire au secondaire se doit de proposer une histoire nationale d'abord destinée à forger une formation citoyenne, cet enseignement au collégial doit pouvoir permettre de la mettre en perspective en abordant sans complaisance les crises et les ruptures qui ont construit et cons- truisent encore le Québec d'aujourd'hui.

Cette troisième édition de *Fondements historiques du Québec* s'inscrit dans cette vision. Ainsi, notre ouvrage se donne pour principale tâche d'analyser l'histoire du Québec au moyen d'outils élaborés dans d'autres disciplines des sciences humaines, notamment en économie, en sociologie et en science po- litique. Il s'adresse donc à tous ceux qui désirent aller plus loin et souhaitent aborder en toute objectivité ces diverses interactions dans toute leur richesse et leur complexité.

Cette édition rend également compte du choix qui a été fait de privilégier une histoire plus récente. L'histoire antérieure au XXᵉ siècle est donc désormais racontée en trois chapitres seulement. En revanche, le Québec contemporain de 1900 à nos jours est décortiqué en six chapitres qui se sont enrichis à l'aune des événements survenus ces toutes dernières années et des études les plus récentes en matière d'histoire québécoise.

L'ouvrage est toujours particulièrement riche en composantes pédago- giques diverses. L'étudiant pourra alors parfaire ses connaissances et exercer son jugement critique grâce à 39 biographies de personnages historiques, à 12 profils de régions, à près de 90 termes définis en marge et à une centaine de photos, de tableaux, de cartes et de figures. À l'image du contenu, ce matériel a aussi été mis à jour et renouvelé. Se voulant complet et bien équilibré, *Fondements historiques du Québec, 3ᵉ édition* peut donc être lu et utilisé minutieusement d'un chapitre à l'autre, mais également d'un sujet ou d'un élément à l'autre, c'est- à-dire en s'attardant sur la vie de tel ou tel personnage, sur l'histoire de telle ou telle région ou sur les préoccupations soulevées par tel ou tel fait historique.

Toutefois, le point d'orgue de cette troisième édition demeure la créa- tion de plusieurs activités en lien direct avec le manuel. Cette nouvelle édition devient en effet pour chaque utilisateur le point d'accès à un ensemble de docu- ments interactifs de type Odilon offerts sur Internet. Professeurs et étudiants y trouveront des tests de lecture, des grilles de mots croisés, de même qu'une multitude d'ateliers très variés qui leur permettront, grâce à une correction et à une rétroaction instantanées, d'exercer leurs compétences en histoire du Québec et de vérifier l'atteinte des habilités visées dans le cadre de ce cours. Par ailleurs, *Fondements historiques du Québec, 3ᵉ édition* bénéficie des plus récentes avancées technologiques et propose sur son portail Odilon des fonctions mul- timédias tout à fait inédites. Le manuel se voit donc associé à un outil haut de gamme expressément développé pour les utilisateurs de cette édition.

En terminant, soulignons que cet ouvrage n'aurait pu être complété sans l'extraordinaire patience et la minutie de Julie-Anne Richard, les commen- taires éclairants de Sophie Jaillot, l'érudition de Patrice Regimbald, l'amour et le support de Sophie, Karen, Ariane, Louis-Olivier et Frédérique. Les auteurs les remercient. Bonne lecture.

GILLES LAPORTE et LUC LEFEBVRE

Table des matières

■ Biographies

■ Profils de régions

D'UN EMPIRE À L'AUTRE
Des origines à 1800

AU QUÉBEC	
1534-1542	Jacques Cartier effectue trois voyages au Canada.
1608	Samuel de Champlain fonde Québec.
1623	Début du régime seigneurial.
1624	Compagnie des Cent-Associés.
1642	Paul Chomedey de Maisonneuve fonde Montréal.
1663	Création d'un gouvernement colonial en Nouvelle-France.
1665	Jean Talon premier intendant de Nouvelle-France.
1666-1673	Arrivée d'environ 1000 « filles du Roy ».
1701	Signature de la paix de Montréal entre les Français et les Amérindiens.
1743	Exploration française des montagnes Rocheuses.
1759	Bataille des plaines d'Abraham.
1760	Prise de Montréal et achèvement de la Conquête.
1763	Proclamation royale.
1774	Acte de Québec.
1775	Invasion des révolutionnaires américains, qui occupent un temps Montréal et menacent Québec.
1783	Les loyalistes commencent à arriver dans la province de Québec.
1791	L'Acte constitutionnel crée le Haut et le Bas-Canada.
1792	Premières élections au Bas-Canada.

AILLEURS DANS LE MONDE	
1492	Christophe Colomb débarque en Amérique.
1497	Giovanni Caboto explore Terre-Neuve.
1607	Fondation de la Virginie.
1620	Arrivés à bord du *Mayflower*, des Puritains anglais fondent le Massachusetts.
1643-1715	Règne de Louis XIV, le Roi soleil.
1664	Les Britanniques chassent les Hollandais de New York.
1673	Exploration française du Mississipi.
1713	Traité d'Utrecht ; l'Acadie et la baie d'Hudson passent à la Grande-Bretagne.
1715-1774	Règne de Louis XV.
1740-1748	Guerre de Succession d'Autriche.
1749	Fondation d'Halifax en Nouvelle-Écosse.
1755	Déportation d'environ 3300 Acadiens.
1756-1763	Guerre de Sept Ans.
1763	Traité de Paris ; cession de la Nouvelle-France à la Grande-Bretagne.
1776	Déclaration d'indépendance des États-Unis.
1789	Début de la Révolution française.

CARTE 1.1 Le Québec méridional

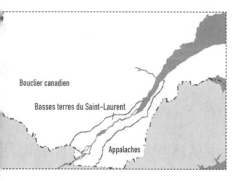

Bouclier canadien

Basses terres du Saint-Laurent

Appalaches

Bassin hydrographique

Territoire dont les lacs et les rivières débouchent sur un affluent commun.

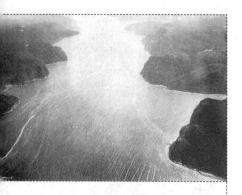

Le fjord du Saguenay, entre la baie Éternité et l'anse Saint-Jean. En plusieurs endroits du Bouclier canadien, le plateau rocheux plonge abruptement dans une rivière ou dans le fleuve.

■ L'espace laurentien

L'immense péninsule québécoise (1 830 000 kilomètres carrés) comprend trois grandes régions naturelles, en particulier le Bouclier canadien, gigantesque plateau rocheux qui couvre 80 % du territoire québécois (*voir la carte 1.1*). Les montagnes du Bouclier sont très anciennes, usées par quatre glaciations consécutives. Son sol, faible en sédiments mais riche en minerais de toutes sortes, est fort peu propice à l'agriculture. Il est aussi couvert de lacs et de rivières, résultat de la fonte des glaciers, qui permettront l'exploration aisée du territoire à bord de petites embarcations.

Tout à fait au sud, de l'Estrie à la Gaspésie, la chaîne des Appalaches forme une frontière naturelle entre le Québec, les États-Unis et le Nouveau-Brunswick. Bien que quelques heures de voiture suffisent aujourd'hui pour la franchir, elle a longtemps constitué une barrière historique entre la civilisation anglo-saxonne au sud-est et, au nord, une société distincte d'origine française installée le long du fleuve Saint-Laurent.

Entre ces deux massifs montagneux s'étend la région des basses-terres du Saint-Laurent. Bien qu'elle n'occupe que 2 % du territoire québécois, cette région a joué un rôle historique essentiel, et 90 % de la population du Québec y habite encore aujourd'hui. La vallée du Saint-Laurent, c'est avant tout un fleuve long de 1167 kilomètres, dont l'immense **bassin hydrographique** de 839 000 kilomètres carrés canalise toutes les eaux du nord-est de l'Amérique, y compris celles des cinq Grands Lacs. Dans le Saint-Laurent se déversent aussi les eaux de puissants affluents, en particulier sur sa rive nord : la rivière des Outaouais, qui jette dans le fleuve les eaux de la Gatineau, de la rivière Rouge et du lointain lac Témiscamingue ; la rivière Saint-Maurice, qui aboutit devant Trois-Rivières, et le Saguenay, qui tire sa source du lac Saint-Jean, 200 kilomètres en amont, et qui atteint le fleuve déjà salé devant Tadoussac. Enfin, la rivière l'Assomption est à l'origine de la région de Lanaudière. Sur la rive sud, les rivières possèdent un débit moins puissant mais ont, en revanche, joué un rôle historique important ; elles sont en effet les premières à avoir permis aux colons de s'enfoncer dans le territoire. La rivière Saint-François, qui relie Sherbrooke au fleuve à la hauteur du lac Saint-Pierre, a rendu possible le peuplement de l'Estrie. La rivière Chaudière, qui relie Québec au lac Mégantic, a permis la colonisation de la Beauce. Plus au sud, les rivières Châteauguay et Richelieu ont d'abord été des routes d'invasion entre le Québec et les États-Unis actuels, avant de devenir des routes commerciales bourdonnantes d'activité (*voir la carte 1.2*).

■ Le peuplement amérindien

Selon une majorité de spécialistes, le peuplement amérindien de l'Amérique commence il y a environ 30 000 ans lorsque, par vagues successives, des peuples asiatiques traversent le détroit de Béring, de la Sibérie à l'Alaska actuels. Se dispersant au fil des siècles sur le continent, les premiers habitants du territoire québécois s'y seraient installés il y a environ 12 000 ans. Autour de 60 000 autochtones occupent le territoire québécois quand s'amorce la colonisation européenne.

CARTE 1.2 Les principaux cours d'eau du Québec méridional

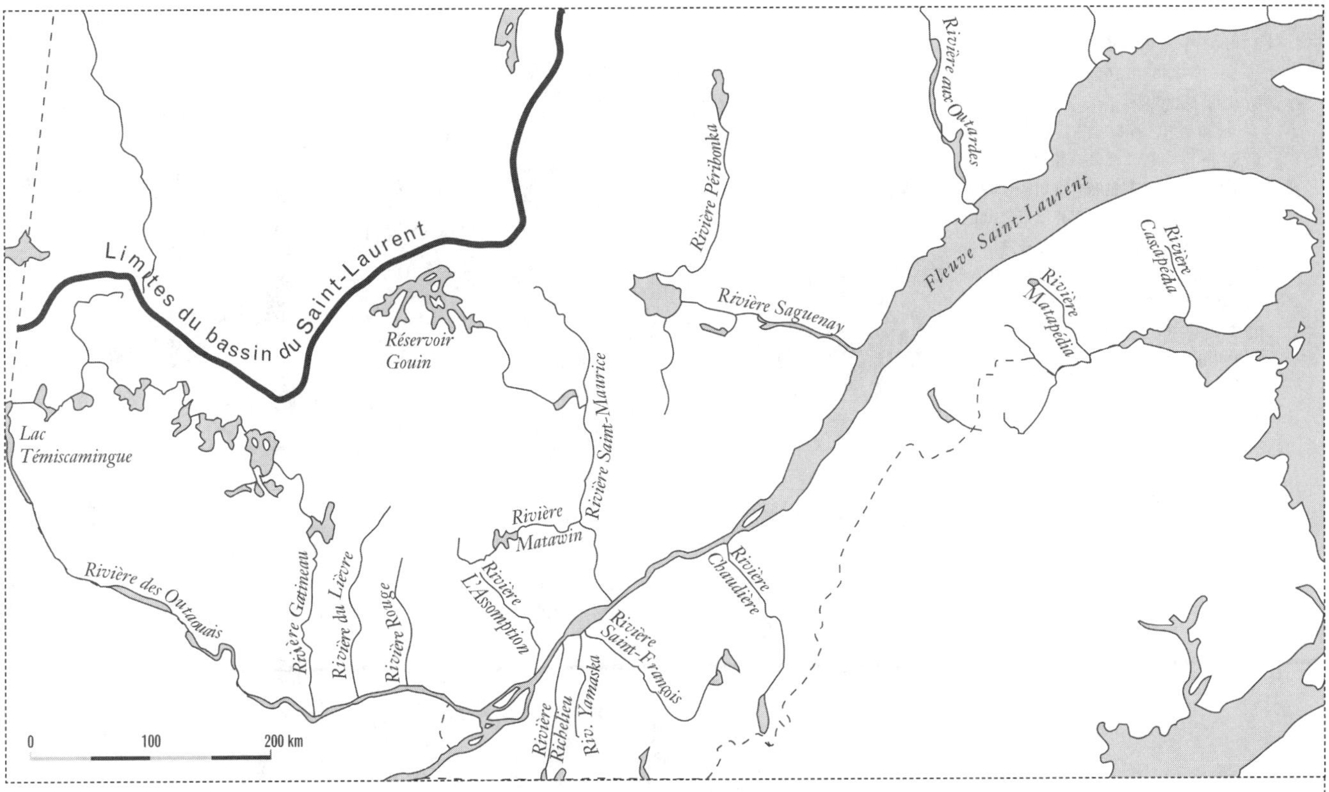

Le bassin hydrographique du Saint-Laurent conditionne longtemps l'aire d'occupation et le tracé des frontières politiques du Québec.

✦ Pour le vérifier, comparez cette carte aux contours de la province du Bas-Canada (*voir la carte 1.7 à la page 15*).

Les Inuits forment des communautés isolées le long du littoral arctique et du Labrador, où ils vivent surtout de pêche (*voir la carte 1.3 à la page suivante*). Plus au sud, les peuples de langues algonquiennes vivent de chasse, de pêche et de cueillette, et se déplacent constamment sur les lacs et les rivières du Bouclier canadien. Cris, Naskapis, Montagnais, Attikameks et Algonquins partagent plusieurs traits communs. À la base, le clan comprend trois ou quatre familles réunies autour d'un doyen. Dominé par les hommes, ce groupe compte une vingtaine de personnes qui se déplacent et travaillent ensemble. Habitant dans des tentes en écorce ou en peau d'animal, elles ont un mode de vie nomade bien adapté à un territoire où les ressources sont dispersées.

Les peuples iroquoïens (Iroquois, Hurons ou Petuns) sont semi-sédentaires. Autrement dit, en plus de l'économie de chasseurs-cueilleurs, ils pratiquent la culture extensive du maïs, de la fève et de la citrouille. Ce mode de vie davantage sédentaire permet une organisation sociale plus élaborée reposant sur la « maison longue » où les femmes dominent. Lors du mariage, c'est la femme qui accueille l'homme dans sa famille. En plus de posséder la plupart des biens du couple, la femme participe à l'administration du village et est consultée en cas de décisions importantes. Le village iroquoïen peut compter une vingtaine de ces maisons longues et regrouper des centaines d'individus. Il est générale-ment entouré d'une palissade. Les Iroquoïens, qui semblent issus du centre des États-Unis actuels, s'installent dans le nord-est de l'Amérique en bousculant les nations algonquiennes. Parmi eux, les Hurons et les Iroquois occupent la vallée du Saint-Laurent, propice à leurs activités agricoles.

Les premiers Européens qui s'installeront en Amérique au XVIIe siècle profiteront de la connaissance du territoire des autochtones. Ils adopteront

CARTE 1.3 La répartition des peuples autochtones

La répartition des peuples autochtones est largement fonction des bassins hydrographiques, mais aussi du climat et de la végétation. Ainsi, le territoire des Inuits correspond à la toundra, où le sol est constamment gelé et où ne pousse que du lichen. Le vaste territoire des Algonquiens correspond à la taïga et à la forêt boréale, où l'on trouve des conifères et un abondant gibier, en particulier des animaux à fourrure. Le territoire des Iroquoïens correspond enfin à la forêt de feuillus, où le climat tempéré leur permet de se consacrer à l'agriculture sur brûlis.

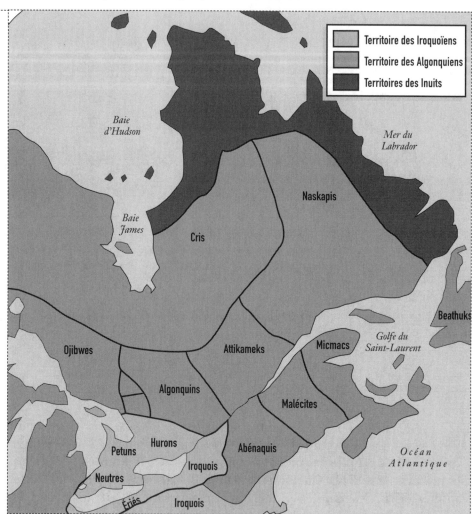

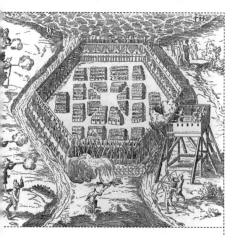

Attaque d'une forteresse iroquoise (Syracuse, New York, octobre 1615). Cette illustration permet d'apprécier les talents de dessinateur de Samuel de Champlain. On y voit clairement l'organisation des maisons autour d'un centre, le tout ceinturé par une palissade. Les Iroquois, qui formaient un peuple semi-nomade, étaient en effet en mesure de construire de redoutables places fortes. Champlain connaîtra d'ailleurs la défaite lors de cette bataille.

leur canot comme moyen de transport, leurs vêtements de fourrure, ainsi que leurs techniques de chasse et de pêche. Les Européens enrichiront également leur alimentation de nouveaux produits tels que le topinambour, la tomate, le tabac ou le sirop d'érable. À l'inverse, l'influence des Européens bouleversera le mode de vie des autochtones. Ces derniers adopteront vite les armes, les ustensiles et les outils métalliques de même que les produits du textile européens, mais de façon générale, ils réagiront mal aux apports de l'envahisseur. En effet, petite vérole, tuberculose, grippe, eau-de-vie, traite des fourrures et armes à feu contribueront grandement à désorganiser leur société et à précipiter leur déclin démographique.

■ Le peuplement européen ■ ■ □

Les Européens entrent au Québec par la voie royale du Saint-Laurent. Ils sont d'abord attirés par la pêche à la morue, puis des séjours épisodiques sur les côtes les amènent à remonter le fleuve. Jacques Cartier, représentant officiel du roi de

France qui effectue trois voyages sur le continent américain entre 1534 et 1542, n'est cependant guère qu'un explorateur-prospecteur. Le récit de ses voyages se résume d'ailleurs à l'inventaire des ressources potentielles de la région allant de Terre-Neuve à Montréal. Il n'est apparemment pas convaincant, puisque la France attendra encore 75 ans avant de fonder un établissement permanent à Québec, en 1608, à l'initiative de Samuel de Champlain. Encore là, en 1641, il n'y a toujours que 400 Européens dans la vallée du Saint-Laurent.

La gestion et le peuplement de la colonie sont d'abord confiés à des compagnies en échange d'un monopole sur la traite des fourrures. Malgré leurs efforts, la Compagnie des Cent-Associés, celle des Habitants, puis celle des Indes occidentales ne réalisent pas les objectifs établis. En 1663, le roi Louis XIV décide donc de rattacher la colonie au domaine royal et d'y instaurer une administration semblable à celle des provinces de la France. Au gouverneur chargé des affaires extérieures et militaires, on adjoint un fonctionnaire, l'intendant, de qui relève l'administration de la colonie. On crée également le Conseil souverain, formé du gouverneur, de l'intendant, du puissant évêque de Québec et de membres de l'élite coloniale. Ce conseil est responsable des affaires judiciaires. Dans chaque paroisse par ailleurs, un capitaine de milice maintient l'ordre au niveau local et assure le recrutement des miliciens lors des fréquentes guerres contre les Amérindiens, puis contre les Britanniques. Enfin, les seigneurs détiennent des pouvoirs étendus dans les limites de leur domaine, mais ils les exercent très inégalement.

Sous la direction du premier intendant de la Nouvelle-France, Jean Talon, un plan systématique de peuplement et de diversification économique est mis en branle entre 1665 et 1672. Comme la colonie attire peu les migrants, le gouvernement y envoie les **filles du Roy** et force les bateaux en partance de la France à embarquer des « engagés » à qui on promet une terre et la reconnaissance de leur métier (*voir le tableau 1.1*).

TABLEAU 1.1 L'immigration en Nouvelle-France par catégorie (1608-1759)

Période d'arrivée	Militaires	Engagés	Femmes venues seules	Prisonniers	Religieux	Autres*	Immigration totale
1608-1659	170	1 890	450		139	2 394	5 043
1660-1679	2 034	520	1 176		131	1 816	5 677
1680-1699	3 192	190	146		145	141	3 814
1700-1719	949	380	187		122	54	1 692
1720-1739	554	558	75	481	115	31	1 814
1740-1759	6 177	362	71	113	122	39	6 884
Ensemble	13 076	3 900	2 105	594	774	4 475	24 924

* Enfants et épouses de membres de l'administration coloniale, commerçants.

Ce tableau rappelle que sous le Régime français, le gros des immigrants arrive au XVIIe siècle. Il faut cependant nuancer ces chiffres, puisque de nombreux colons, les soldats en particulier, ne demeureront pas dans la colonie.

JEAN TALON (1626-1694)

À titre de premier intendant, Jean Talon est responsable de l'organisation civile, des finances et de la justice dans la colonie. On reconnaît généralement en lui un visionnaire ayant tenté d'insuffler un peu de dynamisme à une colonie qui se développait trop lentement. Son plan de développement repose sur trois grands points : l'augmentation de la population, l'ouverture de nouvelles terres à la colonisation et la diversification de l'économie.

Afin d'augmenter la population, Talon prend les mesures nécessaires en vue d'amener de nouveaux colons de France (environ 2500 au cours de son mandat). Réalisant qu'il n'y a qu'une femme pour 16 hommes célibataires, il permet la venue des « filles du Roy » et implante la première politique nataliste. Talon concède aussi de nombreuses seigneuries afin d'ouvrir à la colonisation de grands espaces entre Montréal et Québec de même que le long du Richelieu. Il importe des chevaux et des bêtes à cornes et met à l'amende les seigneurs et les paysans qui laissent des terres en friche.

Ses efforts en vue de diversifier l'économie s'avèrent par contre décevants. Bien qu'éphémère (1665-1668 et 1670-1672), le passage de Talon dans la colonie assurera néanmoins sa viabilité économique.

Fille du Roy

Jeune fille pauvre ou orpheline envoyée par la Couronne française dans le but d'épouser un colon.

■ ■ ■   Profil d'une région

Dans plusieurs langues amérindiennes, le vocable « Québec » signifie « rétrécissement d'un cours d'eau ». Lors de son deuxième voyage en 1535, le malouin Jacques Cartier y aurait d'abord rencontré des Iroquois au lieu-dit de Stadaconé. En 1608, Champlain remarque tout de suite les qualités du site, véritable « Gibraltar de l'Amérique » et porte d'entrée vers les terres de l'Ouest. Québec devient donc la capitale indiscutée de la Nouvelle-France, où arrivent immigrants, soldats et marchandises de France et d'où partent explorateurs, coureurs des bois et missionnaires vers l'intérieur du continent. La ville connaît vite une intense vie urbaine comme centre administratif et religieux, autour du collège des Jésuites (1655), du couvent des Ursulines (1642) et du château Saint-Louis, en particulier à l'époque de l'intendant François Bigot (1748-1760), alors qu'on y trouve tous les agréments d'une ville européenne.

Québec est cependant réduite en ruine par le long siège de l'été 1759. Tombée aux mains des Anglais, elle demeure la capitale coloniale et consolide alors sa vocation militaire (fortifications, citadelle). Un nouvel âge d'or attend bientôt la ville quand, vers 1810, commence à y converger le bois glané dans les forêts du Bas-Canada à destination de la Grande-Bretagne. Au moins jusqu'en 1860, Québec vibre au rythme du commerce du bois et de ses activités connexes (construction navale, débardage, scieries). Grisée par la prospérité, la population est plutôt indifférente aux intenses débats politiques qui se déroulent alors à l'Assemblée législative sur l'esplanade et ne participe pas aux Rébellions de 1837-1838. La capitale s'assoupit doucement après la Confédération de 1867, tandis qu'elle tarde à être reliée au réseau de chemin de fer et que Montréal devient la métropole de tout le Canada.

Au XXe siècle, Québec demeure un grand port d'expédition des richesses naturelles, mais ce sont surtout les activités gouvernementales et culturelles (l'Université Laval, des cégeps et de nombreux musées) qui occupent ses 586 500 habitants. Québec reste également un centre de services important pour toute la région environnante. Autour de son estuaire en fer à cheval se trouve un chapelet de communautés dont l'origine remonte aussi au XVIIe siècle. Au nord-est sont situés des villages à vocation surtout touristique (Baie-Saint-Paul, Cap-Tourmente, la chute Montmorency, le sanctuaire de Sainte-Anne-de-Beaupré) ou résidentielle (Charlesbourg, Beauport). Sur la rive sud, la plaine est plus profonde. On y trouve des bourgs agricoles plus considérables tels Charny, Saint-Romuald, Montmagny et La Pocatière, mais surtout Lévis, qui devient le principal centre industriel de la région grâce à ses ateliers de chemin de fer. À mesure qu'on descend vers l'est, la Côte-du-Sud perd ses accents agricoles et se fond dans les paysages maritimes du Bas-Saint-Laurent.

Au sud de Québec s'allonge sur 400 kilomètres la vallée de la rivière Chaudière. Découpée en seigneuries dès le XVIIIe siècle, la Beauce est alors excentrique par rapport

Peu préparés à pratiquer l'agriculture ici, les colons sont surtout attirés par le commerce des fourrures. Durant la brève administration de Jean Talon, la population double, passant de 3200 habitants à 6700, mais les progrès seront ensuite plus lents. À compter de 1740, on tente d'établir des soldats de l'armée française et même des criminels condamnés en France pour des délits mineurs. Malgré cela, au total, pas plus de 8000 personnes s'installeront en Nouvelle-France. À l'exception d'une centaine d'esclaves noirs, ces personnes sont essentiellement d'origine française et proviennent des régions de Charentes, du Poitou, de la Normandie, du Maine et de la région parisienne. La natalité est cependant forte tout le long du régime français, si bien que la population atteint quand même 70 000 individus à la veille de la Conquête, tandis que s'écroule le nombre d'autochtones, qui s'adaptent mal à la civilisation européenne.

>>> Québec

au développement de la Nouvelle-France, généralement rivé aux berges du Saint-Laurent. La Beauce est d'abord une région agricole, en particulier à cause de l'industrie laitière et de nombreuses érablières. Le chemin de fer permet cependant à la région de sortir de son isolement au début du XXᵉ siècle. Depuis 1960, le secteur manufacturier y a connu un développement remarquable autour d'entreprises dynamiques telles que Prévost Car (transport), Canam Manac (métallurgie) et Vachon (alimentation), lesquelles ont permis l'essor de villes comme Beauceville et surtout Saint-Georges.

Sertie au milieu de paysages magnifiques, la ville de Québec demeure un joyau où les traces de l'histoire continuent après 400 ans à briller d'un éclat sans pareil. La plus belle ville d'Amérique est d'abord, pour le peuple québécois, la matrice identitaire, la ville qui lui a donné son nom.

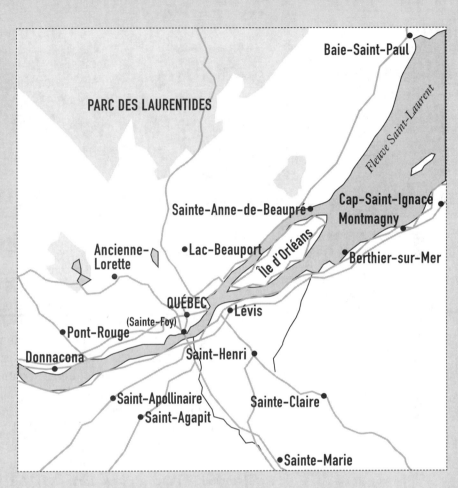

■ Le commerce et l'agriculture ■ ■ □

La traite des fourrures – surtout celle du castor – est à l'origine de l'implantation française après 1603. Elle occupe paradoxalement peu d'Européens, puisque l'essentiel du travail est accompli par les Amérindiens. Environ 700 hommes suffisent à alimenter le réseau commercial liant les forêts de la vaste Nouvelle-France aux fabriques de chapeaux du Vieux Continent. Le commerce des fourrures et l'activité militaire permettent aussi d'entretenir à Montréal et à Québec une vie urbaine assez importante.

Depuis toujours, les habitants du Québec savent tirer profit de l'immense réseau de lacs et de rivières qui caractérise leur territoire. Pour ce faire, les Amérindiens avaient recours à un véhicule particulièrement adapté, le canot d'écorce de bouleau, assez long pour transporter des marchandises, mais suffisamment léger pour être soulevé durant les **portages.** Il sera le véhicule par excellence de la traite des fourrures et de l'expansion de la Nouvelle-France.

Portage

Action de transporter par voie de terre embarcations et marchandises entre deux plans d'eau afin de contourner un obstacle naturel comme une chute ou des rapides. Également, sentier emprunté pour ces déplacements terrestres.

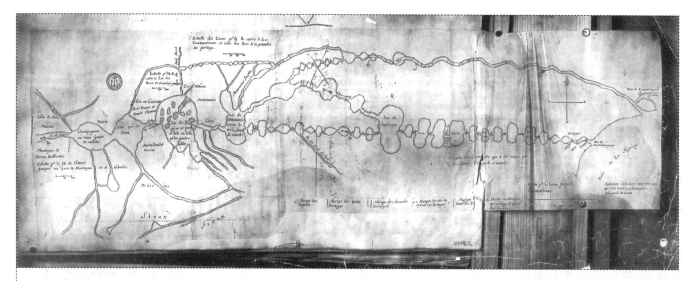

Réseau des rapides et des portages
à l'ouest du lac Supérieur (1750).
Cette carte, attribuée à La Vérendrye,
est probablement une copie de celle
tracée par l'Amérindien Ochagach. Elle
montre combien l'eau et l'emplacement
des portages jouent un rôle clé dans
l'exploration du continent.

La quête constante de nouveaux territoires de traite stimule l'exploration du continent par les Français. En 1635, Samuel de Champlain, Étienne Brûlé et Jean Nicolet avaient déjà remonté le Saint-Laurent jusqu'aux Grands Lacs. La pression exercée par les nations iroquoises sur les établissements de la Nouvelle-France bloque ensuite l'expansion de la traite. L'arrivée du régiment de Carignan-Salières en 1665 défait cependant l'étau iroquois. Les expéditions se multiplient ensuite. En 1672, Charles Albanel, Pierre-Esprit Radisson et Médard Chouart des Groseilliers reconnaissent les voies qui mènent à la baie d'Hudson. En 1673, longeant la rive occidentale du lac Michigan, Louis Jolliet et le jésuite Jacques Marquette découvrent le gigantesque bassin du Mississipi. Ils sont bientôt suivis par Cavelier de La Salle, qui débouche sur le golfe du Mexique, et par Pierre Le Moyne d'Iberville, qui reconnaît l'embouchure du grand fleuve par mer, fonde la Louisiane et double du coup l'étendue de la Nouvelle-France (*voir la carte 1.4*). Au XVIIIe siècle, les trappeurs étendent toujours plus vers l'ouest les territoires explorés. En 1743, Pierre de La Vérendrye et ses fils atteignent les contreforts des montagnes Rocheuses. La Nouvelle-France ne dispose cependant ni de la population ni des moyens économiques et militaires nécessaires pour défendre un tel territoire et le mettre en valeur face à ses puissants voisins anglo-américains.

Fondées à la même époque que la Nouvelle-France, les colonies britanniques de la côte est américaine bénéficient d'une économie plus diversifiée, de liens plus directs avec l'Europe et d'un apport substantiel en immigrants. Ainsi, s'il y a 12 000 habitants en Nouvelle-France en 1689, il y en a déjà 250 000 dans les colonies britanniques. Plus riches et bien plus nombreux, les Britanniques, qui aspirent au contrôle de tout le continent, se sentent menacés par l'expansion française.

Les autorités françaises cherchent donc à concentrer le peuplement afin de rendre la colonie plus apte à se défendre. C'est dans cet esprit que dès 1623, on encourage la colonisation agricole de la vallée du Saint-Laurent et qu'on implante le **régime seigneurial**. En vertu de ce système, le gouvernement concède des bandes de terre ou seigneuries à des nobles ou des notables, qui doivent à leur tour y attirer les colons en les lotissant et en leur offrant certains services (hébergement, moulins, quais, routes, etc.). En retour, les colons ou « censitaires » doivent accomplir des corvées et surtout payer des « redevances »

Régime seigneurial

Système de peuplement inspiré du féodalisme français consistant à confier de vastes étendues de terre à l'élite coloniale – des seigneurs – ayant pour devoir d'y installer des colons. Implanté à compter de 1627, le régime seigneurial ne sera aboli au Québec qu'en 1854.

CARTE 1.4 Les limites de la Nouvelle-France

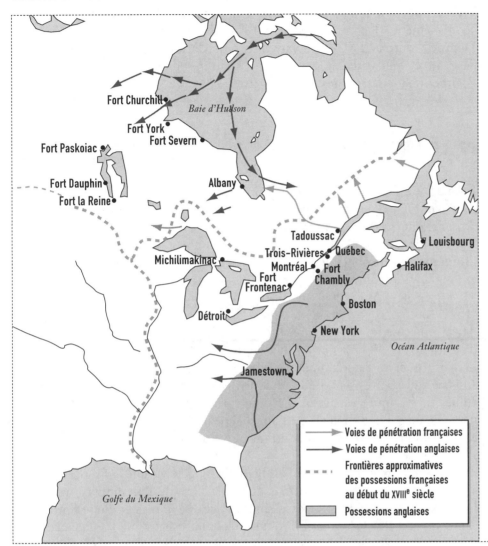

Les limites de la Nouvelle-France sont en fait très floues vers l'ouest et très changeantes à l'est, au gré des guerres et des traités de paix. Dans les faits, seule la vallée du Saint-Laurent relève d'une occupation systématique. Après la Conquête de 1760, ce sera d'ailleurs la seule région à conserver son caractère français.

(cens, rentes, lods et ventes, banalités) à même une partie de leur récolte. Ils sont ainsi locataires, n'ont pas à acheter la terre et peuvent en outre la céder à leurs enfants.

L'Église catholique occupe une place centrale dans la vie de la jeune colonie. Elle joue d'abord, par l'entremise de l'évêque de Québec, un rôle politique majeur. On pense premièrement à Mgr François de Montmorency Laval, qui, de 1658 à 1688, fait et défait les gouverneurs de la Nouvelle-France, émet des mandements valant plus que les lois (comme celui qui interdit la vente d'alcool aux Amérindiens) et fonde l'Église du Canada (Séminaire de Québec en 1663). Par ailleurs, la Nouvelle-France est surtout une terre de mission où arrivent de France des **zélotes** enthousiastes prêts à convertir les autochtones – hurons en particulier – à la civilisation chrétienne. Montréal (d'abord Ville-Marie) sera d'ailleurs fondée en 1642 pour des motifs religieux. C'est ainsi que sulpiciens, récollets et jésuites marchent sur les traces des explorateurs et entrent souvent les premiers en contact avec les autochtones. Ils respectent cependant peu les usages amérindiens. Leur influence sur ceux qu'ils prétendent « sauver » sera tout compte fait négative et accélèrera la désagrégation des sociétés autochtones.

Zélote

Du grec « zeloo ». Individu faisant preuve d'une ardeur et d'un zèle frénétique afin de propager la foi chrétienne.

C'est en revanche par l'engagement religieux que les femmes de la Nouvelle-France pourront le mieux imprimer leur présence dans l'histoire. On pense spontanément à Jeanne Mance, une des fondatrices de Montréal et de l'Hôtel-Dieu de Montréal, à Marie Guyard dite sœur Marie de l'Incarnation, épistolière de génie et fondatrice du couvent des Ursulines de Québec, et à Marguerite Bourgeoys, fondatrice des « Sœurs grises ».

Missionnaire descendant un rapide avec un groupe d'autochtones. Les ordres religieux jouent un rôle clé dans l'établissement de relations pacifiques avec les autochtones, même si cela consiste surtout à les acclimater à la civilisation française. Une tâche difficile, comme en convient elle-même la fondatrice de l'ordre des Ursulines, Marie de l'Incarnation, pour qui « il est plus facile de faire un sauvage d'un Français qu'un Français d'un sauvage ».

■ La Conquête de 1760 ■ ■ □

L'Amérique avait d'abord été explorée et conquise par le Portugal et surtout par l'Espagne, qui avait profité de l'afflux des métaux précieux pour devenir une grande puissance. Avec le déclin de la puissance espagnole à compter de 1600, l'Angleterre et la France convoitent toutes deux l'**hégémonie** européenne. Durant les deux siècles qui suivent, Français et Anglais s'affrontent sur mer comme sur terre, en Europe comme dans les forêts de l'Amérique du Nord. Même durant les guerres iroquoises (1641-1665), la guerre de la ligue d'Augsbourg (1689-1697), la guerre de la Succession d'Espagne (1701-1714), la guerre de la Succession d'Autriche (1740-1748) et jusqu'à la guerre de Sept Ans (1756-1763), voire lors des guerres napoléoniennes (1805-1815), ce sont en fait Français et Anglais qui s'affrontent pour le contrôle du commerce atlantique, sur les ruines de l'Empire espagnol. Chaque fois, la petite armée de miliciens canadiens, de soldats français et d'alliés amérindiens doit reprendre les armes et souvent arrive, mieux que la France en Europe, à infliger des défaites aux Britanniques.

L'Angleterre s'avère cependant bien plus soucieuse que la France d'asseoir sa position en Amérique. En tant qu'île, la Grande-Bretagne a toujours vu la clé de sa réussite dans la possession de riches colonies et d'une flotte puissante, capable de verrouiller les routes du commerce mondial. Puissance avant tout continentale, la France est en revanche entourée de voisins menaçants.

Hégémonie

Supériorité militaire qui confère à un pays la capacité d'imposer sa volonté à tous les autres.

Une vue d'ensemble de la bataille des plaines d'Abraham (13 septembre 1759) qui annonce la perte des colonies françaises en Amérique. Assaillies de toutes parts, les troupes françaises et canadiennes cèdent le terrain après à peine une demi-heure de combat.

D'abord préoccupée par sa propre sécurité en Europe, elle n'a ni l'armée ni surtout la marine pour assurer un effort de colonisation soutenu en Amérique du Nord.

Lors de la guerre de Sept Ans (1756-1763), appelée ici «guerre de la Conquête», l'Angleterre mobilise en Amérique des moyens militaires sans précédent afin d'écraser la Nouvelle-France. C'est donc une armada de 180 navires, forte de 40 000 hommes, qui se profile devant Québec en juin 1759. Au terme d'un long siège et d'un bombardement intensif, l'armée anglaise commandée par le général Wolfe affronte les troupes du marquis de Montcalm lors de la bataille des plaines d'Abraham, le 13 septembre 1759. Décimés dès la première salve, les Français se débandent et les Anglais prennent Québec sans coup férir. Désormais coincées entre les troupes anglaises à Québec et l'armée du général Amherst qui descend le fleuve Saint-Laurent, la garnison de Montréal capitule le 9 octobre 1760 et celle de Trois-Rivières, le 23 octobre. Défaite également en Europe, la France abandonne par le traité de Paris (avril 1763) toutes ses possessions en Amérique du Nord à l'exception des îles Saint-Pierre et Miquelon, au sud de Terre-Neuve. C'est la Conquête; la France quitte l'Amérique du Nord, laissant derrière elle une population numériquement faible, mais fortement imprégnée des traditions françaises.

Malgré la Conquête, la vallée du Saint-Laurent reste massivement peuplée de descendants français (*voir la carte 1.5 à la page suivante*). Auparavant, à compter de 1755, la Grande-Bretagne avait procédé à la déportation de 3300 Acadiens de la Nouvelle-Écosse, les disséminant dans ses possessions. Même si une telle solution n'est pas envisageable pour la vallée du Saint-Laurent, on souhaite néanmoins noyer la population française au milieu d'une mer anglophone. Le nombre d'immigrants britanniques est toutefois très modeste. À part les soldats anglais et les mercenaires allemands qui décident de rester au Canada après la signature de la paix, seuls quelques centaines de marchands d'origine écossaise s'installent au Canada, où ils s'emparent vite du lucratif commerce des fourrures.

Une fois la Conquête accomplie, l'Angleterre poursuit la politique mercantiliste de la France, qui consiste pour la colonie à fournir des ressources naturelles à la métropole en échange de produits manufacturés, à ne pas concurrencer les industries de la mère patrie et à ne pas commercer avec les autres puissances. Exclus du commerce et de l'administration, les Canadiens se consacrent massivement à l'agriculture et défrichent l'ensemble de la plaine de Montréal; ils produisent bientôt au-delà de leurs besoins. Aux exportations de fourrures et de morue s'ajoute donc celle du blé, qui bénéficie en Angleterre d'une protection douanière: les *Corn Laws*. Après 1806, le blocus continental imposé par l'empereur Napoléon pour étouffer le commerce anglais fait grimper en flèche le prix du bois, essentiel à la construction navale. La Grande-Bretagne étend alors les *Corn Laws* aux produits forestiers du Canada, qui envahissent bientôt le marché anglais. Cette préférence tarifaire permet à un commerce actif de naître sur le Saint-Laurent et à la bourgeoisie anglophone de Montréal et de Québec de prospérer.

KATERI TEKAKWITHA (1656-1680)

Celle que l'on surnommera «le lis des Mohawks» est née dans l'actuel État de New York d'un père iroquois et d'une mère algonquine et chrétienne. Elle portera toute sa vie au visage les marques de la petite vérole contractée lors d'une épidémie qui a emporté ses parents.

À la suite de la destruction de son village en 1666 par une expédition française, on dit qu'elle aurait été profondément impressionnée par l'attitude des missionnaires jésuites envoyés pour convertir les Iroquois. Baptisée le jour de Pâques 1676 contre l'avis de son entourage, elle doit, pour fuir les persécutions, s'établir au Sault-Saint-Louis (l'actuel Kahnawake) près de Montréal.

Selon les témoignages, ce qui démarque la jeune Kateri des autres convertis, c'est la pureté qu'elle dégage et la grande compassion qu'elle manifeste à l'égard de tous. Elle épouse les idées chrétiennes à un tel point qu'elle renoncera, par exemple, à suivre ses semblables à la chasse parce qu'elle ne peut supporter de rester éloignée de la messe pendant de longues semaines. Les nombreuses privations et mortifications qu'elle s'impose ne favorisant sûrement pas une santé déjà fragile, elle meurt en 1680 à l'âge de 24 ans. On dit même que ses traits vérolés se sont embellis après sa mort.

Béatifiée en 1980 par le pape Jean-Paul II, elle fait encore aujourd'hui l'objet d'une véritable dévotion, comme en font foi les pèlerinages organisés à Kahnawake et à Auriesville, municipalité proche de son village natal dans l'État de New York.

La région de l'Outaouais joue très tôt un rôle prépondérant dans les communications de la Nouvelle-France. Entre Québec et les Grands Lacs, la route la plus directe et la plus aisée réside en effet dans le trajet que l'on parcourt en remontant la rivière des Outaouais, reliée par une série de portages à la baie Georgienne, puis en accédant à partir de là aux «pays d'en haut». À la demande de Champlain, c'est Étienne Brûlé qui reconnaît le premier cette route, laquelle sera pendant deux siècles la voie royale du commerce des fourrures. Il n'est donc pas étonnant qu'en 1666, Dollard des Ormeaux et ses compagnons y meurent jusqu'au dernier (Carillon) afin de protéger cette route vitale pour la colonie. Il n'est pas non plus étonnant que les Britanniques y écrasent ensuite brutalement la révolte des tribus d'Ottawas, menées par le chef Pontiac.

Dès 1797, on découpe la région en *townships* suivant le même modèle qu'en Estrie, afin d'accueillir des agriculteurs britanniques. La région compte d'ailleurs toujours une forte minorité anglophone, en particulier à l'ouest de Gatineau (Pontiac). Ce voisinage pose de nombreux problèmes à la population francophone des deux côtés de l'Outaouais, qui doit constamment demeurer sur le qui-vive afin de maintenir ses droits linguistiques.

L'épopée de la fourrure n'est pas sitôt terminée que démarre dans l'Outaouais la grande aventure forestière. Dès 1809, l'Américain Philemon Wright ouvre des «chantiers» au milieu des riches forêts de pin blanc de la région. Dans les années qui suivent, la rivière Gatineau en particulier bourdonne de l'activité des bûcherons, draveurs, cageux (comme l'illustre Joe Montferrant), qui écrivent là une page indélébile du folklore québécois. En 1824, l'aménagement du canal Rideau entre Kingston et Bytown (Ottawa) entraîne le développement de la rive ontarienne de l'Outaouais. Depuis, avec son million d'habitants,

CARTE 1.5 La répartition de la population à la fin du Régime français

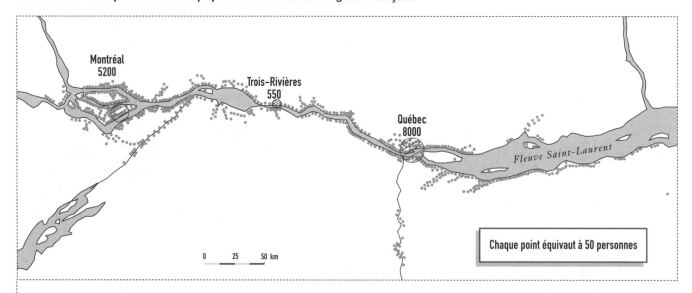

On voit nettement à quel point la population demeure concentrée près du fleuve à la fin du Régime français. Cependant, la colonisation débute alors le long de «vallées» adjacentes au fleuve.

✦ À l'aide de la carte 1.2 à la page 3, repérez les rivières le long desquelles on trouve déjà des colons en 1760.

■ La Proclamation royale de 1763   ■ ■ □

Une fois la paix signée avec la France en 1763, l'Angleterre entreprend de faire passer l'administration de la colonie d'un gouvernement militaire à un gouvernement civil. Dans l'immédiat, la Proclamation royale de 1763 se résume à accorder d'énormes pouvoirs au gouverneur, qui cumule désormais ceux de gouverneur et d'intendant, ainsi qu'à abolir les lois françaises. Le premier gouverneur, James Murray, utilise cependant toute la latitude que lui confèrent ses

>>> L'Outaouais

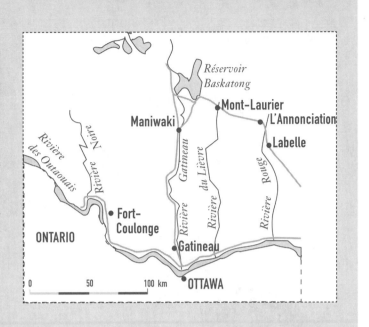

l'agglomération Gatineau-Ottawa est devenue le pôle de gravité de toute la région. Les services du gouvernement fédéral assurent à la région des emplois bien rémunérés et une certaine prospérité. Quant aux autres villes de la région, comme Fort-Coulonge, Maniwaki ou Buckingham, elles dépendent presque toutes encore de l'industrie du bois.

PIERRE LE MOYNE D'IBERVILLE (1661-1706)

Pierre Le Moyne d'Iberville est le troisième des 12 fils de Charles Le Moyne (1626-1685), qui, grâce aux services rendus à la colonie, reçut toutes les terres entre Varennes et La Prairie. Si presque tous ses frères ont marqué à leur façon l'histoire québécoise, Pierre Le Moyne est certainement celui qui a eu le destin le plus illustre.

Militaire, d'Iberville a pour premier théâtre d'opérations la baie d'Hudson, territoire contesté aux Anglais en raison de ses importantes ressources en fourrures. Entre 1686 et 1697, il y mène de nombreuses expéditions commanditées par la Compagnie du Nord qu'a fondée son père et il parvient à reprendre de nombreux forts aux Anglais. On le voit également prendre part à une expédition contre des positions britanniques en Nouvelle-Angleterre ou encore assiéger des forts en Acadie et à Terre-Neuve (1696).

Explorateur et colonisateur, d'Iberville est chargé en 1697 d'établir un poste à l'embouchure du Mississipi. Il va plus loin en fondant la Louisiane française au fort Saint-Louis (aujourd'hui Mobile, en Alabama). Il meurt à La Havane (Cuba) en 1706 pendant qu'il commande les forces françaises luttant contre les Anglais dans les Antilles.

L'œuvre de Pierre Le Moyne d'Iberville n'a cependant pas d'effets durables pour la France dans la mesure où certaines de ses importantes conquêtes (baie d'Hudson, Antilles, Acadie et Terre-Neuve) seront effacées par le traité d'Utrecht de 1713.

pouvoirs pour accommoder les anciens sujets français. Murray autorise, par exemple, un système judiciaire à deux niveaux, où une cour supérieure juge selon les lois anglaises les causes relevant du droit criminel, tandis qu'une cour inférieure s'occupe des affaires de droit civil selon les coutumes françaises.

Les Britanniques tolèrent aussi le système seigneurial, mais en bloquent désormais l'expansion. Après la Conquête, les nouvelles terres sont concédées en « franc et commun soccage », c'est-à-dire vendues par le gouvernement, le profit de la vente devant servir à l'aménagement de routes et de services. Ces *townships* ou cantons sont implantés tout autour de la zone seigneuriale, en périphérie de la vallée du Saint-Laurent : en Gaspésie (Pabos, New Richmond), en Beauce (Black Lake, Broughton), dans l'Outaouais et les Laurentides (Rawdon, Aylmer, Hull), mais surtout dans les *Eastern Townships* (Estrie), où l'on cherche à implanter une population britannique homogène (*voir la carte 1.6 à la page suivante*). Ce système vise un peuplement rapide, mais requiert des sommes que seuls les colons anglais détiennent. En outre, des compagnies telle la British American Lands Company spéculent sur le prix des terres afin de les vendre ensuite plus cher et d'entraver le peuplement par des Canadiens français.

Même si la constitution de 1763 l'interdit, les Canadiens continuent donc à pratiquer leur religion, à vivre dans des seigneuries et à observer les lois françaises. Nonobstant la situation économique épouvantable consécutive aux dévastations de la Conquête, les Canadiens ne semblent pas opprimés par le régime britannique. Ils se consacrent surtout à l'agriculture depuis que le commerce colonial est devenu la chasse gardée d'une centaine de marchands anglais. Installés à Montréal et à Québec, ceux-ci sont parvenus, malgré leur petit nombre, à acquérir une grande puissance économique. Ils réclament maintenant des lois pour asseoir cette domination.

CARTE 1.6 L'organisation du territoire vers 1840

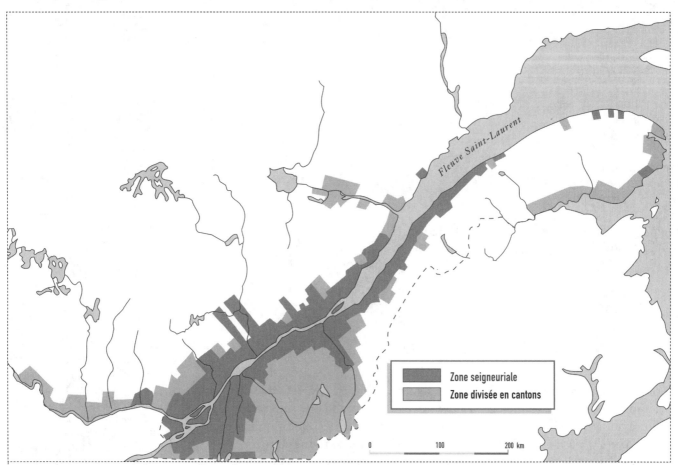

Après la Conquête, les Britanniques tolèrent le régime seigneurial, mais en limitent désormais l'expansion. Tout autour, les nouvelles terres seront donc cadastrées selon la tenure anglaise en « cantons », qu'on trouve dans presque toutes les régions du Québec.
◆ Quel lien pouvez-vous établir avec la carte 4.2, à la page 92 ?

■ L'Acte de Québec de 1774 ■ ■ □

L'Acte de Québec ne répondra cependant pas entièrement aux attentes des marchands anglais. Le gouvernement britannique y cherche surtout le moyen de s'attacher la fidélité de la majorité canadienne française et d'ainsi la soustraire à l'influence des idées républicaines qui secouent alors les 13 colonies britanniques. On rétablit donc officiellement la langue, la religion et les lois civiles des anciens sujets français. Il n'est par contre pas question d'instaurer une assemblée élue, car on craint qu'elle ne devienne, comme dans les 13 colonies, le foyer d'une agitation révolutionnaire. La constitution de 1774 agrandit plutôt les limites de la province de Québec au-delà des Grands Lacs (*voir la carte 1.7*). On souhaite de la sorte bloquer l'expansion des 13 colonies turbulentes et étendre le territoire de traite des marchands de Québec et de Montréal.

La guerre de l'Indépendance qui s'amorce en 1775 se termine en 1783 par la reconnaissance des États-Unis, qui forment désormais une république dotée d'un régime présidentiel hostile à la Grande-Bretagne. Bon nombre d'habitants des 13 colonies qui avaient pris parti pour les Britanniques risquent maintenant de subir des représailles après la victoire des révolutionnaires de George Washington.

CARTE 1.7 L'évolution des frontières politiques du Québec après la Conquête

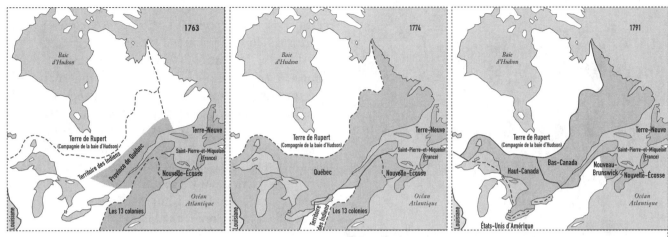

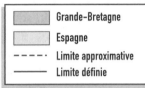

	Grande-Bretagne
	Espagne
- - - -	Limite approximative
——	Limite définie

À la suite du démembrement de la Nouvelle-France, les Britanniques façonnent les frontières du Québec en fonction des contraintes géographiques et des divers intérêts qui s'opposent. La seule constante demeure l'intégrité de la vallée du Saint-Laurent, entre Montréal et la Côte-Nord, qui a toujours fait partie du Québec. La frontière sud du Québec a longtemps fait l'objet de litige. Trois traités internationaux établissent les limites : le traité de Gand (1814) fixe la frontière au 45e parallèle, le traité de Webster-Ashburton (1842) établit la frontière le long du Maine alors que le traité de Washington (1873) porte sur le tracé des eaux territoriales.

Plusieurs de ces **loyalistes** décident donc de migrer vers le nord, dans les colonies demeurées fidèles à l'Angleterre. Environ 34 000 d'entre eux s'établissent en Nouvelle-Écosse, autour d'Halifax et de Saint-Jean, auxquelles va échoir le lucratif commerce triangulaire entre les Antilles britanniques, l'Angleterre et le Canada. D'autres (6000) s'installent à l'ouest, en amont de Montréal, aujourd'hui l'est de l'Ontario. Un petit nombre enfin (environ 2000) gagnent la vallée du Saint-Laurent, où ils deviennent pour la plupart agriculteurs. On les trouve surtout au sud de Montréal, dans Beauharnois, Noyan et dans les nouveaux cantons de Dunham, Stanbridge et Granby.

> **Loyalistes**
>
> De nombreux Américains avaient collaboré avec les Britanniques lors de la guerre d'indépendance des États-Unis. La plupart de ces loyalistes retournent donc en Grande-Bretagne ou trouvent refuge dans l'une des colonies demeurées dans l'Empire britannique, dont le Québec.

■ L'Acte constitutionnel de 1791 ■ ■ □

L'arrivée de ces milliers de loyalistes renforce la position des marchands britanniques qui réclament des institutions politiques purement britanniques. La Couronne, elle, voudrait à la fois satisfaire sa minorité britannique et tenir compte des 113 000 Canadiens restés tout compte fait fidèles depuis la Conquête. Comme les loyalistes se sont surtout installés à l'ouest de la zone habitée par les Canadiens, Londres décide de trancher en créant deux colonies distinctes à même le territoire de la *Province of Quebec*. L'Acte constitutionnel de 1791 donne ainsi naissance au Haut-Canada (Ontario), essentiellement anglophone, et au Bas-Canada (Québec), à forte majorité francophone.

Par la nouvelle constitution, le pouvoir demeure entre les mains du gouverneur, qui sanctionne les lois et convoque la Chambre d'assemblée de même que les conseils. Au gouverneur sont adjoints deux conseils dont les membres sont choisis par Londres au sein de l'élite marchande et seigneuriale. À l'instar d'un cabinet des ministres moderne, le Conseil exécutif aide le gouverneur

FIGURE 1.1 Les institutions de 1791

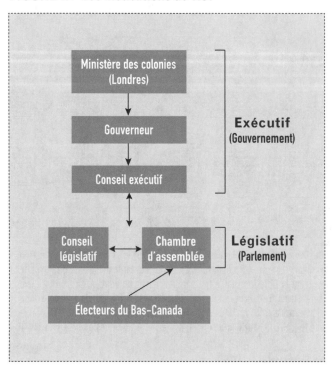

dans ses tâches, tandis que le Conseil législatif ressemble au Sénat canadien actuel, composé d'«amis du pouvoir» plutôt conservateurs servant surtout à freiner les ardeurs réformistes du Parlement élu (*voir la figure 1.1*).

Même si l'essentiel du pouvoir demeure aux mains d'une élite non élue, l'Acte constitutionnel marque la naissance du parlementarisme au Canada en instaurant une Chambre élue. Cela dit, si la Chambre d'assemblée peut proposer des lois, celles-ci doivent ensuite être acceptées par l'exécutif, c'est-à-dire par le gouvernement. La seule exception à cette règle est l'obligation pour le gouvernement (l'exécutif) d'obtenir l'accord de la Chambre d'assemblée avant de dépenser les sommes perçues dans la colonie sous forme de taxes. Ce pouvoir, en apparence bien modeste, deviendra le principal instrument des futures luttes parlementaires, puisqu'il permettra aux députés patriotes de paralyser le gouvernement durant les périodes de crise politique. En attendant, ce partage des affaires satisfait les intérêts des Britanniques ainsi que ceux de l'élite religieuse et seigneuriale de la colonie. Les dispositions de l'Acte constitutionnel entrent en vigueur le 26 décembre 1791 et rythmeront ensuite la vie politique dans la vallée du Saint-Laurent pendant 50 ans. Les 10 premières années du parlementarisme reposent surtout sur l'apprentissage de nouvelles institutions politiques inspirées de la Grande-Bretagne. Ces institutions seront plus tard le théâtre des premières luttes nationales du peuple canadien-français.

Ce tableau de Charles-Édouard Huot peint entre 1910 et 1913 et qui orne aujourd'hui l'Assemblée nationale du Québec rappelle l'ouverture du premier Parlement du Bas-Canada en 1792, présidé par Jean-Antoine Panet. La bonne entente entre les partis est alors de mise. Ce premier Parlement compte presque autant de députés anglophones que de députés francophones.

■ ■ ■ L'essentiel

Dès ses origines, le peuplement du Québec est conditionné par la géographie, en particulier par le réseau hydrographique organisé autour du fleuve Saint-Laurent. La colonisation par la France, de 1534 à 1760, conjugue alors un peuplement très lent avec un territoire qui s'accroît de manière spectaculaire sous la pression du commerce des fourrures, la seule véritable industrie de la colonie. La vie rurale s'organise cependant autour du régime seigneurial, destiné à concentrer la population le long du Saint-Laurent et à assurer l'autosuffisance alimentaire de la colonie. Cette période se caractérise aussi par l'omniprésence des conflits entre Français et Anglais pour le contrôle de l'Amérique du Nord, forçant la fragile colonie à entretenir un effort militaire soutenu. C'est d'ailleurs cette rivalité qui conduit en 1760 à la conquête de la Nouvelle-France par la Grande-Bretagne. La Conquête aura des effets durables sur l'identité québécoise, mais, dans l'immédiat, la tutelle britannique n'est guère oppressante, puisque les descendants français demeurent sur place et conservent en général leurs coutumes. Les constitutions de 1763 et de 1774 ont du mal à s'adapter à cette rencontre entre les deux cultures. La constitution de 1791 durera en revanche un demi-siècle et reposera sur un équilibre fragile entre les pouvoirs dévolus à la Couronne et ceux confiés aux élus du peuple.

■ ■ ■ Documents

Difficile de dresser le portrait du Québécois d'autrefois tant les points de vue diffèrent. Si certains observateurs le désignent comme fier et ingénieux, d'autres le décrivent plutôt comme une brute nonchalante. Les deux extraits suivants illustrent bien cette divergence d'opinions. Selon l'intendant Hocquart, en 1747, on se trouve en présence d'un peuple de rebelles farouchement attachés à leur indépendance, tandis que John Lambert (1808) les considère plutôt assoupis sous la bienfaitrice tutelle britannique. En comparant les deux textes, on ne manquera pas de noter l'influence psychosociale de la Conquête de 1760, qui a pu contribuer à briser le dynamisme de ce jeune peuple. On tiendra cependant surtout compte du point de vue des deux auteurs : l'un, délégué du roi de France, est particulièrement soucieux de « dresser » ce peuple afin d'en tirer de bons miliciens en mesure de défendre la Nouvelle-France ; l'autre, 60 ans plus tard, cherche surtout à montrer combien ce peuple inepte peut se compter chanceux de bénéficier, sans efforts, des avantages d'un gouvernement anglais.

« Les Canadiens sont naturellement grands, bien faits, d'un tempérament vigoureux. Comme les arts n'y sont point gênés par des maîtrises, et que dans les commencements de l'établissement de la colonie les [ouvriers] étaient rares, la nécessité les a rendus industrieux de génération en génération ; les habitants des campagnes manient tous adroitement la hache ; ils font eux-mêmes la plupart des outils et ustensiles de labourage ; bâtissent leurs maisons, leurs granges ; plusieurs sont tisserands, font de grosses toiles, et des étoffes qu'ils appellent droguet, dont ils se servent pour se vêtir eux et leur famille.

Ils aiment les distinctions et les caresses, se piquent de bravoure, sont extrêmement sensibles au mépris et aux moindres punitions. Ils sont intéressés, vindicatifs, sont sujets à l'ivrognerie, font un grand usage de l'eau-de-vie, passent pour n'être point véridiques. Ce portrait convient au grand nombre, particulièrement aux gens de la campagne ; ceux des villes sont moins vicieux. Tous sont attachés à la religion : on voit peu de scélérats ; ils sont volages ; ont trop bonne opinion d'eux-mêmes : ce qui les empêche de réussir, comme ils pourraient le faire, dans les arts, l'agriculture et le commerce. Joignons à cela l'oisiveté à laquelle la longueur et la rigueur de l'hiver donnent l'occasion. Ils aiment la chasse, la navigation, les voyages, et n'ont point l'air grossier et rustique de nos paysans de France. Ils sont communément assez souples lorsqu'on les pique d'honneur, et qu'on les gouverne avec justice, mais ils sont naturellement indociles. Il est nécessaire de fortifier de plus en plus l'exacte subordination qui doit être dans tous les ordres, dans les gens de la campagne. Cette partie du service a été de tout temps la plus importante et la plus difficile à remplir. Un des moyens pour y parvenir est de choisir pour officiers dans les côtes les habitants les plus sages et les plus capables de commander et d'apporter de la part du gouvernement toute l'attention convenable pour les maintenir dans leur autorité. On ose dire que le manque de fermeté, dans les gouvernements passés, a beaucoup nui à la subordination. Depuis plusieurs années les crimes ont été punis ; les désordres ont été réprimés par des châtiments proportionnés ; la police par rapport aux chemins publics, aux cabarets, etc., a été mieux observée, et en général les habitants ont été plus contenus qu'ils ne l'étaient autrefois. **≫**

Source : Gilles Hocquart, *Détail de toute la Colonie,* Canada, 1737. Tiré de Guy Frégault et Marcel Trudel, *Histoire du Canada par les textes,* tome I, Montréal, Fides, 1963, p. 75.

≪ Acadiens et Canadiens [français] se ressemblent, étant tout aussi paresseux et oisifs. Les Canadiens français constituent un peuple tranquille et inoffensif, qui ne fait preuve que d'un savoir-faire médiocre et d'encore moins d'ambition. Pourtant, par amour du gain, par pure vanité ou par cette fébrilité que l'indolence occasionne souvent, ils peuvent endurer les plus grandes épreuves. Il n'en est pas de meilleure preuve que le labeur excessif qu'ils déploient durant les cinq ou six semaines que dure la récolte de la sève des érables au printemps, alors que le sol est encore couvert de neige. Par ailleurs, nul n'endure autant de difficultés extrêmes que les hommes engagés dans la traite des fourrures. Ceux-ci parcourent les immenses forêts du Nord-Ouest durant des milliers de milles, exposés à toutes les rigueurs du climat, et souvent à la famine et à la maladie.

Les habitants se contentent de suivre les traces de leurs ancêtres. Ils se satisfont de peu, car ce peu répond à leurs besoins. Ce sont des sujets tranquilles et obéissants qui apprécient la valeur et les avantages du gouvernement sous lequel ils vivent. Ils ne se soucient pas inutilement de discuter de ses aspects positifs ou négatifs, parce qu'ils se sentent protégés par ses lois et non pas opprimés par elles. Ils sont catholiques de par leur éducation et leurs coutumes plutôt que par principe. Ils observent les cérémonies et les formalités de leur religion, non parce qu'elles sont nécessaires à leur salut, mais parce qu'elles gratifient leur orgueil et leurs superstitions. Ils vivent dans une médiocrité sereine, sans éprouver nul désir d'améliorer leur sort, bien que l'appât du gain en caractérise plus d'un. En effet, ils aiment l'argent et sont rarement du mauvais côté d'un marché. Auparavant pauvres et opprimés, ils ont accédé, depuis la conquête, à une vie aisée et indépendante. Ils connaissent maintenant la valeur de l'argent et de la liberté et ne sont pas prêts à s'en départir. Leur frugalité parcimonieuse est manifeste dans leurs habitations, leurs vêtements et leur nourriture. S'ils avaient été aussi ingénieux et entreprenants qu'ils sont frugaux et économes, ils auraient constitué la paysannerie la plus riche du monde.

[...] Les hommes sont dotés d'un génie naturel robuste et de bon sens, qualités qui ne sont toutefois que rarement améliorées par l'éducation, en raison de la pénurie d'écoles au Canada. Les femmes sont davantage instruites, ou du moins davantage formées, parce qu'elles côtoient davantage les prêtres. C'est pourquoi elles acquièrent généralement de l'influence sur leurs maris, que les plus gaies et coquettes savent manipuler à leur avantage.

[...] Les habitants ont la réputation d'être aussi distingués dans leur langage que dans leur comportement. La colonie fut à l'origine peuplée de tant de gens de la noblesse, d'officiers, de soldats et de personnes de bonne condition que le langage correct et les manières simples et naturelles étaient davantage susceptibles de prévaloir parmi la paysannerie canadienne que parmi les gens simples de n'importe quel autre pays. Avant la conquête du pays par les Anglais, les gens parlaient un français aussi pur et correct que dans la vieille France ; depuis, ils ont adopté beaucoup d'anglicismes et usent de plusieurs tournures archaïques qui proviennent probablement des contacts qu'ils entretiennent avec les nouveaux colons. Ainsi ils prononcent froid, frète. Ils disent icite pour ici, paré pour prêt ; sans compter plusieurs mots désuets qui m'échappent à présent.

À la lumière de l'esquisse précédente du caractère et des manières des habitants, qui constituent la majeure partie du peuple canadien, on ne trouvera dans le monde que peu de paysanneries jouissant d'une aussi heureuse médiocrité en fait de propriété et d'un gouvernement aussi bienveillant pour l'ensemble de la population. Ils possèdent toutes les nécessités de la vie en abondance et, quand ils y sont enclins, peuvent accéder à beaucoup du superflu. Ils n'ont de taxes à payer que ce que la religion exige d'eux. La province tire ses revenus, de manière indirecte, d'articles davantage nuisibles que bénéfiques ; c'est pourquoi ils ne doivent s'en prendre qu'à eux-mêmes s'ils se ressentent du poids de ces taxes. Ils sont heureux et satisfaits entre eux, protégés par un gouvernement bien ordonné. Les lois sont sévères, mais tempérées dans leur administration par tant de douceur et d'indulgence pour les défaillances humaines qu'elles font l'objet d'un dicton singulier parmi eux, selon lequel il faut qu'une affaire soit d'un grand intérêt pour qu'on pende un homme au Canada ; de fait, peu de malheureux ont connu un sort aussi ignominieux dans ce pays.

Ils jouissent d'une paix pratiquement ininterrompue depuis un demi-siècle, car ils ont été si peu troublés par la guerre américaine que cet événement peut difficilement être considéré comme une interruption. Cette paix a permis à la population d'augmenter et à l'agriculture et au commerce de se développer ; si elle a permis au peuple d'accéder à tout le confort qu'autorisent des possessions modérées, la liberté et l'indépendance, elle a renforcé leur attachement à la constitution et au gouvernement sous lequel ils ont ainsi prospéré. ❯❯

Source : John Lambert, *Voyages au Canada dans les années 1806, 1807 et 1808*, Québec, Septentrion, 2006, p. 129, 131, 137-138.

L'EMPIRE DU SAINT-LAURENT
1800-1850

AU QUÉBEC	
1806	Fondation du journal *Le Canadien*.
1809	Début de la navigation à vapeur sur le Saint-Laurent.
1815	Louis-Joseph Papineau prend la tête du Parti canadien.
1817	Fondation de la Banque de Montréal.
1821	Fondation de l'Université McGill.
1832	Le choléra asiatique fait 6000 morts au Bas-Canada.
1833	Jacques Viger devient le premier maire de Montréal, et Elzéar Bédard, celui de Québec.
1834	Dépôt des 92 Résolutions par les Patriotes ; Ludger Duvernay fonde la fête de la Saint-Jean-Baptiste.
1836	Inauguration du chemin de fer entre La Prairie et Saint-Jean-sur-Richelieu.
1837	Rébellions patriotes ; batailles de Saint-Denis, Saint-Charles et Saint-Eustache.
1838	Seconde rébellion menée par les Frères chasseurs.
1839	Pendaison de 12 Patriotes et déportation de 58 autres en Australie. Dépôt du rapport Durham.
1840	Acte d'Union.
1841	Organisation de l'instruction publique.
1845	Publication de l'*Histoire du Canada* par François-Xavier Garneau.
1847	Vague d'immigration des Irlandais fuyant la famine.
1849	Obtention de la responsabilité ministérielle et incendie du Parlement de Montréal.

AILLEURS DANS LE MONDE	
1804	Indépendance d'Haïti.
1806	Blocus de l'Angleterre par la France ; essor de l'industrie du bois.
1811	Indépendance du Venezuela.
1812	Guerre entre l'Angleterre et les États-Unis ; le conflit durera deux ans.
1816	Indépendance de l'Argentine.
1822	Indépendance de la Grèce face à l'Empire ottoman.
1830	Instauration d'une monarchie constitutionnelle en France.
1832	Le *Reform Bill* en Grande-Bretagne accorde le droit de vote aux classes moyennes.
1836	Agitation politique en Nouvelle-Écosse autour du journaliste Joseph Howe.
1837	Rébellion au Haut-Canada autour de William Lyon Mackenzie.
1838	Les Hunting Lodges lancent plusieurs raids sur l'Ontario à partir des États-Unis.
1848	Vague révolutionnaire sans précédent en Europe.
1849	L'Angleterre abolit les dernières lois qui protègent son commerce avec ses colonies.
1850	La population de l'Ontario dépasse désormais celle du Québec.

■ La population

Du fait de son ancienneté et de sa fécondité, le groupe d'origine française demeure prépondérant tout le long du XIXᵉ siècle, formant plus de 80 % de la population. Il se consacre à l'agriculture et est confiné à la zone découpée en seigneuries le long du Saint-Laurent. Entre 1800 et 1812, des Américains s'installent en Estrie, où ils fondent des communautés à Sherbrooke, Magog et Stanstead tout en gardant des liens culturels et économiques étroits avec le nord des États-Unis. Ils sont environ 20 000 en 1817. Avec la fin des guerres napoléoniennes en 1815, l'immigration en provenance des îles britanniques augmente rapidement, car la **révolution agraire** en Angleterre engendre un important chômage agricole. De plus, les problèmes alimentaires poussent un grand nombre d'Irlandais à l'exode vers l'Angleterre, les États-Unis et le Canada. La figure 2.1 montre que le brusque bond de l'immigration irlandaise en 1847 correspond à une période de famine sans précédent.

De 1815 à 1855, près d'un million de **Britanniques** passent ainsi en Amérique britannique. La moitié d'entre eux transitent par le port de Québec, qui reçoit chaque été l'équivalent de sa population en immigrants. Québec doit alors supporter la charge de ces immigrants pour la plupart démunis et malades. Les conditions d'hygiène à bord des navires sont telles, selon Philippe Aubert de Gaspé, que, de la haute-ville de Québec, on peut renifler l'arrivée d'un bateau d'immigrants avant même de l'apercevoir à l'horizon ! En 1832, 1834 et 1849, ils amènent bien malgré eux le **choléra asiatique,** qui, durant l'été de 1832, fait 6000 morts au Bas-Canada, dont près de 3000 à Québec, ce qui correspond à 10 % de la population de la ville. L'élite francophone craignait déjà d'être submergée par l'immigration britannique ; les épidémies la traumatisent et nourrissent davantage sa réticence à accueillir de nouveaux *British*.

Révolution agraire

Au XVIIIᵉ siècle en Angleterre, l'agriculture est bouleversée par l'usage des engrais, la rotation des cultures et l'accroissement de pâturages destinés aux animaux, ce qui engendre chômage et exode rural.

Britannique

Désigne un ressortissant des îles britanniques, soit l'île de Grande-Bretagne (Écossais, Gallois et Anglais) et l'île d'Irlande.

Choléra asiatique

Maladie épidémique transmise par l'eau corrompue et caractérisée par des crampes, une diarrhée abondante et des vomissements provoquant généralement la mort.

FIGURE 2.1 L'origine des Britanniques arrivés dans le port de Québec de 1829 à 1859

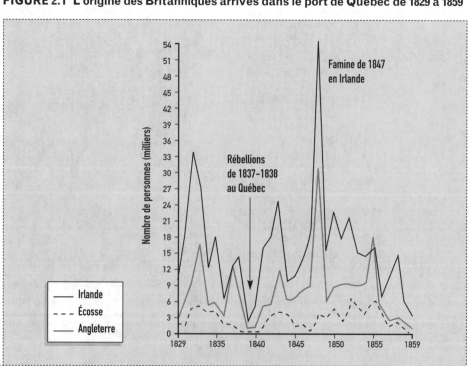

Notez en particulier les très fortes fluctuations du nombre d'immigrants, causées en général par la conjoncture politique et économique.

THE EMIGRANTS WELCOME TO CANADA

En 1820, le journal humoristique anglais *Punch* se moque des gens qui partent pour le Canada en pensant y trouver une vie facile.

La plupart des arrivants gagnent néanmoins rapidement l'Ontario et les États-Unis. Ainsi, sur 32 000 immigrants arrivés à Québec en 1846, seuls 1900 resteront au Québec (*voir la figure 2.2*). Au Canada comme ailleurs, ces immigrants s'installent surtout en ville, accroissant le taux d'urbanisation des anglophones (35 %), déjà bien plus élevé que celui des francophones (5 % en 1861). Les anglophones dominent aussi dans deux zones rurales : l'Outaouais et l'Estrie. Ils sont également nombreux en Gaspésie, où l'industrie de la pêche, davantage liée à l'économie de l'Atlantique, permet à une population d'origine britannique de se maintenir.

FIGURE 2.2 Les populations comparées du Québec et de l'Ontario de 1810 à 1940

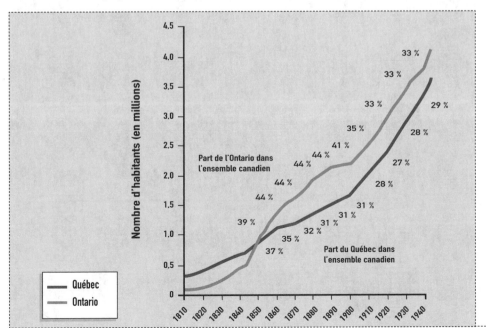

C'est à la fin des années 1840 que la population de l'Ontario dépasse celle du Québec, ce qui va entre autres modifier l'équilibre politique au Canada. Depuis, l'écart entre les deux provinces est demeuré à peu près le même.

■ L'espace rural

L'espace rural s'organise autour du village, constitué d'une suite d'habitations jalonnant les rives d'un cours d'eau et dont la population se densifie autour d'une croisée de chemins, d'une rivière navigable ou d'une cascade pouvant alimenter un moulin *(voir la carte 2.1)*. S'y greffent ensuite des activités commerciales, administratives et industrielles.

De tels noyaux villageois sont rares avant la Conquête de 1760, mais entre 1815 et 1850, on passe de 50 à 300 villages au Bas-Canada. Cela s'explique notamment par la poussée démographique que connaît le Bas-Canada (qui passe de 335 000 à un million d'habitants entre 1815 et 1855). Apparaissent bientôt des bourgs prospères tels Berthier, Nicolet, Napierville et Lévis. La proximité

CARTE 2.1 L'aménagement du territoire dans la zone seigneuriale

Le chemin qui longe le fleuve ou un affluent est généralement très ancien. La montée ou la côte permet d'atteindre les rangs desservant les concessions à l'intérieur des terres. À Leclercville et à Lotbinière, à l'ouest de Québec, la rivière du Chêne est un facteur de localisation important en vue d'aménager un moulin, une scierie ou un quai.

d'un village modifie les comportements ruraux, permet aux habitants d'écouler leurs produits, d'avoir accès à des services techniques et juridiques et de prendre des nouvelles du monde extérieur.

Au centre du village, l'«aire sacrée» comprend l'église, le presbytère et parfois une école ou un collège. Avant la Conquête, le territoire était déjà quadrillé en paroisses. Bientôt le village se confond avec l'espace paroissial, si bien que, encore aujourd'hui, beaucoup de petites municipalités du Québec portent le nom d'un saint ou d'une sainte.

C'est dans la «grand-rue» du village que vit la **bourgeoisie professionnelle** (avocats, notaires et médecins) et qu'on trouve les principaux commerces : magasin général, bureau de poste, forge. En raison de la lenteur des moyens de transport, on y trouve aussi au moins une auberge pour voyageurs. En périphérie, les activités commerciales et industrielles plus bruyantes ou polluantes se développent : quais, entrepôts, marchés de grains, scieries, chantiers navals, fabriques de **potasse**, distilleries. Ces entreprises n'emploient que quelques travailleurs, mais elles se comptent par dizaines le long des voies de communication.

Hors du village, certains agriculteurs arrivent à s'enrichir en vendant une partie de leur récolte au marché, mais les écarts de richesse demeurent faibles tant la tenure seigneuriale entrave la concentration de la propriété et a, comme on l'écrit en 1832, «l'immense mérite de procurer de la terre à bon marché». La main-d'œuvre rurale se recrute avant tout dans la famille, en particulier chez ces garçons qui espèrent bien obtenir la «terre paternelle» en héritage, mais qui, dans l'immédiat, ne reçoivent rien. Les habitants de ces terres sont peu considérés par les Britanniques et les citadins en général. Au XVIIIe siècle, Francis Brooke les trouve «ignorants, paresseux, sales et stupides jusqu'à un point incroyable!» L'habitant est également décrit comme étant honnête, travailleur acharné, très hospitalier, mais docile et soumis. Romuald Trudeau lui reproche en 1836 de manquer d'éducation, d'être paresseux et de passer «un temps précieux soit à ivrogner chez [lui] ou dans les auberges soit à danser et se divertir» *(voir la rubrique «Documents» du chapitre 1, à la page 17)*. L'habitant embauche à l'occasion des **journaliers,** qui constituent une main-d'œuvre démunie et très mobile travaillant «à gages», tantôt dans les villes, tantôt dans les chantiers forestiers, tantôt dans les champs. Ils se déplacent constamment, colportant nouvelles et potins parmi les paysans isolés et donnant naissance aux mythes du conteur, du «quêteux» ou du mystérieux Survenant, immortalisé par le roman de Germaine Guèvremont.

■ La crise agricole   ■ ■ □

Durant la première moitié du XIXe siècle, les agriculteurs québécois sont affligés par une terrible crise agricole qui causera indirectement les Rébellions de 1837-1838 puis le départ de 700 000 Québécois vers les États-Unis. Plusieurs phénomènes sont responsables de cette crise, à commencer par l'étroitesse du territoire cultivable, qui se borne à la vallée du Saint-Laurent, soit à 2 % du territoire québécois actuel. Or, en 1810, ce territoire est déjà bien peuplé et cultivé depuis un siècle. Par ailleurs, comme à cette époque, la population double en moyenne tous les 25 ans; de graves problèmes de pénurie alimentaire

Bourgeoisie professionnelle

Groupe social formé des membres des professions libérales (avocats, notaires, médecins) ainsi que des petits commerçants et entrepreneurs. Nationaliste et libérale avant 1840, elle s'alliera ensuite au clergé et collaborera avec le pouvoir britannique en place.

Potasse

Cendre de bois largement utilisée dans la fabrication de savons et de détergents.

Journalier

Employé payé à gage et généralement à la journée.

et d'accessibilité aux terres apparaissent. La crise agricole s'explique aussi par la culture trop intensive du blé, traditionnellement importante et qui sert de monnaie d'échange dans le régime seigneurial, mais qui est peu adaptée au sol et au climat du Québec. Des techniques agricoles déficientes et des pratiques routinières (engrais peu utilisés, labours négligés, champs mal drainés et bétail rare et en piètre condition) contribuent à la dégradation de la situation. L'endettement des paysans s'accentue, tandis qu'augmentent les redevances à verser aux seigneurs. Enfin, le réseau de transport peu développé ne permet pas aux agriculteurs d'écouler leurs produits à des prix concurrentiels, et le marché des villes est encore trop modeste pour soutenir une agriculture commerciale.

Pour toutes ces raisons, la production décline rapidement. D'exportateur net, le Bas-Canada devient importateur de blé. Les prix ont beau monter après 1830 et surtout après 1850, ce sont les terres plus productives de l'Ontario qui pourront seules en profiter. Que faire ? L'unique solution à court terme consistera à abandonner la culture du blé et à s'orienter vers une **agriculture** autarcique dite **de subsistance**.

Dès le début du XIXe siècle, l'abandon de la culture du blé est engagé : de 60 % des surfaces cultivées en 1800, elle n'en représente plus que 22 % en 1827 et 4 % en 1844. On conserve bien l'avoine pour les indispensables chevaux, mais pour le reste triomphent les légumineuses, les pois et les fèves, le navet et surtout la pomme de terre. Selon Jean Provencher, « de 1827 à 1844 la pomme de terre représente 46 % des récoltes alimentaires du Bas-Canada. On en produit généralement entre 50 et 200 minots par ferme. De Hull à Gaspé, nul climat, semble-t-il, ne lui convient mieux ! » L'abandon de la **culture commerciale** entraîne donc une recherche de l'autosuffisance : on se nourrit de ses porcs, on consomme son sirop d'érable, on s'habille de la laine de ses moutons, on coule ses propres chandelles, etc. Naît ainsi tout un pan de la culture québécoise ; celui du débrouillard, adroit et inventif, mais aussi pauvre et isolé.

■ Le seigneur

■ ■ □

Le seigneur est un personnage central de la société rurale. Après la Conquête de 1760, les Britanniques ont aboli ses droits juridiques, mais lui ont reconnu des droits de propriété. C'est que les Britanniques, attirés par les récoltes alors abondantes et par le prestige aristocratique, achètent eux-mêmes des seigneuries et bénéficient du régime seigneurial. Une fois enrichis par le commerce colonial, les Edward Ellice, Gabriel Christie ou Peter Pangman s'emparent donc de la moitié des seigneuries au tournant du XIXe siècle (*voir la carte 2.2*).

Les officiers de l'armée britannique, les fonctionnaires anglais, les seigneurs et le clergé tissent ainsi des liens. Les portes de l'armée, des magistratures et des conseils sont donc ouvertes aux seigneurs, qui, à leur tour, marient leurs enfants à ceux de l'élite anglaise. Ce **pacte aristocratique** repose sur le respect d'une rigoureuse hiérarchie héréditaire et foncière où le peuple, guidé par ses seigneurs et son Église, doit rester soumis et dévot. Les constitutions de 1763, de 1774 et de 1791 reflètent d'ailleurs ce principe en octroyant des pouvoirs étendus aux membres de ce pacte aristocratique.

Le prestige et le pouvoir économique des seigneurs sont en revanche en constant déclin depuis 1780. Tandis que le peuple les accuse de s'être vendus

---

Agriculture de subsistance

Situation où le paysan appauvri et sa famille cherchent à produire sur leur exploitation tout ce dont ils ont besoin pour survivre afin de diminuer leurs achats.

Culture commerciale

Culture spécialisée dont la production est destinée à être vendue sur les marchés urbains ou étrangers.

Pacte aristocratique

Collusion entre l'occupant britannique et des membres de l'élite cléricale et seigneuriale dans le but de maintenir leurs privilèges aristocratiques et de limiter la démocratie.

CARTE 2.2 Le système seigneurial dans la vallée du Saint-Laurent après 1760

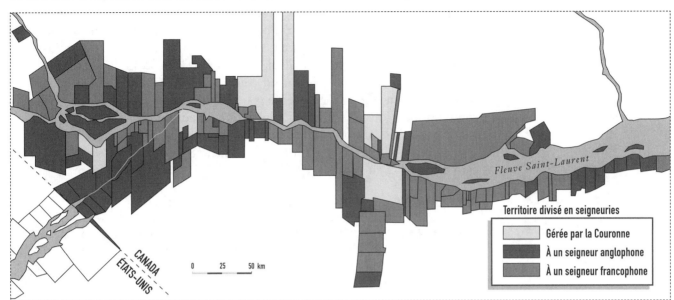

Fleuve Saint-Laurent

CANADA
ÉTATS-UNIS

0   25   50 km

Territoire divisé en seigneuries

	Gérée par la Couronne
	À un seigneur anglophone
	À un seigneur francophone

Les seigneuries détenues par des anglophones se trouvent en particulier au sud de Montréal, le long de la région découpée en cantons.

aux intérêts britanniques, les marchands les accusent de retarder le progrès économique par la tenure seigneuriale, cet «édifice vermoulu du Moyen Âge [qui] n'a pas de fondement solide en Amérique».

Le régime seigneurial tombe alors en décadence. Tandis que la crise agricole fait chuter les revenus des seigneurs, la tenure seigneuriale est abolie en 1854. Le gouvernement paie des indemnités aux seigneurs pour la perte des redevances, et les censitaires doivent acheter les terres qu'ils cultivent depuis des générations. Le capitalisme triomphe ainsi du dernier bastion du **féodalisme** au Canada.

■ Le clergé

Le curé, lui, a pleine autorité sur ses paroissiens. Son pouvoir vient de la diversité des activités auxquelles il participe. Confident moral et spirituel, il est aussi à l'occasion arbitre, instituteur, administrateur. En percevant une part des récoltes (la dîme) et en gérant les revenus de la **fabrique,** il joue également, à l'échelle locale, un rôle économique non négligeable. La solide hiérarchie catholique constitue en outre le meilleur réseau d'information qui soit.

Dès la colonisation française, l'Église s'était vu confier d'importantes responsabilités en éducation et en santé. On lui a donc concédé de nombreuses seigneuries pour financer ses activités. Les communautés des Ursulines, des Jésuites et des Sulpiciens comptent alors parmi les plus grands propriétaires fonciers. Menacé plus que tout autre groupe par la Conquête de 1760, le clergé adhère très tôt au pacte aristocratique et collabore avec les Britanniques. En échange du maintien de ses privilèges, l'Église met son influence auprès des masses rurales au service des Britanniques.

Cette influence est toutefois encore limitée en raison de la rareté des effectifs religieux. Par contre, elle devient prépondérante après l'échec des

Féodalisme

Depuis le Haut Moyen Âge en Europe, système social reposant sur le pouvoir foncier des aristocrates. On l'associe souvent au régime seigneurial implanté en Nouvelle-France dans le but de la peupler.

Fabrique

Dans chaque paroisse, ensemble des fonds et des revenus destinés à l'établissement ou à l'entretien d'une église et de son personnel.

Rébellions de 1837-1838. L'Église est alors restée indéfectiblement derrière le gouvernement, usant de tout son pouvoir pour décourager la mobilisation patriote. L'Angleterre saura récompenser un tel zèle. On reconnaît donc les droits de l'ordre des Sulpiciens dans toute l'île de Montréal, on permet la création du diocèse de Montréal, ainsi que la venue d'ordres religieux européens. Ces derniers formeront à leur tour toute une génération de religieux québécois prêts à encadrer le mouvement de colonisation, à couvrir le Québec de publications pieuses et à investir le système d'éducation de même que le système hospitalier (*voir le tableau 2.1*). Le nombre de prêtres augmente dès lors rapidement, passant de 464 en 1840 à 620 en 1850, puis à 948 en 1860 et à pas moins de 2102 en 1880.

TABLEAU 2.1 Les nouveaux ordres religieux au Québec

Ordre religieux	Année
Oblats de Marie-Immaculée	1841
Jésuites	1842
Dames du Sacré-Cœur	1842
Sœurs de la Providence	1843
Sœurs du Saint-Nom de Jésus et de Marie	1844
Religieuses du Bon Pasteur	1844
Clercs de Saint-Viateur	1847
Pères de Sainte-Croix	1847
Sœurs de la Miséricorde	1848
Sœurs de Sainte-Anne	1850
Religieuses du Précieux Sang	1859
Frères de la charité de Belgique	1865
Carmélites	1875

Ces nouveaux ordres ont une vocation d'éducation, de soins de santé, de charité ou de prière.
✤ Tentez de les classer dans l'une de ces catégories à l'aide d'un dictionnaire ou d'Internet.

■ La bourgeoisie professionnelle ■ ■ □

L'enrichissement et le peuplement des campagnes à la fin du XVIIIᵉ siècle entraînent l'essor d'une nouvelle classe composée de marchands locaux, d'artisans et de professionnels. Formés dans les nouveaux collèges classiques, notaires, avocats et médecins sont constamment sollicités pour leurs conseils et en raison de leurs relations avec le monde extérieur. Les professionnels jouissent donc tout naturellement de la confiance du peuple quand ce dernier doit choisir des commissaires d'école, des conseillers municipaux ou des députés devant siéger à la Chambre d'assemblée. Les Papineau, Nelson, Chénier et LaFontaine sont tous membres de professions libérales et se présentent à ce titre comme les leaders naturels de la nation. Rompus aux lois et à l'éloquence, les avocats en particulier voient dans l'arène politique le prolongement naturel de leur profession. On les trouve donc à la tête du mouvement patriote. L'échec des Rébellions de 1837-1838 sera cependant catastrophique pour cette classe, qui devra alors s'engager, elle aussi, à coopérer avec les Britanniques. Ainsi, comme l'écrit Noël Vallerand, «comme jadis les seigneurs et le clergé, les bourgeois professionnels joueraient désormais le rôle d'intermédiaire entre les véritables leaders du pays et une masse de paysans, de bûcherons, bientôt même de citadins prolétarisés».

■ Les transports

Jusqu'à la mise en service du chemin de fer, les voies navigables jouent un rôle absolument essentiel à la vie économique et sociale. Albert Jobin écrit : « À l'ouverture de la navigation les voiliers arrivaient en grand nombre à la fois [...] Une fois la passe franchie, les navires s'amenaient à la file indienne au nombre de 30, 40 par jour ; en juin 1840, 116 arrivent à Québec, dans une seule journée. » Au cours de l'année 1847 uniquement, 1437 vaisseaux laissent leur cargaison à Québec. Le commerce impérial permet d'exporter le bois du Québec et le blé de l'Ontario, et d'importer les produits manufacturés anglais. Il est contrôlé par des hommes d'affaires puissants : John LeBouthillier et William Price à Québec et, à Montréal, Georges Moffat et Hugh Allan, dont la compagnie d'envergure internationale, la Allan Lines, arme certains des plus grands vaisseaux du monde.

Le commerce sur le Saint-Laurent est cependant gêné entre Québec et les Grands Lacs par le gel cinq mois par année, par les hauts-fonds et par de nombreux rapides. On aménage donc le canal de Lachine en 1824 afin que les navires puissent passer en amont de Montréal, aux portes du Haut-Canada. Dans les années suivantes, un réseau de canaux permet de remonter jusqu'au lac Ontario. Le canal Welland notamment permet bientôt aux navires de se hisser à près de 100 mètres de haut, de franchir les chutes du Niagara et d'atteindre le lac Érié. Le réseau est à peu près achevé en 1848. Il aura nécessité des sommes importantes de la part du gouvernement, mais il permettra à l'Ontario de connaître un premier boom économique.

Ces investissements avaient pour buts de voir converger vers Montréal le commerce lucratif entre l'Europe et l'Amérique du Nord et, éventuellement, de lui permettre de rivaliser avec la puissante ville de New York. Aussi, dès 1825, les Américains aménagent leur propre canal, qui relie Buffalo à Albany, puis à New York ; un colossal ouvrage de 585 kilomètres (*voir la carte 2.3 à la page suivante*). À compter de 1850, la construction de voies de chemin de fer le long du canal Érié confirme le statut de New York comme métropole de la côte est du continent.

Sur le fleuve, les Québécois bénéficient d'un véhicule très performant : la goélette. Jaugeant une trentaine de tonneaux et mesurant une dizaine de mètres, la goélette est mue par deux voiles triangulaires. Son fond plat permet d'accoster les plages et de naviguer sur les hauts-fonds. Une poignée

L'élargissement du canal de Lachine en 1877. Canaliser signifie permettre aux navires de s'élever d'un bassin à l'autre par bonds successifs.

CARTE 2.3 **Le réseau de transport dans la vallée du Saint-Laurent en 1867**

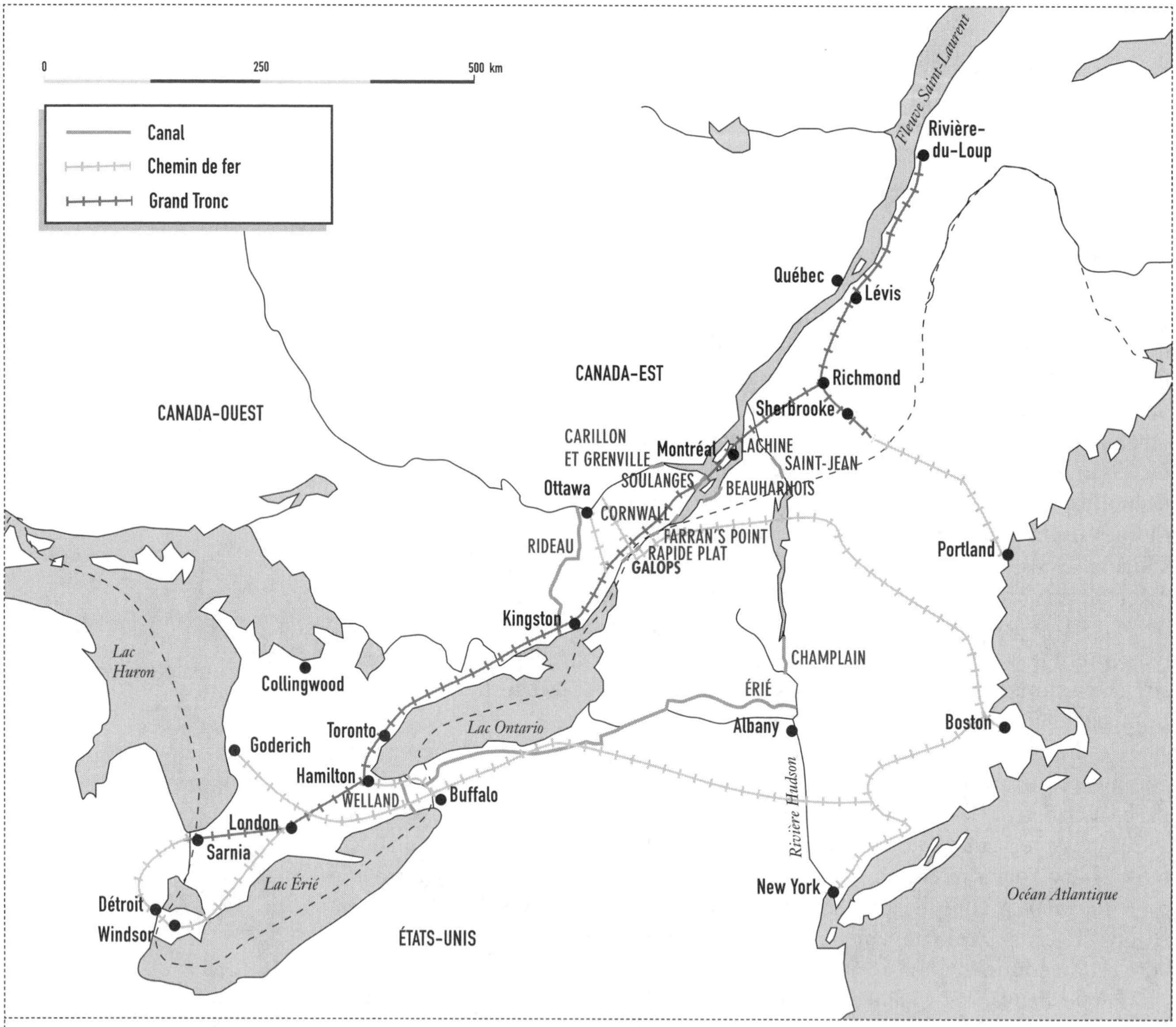

La canalisation du Saint-Laurent exige la construction d'une impressionnante série d'écluses (Lachine, Rideau, Welland, etc.). Le canal Érié, quant à lui, est la clé de voûte du transport maritime entre Buffalo et New York. À cette époque, le but premier des chemins de fer naissants est de relier le Québec aux grands ports américains.

Passeur

Entrepreneur propriétaire d'une embarcation qui assure la traversée du fleuve d'une rive à l'autre.

d'hommes dotés d'un équipement sommaire construisent la goélette en quelques semaines seulement. Véritable camion du XIXe siècle, elle est d'abord destinée au commerce régional. C'est en goélette que les agriculteurs de Lévis approvisionnent les marchés de Québec, que le courrier est distribué dans les villages qui longent la rive sud du Saint-Laurent ou que les anguilles pêchées dans le lac Saint-Pierre parviennent à Montréal. La navigation fluviale entretient aussi tout un peuple de débardeurs, de pilotes, de grossistes, de **passeurs** et d'aubergistes installés à proximité des quais. Ce commerce local est surtout dominé par des francophones dont les activités ont parfois une grande ampleur. Le transport des passagers est particulièrement important entre Montréal et Québec, et après 1809, il est assuré par des navires à vapeur. L'hiver, le fleuve et les rivières conservent une intense activité. En face de Montréal, un «pont de glace» relie l'île à la rive sud et permet de recueillir la glace pour l'été suivant. Il est traversé par une voie de chemin de fer temporaire et on peut même

Montréal vue de l'île Sainte-Hélène en 1830. On reconnaît aisément, au fond, la basilique Notre-Dame et le mont Royal, alors beaucoup plus déboisé qu'aujourd'hui. Les divers types d'embarcations au premier plan sont présentés dans ce chapitre : une goélette, un *steamer* à vapeur et une *cage* ou radeau de bois équarri.

y installer des débits de boissons pour réchauffer les passants. Les rivières gelées constituent enfin les plus belles routes que les habitants empruntent en traîneau, de préférence aux abominables routes terrestres du Québec.

Les routes sont alors peu nombreuses et en fort mauvais état. Les trous et les crevasses ne se comptent plus, et les ponts sont régulièrement emportés lors des crues printanières. En 1849, un inspecteur constate qu'« il y a même un danger pour l'homme et la bête qui y passent, les roues en plusieurs endroits s'enfonçant jusqu'aux essieux. Il est ordinaire de rencontrer une voiture arrêtée dans les ornières et le conducteur allant chercher du secours ». Le développement du réseau routier n'est pas alors une priorité, l'attention étant plutôt portée sur la navigation et bientôt sur le chemin de fer. Les plus grandes victimes du piètre état du réseau routier demeurent les agriculteurs isolés et incapables d'écouler leurs produits.

La construction navale, comme ici à Saint-Siméon, ne requiert au XIXe siècle qu'un équipement sommaire. Elle profite de la présence de nombreux et habiles charpentiers héritiers d'une tradition remontant à la Nouvelle-France.

■ ■ ■ Profil d'une région

Au sud-est de la plaine du Saint-Laurent, la Montérégie a longtemps eu une vocation strictement agricole. Le grenier du Québec fut d'abord le fief des plus riches seigneuries et il sera la première région à expérimenter les grandes cultures commerciales comme la pomoculture, la culture du tabac, l'élevage porcin et surtout l'élevage laitier. C'est aujourd'hui encore autour de Saint-Hyacinthe et de son école d'agronomie affiliée à l'Université de Montréal que les techniques agronomiques sont les plus avancées au Québec. En même temps, la Montérégie a toujours évolué dans l'orbite de Montréal, qui demeure sa véritable capitale économique et culturelle. Malgré l'unité de son paysage plat parsemé de montagnes montérégiennes, elle présente une grande hétérogénéité entre ses sous-régions.

La «Rive-Sud» forme aujourd'hui un couloir de 50 kilomètres de cités-dortoirs entre Varennes et Châteauguay. Longtemps, les rapides de Lachine ont empêché la colonisation de s'étendre en amont. La région, alors exposée aux attaques des Amérindiens et des Anglo-Américains, s'est développée lentement. La réserve mohawk de Kahnawake, créée par les Sulpiciens en 1730, rappelle d'ailleurs l'époque de cette cohabitation difficile. L'inauguration du pont Jacques-Cartier en 1930 fut le véritable signal de départ pour la région, où les Montréalais s'installèrent ensuite en masse. La population de Longueuil, qui n'excédait pas 5300 habitants en 1931, avait déjà atteint 122 000 habitants en 1961.

Le triangle Rigaud-Valleyfield-Beauharnois – le «Suroît» – inclut la péninsule de Vaudreuil et le Haut-Saint-Laurent. Il présente à la fois un paysage agricole plutôt fruste dans Vaudreuil et un décor industriel le long du fleuve. Les usines se succèdent en effet entre Valleyfield et Beauharnois, qui profitent de la proximité du marché ontarien, de la voie maritime du Saint-Laurent et de l'énergie hydroélectrique fournie par le fleuve.

Les villes de Sorel, Saint-Jean-sur-Richelieu et Saint-Hyacinthe correspondent aux vallées du Richelieu et de la Yamaska. Plus éloignée de Montréal, cette sous-région a pu développer des centres régionaux importants où l'on

■ Le commerce du bois ■ ■ □

Produit générateur ou *staple*

Ressource naturelle dont l'extraction, le transport et la manutention entraînent des retombées économiques et orientent le développement économique et social d'un pays.

Comment une colonie aussi pauvre, aussi mal peuplée et si dénuée de voies de transport ou d'industries que le Québec au XIXe siècle a-t-elle pu accéder au rang de nation industrialisée ? Selon l'historien canadien Harold Innis, le seul avantage dont jouit alors la colonie est l'abondance sur son territoire de matières premières. Or, si ces ressources s'avèrent convoitées par d'autres pays, leur extraction attirera les investissements et accroîtra l'activité économique. Voilà la théorie du **produit générateur (*staple*).** Selon cette théorie, l'histoire du Canada et du Québec pourrait se résumer à une succession de ressources naturelles qui ont tour à tour modelé et diversifié l'économie.

La morue, pêchée au large des côtes, constitue au XVIe siècle le tout premier produit générateur de l'économie canadienne. La pêche à la morue n'entraîne cependant pas une occupation du territoire. En revanche, après 1608, le commerce des fourrures oriente à son tour le développement du Canada entier, forçant l'occupation d'un immense territoire de trappe et des relations étroites avec les autochtones. La traite des fourrures s'étend toujours plus à l'ouest sous l'occupation britannique. Ce commerce converge vers Montréal jusqu'en 1800, puis décline rapidement.

Une cinquantaine d'hommes restaient tout l'hiver à couper du bois, ne repartant qu'à la fonte des glaces.

>>> La Montérégie

trouve des hôpitaux, des cégeps et des districts judiciaires distincts. C'est aussi la sous-région qui a le mieux conservé la vocation agricole de la Montérégie. Dès 1665, la «vallée des forts» fut l'objet d'une intense colonisation militaire, puisque le Richelieu reliait directement le Saint-Laurent à l'Iroquoisie et aux colonies britanniques. Les forts de Chambly, Saint-Jean et Lennox (Saint-Paul-de-l'île-aux-Noix) rappellent d'ailleurs cette époque. Le Richelieu fut canalisé au début du XIXe siècle et connut alors un trafic commercial important qui stimula l'essor de Saint-Jean et de Sorel. Durement touchée par la crise agricole vers 1800, la sous-région fut ensuite secouée par l'agitation révolutionnaire en 1837-1838, puis par le départ pour les États-Unis de milliers de paysans ruinés, entre 1860 et 1900.

Fidèle à ses origines agricoles, mais désormais industrialisée et bien pourvue en voies de transport, la Montérégie est la région la plus prospère du Québec. Sa population considérable (1,3 million d'habitants en 2001) est à la fois la plus jeune et la plus scolarisée de la

province. La Montérégie devrait continuer à progresser au XXIe siècle, en particulier grâce à la libéralisation des échanges avec les États-Unis, situés juste au sud.

Le bois équarri sera le véritable produit générateur de l'économie québécoise au XIXe siècle. Face au blocus international imposé par Napoléon, l'Angleterre doit absolument préserver sa supériorité navale et donc trouver de nouveaux approvisionnements en bois. Dès 1806, le bois de pin blanc commence à descendre la rivière des Outaouais vers le port de Québec. Les prix atteignent un sommet en 1809, ce qui entraîne une ruée vers les forêts les plus accessibles. Entre 1803 et 1810, les exportations du port de Québec sont multipliées par 15. Le commerce du bois connaît

Les cages de bois équarri dévalent un glissoir (à droite) qui leur permet de contourner les rapides (à gauche) sans se rompre.

son apogée vers 1840, alors que le Québec est pleinement engagé dans l'économie du produit générateur, le bois, les céréales et la potasse, essentiellement destinés à la Grande-Bretagne, constituant 90 % des exportations du port de Québec. Plutôt que de revenir vides, les navires reviennent chargés d'immigrants, qui peuplent les villes et fournissent à leur tour une main-d'œuvre bon marché aux chantiers forestiers.

Le commerce du bois alimente une foule d'activités connexes. Des chantiers sont installés l'hiver au cœur des forêts. Une fois la fonte engagée, des

Draveur

De l'anglais *driver* (conducteur), il s'agit d'un ouvrier forestier chargé de diriger le flottage du bois sur les rivières afin d'éviter que les billots ne s'amoncellent et provoquent un embâcle.

draveurs acheminent les billots grossièrement équarris jusqu'au principal affluent, où ils sont assemblés en immenses radeaux appelés « cages ». Cette singulière flottille converge ensuite vers le port de Québec où s'amoncellent des quantités énormes de bois (2 732 645 pièces de bois en 1840). Il y a tant de bois qu'il faut alors construire de nouveaux navires pour l'exporter. On fabrique donc 2000 navires au cours du XIXe siècle, dans une cinquantaine de chantiers situés à Québec, où travaillent jusqu'à 4600 ouvriers.

L'intense exploitation du bois dans la vallée du Saint-Laurent a des effets durables et génère une foule d'activités périphériques. Elle entraîne également l'aménagement d'un réseau de transport, l'apparition du système financier autour des banques et l'établissement de centaines de scieries.

■ Les villes

Avant 1840, seules Montréal et Québec constituent des agglomérations considérables. Montréal compte 27 000 habitants vers 1830, et Québec, 22 000. Par la suite, alors que la population de Québec plafonne à 62 000 habitants en 1880, celle de Montréal augmente rapidement, atteignant alors 140 000 habitants, en particulier grâce à l'activité manufacturière.

Le site de Québec fut choisi pour des raisons militaires. On distingue la haute-ville fortifiée, où se concentrent les fonctions administratives, militaires et religieuses, de la basse-ville, où s'installent les commerçants, les travailleurs de la construction et les ouvriers moins fortunés. De 1791 à 1840, Québec est la capitale du Bas-Canada, lieu de résidence du gouverneur général, siège de l'Assemblée législative et des Conseils. De 1840 à 1867, la capitale du Canada-Uni va et vient entre Montréal, Kingston, Toronto, Ottawa et Québec. Depuis 1867 enfin, Québec est la capitale de la province. À cette époque, le nombre d'emplois directement liés à l'activité gouvernementale est cependant dérisoire, se limitant à quelques dizaines de postes. La présence militaire est bien plus appréciable, surtout après 1831, quand est achevée la Citadelle, complexe militaire protégeant l'entrée du fleuve et où l'on entretient jusqu'en 1871 une garnison permanente de 1000 soldats. Québec est aussi une capitale religieuse; siège du seul **diocèse** catholique de l'Amérique britannique, elle

Diocèse

Circonscription religieuse placée sous la direction d'un évêque ou d'un archevêque.

La basse-ville de Québec et le port vers 1867. On trouve surtout dans ce quartier des entrepôts, des magasins et bientôt des banques.

donne à son évêque un prestige et une visibilité remarquables. La communauté des Ursulines y offre un cours de niveau secondaire aux jeunes filles, tandis que le séminaire des Jésuites assure le seul programme de niveau supérieur en français avant que l'Université Laval ouvre ses portes en 1852. Cependant, Québec est surtout le premier port du Bas-Canada, où converge tout le bois glané le long des affluents du Saint-Laurent, et par où arrivent les milliers d'immigrants. La ville souffre toutefois de l'étroitesse de la plaine agricole environnante et du manque de voies de communication terrestres.

Le site de Montréal découle au contraire d'une position commerciale avantageuse, au cœur d'une plaine fertile sillonnée de rivières, de routes et bientôt de chemins de fer. Y dominent le commerce agricole avec le Haut-Canada, les États-Unis et la plaine environnante ainsi que les activités manufacturières et de transport. Contrairement à Québec, qui conserve sa vocation militaire, Montréal voit ses fortifications démantelées dès 1804. Malgré cela, la vie urbaine continue à s'organiser autour d'un «bourg» (aujourd'hui le «Vieux-Montréal»), où se déroule l'essentiel des activités montréalaises. On y trouve bien sûr un port achalandé, rempli de fourrures et de produits agricoles en transit ou destinés aux marchés publics de la ville, comme le prestigieux marché Bonsecours (1850). Par ailleurs, l'Église est fort présente à Montréal. Le puissant ordre des Sulpiciens y administre le Petit Séminaire de Montréal et le Collège de Montréal, sur le flanc du mont Royal. On y trouve encore l'Hôtel- Dieu des Sœurs grises et l'imposante basilique Notre-Dame, qui domine la ville depuis 1829. Il faudra attendre la subdivision de la grande paroisse Notre-Dame en 1847 pour voir la ville se couvrir de vastes et somptueuses églises. Le quartier des affaires se constitue enfin au nord-ouest du boulevard Saint-Laurent autour de banques, de clubs privés et de résidences luxueuses.

La place d'Armes à Montréal en 1830. La basilique Notre-Dame (à l'arrière-plan), qui vient d'être terminée, est alors le plus vaste édifice religieux de l'Amérique du Nord. L'ancienne église paroissiale, qui se trouve devant, sera bientôt démolie et remplacée par la place que nous connaissons aujourd'hui.

■ La bourgeoisie britannique   ■ ■ □

Durant la première moitié du XIXᵉ siècle, la bourgeoisie marchande constitue l'élite incontestée du milieu urbain. Elle est formée de Britanniques arrivés sitôt après la Conquête et enrichis par le commerce des fourrures, puis du bois. L'histoire a retenu le nom de quelques Écossais entreprenants et aventureux : Simon McTavish, Alexander McKenzie, John Molson, James McGill, qui rêvent de construire un empire commercial autour du fleuve Saint-Laurent,

Réalisée sur le modèle d'un temple romain et située en face de la basilique Notre-Dame, la Banque de Montréal domine la prestigieuse place d'Armes.

JOHN MOLSON (1787-1860)

Homme d'affaires, juge de paix, militaire et politicien, John Molson fils est un représentant typique de la bourgeoisie marchande. Travaillant d'abord à la brasserie fondée par son père, il s'intéresse rapidement à tout ce qui touche les transports. Associé de près au lancement du premier bateau à vapeur au Canada, il devient propriétaire d'une imposante flotte. Au cours des années 1830, il est président du premier chemin de fer au pays, qui relie Saint-Jean à La Prairie. Solidement établi dans le commerce, il investit avec la même énergie le milieu financier en devenant d'abord président de la Banque de Montréal (1836), puis en fondant la Banque Molson avec son frère William en 1853.

La puissance économique de Molson en fait la cible des attaques des Patriotes. Fervent loyaliste, John Molson participe à la guerre de 1812 et combat les Patriotes en 1837 au sein d'un corps de volontaires. En 1838, il est membre du conseil spécial qui suspend les libertés dans la province et vote l'union du Haut et du Bas-Canada.

Spéculation foncière

Plus particulièrement, il s'agit ici d'acheter à bon marché de grandes étendues de terres en friche et de les revendre à fort prix en parcelles une fois que les colons viennent pour s'y établir.

Oligarchie

Régime politique dans lequel le pouvoir se trouve entre les mains d'un petit groupe de personnes ou d'une classe sociale restreinte.

mais qui n'ont aucun scrupule à traiter les « Canadiens » en peuple conquis. Ils prennent également part à la politique coloniale où ils défendent farouchement le maintien du protectionnisme anglais et le lien colonial, sources de leur richesse. La direction des grandes entreprises leur permet ainsi de faire rayonner la culture anglaise. La moitié des journaux et la plupart des théâtres sont en anglais, et la seule université (Université McGill, 1821) dispense un enseignement dans cette langue seulement. Dès la deuxième génération, les fils de ces marchands diversifient leurs activités grâce au transport fluvial et ferroviaire, à la **spéculation foncière** et au secteur bancaire.

Le commerce du bois et l'aménagement du réseau de canaux sont à l'origine des premières banques au Québec. À la suite de la Banque de Montréal (1817), la Banque Royale (1836), la Banque Molson (1853) et la Banque Jacques-Cartier (1862), les compagnies d'assurances et les grands cabinets d'avocats s'installent à l'ouest du Vieux-Montréal actuel, rue Saint-Jacques. Avec leurs façades néoclassiques imposantes, les banques inspirent le respect. Seuls les marchands liés au grand commerce intéressent alors ces temples de la finance. Il n'existe d'ailleurs pas de succursales à proprement parler, et la plupart des banques se trouvent à Montréal. Les agriculteurs et les artisans souffrent particulièrement de cette absence de crédit, qui retarde leur modernisation et, dans certains cas, accélère leur ruine.

■ La naissance du nationalisme canadien-français ▫

Dès le début du XIXe siècle, la situation se détériore au Bas-Canada. La crise agricole et la domination économique des Britanniques menacent l'équilibre social. Bientôt, des luttes politiques traduisent ces tensions et la Chambre d'assemblée devient autour de 1810 le théâtre d'affrontements qui sonnent l'éveil du nationalisme canadien-français. Ce nationalisme est de nature aussi politique, économique et sociale que nationale, car les Patriotes réclament autant la démocratie, la justice sociale et la fin des abus que la protection de la langue et de la culture françaises. C'est la bourgeoisie professionnelle qui porte cette idéologie, rejetant à la fois le pacte aristocratique des seigneurs et l'**oligarchie** des marchands britanniques. Ce nationalisme s'exprime avant tout sur le plan politique, puisque la bourgeoisie professionnelle ne dispose guère que d'un instrument privilégié : la Chambre d'assemblée du Bas-Canada, où les Patriotes détiennent la majorité et à partir de laquelle ils déclencheront bientôt les Rébellions.

■ Les affrontements politiques ■■▫

C'est dans ce contexte qu'est créé le Parti canadien (qui deviendra plus tard le Parti patriote), lequel réunit selon Robert Boily toutes les caractéristiques d'une formation politique moderne : « cohésion assez forte en Chambre lors des votes et à l'extérieur de la Chambre lors des élections, leadership stable, encadrement des électeurs pendant et après les élections [...], campagnes de presse et élaboration de revendications qui prennent l'allure d'un programme politique ». D'abord mené par Pierre Bédard, le Parti canadien connaît son heure de gloire sous la direction de Louis-Joseph Papineau, qui, à compter de 1815, le dirige pendant plus de 20 ans.

Pour mener à bien leur lutte démocratique et nationale, les députés canadiens-français ont recours au seul véritable moyen de pression que leur octroie l'Acte constitutionnel de 1791, soit le droit d'accorder ou non les **subsides** permettant au gouvernement de fonctionner.

Les pressions exercées par le Parti patriote mécontentent au plus haut point les bureaucrates et marchands anglais. Ensemble, ils réclament donc en 1810, puis en 1822, l'union du Haut et du Bas-Canada afin de placer les francophones en minorité politique. Papineau se rend alors en Angleterre et réussit à faire échouer le projet. Les Patriotes dénoncent dès lors leurs adversaires, décrivant leur parti comme une coterie égoïste, opposée aux intérêts du peuple.

À partir de 1828, Londres semble préconiser une politique de conciliation. Par contre, à cette date, les positions du Parti patriote se radicalisent singulièrement. Ses membres réclament désormais des changements constitutionnels, notamment que les membres des Conseils soient élus par la population. Durant l'hiver de 1834, l'économie est stagnante et l'arrivée massive d'immigrants irlandais fait craindre de nouvelles épidémies. C'est dans ce contexte que les Patriotes déposent les 92 Résolutions, qui résument les doléances accumulées contre le régime colonial. Certains constatent alors que les revendications autonomistes et démocratiques contenues dans les 92 Résolutions ne pourraient mener qu'à l'indépendance du Bas-Canada. Le tableau 2.2 rend compte de la division ethnique et socio-professionnelle qui sépare le Québec en deux à cette époque.

Il faut attendre le printemps de 1837 pour que Londres réponde aux demandes des Patriotes par la bouche de Lord John Russell. Cette réponse a l'effet d'une douche froide sur les Patriotes : les Résolutions Russell autorisent le gouverneur à dépenser les subsides sans le consentement des députés, privant ainsi les députés patriotes de leur seul moyen de pression constitutionnel.

Subside

Les taxes sur l'alcool, le tabac ou les timbres étaient du ressort de l'Assemblée dirigée par une majorité patriote. On appelle subsides l'argent de ces taxes que l'Assemblée décide de mettre à la disposition de l'exécutif afin d'acquitter les dépenses de l'administration coloniale.

Le tableau suivant permet de situer sommairement l'origine des principaux protagonistes des Rébellions de 1837-1838, c'est-à-dire des 310 chefs patriotes et des 196 chefs antipatriotes qui les affrontent, notamment à titre de volontaires.

TABLEAU 2.2 L'origine des principaux protagonistes des Rébellions de 1837-1838

PROFESSIONS	CHEFS LOYAUX OU ANTIPATRIOTES						CHEFS PATRIOTES					
	Francophones		Britanniques		Total		Francophones		Britanniques		Total	
Entrepreneurs	3	11,5 %	25	14,7 %	28	14,3 %	6	2,3 %	4	8,3 %	10	3,2 %
Marchands	2	7,7 %	25	14,7 %	27	13,8 %	48	18,3 %	10	20,8 %	58	18,7 %
Avocats et médecins	5	19,2 %	25	14,7 %	30	15,3 %	101	38,5 %	7	14,6 %	108	34,8 %
Métiers et artisans	1	3,8 %	17	10,0 %	18	9,2 %	25	9,5 %	12	25,0 %	37	11,9 %
Cultivateurs	2	7,7 %	12	7,1 %	14	7,1 %	48	18,3 %	7	14,6 %	55	17,7 %
Seigneurs	7	26,9 %	1	0,6 %	8	4,1 %	3	1,1 %	0		3	1,0 %
Fonctionnaires	1	3,8 %	4	2,4 %	5	2,6 %	0		0		0	
Profession inconnue	5	19,2 %	61	35,9 %	66	33,7 %	31	11,8 %	8	16,7 %	38	12,6 %
Total	26	13,3 %	170	86,7 %	196	100 %	262	84,5 %	48	15,5 %	310	100 %

**LOUIS-JOSEPH PAPINEAU
(1786-1871)**

Dès son entrée à l'Assemblée en 1809, Louis-Joseph Papineau joue un rôle central dans la politique bas-canadienne. Après 1815, il s'installe dans le fauteuil de l'orateur (président) de l'Assemblée législative, une fonction alors importante, d'où il gouverne le caucus des députés canadiens-français. En 1822, il se rend en Angleterre afin de faire avorter un projet d'union des colonies canadiennes. Ayant vaincu le gouverneur Dalhousie au terme d'une joute politique épique, il devient l'âme et la tête du Parti patriote à compter de 1827. En 1834, il rédige l'essentiel des 92 Résolutions patriotes, puis il participe à de nombreuses assemblées populaires. Il encourage aussi le boycott des produits anglais et même la grève des députés. Il joue donc un rôle crucial dans le déclenchement de la Rébellion de 1837. Papineau est cependant un modéré; il s'oppose à l'action armée ainsi qu'aux revendications des plus radicaux, dont l'abolition du régime seigneurial.

La tête de Papineau est néanmoins mise à prix en novembre 1837. Il parvient d'abord à se réfugier aux États-Unis, puis il se détache du mouvement de résistance qui s'organise, cependant que la rébellion est écrasée. En 1839, Papineau passe en France, où il réussit à faire venir sa femme, Julie Bruneau, et leurs enfants, mais où il vit difficilement. De retour d'exil en 1845, il s'engage à nouveau dans la politique et se joint aux jeunes députés radicaux du Parti rouge, hostiles à l'Acte d'Union et à la Confédération. Demeuré jusqu'à la fin fidèle à ses principes républicains et nationalistes, Louis-Joseph Papineau s'éteint en 1871 en son manoir de Montebello donnant sur la rivière des Outaouais.

■ Les Rébellions de 1837–1838 ■■□

L'attitude intransigeante du gouvernement semble indiquer qu'il cherche à précipiter les événements en plaçant les Patriotes devant un choix déchirant : se révolter ou se soumettre. Selon certains, le recours aux armes est devenu la seule option pour continuer à réclamer le respect de leurs droits. Pour les modérés comme Louis-Joseph Papineau, Louis-Hippolyte LaFontaine ou Denis-Benjamin Viger, l'insurrection n'est pas plus souhaitable que la soumission. Nageant entre deux eaux, ils élaborent une stratégie mitoyenne. En appelant à la suprême souveraineté du peuple, ils tiennent de vastes assemblées populaires qui connaissent un succès retentissant partout le long du Saint-Laurent. Le clergé cependant, par l'entremise de l'évêque de Montréal, Mgr Lartigue, lance un appel au calme en rappelant qu'il n'est jamais permis de se révolter contre l'autorité légitime. L'agitation atteint un point culminant le 24 octobre 1837, lors de l'assemblée des Six Comtés tenue devant 5000 personnes massées à Saint-Charles, en bordure du Richelieu. La foule chauffée à blanc vote alors une série de résolutions s'apparentant au préambule de la Déclaration d'indépendance américaine qui reconnaît à tout peuple « le droit de changer ses institutions politiques et de modifier la forme de son gouvernement ».

Craintive mais bien décidée à protéger ses intérêts, la population britannique organise elle aussi des assemblées et, surtout, s'arme contre un éventuel soulèvement. Le 6 novembre 1837, des émeutiers britanniques appartenant au Doric Club attaquent des Patriotes membres de l'organisation des Fils de la liberté. Le 16 novembre, des mandats d'arrestation sont émis contre les principaux chefs patriotes. Alors que certains sont emprisonnés, d'autres, dont Papineau, parviennent à s'enfuir. Le lendemain à Longueuil, un détachement armé britannique tombe dans une embuscade patriote (*voir la figure 2.3*).

Cette aquarelle d'Henri Julien montre bien ce que devait être, le soir du 23 novembre 1837, la joie des Patriotes après qu'ils eurent repoussé les troupes anglaises. La bataille de Saint-Denis sera le seul grand succès patriote.

Promptes à réagir, les autorités militaires concentrent d'abord leur attention sur la vallée du Richelieu. Deux détachements composés de soldats et de volontaires civils quittent Montréal, l'un vers Chambly, l'autre vers Sorel. Ils ont pour mission d'étouffer les foyers d'insurrection le long du Richelieu. Le premier affrontement sérieux se produit à Saint-Denis, où les hommes du colonel Charles Gore affrontent les rebelles dirigés par le Dr Wolfred Nelson. Ne disposant, de l'aveu du chef, que « de 119 fusils dont 57 seulement pouvaient servir tant bien que mal », les Patriotes tiennent néanmoins les Britanniques en respect pendant près de deux heures. Vers midi, ils reçoivent l'appui d'une centaine de personnes qui sont parvenues à traverser le Richelieu. Gore ordonne alors la retraite, comptant six morts dans ses rangs et au-delà d'une centaine de blessés. Les Patriotes triomphent. Nelson ramène toutefois son monde à la réalité en déclarant : « Nos têtes sont maintenant en jeu. Il n'y a plus moyen de reculer, il faut que nous tenions bon et que nous acceptions, comme des hommes, les conséquences de nos actions. » Ignorant la déroute de Gore à Saint-Denis, le colonel Wetherall se lance à l'assaut de Saint-Charles le matin du 25 novembre. Cette fois, l'engagement ne tourne pas à la faveur des Patriotes ; le village est investi et en partie brûlé par l'armée. Au début de décembre, la vallée du Richelieu est entièrement occupée. Après avoir écrasé un

FIGURE 2.3 Les affrontements armés dans le district de Montréal (1837-1838)

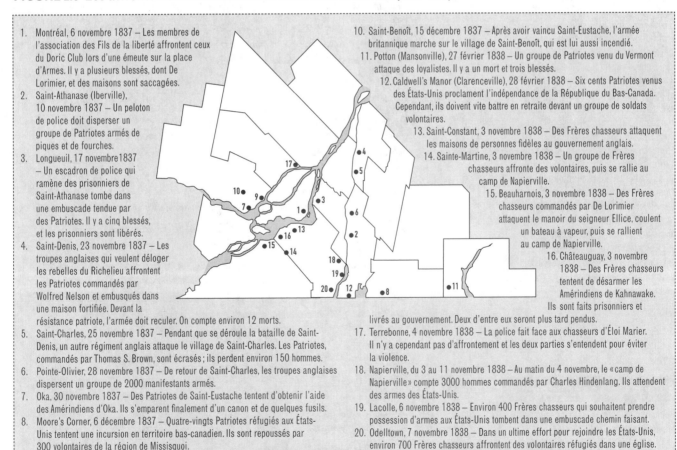

1. Montréal, 6 novembre 1837 – Les membres de l'association des Fils de la liberté affrontent ceux du Doric Club lors d'une émeute sur la place d'Armes. Il y a plusieurs blessés, dont De Lorimier, et des maisons sont saccagées.
2. Saint-Athanase (Iberville), 10 novembre 1837 – Un peloton de police doit disperser un groupe de Patriotes armés de piques et de fourches.
3. Longueuil, 17 novembre 1837 – Un escadron de police qui ramène des prisonniers de Saint-Athanase tombe dans une embuscade tendue par des Patriotes. Il y a cinq blessés, et les prisonniers sont libérés.
4. Saint-Denis, 23 novembre 1837 – Les troupes anglaises qui veulent déloger les rebelles du Richelieu affrontent les Patriotes commandés par Wolfred Nelson et embusqués dans une maison fortifiée. Devant la résistance patriote, l'armée doit reculer. On compte environ 12 morts.
5. Saint-Charles, 25 novembre 1837 – Pendant que se déroule la bataille de Saint-Denis, un autre régiment anglais attaque le village de Saint-Charles. Les Patriotes, commandés par Thomas S. Brown, sont écrasés ; ils perdent environ 150 hommes.
6. Pointe-Olivier, 28 novembre 1837 – De retour de Saint-Charles, les troupes anglaises dispersent un groupe de 2000 manifestants armés.
7. Oka, 30 novembre 1837 – Des Patriotes de Saint-Eustache tentent d'obtenir l'aide des Amérindiens d'Oka. Ils s'emparent finalement d'un canon et de quelques fusils.
8. Moore's Corner, 6 décembre 1837 – Quatre-vingts Patriotes réfugiés aux États-Unis tentent une incursion en territoire bas-canadien. Ils sont repoussés par 300 volontaires de la région de Missisquoi.
9. Saint-Eustache, 14 décembre 1837 – Une imposante armée de 1500 soldats marche sur le fief patriote de Saint-Eustache. Réfugiés dans l'église, 900 Patriotes sont écrasés, l'attaque faisant environ 70 morts.

10. Saint-Benoît, 15 décembre 1837 – Après avoir vaincu Saint-Eustache, l'armée britannique marche sur le village de Saint-Benoît, qui est lui aussi incendié.
11. Potton (Mansonville), 27 février 1838 – Un groupe de Patriotes venu du Vermont attaque des loyalistes. Il y a un mort et trois blessés.
12. Caldwell's Manor (Clarenceville), 28 février 1838 – Six cents Patriotes venus des États-Unis proclament l'indépendance de la République du Bas-Canada. Cependant, ils doivent vite battre en retraite devant un groupe de soldats volontaires.
13. Saint-Constant, 3 novembre 1838 – Des Frères chasseurs attaquent les maisons de personnes fidèles au gouvernement anglais.
14. Sainte-Martine, 3 novembre 1838 – Un groupe de Frères chasseurs affronte des volontaires, puis se rallie au camp de Napierville.
15. Beauharnois, 3 novembre 1838 – Des Frères chasseurs commandés par De Lorimier attaquent le manoir du seigneur Ellice, coulent un bateau à vapeur, puis se rallient au camp de Napierville.
16. Châteauguay, 3 novembre 1838 – Des Frères chasseurs tentent de désarmer les Amérindiens de Kahnawake. Ils sont faits prisonniers et livrés au gouvernement. Deux d'entre eux seront plus tard pendus.
17. Terrebonne, 4 novembre 1838 – La police fait face aux chasseurs d'Éloi Marier. Il n'y a cependant pas d'affrontement et les deux parties s'entendent pour éviter la violence.
18. Napierville, du 3 au 11 novembre 1838 – Au matin du 4 novembre, le « camp de Napierville » compte 3000 hommes commandés par Charles Hindenlang. Ils attendent des armes des États-Unis.
19. Lacolle, 6 novembre 1838 – Environ 400 Frères chasseurs qui souhaitent prendre possession d'armes aux États-Unis tombent dans une embuscade chemin faisant.
20. Odelltown, 7 novembre 1838 – Dans un ultime effort pour rejoindre les États-Unis, environ 700 Frères chasseurs affrontent des volontaires réfugiés dans une église. Ils doivent cependant battre en retraite, ce qui entraîne l'évacuation du camp de Napierville.

FRANÇOIS MARIE THOMAS CHEVALIER DE LORIMIER (1803-1839)

Originaire de Saint-Cuthbert (Lanaudière) et notaire de profession, De Lorimier, comme plusieurs jeunes hommes de son époque, est très tôt emporté dans le tourbillon politique qui frappe le Bas-Canada au cours des années 1820 et 1830. Très actif lors de la Rébellion de 1837, il tient d'abord le rôle de secrétaire du comité central patriote, puis il participe à l'affrontement contre le Doric Club le 4 novembre 1837, ainsi qu'à la bataille de Saint-Eustache le 14 décembre suivant. Il parvient ensuite à s'enfuir aux États-Unis, pour mieux revenir l'année suivante en tant que brigadier général des troupes rebelles à Beauharnois, où il s'illustre lors de la prise du manoir Ellice. Arrêté le 12 novembre 1838, il est incarcéré à Montréal. Condamné à mort le 11 janvier 1839, il est pendu au Pied-du-Courant le 15 février aux côtés de quatre compagnons d'infortune. La veille de son exécution, fidèle jusqu'au bout à ses convictions, il rédige de nombreuses lettres destinées à sa famille et à ses amis, ainsi qu'un testament politique aux accents prophétiques empreint d'un grand humanisme ; il s'agit de l'un des témoignages les plus poignants de l'histoire québécoise.

Sauvage

Nom qui a longtemps servi à désigner les Amérindiens.

autre soulèvement à Moore's Corner (Saint-Armand), près de la frontière du Vermont, l'armée entend calmer l'agitation populaire dans la région du lac des Deux-Montagnes. Prenant lui-même la commande des opérations, le général Colborne se dirige avec quelque 1500 soldats vers Saint-Eustache, qu'il attaque le 14 décembre. Barricadés dans l'église, le couvent et le presbytère, les Patriotes offrent une résistance héroïque mais sans espoir. À la fin de l'après-midi, ils sont dispersés et le village est la proie des flammes. La paroisse de Saint-Benoît, qui n'offre pourtant aucune résistance, subit le même sort le lendemain.

La ferveur patriotique ne s'éteint pas pour autant et d'autres soulèvements ont lieu à la fin de 1838. À partir des États-Unis où ils s'étaient réfugiés, des Patriotes se regroupent au sein de la société secrète des Frères chasseurs, rédigent une Déclaration d'indépendance (*voir la figure 2.4*), proclament la

FIGURE 2.4 La Déclaration d'indépendance du Bas-Canada (1838) (extrait)

Nous, au nom du Peuple du Bas-Canada, adorant les décrets de la Divine Providence, qui nous permet de renverser un Gouvernement, qui a méconnu l'objet et l'intention pour lequel il était créé, et de faire choix de la forme de gouvernement la plus propre à établir la justice, assurer la tranquillité domestique, pourvoir à la défense commune, promouvoir le bien général, et garantir à nous et à notre prospérité les bienfaits de la Liberté, civile et religieuse ;

Déclarons solennellement [sic]

1. *Qu'à compter de ce jour, le Peuple du Bas-Canada est* ABSOUS *de toute allégeance à la Grande-Bretagne, et que toute connexion politique entre cette puissance et le Bas-Canada* CESSE *dès ce jour.*

2. *Que le Bas-Canada doit prendre la forme d'un Gouvernement* RÉPUBLICAIN *et se déclare maintenant, de fait,* RÉPUBLIQUE.

3. *Que sous le Gouvernement libre du Bas-Canada, tous les citoyens auront les mêmes droits ; les* **sauvages** *cesseront d'être sujets à aucune disqualification civile quelconque, et jouiront des mêmes droits que les autres citoyens de l'État du Bas-Canada.*

4. *Que toute union entre l'Église et l'État est déclarée abolie, et toute personne a le droit d'exercer librement la religion et la croyance que lui dicte sa conscience.*

5. *Que la Tenure Féodale ou Seigneuriale, est, de fait, abolie, comme si elle n'eût jamais existé dans ce pays.*

6. *Que toute personne qui porte ou portera les armes, ou fournira des moyens d'assistance au Peuple Canadien dans sa lutte d'émancipation, est déchargée de toutes dettes ou obligations réelles ou supposées, envers les Seigneurs, pour arrérages en vertu de Droits Seigneuriaux ci-devant existants.*

[...]

18. *Qu'on se servira des langues Française et Anglaise dans toute matière publique.*

ET *pour le support de* CETTE DÉCLARATION, *et le succès de la cause Patriotique, que nous soutenons,* NOUS, *confiants en la protection du Tout-Puissant et la justice de notre ligne de conduite, engageons, par ces présentes, mutuellement et solennellement les uns envers les autres, notre vie, nos fortunes, et notre honneur le plus sacré.*

Par ordre du Gouvernement Provisoire.

Robert Nelson,   Président

Lors de la bataille de Saint-Eustache, les Patriotes retranchés dans l'église doivent en sortir précipitamment à cause d'un incendie provoqué par les tirs d'artillerie de l'armée.

République du Bas-Canada et, au mois de novembre, tentent encore une fois de soulever les populations du sud de Montréal. Malgré un manque flagrant d'hommes et d'armes, les Frères chasseurs attaquent les milices volontaires anglaises à Lacolle et à Odelltown, près de la frontière américaine. Des quelque 1000 personnes arrêtées, 99 sont condamnées à mort. De ce nombre, 58 sont exilées en Australie (56 reviendront en 1845) et 12 sont pendues. Conséquemment à ces événements, le gouvernement britannique annonce la suppression de la Chambre d'assemblée et impose une loi martiale dont certaines dispositions persisteront jusqu'en 1841.

Cette agitation des colonies britanniques de l'Amérique du Nord (le Haut-Canada connaît lui aussi deux années de soulèvements) reproduit l'expérience des États-Unis au XVIIIe siècle. Elle s'inscrit également dans la mouvance révolutionnaire que connaissent alors l'Europe et l'Amérique latine, où la lutte pour des institutions représentatives et pour l'indépendance s'apparente à celle menée par les Patriotes. Peu importe la justesse de la cause patriote, l'Angleterre entend, une fois pour toutes, prendre les moyens pour assurer sa domination.

■ Le rapport Durham   ■ ■ □

Dès 1838, Londres crée une commission d'enquête pour faire la lumière sur les causes profondes de la rébellion et y remédier. John George Lambton, comte de Durham, bénéficie en Grande-Bretagne d'une très haute réputation et est apparemment sensible aux intérêts des classes défavorisées. Bien qu'il ne demeure que cinq mois au Canada, de mai à septembre 1838, Durham parvient à effectuer une étude approfondie. Se ralliant en cela à une opinion alors en vogue en Angleterre, il propose d'accorder la responsabilité ministérielle aux provinces et de les laisser évoluer vers l'autonomie à l'intérieur d'un **Commonwealth** britannique.

République

Régime politique où le pouvoir est partagé entre divers paliers de gouvernement et dans lequel le chef de l'État est élu. La France et les États-Unis forment aujourd'hui des républiques.

Commonwealth

Littéralement, l'expression signifie « richesse commune ». Il s'agit ici d'une organisation politique dans laquelle l'Angleterre donnait une plus grande autonomie à ses colonies tout en s'assurant qu'elles demeurent attachées à la métropole. En 1931, ce système s'érigera en une fédération d'États souverains regroupés autour de l'Angleterre.

Chargé de ramener le calme dans la colonie après les troubles de 1837-1838, Lord Durham dresse, dans son rapport, un tableau assez complet de la situation des colonies britanniques de l'Amérique du Nord. En fin de compte, il recommande d'unir les deux Canadas et d'assimiler les francophones à la culture anglaise, puis d'accorder la responsabilité ministérielle.

Dans l'application de son plan, seule la question bas-canadienne fait hésiter Durham. Reconnaissant la justesse des revendications des Canadiens français, il affirme que leur avenir national est sans espoir. Il déclare : «Je n'entretiens aucun doute au sujet du caractère national qui doit être donné au Bas-Canada ; ce doit être celui de l'Empire britannique.» En se séparant de l'Empire britannique, les Canadiens tomberaient presque automatiquement sous la coupe d'une autre puissance, probablement les États-Unis. En demeurant au sein du Commonwealth britannique, ils sont encore en situation d'infériorité. Or, le Bas-Canada est déjà aux portes d'une crise raciale. Durham préconise donc l'assimilation de la population française d'Amérique : «Toute autre race que la race anglaise y apparaît dans un état d'infériorité. C'est pour les tirer de cette infériorité que je veux donner aux Canadiens notre caractère anglais.»

Pour Durham, l'assimilation passe par la subordination politique. Il s'agit de placer l'élément francophone dans un état d'infériorité numérique à la Chambre en unissant l'Ontario et le Québec. Il écrit : «Si l'on estime exactement la population du Haut-Canada à 400 000 âmes, les Anglais du Bas-Canada à 150 000 et les Français à 400 000, l'union des deux provinces ne donnerait pas seulement une majorité anglaise absolue, mais une majorité qui s'accroîtrait annuellement par une immigration anglaise.» Après avoir vu en Lord Durham un «nouveau Messie», les Canadiens français déchantent à la lumière de ses recommandations. La résistance s'organise autour du clergé catholique qui croit ses institutions menacées. Cependant, privés de leur Chambre d'assemblée et de leurs chefs, exilés ou emprisonnés, les Canadiens français sont impuissants. L'Acte d'Union est donc adopté par un conseil spécial de 12 personnes et entre en vigueur le 10 février 1841 (*voir la carte 2.4*).

CARTE 2.4 L'Acte d'Union de 1841

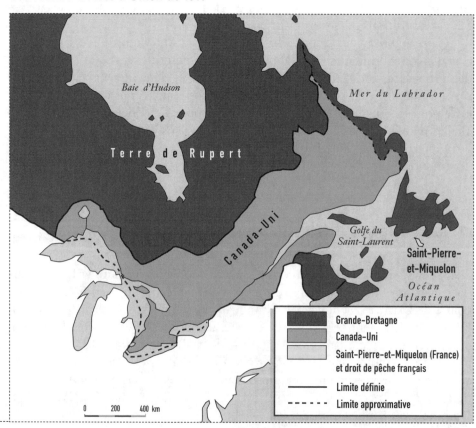

Le Canada-Uni réunit désormais les provinces du Haut et du Bas-Canada, soit une partie du Québec et de l'Ontario actuels.

■ La lutte pour le gouvernement responsable ■ ■ □

Le Canada-Uni comprend désormais deux sections : le Canada-Est (l'ancien Bas-Canada) et le Canada-Ouest (l'ancien Haut-Canada), où l'autorité se trouve encore entre les mains d'un gouverneur et d'un Conseil exécutif non élu. La Chambre d'assemblée est composée de 42 représentants pour chacune des sections, même si le Canada-Ouest compte 200 000 habitants de moins que son voisin. Si les Canadiens français rejettent massivement la nouvelle constitution, certains chefs, dont Louis-Hippolyte LaFontaine, acceptent néanmoins de collaborer au nouveau régime en échange de quelques pouvoirs qui leur permettront de préserver le caractère distinct de leur peuple. LaFontaine met alors tous ses espoirs dans la **responsabilité ministérielle,** principe moteur du parlementarisme britannique qui, s'il était appliqué, pourrait permettre de protéger les droits des Canadiens français ainsi que leur langue, leur religion et leurs lois civiles.

Louis-Hippolyte LaFontaine travaille alors à réunir au sein d'un même parti toutes les forces libérales du Québec et de l'Ontario, où des réformistes, autour de Robert Baldwin, cherchent aussi à obtenir la responsabilité ministérielle. Les candidats de l'alliance LaFontaine-Baldwin sont élus majoritairement aux élections de 1842. Les deux hommes forment alors un gouvernement et multiplient les pressions auprès du gouverneur afin que soit reconnu le principe d'un gouvernement responsable, finalement acquis en 1849. Désormais, les ministres seront choisis au sein du parti ayant obtenu le plus de sièges aux élections. Leur nomination correspondra donc mieux à la volonté du peuple, devant qui les ministres seront à présent « responsables ».

Louis-Hippolyte LaFontaine demeure encore aujourd'hui un personnage controversé. Pour certains, son dynamisme et son habileté politique ont permis aux siens de s'imposer dans le gouvernement à une époque où leur avenir était plus qu'incertain. Pour d'autres, il a été le premier à accepter la mise en minorité politique des Canadiens français.

Le siège du Parlement, alors situé à Montréal, est incendié le 25 avril 1849 par des émeutiers du Parti conservateur rendus furieux par une loi qui indemnise les victimes de la répression de l'armée durant les Rébellions de 1837-1838.

Responsabilité ministérielle

Type de régime politique où les membres de l'exécutif sont choisis parmi les élus et doivent avoir la confiance du Parlement pour exercer leurs activités.

JOSEPH QUESNEL (1749-1809)

Né à Saint-Malo, sur la côte bretonne, en 1749, Quesnel se destine très tôt à la carrière de marin. Il voyage d'abord pendant trois ans, revient à Saint-Malo et s'embarque en 1779 à destination de la Guyane française. Tandis que son bateau transporte des munitions destinées aux rebelles américains en pleine guerre d'Indépendance, il est arrêté par une frégate anglaise et conduit à Halifax. Sur la recommandation d'amis, il se rend alors au Bas-Canada, surpris d'y entendre un « français si pittoresque ». Il épouse une riche veuve et s'installe à Boucherville. Les rentes de son épouse lui laissent tout le loisir d'« éveiller les Canadiens aux plaisirs de l'esprit ». Il touche à tous les genres : la poésie, le théâtre, le vaudeville et même la musique. Son *Colas et Colinette* est ainsi, en 1788, le premier opéra français écrit en Amérique. Quesnel est aussi le premier auteur dramatique à voir ses pièces jouées à Québec et à Montréal. Sa maison devient l'un des premiers salons littéraires de la province. Joseph Quesnel ne fut pas un grand poète, mais la multiplicité de ses talents (il fut aussi virtuose du violon) et son engagement dans le développement de la culture en font un pionnier des arts de la scène au Québec.

Syndic

Ensemble des mandataires choisis pour exécuter la volonté du regroupement ou de l'assemblée qui les a désignés. Dans le cas des syndics d'écoles, il s'agit des commissaires désignés par l'Assemblée législative pour administrer le réseau scolaire.

Louis-Hippolyte LaFontaine, en 1849, doit alors prouver que la responsabilité ministérielle peut servir les intérêts des Canadiens français. L'année même, il parvient à faire adopter une loi indemnisant les victimes de l'armée anglaise lors des Rébellions de 1837-1838 ainsi qu'à faire reconnaître le français comme l'une des deux langues officielles. Ces décisions d'une grande valeur symbolique rendent furieux les Britanniques de Montréal. Les plus radicaux foncent même sur le Parlement (alors situé à Montréal), le saccagent et l'incendient. LaFontaine se retire peu après de l'avant-scène politique. Une page de l'histoire canadienne est tournée.

■ L'état de la culture   ■ ■ ■ □

La situation de l'instruction publique est désastreuse dans la première moitié du XIXe siècle, alors qu'en 1842, moins de 5 % des francophones de 7 à 14 ans fréquentent une école. L'éducation est alors marquée par l'incohérence et les affrontements. À preuve, en 1801, les Britanniques créent le *Royal Institute for the Advancement of Learning* destiné à établir un réseau d'écoles anglaises partout dans la province. Les autorités cléricales répliquent en 1824 avec le réseau des écoles de fabriques, catholiques et soumises au contrôle religieux. En 1829 enfin, une troisième loi scolaire, celle-là au goût de la bourgeoisie libérale, établit les écoles de **syndics** confiées à des commissaires élus. Par la suite, la crise politique qui paralyse le gouvernement de 1834 à 1840 entraîne la fermeture de la plupart des écoles. Durham lui-même est « obligé de faire remarquer [en 1839] que le gouvernement britannique, depuis qu'il possède cette province, n'a rien fait ou n'a rien tenté pour promouvoir l'instruction générale ».

La loi scolaire de 1841 sera à la base de tout le système scolaire québécois jusqu'à la Révolution tranquille, plus d'un siècle plus tard. Adoptée à l'origine dans le but d'assimiler les francophones, cette loi leur permet en fait de créer un système distinct du réseau protestant. Les surintendants à l'instruction, d'abord Jean-Baptiste Meilleur, puis Pierre Joseph Olivier Chauveau de 1855 à 1867, édifient un système placé « sous l'autorité directive des paroisses et des familles ». Par le contrôle du Conseil de l'instruction publique, l'Église impose un enseignement franchement teinté de morale religieuse, mais au moins cohérent et beaucoup plus accessible qu'auparavant en raison de l'augmentation des effectifs religieux. Le nombre d'élèves au Québec passe ainsi de 38 000 en 1843 à 179 000 en 1866, tandis que triple le nombre d'écoles.

La littérature se caractérise alors par une production exsangue et de courageuses initiatives individuelles. La plupart des anthologies font débuter la littérature du Québec quelque part entre Marc Lescarbot (1570-1642) et le père François-Xavier de Charlevoix (1682-1761). Il faudra toutefois attendre la publication des premiers journaux pour que nos écrivains puissent bénéficier d'une tribune accessible et régulière. De 1800 à 1840, le genre poétique tient le haut du pavé. *La Minerve* et *Le Canadien* accordent une grande place à une poésie qui magnifie la lutte des Patriotes et la pérennité de la nation. C'est d'ailleurs avec de petits poèmes patriotiques que les plus grands auteurs du XIXe siècle (Octave Crémazie, François-Xavier Garneau, Louis Fréchette) noirciront leurs premières pages. Ces poèmes deviennent souvent des chansons, preuves de leur circulation dans la culture orale. *Un Canadien errant* (1842) d'Antoine Gérin-Lajoie ou *Ô Canada! Mon Pays! Mes Amours!* (1835) de George-Étienne Cartier en sont des exemples. La nouvelle et le conte, qui se prêtent bien au format des journaux, sont aussi des genres populaires; par eux se feront connaître Georges Boucher de Boucherville, Faucher de Saint-Maurice et Honoré Beaugrand. Ces auteurs s'inspirent largement des légendes et de la culture orale. Pensons seulement à *La Chasse-Galerie*, à *La Corrivaux* ou à l'histoire de *Rose Latulippe*, qui s'était avisée de danser avec le Diable la veille du carême. Enfin, le roman connaît des débuts difficiles avec Philippe Aubert de Gaspé, Jacques Viger ou Joseph Doutre.

Toutefois, plus que dans les livres, c'est par le biais des journaux que se manifeste la conscience nationale naissante des Canadiens français et que se fixent les formes de leur littérature. Les premiers journaux de l'histoire du Québec, *La Gazette de Québec* (1764) et *The Montreal Gazette* (1778), généralement bilingues,

LUDGER DUVERNAY (1799-1852)

Dynamique, franc, entêté, impulsif, parfois violent, voilà autant de qualificatifs pour décrire ce pionnier de l'imprimerie au Canada. Après avoir fondé trois journaux à Trois-Rivières entre 1817 et 1827, Duvernay se fait connaître à compter de 1827 à la tête de *La Minerve*, qu'il met au service du Parti patriote de Papineau. Au cours des années qui précèdent le soulèvement de 1837, il est envoyé à trois reprises en prison pour diffamation et outrage au tribunal en plus d'être mêlé à deux duels. Après cinq pénibles années d'exil aux États-Unis, il revient au Canada en 1842 et ressuscite son journal afin de faire triompher d'abord les idées réformistes de Louis-Hippolyte LaFontaine, puis celles du Parti conservateur. Lors de ses funérailles, 10 000 personnes se réunissent pour rendre un dernier hommage au Patriote ardent qui, en 1843, a fondé la Société Saint-Jean-Baptiste de Montréal et a proclamé le 24 juin fête nationale des Canadiens français.

LE CANADIEN.

Fiat Justitia ruat Cœlum.

No. 1] SAMEDI LE 22 NOVEMBRE, 1806. [Prix { ...

Les papiers ci-après No. 1, No. 2, No. 3 font des traductions de ceux, que l'éditeur du Mercury a refusé d'insérer dans sa feuille du 31 de Mars dernier—Le public pourra juger, si après avoir publié ceux qui avoient parru dans les feuilles précédentes, il pouvoit refuser ceux-ci, sans montrer que sa presse étoit asservie à un parti, et si ce qu'il dit dans son dernier numero pour s'en justifier, est vrai.

No. I.

MONSIEUR THOMAS CARY,

MONSIEUR,—Il y a quelqu'erreur dans le récit que je vous ai envoyé le 20 de ce mois au sujet du *museum* des figures de cire. Celui qui faisoit l'exhibition n'étoit pas *Jean Baptiste*, c'étoit un homme des États Unis ou les figures avoient été moulées, et Jean Baptiste étoit une des 16 figures sauvages. Ces circonstances sont de peu d'importance, mais elles donnèrent lieu à ce qui se passa le lendemain. Le lendemain *John Bull* fut informé que les sept figures que ce *Yenké* lui avoit montrées comme les *amis du Roi*, étoient des amis faits dans des *moules Yenkés*, qu'ils étoient ceux qui avoient soutenu la liberté Yenke'e de la presse, et que tout ce qu'on lui avoit dit des seize n'étoit qu'un *tour de Yenké*. John qui étoit alors assis dans le Caffé commença à devenir sérieux. Vous savez qu'il est un peu precipité, et qu'il n'examine pas toujours les deux côte's de la question, mais lorsqu'il a une fois réfléchi, son jugement est bon aussi bien que son cœur. On l'entendit marmotter plusieurs fois entre ses dents, "*c'est un tour de Yenké!*" tout d'un coup il se leva et après avoir fait brusquement quelques enjambe'es çà et là dans la place, il passa la porte sans dire mot à personne; mais son comportement extraordinaire excita tellement la curiosité, que tous ceux qui étoient présens coururent à sa suite. Il fut bientôt rendu au *museum*, et en ayant enfoncé la porte d'un coup de pied, il attrappe le premier des sept, en balaye les autres hors de la salle, jurant d'un ton de tonnerre, qu'il extermineroit de la face de la terre tous les *amis du Roi* faits dans de pareils moules. Ceux qui avoient ri la veille commencèrent à pâlir, et prirent la fuite. En sortant *John* rencontra *Jean Baptiste* lui-même, et lui donna cordialement la main, ils ju-

rèrent une haine éternelle à toute la race des Yenkés et depuis ce tems ils ont toujours été compagnons l'un de l'autre. On dit qu'ils font partis pour Québec, et on murmure qu'ils ont fait des découvertes qui ne leur paroissent pas être d'un bon augure; on parle surtout de certains papiers, qu'ils ont surpris dans la possession de quelqu'un des amis particuliers des sept. On fait mention d'un intitulé "*Table des droits payés en Angleterre sur les Pelleteries*" d'un autre intitulé *Envois de Pelleteries par les États Unis*, d'un troisième intitulé *État des marchandises des Indes importés sous pavillon Americain*, et de deux grosses liasses qui n'ont pas encore été examinées.

Montreal, 27 Mars, 1806. THE OBSERVER.

No. II.

Aux Francs Tenanciers* dans le Bas Canada.

Certains procédés de notre Sénat ont dernièrement beaucoup attiré l'attention publique. Il y a eu beaucoup de fermentation, beaucoup a été dit dans les conversations privées. La liberté de la Presse est la Gloire de notre Constitution. Mais quelle est son utilité, si l'on n'en fait usage? Pourquoi troubler les communications de la Société par l'introduction d'un sujet politique, ou les argumens ne sont entendus que d'un petit nombre, et ou les argumentateurs ne sont que trop souvent déterminés d'avance à n'être point convaincus? Pourquoi ne pas venir en avant? que tous entendent. La voie de la réplique est ouverte à tous.

Nous entendons trop souvent les expressions de Parti Canadien, et de Parti Anglois. Y a-t-il une guerre civile dans le Pays? Tous les habitans de la province ne sont ils pas Sujets Britannique? Les Anglois ici ne doivent pas plus avoir le titre d'Anglois, que les Canadiens celui de François. Ne ferons nous pas jamais connus, comme un Peuple, comme Américains Britanniques? Lorsque le récit d'un diné donné à certains personnages, avec une liste des santés, parut pour la première fois dans la Gazette de Montréal, ma surprise, sur les sentimens qui y étoient exprimés, ne put être surpassée, que lorsque j'appris quels étoient ceux qui composoient cette assemblée, personnes que l'on m'avoit toujours fait regarder comme des hommes loyaux, et des fermes appuis de notre glorieuse Constitution. Pour ne point

* Propriétaires de terre.

Fondé en 1806, *Le Canadien* est le premier journal qui attaque l'oligarchie britannique et qui lutte pour les droits des Canadiens français.

✚ Sauriez-vous saisir l'argument du premier texte, une fable qui met en scène John Bull (l'Anglais), Yenké (l'Américain) et Jean-Baptiste (le Canadien)? Quelles différences voyez-vous avec nos journaux actuels?

sont surtout destinés à informer les commerçants du prix des denrées et de l'arrivée des navires marchands. Au début du XIXe siècle, déjà plusieurs journaux se disputent un petit nombre de lecteurs. Leur contenu est austère, intellectuel et ils poursuivent en général une mission éducative que n'offrent alors ni les écoles, ni les livres en nombre insuffisant. Les intenses débats parlementaires qui ont lieu entre 1810 et 1840 constituent cependant le principal aliment de la production journalistique. Lorsque les Patriotes attaquent les bureaucrates au Parlement, *Le Canadien* (1806), *La Minerve* (1826), le *Vindicator* (1828) et *L'Écho du pays* (1833) les appuient inconditionnellement, alors que la *Montreal Gazette*, le *Quebec Mercury* (1805) et le *Montreal Herald* (1811) les condamnent immanquablement.

Durant ces polémiques, des journalistes de grand talent affûtent leur plume et ferraillent parfois brillamment. Parmi ceux-ci figurent Pierre Bédard, Daniel Tracey et Ludger Duvernay, tous emprisonnés plusieurs fois à cause de leurs opinions. D'autres journalistes, comme Napoléon Aubin, Arthur Buies et Honoré Beaugrand, se distinguent par leur talent littéraire, leur ouverture d'esprit et leur humour caustique et voltairien. D'autres enfin sont d'authentiques intellectuels, capables d'élever les querelles politiques au niveau d'un débat sur l'avenir de la nation; ce sont Augustin-Norbert Morin, Louis-Antoine Dessaulles et Étienne Parent. À l'époque des Patriotes, ces premiers « éditorialistes » s'occupent de l'éducation politique des électeurs. Ils lutteront ensuite pour la conquête du gouvernement responsable (1849), puis pour dénoncer la corruption des partis politiques à l'époque de la Confédération.

■ ■ ■ L'essentiel

La première moitié du XIXe siècle est riche en bouleversements de toutes sortes. Tandis qu'un très grand nombre d'immigrants britanniques gagnent les villes, où ils se mêlent à l'important commerce du bois avec la Grande-Bretagne, la campagne est pour sa part aux prises avec une crise agricole sans précédent. De plus, s'affrontent les anciennes élites et un nouveau groupe social, la petite bourgeoisie, qui devient le fer de lance d'un mouvement d'affirmation nationale, lequel débouchera sur une action politique violente. Profitant d'un commerce florissant, les Britanniques des villes n'ont de cesse d'affirmer leurs droits et leur domination en édifiant un véritable empire commercial du Saint-Laurent tourné vers la Grande-Bretagne.

La période est cependant surtout riche sur le plan politique alors que, à l'instar de nombreux pays et colonies ailleurs dans le monde, le Québec connaît une flambée révolutionnaire autour du Parti patriote, qui se porte à la défense de la majorité canadienne-française opprimée, d'abord par des moyens politiques, puis par une action armée durement réprimée. L'Acte d'Union de 1840 doit en principe liquider cet enjeu en marginalisant le fait français. Tablant sur le principe de la responsabilité ministérielle, Louis-Hippolyte LaFontaine croit cependant que la cohabitation est possible entre les deux cultures. L'année 1849 lui donne jusqu'à un certain point raison. Elle amorce cependant une période d'instabilité de 27 années à laquelle seule la Confédération de 1867 apportera tant bien que mal une issue.

Documents

La rébellion de quelques milliers de Canadiens français contre les autorités britanniques à l'automne de 1837 et à celui de 1838 constitue un fait unique au XIXᵉ siècle. Les historiens ne s'entendent pas toutefois sur les causes et sur la signification de ces événements. Pour certains, ces événements ont une signification sociale, c'est-à-dire qu'ils y voient la manifestation d'une lutte entre des classes sociales. Pour d'autres, ils revêtent une signification ethnique, soit une lutte entre deux nations. Pour d'autres enfin, les Rébellions ont une signification politique, puisque fondamentalement, elles opposent des partis et des doctrines politiques (aristocratie contre démocratie). Nous proposons ici dix constats posés par des auteurs d'époques différentes, qui dressent un éventail sommaire des interprétations des Rébellions de 1837-1838.

Nous vous invitons à classer chacun de ces extraits selon qu'ils proposent une interprétation sociale (riches contre pauvres), politique (aristocratie contre démocratie) ou ethnique (francophones contre anglophones).

Lord Durham, 1839

≪ La tranquillité de chacune des provinces de l'Amérique du Nord, à cause des conflits entre l'Exécutif et les représentants du peuple, était sujette aux discordes continuelles. Les Constitutions de ces colonies, le caractère officiel et la position des rivaux, l'objet avoué de leurs querelles, les principes soutenus de part et d'autre, tout cela était si semblable que je dus adopter l'opinion commune que la querelle généralisée était la conséquence de quelque défaut identique de ces provinces. Je la regardai comme une de ces querelles auxquelles nous ont habitués l'histoire de l'Europe et la connaissance des hommes : une querelle entre un peuple qui demande un accroissement des privilèges populaires d'un côté, de l'autre, un Exécutif qui défend les prérogatives qu'il estime nécessaires au maintien de l'ordre. [...] Par suite des circonstances spéciales où je me trouvai, j'ai pu faire un examen assez juste pour me convaincre qu'il y avait eu dans la Constitution de la province, dans l'équilibre des pouvoirs politiques, dans l'esprit et dans la pratique administrative de chaque service du Gouvernement, des défauts très suffisants pour expliquer en grande partie la mauvaise administration et le mécontentement.

Mais aussi j'ai été convaincu qu'il existait une cause beaucoup plus profonde et plus radicale des dissensions particulières et désastreuses dans la province – une cause qui surgissait du fond des institutions politiques à la surface de l'ordre social –, une cause que ne pourraient corriger ni des réformes constitutionnelles ni des lois qui ne changeraient en rien les éléments de la société. Cette cause, il faut la faire disparaître avant d'attendre le succès de toute autre tentative capable de porter remède aux maux de la malheureuse province. Je m'attendais à trouver un conflit entre un gouvernement et un peuple ; je trouvai deux nations en guerre au sein d'un même État ; je trouvai en lutte, non des principes, mais des races. Je m'en aperçus : il serait vain de vouloir améliorer les lois et les institutions avant que d'avoir réussi à exterminer la haine mortelle qui maintenant divise les habitants du Bas-Canada en deux groupes hostiles : Français et Anglais. ≫

Source : Marcel-Pierre Hamel, *Le rapport de Durham*, Québec, Éditions de Québec, 1945, p. 68.

François-Xavier Garneau, 1845

≪ Car, quant à la justice de leur cause, ils avaient infiniment plus de droit de renverser leur gouvernement que n'en avaient l'Angleterre elle-même en 1688[1], et les États-Unis en 1775, parce que c'est contre leur nationalité, cette propriété la plus sacrée d'un peuple, que le bureau colonial dirigeait ses coups. ≫

----
1. 1688 : Allusion à la Glorieuse Révolution anglaise de 1688, alors que l'Angleterre renonce à l'absolutisme au profit d'une monarchie parlementaire plus démocratique.

Source : François-Xavier Garneau, *Histoire du Canada depuis sa découverte jusqu'à nos jours*, tome 2, 5e édition, Paris, Alcan, 1913-1920, p. 652.

John Fraser, 1890

≪ *The time will come when the memories of Canada's rebel dead of 1837 and 1838 will be revered and held sacred in every British Colony, distant or near, as the fathers of colonial responsible government.* ≫

Source : John Fraser, *Canadian Pen and Ink Sketches*, Montréal, 1890, p. 82-83.

Maurice Séguin, 1968

≪ La révolte de 1837 est, en réalité, un double soulèvement : soulèvement des Britanniques du Bas-Canada contre la menace d'une république canadienne-française, soulèvement de la section la plus avancée des nationalistes canadiens-français contre la domination anglaise. ≫

Source : Maurice Séguin, *L'idée d'indépendance au Québec. Genèse et historique*, Trois-Rivières, Boréal Express, 1968, p. 33.

Fernand Ouellet, 1976

≪ Les insurrections de 1837-38 peuvent être définies d'abord comme un mouvement d'indépendance nationale dirigé par les classes moyennes canadiennes-françaises et à leur profit [...] Cette élite révolutionnaire voit l'avenir en fonction d'une économie agricole et de la survivance de l'ancien régime social. L'indépendance, en brisant les deux secteurs les plus dynamiques de l'économie : le commerce du bois et le trafic des céréales avec l'ouest, aurait enraciné le sous-développement pendant plusieurs décennies et renforcé les seigneurs et le clergé. C'est en fonction de ces vues et de ces objectifs que les nationalistes font appel à la masse et la mobilisent en 1837-38.

L'échec des insurrections peut sans doute s'expliquer par l'attachement excessif des classes moyennes canadiennes-françaises à leurs intérêts à court terme. Il peut aussi provenir du fait qu'elles n'étaient pas vraiment révolutionnaires, qu'au fond elles traversaient une crise de croissance et qu'elles étaient à la recherche d'une place et d'un statut dans la société. Ainsi s'expliquerait l'extraordinaire pauvreté du leadership fourni par les révolutionnaires des classes moyennes. »

Source : Fernand Ouellet, *Le Bas-Canada 1791-1840. Changements structuraux et crise*, Ottawa, Éditions de l'Université d'Ottawa, 1976, p. 484-485, 487.

Gérald Bernier, 1981

« Un élément qui illustre bien qu'il serait abusif de réduire les événements des années 1830 à la confrontation de deux ethnies est la présence d'anglophones dans le Parti patriote. On les retrouve dans des rôles les plus divers : députés, candidats, tribuns, membres des appareils de soutien. Des noms tels ceux de John Neilson, des deux frères Nelson, de O'Callaghan, de T. S. Brown, de Daniel Tracey, de W. H. Scott viennent immédiatement à l'esprit. L'adhésion de ces individus au parti semble se faire sur une base idéologique et sur la convergence d'intérêts de classe. Le clivage ethnique n'est pas assez puissant pour masquer la communauté de ces intérêts. Les représentants anglophones au sein de la direction du parti sont en effet issus des mêmes couches sociales que les patriotes francophones, soit les divers éléments constitutifs de la petite bourgeoisie. »

Source : Gérald Bernier, « Le parti patriote (1827-1838) », dans Vincent Lemieux (dir.), *Personnel et partis politiques au Québec*, Trois-Rivières, Boréal Express, 1981, p. 214-215.

Elinor Kyte Senior, 1985

« *What [many] failed to ask was whether responsible government might have come about anyway and perharps even sooner than 1849, had it not been for the fratricidal strife of 1837-38.* »

Source : Elinor Kyte Senior, *Redcoats and Patriotes. The Rebellions in Lower Canada, 1837-38*, Ottawa, Musée national du Canada, 1985, p. 204.

Jean-Paul Bernard, 1996

« Les Rébellions dans la colonie du Bas-Canada apparaissent ainsi comme une crise sociale généralisée, qui concerne à la fois le développement des institutions politiques, les orientations et les profits à tirer du développement économique et le développement de l'identité coloniale. Aucune de ces trois dimensions fondamentales ne peut être écartée légèrement, ni même réduite au statut d'aspect second d'une autre dimension. Aussi, une insistance sur une ne devrait pas empêcher une insistance sur une autre, les facteurs n'étant pas totalement indépendants, et les interactions et effets de synergie dans la situation concrète étant manifestes. »

Source : Jean-Paul Bernard, *Les Rébellions de 1837 et de 1838 dans le Bas-Canada*, Ottawa, Société historique du Canada, brochure historique n° 55, 1996, p. 26.

Allan Greer, 1998

« La Rébellion ne fut pas exclusivement ou même premièrement une affaire militaire, pas plus qu'elle ne fut seulement le fait de « rebelles ». L'importance de la crise peut être appréciée non seulement par la portée considérable des défis contre l'ordre existant, mais aussi par les mesures extraordinaires prises pour préserver l'autorité britannique. En plus des assauts militaires contre ses ennemis bas-canadiens, le gouvernement opéra une révolution juridique sans précédent pour s'assurer la victoire. On imposa la loi martiale, l'*habeas corpus* fut suspendu, et des arrestations eurent lieu massivement et sur une grande échelle, très souvent sans qu'aucune accusation ne fut portée. »

Source : Allan Greer, « Reconsidérer la Rébellion de 1837-1838 », *Bulletin d'histoire politique*, vol. 7, n° 1, automne 1998, p. 37.

Gilles Laporte, 2007

« À la base, que des luttes régionales aigues mais triviales, autour d'enjeux tels que l'accès à la terre, des voies de transport ou des emplois. Des luttes peu à peu reprises par des mouvements nationaux opposés – l'un patriote, l'autre loyal – et portées sur un plus vaste et plus noble théâtre, celui de la réforme des institutions politiques. Ainsi s'explique, malgré la complexité des questions débattues, l'extraordinaire mobilisation populaire, jusqu'au cœur des campagnes du Bas-Canada. Ainsi s'explique aussi l'incapacité chronique des chefs à éviter le dérapage militaire ou à contrôler cette base militante, demeurée d'abord passionnée par les querelles locales. À terme, la contribution des Patriotes est d'être parvenus à coaliser ces farouches paroisses laurentiennes et, au sortir d'une expérience commune de lutte et de souffrance en 1837-1838, à fonder le peuple du Québec moderne. »

Source : Gilles Laporte, *Exposition Patriotes vs Loyaux*, Musée Pointe-à-Callière, Montréal, nov. 2007 – avril 2008.

LE QUÉBEC CONSERVATEUR
1850-1900

AU QUÉBEC	
1852	Création de la compagnie du Grand Tronc.
1854	Abolition du régime seigneurial.
1854-1866	Traité de réciprocité.
1867	Pierre Joseph Olivier Chauveau devient premier ministre.
1874	Scandale des Tanneries.
1875	Réforme électorale ; introduction du vote secret.
1876	Ouverture du chemin de fer Intercolonial entre Rivière-du-Loup et Halifax.
1878	Coup d'État de Letellier de Saint-Just.
1879	Ouverture des lignes Québec, Montréal, Ottawa et Occidental.
1887	Honoré Mercier organise la première conférence des premiers ministres provinciaux.
1891	Scandale de la baie des Chaleurs ; démission du gouvernement Mercier.
1896	Wilfrid Laurier est le premier Canadien français élu premier ministre du Canada.
1897	Le Parti libéral prend le pouvoir ; début d'un règne ininterrompu de 39 ans.

AILLEURS DANS LE MONDE	
1852	Napoléon III devient Empereur de France.
1854-1856	Guerre de Crimée.
1861-1865	Guerre de Sécession aux États-Unis.
1867	Sanction royale pour l'Acte de l'Amérique du Nord britannique. Les États-Unis achètent l'Alaska de la Russie.
1869	Le gouvernement du Canada achète les Territoires du Nord-Ouest de la Compagnie de la baie d'Hudson. Inauguration du premier chemin de fer transcontinental aux États-Unis.
1870	Premier soulèvement métis. Le Manitoba devient la 5e province du Canada.
1871	La Colombie-Britannique devient la 6e province du Canada. Le Nouveau-Brunswick interdit les écoles catholiques et l'enseignement du français. Unification de l'Allemagne.
1872	Le gouvernement fédéral légalise les syndicats.
1873	L'Île-du-Prince-Édouard devient la 7e province du Canada.
1879	Le gouvernement Macdonald lance sa Politique nationale.
1885	Second soulèvement métis ; pendaison de Louis Riel. Ouverture du premier chemin transcontinental au Canada.
1898	Guerre entre les États-Unis et l'Espagne.
1899	Début de la guerre des Boers.

■ L'avènement du chemin de fer   ■ ■ □

La période allant de 1850 à 1900 est, sans l'ombre d'un doute, dominée par l'essor du réseau ferroviaire. Convaincus que la prospérité apparaît partout où s'aventure le rail, les gouvernements, les municipalités, les banques, les entrepreneurs et même les autorités religieuses investissent des sommes importantes dans le développement de la voie ferrée dans la province. Les débuts du chemin de fer sont par contre modestes au Québec. Au moins jusqu'en 1850, la voie ferrée vise à compléter le réseau de canaux et donc à acheminer vers la mer le blé et le bois de l'Ontario et du Québec. Voilà pourquoi on construit en 1836 le premier chemin de fer entre La Prairie, juste au sud de Montréal, et Saint-Jean-sur-Richelieu, ville reliée par le lac Champlain au port océanique de New York. Par ailleurs, c'est pour rapprocher de la mer les ports du Saint-Laurent de même que pour profiter du traité de libre-échange avec les États-Unis (1854-1866) qu'on construit, en 1853, le St. Lawrence and Atlantic Railroad entre Montréal et le port américain de Portland.

Le gouvernement de l'Union (1840-1867) rêve cependant d'un réseau canadien qui, en longeant les Grands Lacs et le fleuve, souderait économiquement les deux sections du Canada-Uni. Ainsi, en 1852, on vote une loi incorporant la compagnie du Grand Tronc, immense projet qui relie Rivière-du-Loup à Sarnia en passant par Montréal et Toronto. En revanche, avant 1876, aucun chemin de fer important n'est construit sur la rive nord du fleuve, où Terrebonne, Saint-Eustache, Trois-Rivières et surtout Québec souffrent grandement de ce retard. En face de Québec, Lévis nargue la capitale isolée et devient un centre commercial majeur grâce au tracé du Grand Tronc.

Le chemin de fer entraîne le développement de la sidérurgie et des métiers du fer. Dans le seul domaine des infrastructures, la construction des ponts, des voies et des gares procure des milliers d'emplois. Le rail permet aussi une intensification du commerce et, dans certains cas, des découvertes minières importantes. Les chemins de fer font également rêver les promoteurs de la colonisation.

Un chasse-neige sur le chemin de fer de Lévis, durant l'hiver de 1869. Pour la première fois, les Québécois bénéficient d'un transport rapide, utilisable en toute saison et capable d'atteindre des régions jusque-là inaccessibles. Notez que quatre locomotives sont alors nécessaires pour assurer le déneigement de la voie ferrée.

Après l'achèvement du Grand Tronc en 1860, la construction ferroviaire marque un temps d'arrêt au Québec, qui peut désormais compter sur 925 kilomètres de voie ferrée. Cela représente un net retard par rapport à l'Ontario, qui en 1867 possède déjà 2241 kilomètres de rail.

À la suite de l'importante récession qui frappe l'Europe et l'Amérique du Nord entre 1873 et 1879, le gouvernement canadien de John A. Macdonald propose alors une vaste politique destinée à stimuler le développement économique du Canada ainsi qu'à réduire sa dépendance à l'égard de l'étranger : la Politique nationale.

Cette politique se décline en trois points. D'abord, imposer des tarifs douaniers sur les produits manufacturés à l'étranger afin d'augmenter les recettes de l'État et protéger l'industrie canadienne naissante. Ensuite, utiliser les revenus ainsi obtenus pour financer en partie la construction d'un réseau ferroviaire reliant toutes les provinces d'est en ouest. Enfin, pour rentabiliser un tel réseau, mettre sur pied un programme de colonisation destiné à peupler les immenses terres de l'Ouest et à offrir un marché de consommateurs aux industries du Québec et de l'Ontario. Le premier transcontinental sera donc achevé par le Canadien Pacifique en 1885 (*voir la carte 3.1 à la page suivante*). Cette immense construction de 4500 kilomètres de long acculera presque le Canada à la faillite et rapportera peu au Québec. Elle favorisera néanmoins le peuplement rapide de l'Ouest canadien en décuplant la population des 3 provinces des Prairies, laquelle passera de 251 500 habitants en 1871 à 2 353 000 en 1931.

Devant l'essor de l'Ouest et la générosité des subventions fédérales, d'autres compagnies lancent des lignes transcontinentales, surtout dans l'Ouest. L'une de ces lignes, le National Transcontinental, traverse le nord du Québec à partir de 1910 et dessert la Haute-Mauricie ainsi que l'Abitibi, où elle permet le développement d'activités minières et forestières. Entre 1867 et 1910, le Québec se dote ainsi de 4600 kilomètres de chemin de fer supplémentaires.

La construction d'un simple pont ferroviaire dans le territoire du Bouclier canadien requiert beaucoup d'habileté et souvent des quantités phénoménales de matériaux.

À 9 h 22, le 7 novembre 1885, est enfoncé à Craigallachie en Colombie-Britannique le dernier crampon de la voie qui relie désormais Montréal à Vancouver. On ne sera pas étonné de constater que c'est à trois membres de la puissante bourgeoisie de Montréal qu'incombe l'inauguration officielle du tracé du Canadien Pacifique : William Van Horne, président, Sandford Fleming, ingénieur en chef et, à la pioche, le président de la Banque de Montréal, Donald Smith. On s'étonnera davantage qu'aucun des membres de la communauté chinoise n'apparaisse sur la photo, eux qui par centaines ont pourtant payé de leur vie la construction du fabuleux ouvrage.

CARTE 3.1 Le réseau ferroviaire québécois au début du XXᵉ siècle

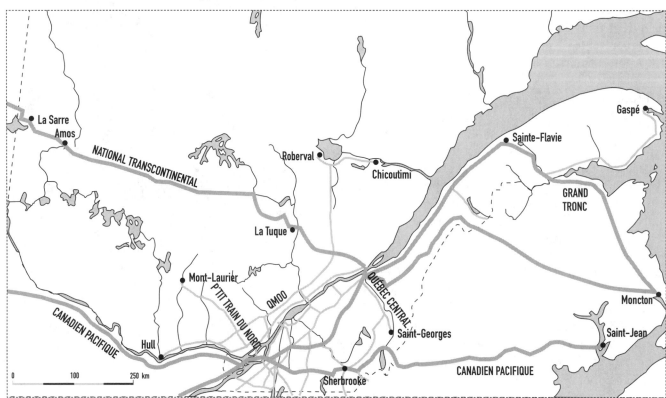

Ces grands tracés ont pour effet de confirmer Montréal comme plaque tournante du transport ferroviaire et comme terminus du blé de l'Ouest. Cependant, le reste du Québec demeure très mal pourvu en matière de voies de transport. Le gouvernement du Québec devient alors le maître d'œuvre d'une série de voies qui viseront à mieux desservir les régions déjà peuplées ou à munir de lignes les régions de colonisation dans l'espoir que la magie du chemin de fer y exerce ses pouvoirs sur l'économie locale.

Le Québec, Montréal, Ottawa et Occidental (QMOO) constitue le projet le plus important. Comme son nom l'indique, il résulte de la réunion de plusieurs tracés : le Montréal-Hull, le Montréal–Saint-Jérôme (« le p'tit train du Nord ») et le Quebec North Shore. Les différentes jonctions sont achevées entre 1876 et 1880. Les villes de Trois-Rivières et surtout de Québec sont alors enfin reliées au monde par le rail. Toutefois, ce sont les agriculteurs, les scieries et les **pulperies** jalonnant la rive nord qui en profitent le plus, car ils peuvent désormais exporter leurs produits. Le déséquilibre entre la rive sud et la rive nord du fleuve demeure pourtant manifeste puisque, encore en 1900, les neuf dixièmes des voies sont concentrées au sud du Saint-Laurent. Les autres tracés visent essentiellement à appuyer la colonisation et l'exploitation des ressources naturelles. En 1888, le QMOO est prolongé jusqu'à Chicoutimi et Roberval par la ligne Québec–Lac-Saint-Jean. En 1906, le Grand Nord dessert surtout les petites villes forestières de la Mauricie et de l'Outaouais. De la même façon, le Québec-Central, en reliant Lévis à Sherbrooke en passant par la Beauce, traverse des régions très peu peuplées.

Pulperie

Usine où l'on fabrique de la pâte à papier à partir des résidus pâteux du bois (la pulpe). On achemine ensuite cette pâte vers une papeterie pour la transformer en papier.

■ L'exode rural

Avant 1880, l'aménagement des voies de transport favorise bien le grand commerce, mais fort peu l'agriculture, en pleine crise. Les paysans prennent donc massivement la route des centres industriels du nord-est des États-Unis. Cet exode rural est un phénomène normal dans une société qui sort d'une économie agricole pour entrer dans l'ère industrielle. Toutefois, l'agriculture déficiente libère un grand nombre de paysans que l'industrie des villes n'est pas encore prête à accueillir.

Comme le montre la figure 3.1, les Canadiens français ne résisteront pas à l'extraordinaire force d'attraction des États-Unis. Au terme d'un siècle d'exode, près de 900 000 personnes seront parties pour généralement ne plus revenir. La région du sud de Montréal et les régions frontalières sont les plus touchées, de même que celles qui ne bénéficient pas d'un centre régional d'envergure. Ainsi, Valleyfield, Saint-Jean et Saint-Hyacinthe sont peu affectées, mais dans d'autres localités, c'est le désastre. Dans Soulanges, Châteauguay, Iberville et Napierville, la population diminue de près de la moitié entre 1850 et 1900, et ce, malgré un taux de natalité vertigineux. D'ailleurs, Antoine Labelle, curé à Saint-Bernard-de-Lacolle de 1863 à 1868, dit alors constater que, de dimanche en dimanche, les bancs de son église se vident.

Les départs touchent l'ensemble de la famille (72 %) ou de jeunes hommes célibataires (11 %). Contrairement aux autres Canadiens, qui quittent davantage le pays en direction du centre-nord et de l'ouest des États-Unis, 60 % des Canadiens français s'orientent plutôt vers les États du Massachusetts, du Connecticut et du New Hampshire (*voir la carte 3.2 à la page suivante*). Ils y travaillent surtout dans l'industrie textile et dans celle du cuir. Une fois la barrière de la langue franchie, on les retrouve en nombre croissant dans le commerce et les services. Leurs descendants forment d'ailleurs aujourd'hui une communauté de plusieurs millions d'individus dont l'assimilation est à peu près achevée.

Au Québec, les élites et les agriculteurs se mobilisent afin de lutter contre le déclin agricole. La publication de journaux spécialisés, la création de sociétés agricoles, l'ouverture d'écoles d'agriculture à Oka et à Sainte-Anne-de-la-Pocatière, de même que l'inauguration d'une école laitière à Saint-Hyacinthe, sont autant d'exemples d'une société cherchant à trouver des solutions concrètes à la crise agricole. Finalement, des coopératives sont formées afin d'aider à l'approvisionnement des fermiers et à l'écoulement de leurs produits.

FIGURE 3.1 Émigration québécoise aux États-Unis entre 1840 et 1939

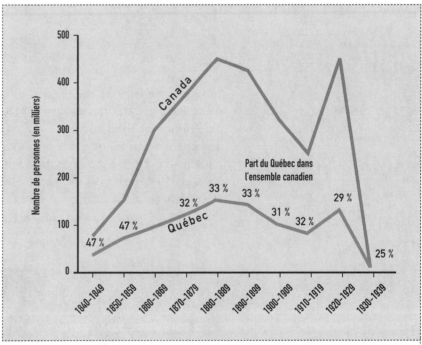

L'exode vers les États-Unis connaît son apogée dans les années qui suivent la Confédération, tandis que la crise agricole bat son plein, puis décroît peu à peu. Le nouvel essor des départs durant les années 1920 est attribuable au fait que les Franco-Américains, désormais bien installés et organisés, invitent le reste de leur famille à les rejoindre aux États-Unis.

CARTE 3.2 **Le pourcentage de la population franco-américaine vivant aux États-Unis**

VERMONT

NEW HAMPSHIRE

MAINE

Portland

Manchester

Nashua

Fitchburg

Lawrence

MASSACHUSETTS

Salem

Worcester

Lowell

Holyoke

Boston
Woonsocket

Springfield

Central Falls

Southbridge

Pawtucket
Fall River

Providence

New Bedford

CONNECTICUT

Warwick

RHODE ISLAND

Pourcentage de la population totale		Population franco-américaine
Plus de 20 %	Moins de 20 %	
●	●	De 0 à 5000
●	●	De 5000 à 10 000
●	●	De 10 000 à 20 000
●	●	De 20 000 à 33 000

Les premiers effets de ces efforts combinés se font sentir durant les deux dernières décennies du XIXe siècle. Le nombre de vaches laitières passe de 406 000 en 1870 à 734 000 en 1900, ce qui permet de tripler la production de beurre au cours de cette période. La production de fromage connaît également une croissance exceptionnelle puisqu'elle est multipliée par six entre 1890 et 1910. Toutefois, c'est après 1890, avec l'arrivée des malaxeurs électriques et des entrepôts frigorifiques, que l'industrie laitière entre véritablement dans l'ère commerciale. Les habitants peuvent alors expédier leurs produits vers

Une ferme à Pont-Neuf au tournant du XXe siècle. Dans l'exploitation agricole de type familial, la mécanisation fait alors timidement son apparition. Installé sur un tapis roulant, un bœuf actionne une moissonneuse afin de séparer le grain de l'épi.

Montréal et l'Angleterre, ainsi que vers les États-Unis grâce au traité de réciprocité (1854-1866). Dès 1900, l'industrie laitière du Québec représente les deux tiers de celle du Canada et rapporte à elle seule cinq millions de dollars aux agriculteurs québécois.

■ Le rêve de la colonisation   ■ ■ □

En vue d'apporter une solution au déclin agricole et à l'exode vers les États-Unis, une vaste entreprise de colonisation s'amorce. Cet effort de colonisation est principalement commandé par une idéologie «agriculturiste» qui ne veut voir le peuple canadien-français qu'à travers le modèle de l'agriculture familiale. Cette colonisation a des effets marqués sur l'augmentation des surfaces cultivées et permet à la population francophone de rayonner hors de la vallée du Saint-Laurent (*voir la carte 3.3*).

Avant 1840, le territoire agricole s'était étendu par «débordement», c'est-à-dire que, de proche en proche, les terres cultivées gagnaient l'arrière-pays. C'est ainsi que les concessions, à partir du Richelieu, avaient fini par atteindre la Yamaska, et que les paysans de la circonscription de Bellechasse étaient arrivés en Beauce. Lorsqu'en 1848, Louis Joseph Papineau lança son

CARTE 3.3 Le développement du territoire par les colons (1800-1950)

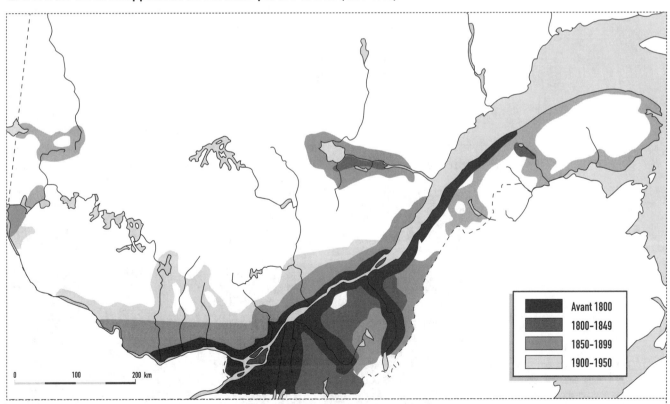

■ (noir)	Avant 1800
■ (gris foncé)	1800-1849
■ (gris)	1850-1899
□ (gris clair)	1900-1950

Avant 1800, la colonisation est limitée au fleuve et à ses affluents. De 1800 à 1850, les colons anglophones développent l'Estrie. De 1850 à 1900, on assiste à la naissance de nouvelles régions : l'Outaouais, la Mauricie, la Beauce et surtout le Saguenay et le Lac-Saint-Jean. Au XXᵉ siècle, la colonisation atteint des régions plus éloignées : le Témiscouata, la Gaspésie, l'Abitibi et le Témiscamingue.

L'essouchage sur une terre de colonisation est un travail long et pénible. Les souches calcinées des plus gros arbres peuvent joncher un champ pendant des années après sa mise en culture.

fameux « Emparons-nous du sol, c'est le meilleur moyen de conserver notre nationalité ! », il donna ainsi un ton idéologique à un mouvement jusque-là plutôt spontané.

Après 1850, le clergé et la petite bourgeoisie s'engagent avec passion dans ce qu'ils considèrent comme une entreprise de salut national. D'innombrables brochures sont publiées, vantant les mérites de telle ou telle région, en même temps que sont créées des sociétés en commandite. Le rôle du clergé est éminent. Certains prêtres-missionnaires, comme le curé Hébert au Saguenay, le curé Paradis au Témiscamingue, sans oublier le curé Labelle dans les Laurentides, jouent à la fois les rôles de guide-missionnaire et d'authentique entrepreneur.

Les diverses actions mises en œuvre influent sur la surface cultivée, qui passe de 8 113 000 à 14 414 000 acres. Profitant d'une forte natalité, d'autres régions voient leur population augmenter rapidement entre 1850 et 1900. Celle-ci passe ainsi de 19 000 habitants à 58 000 en Gaspésie, de 23 000 à 101 000 dans l'Outaouais et de 79 000 à 203 000 en Estrie.

Toutefois, le bilan de la colonisation doit être fortement nuancé, car cette entreprise demeure modeste, notamment en terme de nombre d'individus concernés. On estime en réalité à seulement 50 000 le nombre de Québécois qui participent de fait à la colonisation. En effet, la population est généralement disséminée sur un territoire immense, et bon nombre de familles quittent leur région à la deuxième génération, sinon dès la première. De plus, la plupart des régions sont peu propices à l'agriculture, soit parce que le sol s'y avère trop pauvre, comme en Mauricie, soit parce que la saison de la culture y est trop courte, comme dans le Témiscouata.

Les colons doivent donc se consacrer en même temps à un autre type d'activité que l'agriculture. Dans la plupart des régions, ils se mettent au service des compagnies forestières. Ce que les historiens appellent le système agro-forestier constitue alors une forme de dépendance mutuelle entre la compagnie forestière et le colon. La compagnie utilise comme main-d'œuvre les colons

Les familles nombreuses sont un trait distinctif du Québec rural, en particulier dans les régions de colonisation où les enfants forment une main-d'œuvre précieuse pour les travaux de la ferme.
✚ Les parents sont debout à gauche. Combien ont-ils d'enfants ?

robustes et disponibles durant l'hiver pour la coupe. De leur côté, ces derniers y trouvent un revenu d'appoint, et peuvent aussi compter sur les chantiers forestiers pour écouler les surplus de leur production agricole. Ils espèrent enfin occuper les terres ainsi déboisées. Dans les faits, malgré son apparente harmonie, le système agroforestier fonctionne aux dépens des colons, qui sont soumis aux décisions de la compagnie. Or, cette dernière peut fermer ses portes ou changer de site de coupe à sa guise, forçant ainsi les colons à la suivre. Le gouvernement du Québec, qui appuie très discrètement l'entreprise de colonisation, est surtout sensible à la voix des compagnies forestières qui lui procurent de 20 à 30 % de ses revenus sous forme de droits de coupe. L'apport le plus significatif du gouvernement reste la construction de quelques lignes de chemin de fer vers les régions de colonisation, qui servent d'ailleurs également aux compagnies forestières. Les colons sont donc en réalité souvent livrés à eux-mêmes. Ils peuvent difficilement écouler leurs produits et pratiquent généralement l'agriculture de subsistance.

Presque complètement oubliés, les Amérindiens quittent rarement leurs forêts, si ce n'est pour vendre aux villageois quelques menus articles, tels que des bottes et de la gomme de sapin. Minés par les maladies et la détérioration de leurs conditions de vie, les autochtones sont de moins en moins nombreux depuis l'écroulement du commerce des fourrures. Ils sont aussi partout victimes d'une grave discrimination. Complètement désorganisé, l'univers amérindien est sur le point de s'éteindre, puisqu'on ne compte plus officiellement que 8000 Amérindiens au Québec vers 1867.

■ La première vague industrielle (1850–1900) ■ ■ □

Jusqu'en 1850, la transformation des produits bruts est généralement assumée par une multitude de petites entreprises employant rarement plus de cinq ou six ouvriers. Qu'on soit cordonnier, charpentier ou forgeron, bon nombre de métiers sont aussi régis par des corporations et un système d'apprentissage paternaliste et routinier. La croissance économique notable que connaît le Québec entre 1850 et 1874 permet l'essor de la manufacture, qui rassemble plu-

**CURÉ ANTOINE LABELLE
(1833-1891)**

Personnage plus grand que nature, Antoine Labelle est reconnu aujourd'hui comme étant le « roi du Nord » en raison de son œuvre colonisatrice. Curé à Saint-Bernard-de-Lacolle, non loin de la frontière américaine, de 1863 à 1868, il prend conscience de l'ampleur de l'exode des Canadiens français vers les filatures de la Nouvelle-Angleterre.

Installé à Saint-Jérôme à compter de 1868, Labelle conçoit un projet de colonisation francophone et catholique qui vise à développer de nouvelles zones agricoles au Québec et à freiner le mouvement d'émigration vers le sud. La seule étape de ce projet qu'il réalisera est la colonisation des Laurentides situées au nord de Montréal. Sans relâche, il réclame au gouvernement québécois la construction d'un chemin de fer reliant Montréal à Saint-Jérôme afin d'attirer les colons et faciliter les futurs échanges économiques. Le « p'tit train du Nord » entre en service en 1876 et Saint-Jérôme devient rapidement un pôle d'attraction important pour de nombreux colons.

Mais l'action de Labelle dépasse aussi ses fonctions de curé. Porte-parole hors pair, il effectue en 1885 et en 1890 deux périples européens en tant que représentant d'abord du gouvernement canadien, puis du gouvernement québécois. Nommé sous-ministre à la Colonisation par Honoré Mercier en 1888, il multipliera ses efforts afin d'améliorer le sort des colons et en attirer d'autres.

Le canal de Lachine à Montréal en 1896. Notez en particulier la densité du tissu urbain, où se mêlent les habitations, les entrepôts et les usines.

Un apprenti et son maître vers 1875. Dans les petites entreprises artisanales, la relation entre le patron et son employé se rapproche du modèle familial. L'apprenti est cependant soumis à des règles très strictes et peut être arrêté s'il fuit.

sieurs ouvriers accomplissant chacun des tâches spécialisées. L'établissement des manufactures entraîne une augmentation de la production, une baisse des coûts et une croissance de la taille des entreprises, mais il change également le mode de vie de la population. Ainsi, la division du travail, l'embauche de femmes et d'enfants (dont les salaires sont peu élevés) et l'usage d'outils coûteux mais performants mèneront à la disparition de la plupart des artisans indépendants, réduits au titre d'ouvriers spécialisés et au salariat perpétuel.

Les premières manufactures s'établissent à Montréal à proximité des installations portuaires et le long du canal de Lachine. Elles se consacrent à la transformation des produits du commerce : le cuir, le bois, le blé, le sucre ou le tabac. Contrairement aux produits générateurs, surtout destinés aux marchés étrangers, les produits manufacturés desservent le marché canadien.

Même si la moitié de la production manufacturière du Québec est concentrée à Montréal, certaines implantations ailleurs en province sont néanmoins remarquables. On pense d'abord à la centaine de chantiers navals de Québec, qui forment le plus gros secteur industriel de l'époque. L'industrie du bois conduit également à la naissance de scieries importantes à Hull, à Saint-André-d'Argenteuil, à Saint-Gabriel-de-Brandon et à Windsor. L'emplacement de ces villes à proximité d'un chemin de fer les met en effet à la portée du marché américain et leur permet de prendre de l'ampleur. Ce mouvement d'industrialisation reste toutefois modeste puisqu'il ne concerne que 10 % de la main-d'œuvre de la province.

S'il ralentit après 1870, le développement industriel connaît un nouvel élan à compter de 1879 quand la Politique nationale vient imposer un tarif douanier sur les produits étrangers. Au Québec, c'est en particulier dans les industries alimentaires et textiles qu'on observe l'essor le plus important jusqu'à la fin du XIXe siècle.

À cette époque, l'industrie du tabac s'implante solidement à Montréal, où la McDonald Tobacco et l'Imperial Tobacco aménagent deux usines dans les quartiers pauvres de l'est et du sud-ouest. Ces entreprises s'approvisionnent de plus en plus auprès des producteurs de tabac de Virginie surtout cultivé dans la région de Joliette.

L'industrie des aliments et boissons représente pour sa part 27 % de toute l'activité industrielle en 1900. Ce secteur, qui gardera sa prépondérance jusqu'à nos jours, illustre bien le renforcement de la relation entre le monde rural et le monde industriel. La transformation du blé, qui vient désormais des Prairies canadiennes, conduit à la croissance des meuneries, des brasseries et des distilleries, mais aussi des biscuiteries comme la compagnie Viau, fondée en 1866. Les boucheries et les produits laitiers génèrent également des industries dites de transformation.

L'industrie la plus importante durant cette période est cependant celle du vêtement, qui comprend les activités de filage et de confection. La valeur de la production de fil passe ainsi de 7,2 millions de dollars en 1871 à 17,7 millions en 1891. Le tissage est de plus en plus effectué dans de grandes usines qui emploient une main-d'œuvre salariée nombreuse. Ces usines s'installent sur l'île de Montréal, par exemple l'usine d'Albert Hudon à Hochelaga en 1873, mais également dans de petites villes régionales. Dans ce secteur, les tarifs douaniers de 1879 jouent un rôle déterminant, comme en font foi les dates d'implantation des usines. La Coaticook Mills Co. s'établit en 1879 ; la Lachute Cotton Co. et la Chambly Cotton Co., en 1881 ; et la Merchant Cotton Co. emménage à Saint-Henri en 1882. D'autres usines sont bientôt fondées à Valleyfield, à Montmorency, à Saint-Hyacinthe et à Magog. Le secteur de la confection proprement dite est par contre peu structuré, et une grande partie du travail de découpage et de couture est encore accomplie à la maison par des femmes payées à la pièce. Cette activité à domicile est d'ailleurs si importante que la compagnie Singer construit une grande usine de machines à coudre domestiques à Saint-Jean-sur-Richelieu en 1904.

Une usine de chaussures typique en 1875. Comportant généralement deux ou trois étages, ces usines sont le plus souvent recouvertes de briques rouges et percées de larges fenêtres facilitant l'aération et l'éclairage.

Au cours de cette même période, l'industrie du bois scié en planches connaît aussi une croissance importante. La construction de villes aux États-Unis et dans l'Ouest canadien explique la forte demande de bois. Les scieries sont souvent petites et disséminées à proximité d'un chantier forestier ou d'une chute d'eau. Leur production culmine à la fin du XIXᵉ siècle, où elle se maintient autour de 7,36 millions de mètres cubes de bois par année. Les profits accumulés sont parfois réinvestis dans la construction de pulperies. À partir de 1880, de nouveaux procédés permettent en effet de produire du papier à partir du bois et non plus seulement à partir du chiffon comme c'était le cas auparavant. Le bois doit d'abord être broyé mécaniquement ou chimiquement et mélangé à de l'eau pour former la pâte ou la pulpe. Celle-ci est ensuite lessivée, pressée et séchée pour donner du papier. De grandes pulperies apparaissent à Sherbrooke en 1881 et à Hull en 1883. La production de papier à partir de fibres textiles, bien que plus ancienne, demeure plus marginale : elle est réalisée à Valleyfield par l'Alexander Buntin Co. ou à Saint-Jérôme par la Rolland. En 1891, les pâtes et papiers forment encore un petit secteur de l'industrie du bois qui représente moins de 2 % de l'ensemble. Avant que cette industrie occupe une place plus importante, il faudra attendre de nouveaux progrès techniques et surtout l'essor de la demande américaine.

À côté de l'**industrie légère**, l'**industrie lourde** du fer et de l'acier, liée surtout au secteur du transport ferroviaire, a une certaine importance, puisqu'elle représente 13,6 % de l'industrie québécoise en 1900. Après l'ouverture des ateliers du Grand Tronc (le Canadien National) installés à Pointe-Saint-Charles et en pleine expansion durant cette période, le Canadien Pacifique installe un atelier de réparation dans l'est de Montréal, à Rosemont, ainsi qu'à Québec, dans le quartier Saint-Roch. Par ailleurs, l'industrie navale traditionnelle fondée sur l'utilisation du bois équarri s'effondre au Québec durant cette période, alors que la construction navale adopte l'acier comme matériau de base. Certaines entreprises se convertissent toutefois à cette technologie, comme la Davie Ship Building, de Lauzon, et la Canadian Vickers, qui ouvre son chantier à Montréal en 1911.

Industrie légère

Expression qui désigne l'ensemble des activités liées à la production et à la transformation dans les secteurs textiles et alimentaires.

Industrie lourde

Expression qui désigne généralement les activités liées à la production et à la transformation de matières premières dans les secteurs des mines et de la métallurgie.

■■■ Profil d'une région

Cette région, aussi appelée Cantons-de-l'Est, est située au sud-est du Québec, à environ 200 kilomètres de Montréal et de Québec. Elle s'étend de Granby au lac Mégantic et de Drummondville à la frontière américaine. C'est à l'origine le territoire de chasse et de pêche des Abénaquis. Si l'on excepte un poste de traite, les Cantons-de-l'Est n'ont pas été colonisés avant 1760, durant le Régime français. La région naît véritablement après 1783, lorsque les loyalistes, qui fuient la révolution américaine, et des Américains en quête de terres, commencent à s'installer au nord de la frontière des nouveaux États-Unis. En 1792, le gouvernement britannique leur concède des cantons de 10 milles carrés (16 kilomètres carrés). On en découpe ainsi 93 à compter de 1796. Apparaît alors l'appellation Eastern Townships, par opposition à Western Townships dans le Haut-Canada. Le terme français de Cantons, puis de Cantons-de-l'Est, popularisé par le roman d'Antoine Gérin-Lajoie, *Jean Rivard, le défricheur,* ne vient que bien plus tard. La région est alors presque entièrement peuplée d'anglophones. Les Patriotes de 1837 y trouveront pourtant de nombreux sympathisants américains habitués aux institutions républicaines. À partir de 1850 toutefois, le mouvement de colonisation par des francophones prend l'allure d'un raz de marée. Du nord vers le sud, ils deviennent progressivement majoritaires dans la plupart des cantons. À la même époque, nombre d'anglophones quittent la région pour Montréal ou l'Ouest canadien et la plupart de leurs institutions disparaissent. Ceux qui restent sont aujourd'hui installés au sud, le long de la frontière.

Mal servis en rivières navigables, l'Estrie bénéficient en revanche d'un bon réseau de routes dès 1815. La région connaît un essor considérable avec la construction du chemin de fer du Grand Tronc, qui relie Sherbrooke à Montréal. Ces réseaux favorisent une agriculture dynamique ainsi que l'exploitation et la transformation des ressources du bois, de l'amiante, du granit et du cuivre.

Des travailleuses dans le triage du minerai à Huntingdon, au sud de Montréal, vers 1867. Les entreprises engagent volontiers des fils et des filles d'agriculteurs, réputés pour leur nature vaillante, docile et peu revendicatrice.

Les industries ont d'abord tendance à s'implanter à Montréal. On note cependant l'essor de petites villes industrielles situées en périphérie, comme Sherbrooke, Saint-Jean, Hull, Valleyfield et Saint-Hyacinthe. La principale raison est que les industries qui se développent reposent sur une main-d'œuvre abondante et bon marché. Ces localités sont donc attirantes pour les investisseurs, puisque les organisations syndicales y sont très peu présentes et que les usines peuvent y embaucher des gens qui vivent dans une exploitation agricole. Alors qu'en ville, le salaire d'un ouvrier doit lui permettre de se nourrir et de se loger, à la campagne, le salaire est davantage considéré comme un supplément au revenu familial. Les entreprises de textile n'ont donc pas à assurer seules la survie de leurs ouvriers étant donné que l'exploitation familiale s'en charge en partie. L'embauche des femmes et des enfants est également importante, car elle permet d'offrir des salaires moins élevés.

>>> L'Estrie

L'énergie hydraulique des nombreuses chutes de la rivière Saint-François et de ses affluents y attire des scieries et des minoteries. L'industrie devient plus importante après 1880, tandis que s'installent des usines textiles, des fonderies et des industries de pâtes et papiers. La production d'amiante à Thetford Mines et à Asbestos connaît alors une impulsion remarquable, représentant environ 35 % de la production mondiale vers 1900. Depuis la Seconde Guerre mondiale, le tissu industriel de la région souffre de vieillissement et de son éloignement relatif des centres économiques. Les nouveaux axes de l'économie locale s'appuient sur le libre-échange avec les États-Unis, la micro-informatique (IBM à Bromont), les transports (Bombardier à Valcourt) et la recherche universitaire. La région possède d'ailleurs deux universités situées à Sherbrooke, l'une francophone et l'autre anglophone. La construction de l'autoroute des Cantons-de-l'Est et l'aménagement de nombreux parcs naturels et centres de

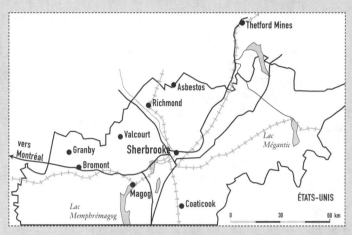

ski ont enfin rendu la région accessible et fort attrayante aux yeux des Montréalais. Qui plus est, cette région a su conserver un cachet *British* assez unique au Québec, lequel rehausse encore la qualité du tourisme.

■ La naissance du syndicalisme   ■ ■ □

Les débuts de l'industrialisation appellent une transformation dans le monde du travail. Les tâches réalisées en usine deviennent de plus en plus divisées et, dans plusieurs cas, requièrent moins de qualification qu'auparavant. Le travail est répétitif, les salaires, misérables, et les conditions de travail, épouvantables. Les ouvriers sont généralement payés à la pièce et, 12 heures par jour, ils subissent l'humiliation, voire parfois la violence d'un patron ou d'un contremaître. Il n'est pas rare d'y rencontrer le père, la mère ainsi que les enfants de moins de 12 ans d'une même famille. La classe politique, formée de marchands et de professionnels ruraux, prendra du temps à s'intéresser au sort des ouvriers.

Les travailleurs urbains se réunissent initialement au sein de corporations qui regroupent les patrons (les maîtres) et les travailleurs (les apprentis). Ce système, déjà ancien à l'époque, est battu en brèche à la fin du XIXe siècle, les patrons trouvant désormais que les corporations, qui régissent la production et l'organisation du travail, sont contraires au libéralisme économique et au laisser-faire.

MÉDÉRIC LANCTÔT (1838-1877)

Personnage coloré, Médéric Lanctôt est mêlé de façon étroite à la vie montréalaise et québécoise des années 1860. Avocat de formation et fils de l'un des 58 Patriotes exilés en Australie dont il hérite du penchant nationaliste, il ouvre une étude à Montréal, mais, peu intéressé, confie le gros de la tâche à son jeune associé, Wilfrid Laurier.

Passionné par le journalisme et la politique, il fonde en 1863 le premier quotidien français du pays, *La Presse,* qui deviendra un an plus tard *L'Union nationale,* point de ralliement des forces anticonfédérationnistes. Si Lanctôt utilise les pages de son quotidien pour lutter contre le projet de l'Union et promouvoir l'idée d'indépendance du Bas-Canada, il en fait également la tribune de la lutte pour l'amélioration de la condition ouvrière, cause qui deviendra sa principale préoccupation. Il fonde d'ailleurs en 1867 le premier véritable regroupement ouvrier du pays, la Grande Association pour la protection des ouvriers du Canada, qui n'existera toutefois que quelques mois.

Candidat à la première élection provinciale en 1867 dans la circonscription ouvrière de Montréal-Est, il est défait de justesse par George-Étienne Cartier. Forcé de fermer son journal et découragé par les échecs successifs de ses projets, Lanctôt part aux États-Unis. À son retour au début des années 1870, il s'installe à Hull, où il meurt à l'âge de 38 ans.

Les premières associations de travailleurs réunissent principalement des ouvriers qualifiés au sein des syndicats de métiers. Compte tenu de leur spécialisation et de leur formation, ces ouvriers sont plus difficiles à remplacer et, par conséquent, ils peuvent plus facilement exercer une pression sur leur employeur. Les divers syndicats de métiers cherchent régulièrement à se regrouper au sein d'associations plus grandes, en particulier de l'Union des métiers de Montréal (1834), de la Grande Association pour la protection des ouvriers du Canada (1867) lancée par Médéric Lanctôt et du *Nine Hour Movement* (1872). Ces mouvements doivent d'abord lutter pour obtenir le droit d'exister, c'est-à-dire acquérir la reconnaissance syndicale, qu'ils décrochent finalement en 1872. Entre 1867 et 1897, le syndicalisme est également marqué par la lutte entre certaines organisations américaines et canadiennes pour obtenir l'adhésion des travailleurs.

Le premier grand regroupement de travailleurs au Québec, les Chevaliers du travail (*The Noble and Holy Order of the Knights of Labor*), qui voit le jour en 1881, est d'origine américaine. Malgré la résistance initiale des patrons et du clergé, les Chevaliers du travail parviennent à créer en 20 ans pas moins de 64 associations au Québec. Ils ont pour objectif de susciter une plus grande cohésion entre tous les travailleurs en vue de bouleverser les structures de la société. Les Chevaliers du travail regroupent des travailleurs sur une base locale et non plus sur une base professionnelle. Leur projet trop ambitieux et avant-gardiste n'est cependant pas viable, les travailleurs qualifiés ne voulant pas être traités sur le même pied que les ouvriers non qualifiés. Les travailleurs qualifiés se regroupent alors au sein d'une autre centrale américaine, la Fédération américaine du travail (FAT). En apparence moins radicale que les Chevaliers du travail parce qu'elle ne parle pas de renversement de l'ordre social, la FAT prône néanmoins le recours à des moyens fermes comme la grève afin d'obtenir une augmentation des salaires, une diminution des heures de travail et une amélioration des conditions de travail pour ses membres. Finalement, la FAT supplante les Chevaliers du travail lorsqu'elle parvient à noyauter le plus important regroupement syndical du Canada, le Conseil des métiers et du travail du Canada (CMTC), en 1886. Cette organisation existe encore de nos jours.

Parallèlement au développement du syndicalisme, le monde politique commence à s'intéresser à la condition ouvrière. Ainsi, le gouvernement fédéral met sur pied en 1888 la Commission royale d'enquête sur les relations entre le capital et le travail, chargée de recueillir partout au Canada de nombreux témoignages sur le travail en usine. Les membres de la commission semblent particulièrement scandalisés par les terribles conditions réservées aux enfants. C'est pourquoi ils recommandent de restreindre l'accès des enfants aux usines. Toutefois, patrons et parents se font complices pour que la nouvelle loi reste lettre morte. James Mitchell, membre de la commission d'enquête, remarque ironiquement que «plusieurs [enfants] s'y trouvent néanmoins plus confortables, surtout l'hiver, que chez eux». Tous ces efforts, révélateurs des difficiles conditions de travail à la fin du XIXᵉ siècle, ne permettront finalement que d'accoucher d'une loi timide et inefficace tant sont puissantes les forces du conservatisme dans le Canada et le Québec de l'époque.

■ La renaissance du clergé catholique ■ ■ □

Pendant que, partout ailleurs dans le monde occidental, l'État se laïcise et que le libéralisme triomphe, on assiste au Québec à la montée d'un clergé conservateur très actif dans les sphères sociale et politique. Les communautés religieuses qui arrivent au Québec après 1840 sont en particulier influencées par une doctrine catholique radicale d'origine française : l'**ultramontanisme.**

L'ultramontanisme québécois prend une forme très nationaliste, la foi jouant le rôle de « ciment de la nation ». On prétend que tout le long de l'histoire du Québec, seul le clergé, depuis les saints martyrs canadiens jusqu'aux modestes maîtres d'école, a permis la survie d'une société française et catholique originale au milieu d'un océan anglo-protestant. Les ultramontains persuadent ainsi les Québécois que « c'est parce que nous sommes catholiques que nous sommes une nation en ce coin de l'Amérique » (*Mélanges religieux*, 1843). La « survie » nationale ne passe donc pas par une lutte d'affirmation politique, mais par la conservation et la reproduction de nos coutumes, de nos mœurs, de notre langue et de nos pratiques religieuses. L'agriculture, mission nationale et providentielle des Canadiens français, constitue la clé de ce nationalisme de conservation.

Grâce à des effectifs renouvelés, l'Église catholique s'investit encore davantage dans le champ des affaires sociales, au point d'y détenir un quasi-monopole. Cette vocation est cautionnée par l'encyclique *Rerum Novarum* (1891) du pape Léon XIII, qui confie au clergé le mandat de s'engager dans les affaires sociales et d'y promouvoir une doctrine sociale de l'Église fondée sur la charité. Ainsi, jusqu'en 1920, le gouvernement du Québec consacre moins de 10 % de son budget à la santé, essentiellement pour combler les déficits des quelque 183 établissements de soins de santé, qui éprouvent presque constamment des difficultés financières.

L'éducation constitue, depuis la période française, la pierre angulaire de l'engagement social du clergé. Le Collège de Montréal (Sulpiciens) et le prestigieux Séminaire de Québec (Jésuites) donnent depuis le Régime français un enseignement de qualité avant tout destiné au recrutement sacerdotal et réservé à une infime minorité. Des communautés religieuses créent après 1803 des collèges classiques à l'intention des fils de seigneurs et de paysans enrichis. Six de ces collèges ouvrent leurs portes avant 1832. On fonde ensuite des collèges à vocation plus technique (comme l'école agricole de La Pocatière en 1859), mais qui,

La cathédrale de Montréal, actuellement située sur le boulevard René-Lévesque à Montréal. Les ultramontains voulaient faire de Montréal une « nouvelle Rome ». Ils se sont donc dotés en 1894 d'une réplique exacte, quoique bien plus petite, de la basilique Saint-Pierre-de-Rome.

Ultramontanisme

Doctrine selon laquelle l'autorité du pape à Rome doit pouvoir franchir (ultra) les montagnes (montanisme). C'est-à-dire qu'en matière de dogme, de mœurs, de pratiques sociales et même de politique, l'opinion du pontife doit primer. Les ultramontains proclament également la supériorité du *spirituel* sur le *temporel*. L'infaillibilité du pape sera en ce sens décrétée en 1870.

La rentrée au Séminaire de Québec. D'une durée de huit ans, le cours classique commence alors après la sixième année du primaire et réunit l'enseignement secondaire et le programme préuniversitaire actuels.

**JULES-PAUL TARDIVEL
(1851-1905)**

Journaliste et romancier né au Kentucky, Jules-Paul Tardivel est l'un des principaux propagateurs de l'ultramontanisme au Québec à la fin du XIXᵉ siècle. De parents français, il arrive au Québec à l'âge de 17 ans pour étudier au Séminaire de Saint-Hyacinthe. Épousant les idées du clergé, il s'installe définitivement au Québec et commence en 1881 à publier le journal *La Vérité*, dans lequel il fait la promotion d'une société rurale dominée par le clergé catholique. Nationaliste à l'extrême, il souhaite également voir naître une république canadienne-française indépendante dans laquelle le pouvoir temporel serait subordonné au pouvoir spirituel. D'abord et avant tout journaliste (il publiera son journal jusqu'à sa mort), Tardivel publie aussi un roman, *Pour la patrie* (1895), qui fait la synthèse de ses idées. Ce roman d'anticipation, qui situe l'action en 1945, raconte l'histoire d'un médecin canadien-français, parfait catholique, qui, en tant que député, a la tâche de bloquer les visées centralisatrices d'un gouvernement fédéral qui souhaite la disparition des Canadiens français. Il est surtout intéressant de constater que Tardivel n'hésite pas à faire intervenir saint Joseph lui-même pour défendre les Canadiens français contre les actions de Satan, qui a pris les traits du premier ministre du Canada.

avant la fin du siècle, offrent presque tous le « cours classique ». L'établissement de l'École normale Jacques-Cartier (1857), qui forme les futurs enseignants, et du Collège de Trois-Rivières (1860) complète le réseau des institutions supérieures francophones de l'époque (*voir la carte 3.4*). Au total, 2586 étudiants fréquentent les collèges classiques en 1866. Ils suivent un cours de huit ans fondé sur l'apprentissage du latin, du grec, de la morale et de la littérature chrétiennes. Le but premier de ces collèges consiste à former la relève religieuse. Ainsi, en 1885, 60 % des diplômés deviennent clercs.

Les vains efforts du Parti rouge avec son Institut canadien, puis du premier ministre Chauveau, qui essaie d'imposer un ministère de l'Instruction publique en 1867, montrent bien la mainmise grandissante du clergé sur l'éducation durant la seconde moitié du XIXᵉ siècle. Une loi votée en 1875 fait d'ailleurs disparaître le ministère. Le système public d'enseignement est alors divisé en deux grands secteurs, l'un catholique et l'autre protestant, tous deux soumis au Conseil de l'instruction publique, dirigé par un haut fonctionnaire nommé par le gouvernement : le surintendant à l'instruction. Il n'y a donc pas de ministre de l'Éducation comme tel entre 1875 et 1964 au Québec. Dans ce contexte, les anglo-protestants ont ainsi toute la latitude voulue pour ériger leur propre système d'éducation. Situées dans les secteurs les plus riches, les commissions scolaires protestantes sont les mieux financées et les mieux organisées, le système des *high schools* offrant en particulier un lien continu entre l'école primaire et l'université.

Chez les catholiques, la loi scolaire de 1875 concrétise la domination du clergé dans le domaine de l'enseignement. Comme il contrôle l'enseignement secondaire dispensé dans les collèges classiques et que la seule université francophone, l'Université Laval, relève du Séminaire de Québec, il est évident que les autorités religieuses ne peuvent que se réjouir quand la loi augmente le

CARTE 3.4 Les collèges classiques (1803-1860)

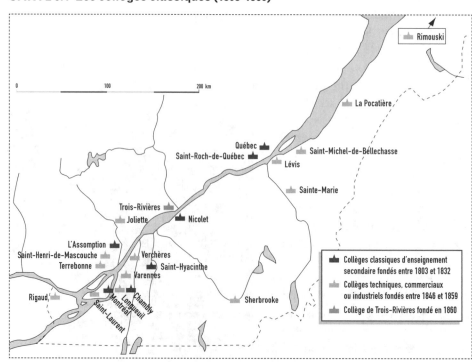

nombre des évêques siégeant au Conseil de l'instruction publique. En théorie, les écoles primaires, techniques et normales échappent encore au contrôle direct du clergé. Dans les faits cependant, l'influence du clergé y est bien présente, les commissions scolaires catholiques étant souvent présidées par des religieux ; et les écoles normales, dirigées par des clercs. Soulignons toutefois que durant cette période, le réseau catholique souffre d'un manque notoire d'argent et d'une grande désorganisation. En 1871, le taux d'analphabétisme au Québec atteint 41 %, un taux six fois plus élevé qu'en Ontario.

■ La littérature   ■ ■ □ □

Le clergé comprend vite le rôle que peuvent jouer les journaux dans la diffusion de l'idéologie ultramontaine et dans son combat contre les idées jugées dangereuses. Il finance des journaux tels *Mélanges religieux* (1840), *Le Journal des Trois-Rivières* (1847), *L'Ordre* (1858) et le *Nouveau Monde* (1867). Leurs adversaires sont les journaux libéraux, proches du parti des **Rouges,** qui critiquent ouvertement l'influence cléricale : *L'Avenir* (1847), *Le Pays* (1852), *Le Défricheur* (1862) et *La Lanterne* (1868). Toutefois, l'Église interdit formellement aux croyants de lire « ces véhicules des doctrines empestées ».

Pour sa part, la littérature se caractérise jusqu'ici par une production disparate, peu importante et dominée par les thèmes patriotiques, héroïques et parfois vaguement fantastiques. Cette période est cependant marquée par une grande œuvre : l'*Histoire du Canada*, de François-Xavier Garneau (1809-1866), dont le premier des trois tomes, paru en 1845, a provoqué un véritable événement. En effet, non seulement cet ouvrage se distingue-t-il sur le plan strictement littéraire, mais il révèle également aux Québécois que leur histoire est grandiose, en particulier à l'époque de l'héroïque Nouvelle-France. Rapidement, les auteurs de l'époque campent nombre de romans historiques sur la magistrale trame posée par l'historien.

À cause de l'exemple de Garneau et devant l'envahissement des œuvres étrangères, certaines personnes bien-pensantes souhaitent la naissance d'une véritable littérature canadienne faisant l'apologie des valeurs catholiques et françaises. L'influence du clergé devient là aussi prépondérante et impose certains mots d'ordre aux auteurs québécois. Naît alors, en 1860, le **mouvement littéraire de Québec,** signalé par l'apparition la même année d'une revue littéraire intitulée *Soirées canadiennes*.

Louis Fréchette (1839-1908). Le « pape de la rime riche » s'exerce à tous les genres littéraires, mais c'est la poésie qui le rend célèbre. L'auteur de *La légende d'un peuple* se réclame du mouvement romantique, en particulier de Victor Hugo, à qui il voue un véritable culte.

HENRI-RAYMOND CASGRAIN (1831-1904)

Prêtre, poète, historien et critique littéraire, l'abbé Casgrain est l'une des figures de proue de la littérature canadienne de la seconde moitié du XIXe siècle. Animé par la flamme nationaliste d'un clergé triomphant, il se fait le promoteur d'une littérature axée autour des thèmes de la famille, de la nation et de l'Église. Étroitement associé à la fondation de la revue *Soirées canadiennes* (1860), il regroupe autour de lui bon nombre d'écrivains qui formeront le mouvement littéraire de Québec. Véritable inspirateur de ce mouvement, Casgrain ouvre la voie à toute une génération d'écrivains comme Antoine Gérin-Lajoie, Octave Crémazie, Louis Fréchette, Joseph Marmette ou Laure Conan. Cette littérature édifiante ne devait pas modifier les mentalités mais bien inspirer et guider le peuple. Si le mouvement littéraire de Québec s'essouffle à compter de 1880, il n'en demeure pas moins essentiel dans la création d'une littérature véritablement nationale.

Rouges

Formation politique qui, après l'Acte d'Union de 1840, prend la relève du parti des Patriotes dans la défense du libéralisme et du nationalisme. Très actifs jusqu'à la Confédération, les Rouges abandonneront graduellement leurs idées radicales et changeront de nom pour devenir le Parti libéral du Québec.

Mouvement littéraire de Québec

Mouvement littéraire né en 1860 sous l'influence de l'abbé Henri-Raymond Casgrain qui prône une littérature canadienne croyante, favorisant les saines doctrines et protégeant le public d'une littérature jugée malsaine.

LAURE CONAN (1845-1924)

Née sous le nom de Félicité Angers, Laure Conan est véritablement la première romancière du Canada français. Outre le fait qu'elle ouvre les portes de la littérature à d'autres femmes, l'œuvre de Conan est fondamentale dans l'évolution du roman québécois. Avec son premier ouvrage, *Angéline de Montbrun* (1882), elle introduit le roman psychologique au Québec, relatant les tribulations d'une amoureuse meurtrie. Sous les pressions de l'abbé Casgrain, animateur du Mouvement littéraire de Québec, elle se lance ensuite dans la rédaction d'ouvrages moins autobiographiques et davantage édifiants, comme la majorité des autres écrivains du moment. Si des livres comme *À l'œuvre et à l'épreuve* (1891), *L'oublié* (1900), *Louis Hébert, premier colon du Canada* (1912) collent davantage au goût du clergé, Conan n'abandonne pas complètement son style et n'hésite pas à raconter la misère des femmes.

À la suite de Laure Conan, d'autres femmes se mettent à l'écriture. Ainsi, Anne-Marie Duval, Adèle Bibaud, Robertine Barry et Joséphine Dandurand deviennent les pionnières d'une littérature qui a dans une large mesure pour objectif de relever le niveau intellectuel des Canadiennes françaises.

Éducation populaire

Tandis que les écoles et les bibliothèques sont en nombre insuffisant, les journaux jouent un rôle d'éducation populaire, prodiguant par exemple des conseils agronomiques aux agriculteurs ou des rudiments d'hygiène aux ménagères.

Les œuvres littéraires s'élaborent après 1860 autour d'un programme très précis. La seule originalité des auteurs consiste à jouer avec l'un ou l'autre des trois thèmes imposés. Le premier est la *nation*, dont on célèbre l'histoire héroïque, la grandeur des héros et la splendeur des paysages. Le deuxième est l'*Église*, qui donne son sens à la nation, la marquant du sceau divin qui garantit ce lien si privilégié entre le Canada français et le Créateur. Enfin, le dernier est la *famille*, la famille canadienne rurale bien sûr, qui, autour du père sage et autoritaire, assure la reproduction de la nation et la transmission des mœurs catholiques.

Dès 1862, le mouvement littéraire se dote d'un manifeste ; il s'agit de *Jean Rivard, le défricheur*, d'Antoine Gérin-Lajoie. Muni d'une hache et d'une pioche, Jean Rivard s'en va déboiser une terre en pleine forêt. Valeureux et économe, il devient vite prospère, fonde un village, bientôt une ville, et finit député au Parlement canadien. L'idéal patriotique en personne ! Le mouvement n'en correspond pas moins, entre 1860 et 1890, au premier élan littéraire de notre histoire, où s'affirment d'authentiques talents : Octave Crémazie (1827-1879), dont le poème *Le drapeau de Carillon* (1858) fait de lui, du jour au lendemain, notre poète national ; ou encore Louis Fréchette (1839-1908), qui sera son digne successeur. L'œuvre maîtresse de ce dernier, *La légende d'un peuple* (1887), est un long poème retraçant l'histoire du Canada français, de Cartier à Papineau. Dans la même veine héroïque, Joseph Marmette (1844-1895) écrit des romans d'action où les valeureux soldats canadiens embrochent les guerriers iroquois à la dizaine ! Certains auteurs réussissent mieux dans le genre familial : Pamphile Le May (1837-1918) par exemple écrit de belles histoires villageoises et des poèmes intimistes décrivant avec délicatesse la nature canadienne. Par ailleurs, Laure Conan (1845-1924) fait preuve d'une sensibilité originale à cette époque dans *Angéline de Montbrun* (1882), mais se rapproche du mysticisme dans *À l'œuvre et à l'épreuve* (1891). En somme, autour des trois thèmes de la nation, de l'Église et de la famille, tous les genres fleurissent : le roman, le théâtre, le conte, la nouvelle, même si la poésie représente le genre le plus prisé.

À partir de 1880, le mouvement littéraire de Québec s'essouffle, mais non sans avoir imposé à la littérature canadienne-française les thèmes défendus par l'Église et le nationalisme conservateur. On soulignera en particulier l'objectif d'**éducation populaire**. Nérée Beauchemin (1850-1931) allait ainsi dans les camps de bûcherons lire ses nouveaux poèmes et les corrigeait si on les jugeait trop difficiles à comprendre. On saisit donc à quel point les auteurs de ce temps mirent la culture au service de l'identité nationale.

■ La crise du régime de l'Union ■ ■ □

L'obtention en 1849 du gouvernement responsable avait constitué un pas important vers l'autonomie politique. Le régime de l'Union (1840-1867) est cependant mis en péril par l'instabilité politique et un réalignement des axes commerciaux. Première puissance industrielle du monde vers 1850, l'Angleterre cherche désormais à vendre ses produits au plus grand nombre de pays possible. Progressivement, de 1842 à 1851, toutes les lois protégeant le commerce à l'intérieur de l'Empire britannique avaient été abolies. Les privilèges dont jouissait alors le Canada-Uni sur le marché anglais tombèrent les uns après les autres. Pour assurer sa survie économique, la colonie dut diversifier ses partenaires commerciaux et accroître son propre marché intérieur. Les marchands canadiens nouent donc des relations commerciales plus intenses avec les États-Unis, ce qui se solde par la signature d'un **traité de réciprocité** en 1854. Durant 10 ans, navires et matières premières circulent librement à travers l'Amérique du Nord, ce qui permet au Canada d'exporter son bois scié au sud, et aux Américains d'utiliser les canaux du Saint-Laurent pour exporter leur blé vers l'Europe. Le commerce entre les deux pays passe ainsi de 14 millions de dollars en 1850 à 42 millions dès 1855 et à 73,3 millions en 1866. Cette année-là toutefois, les Américains, qui sortent éprouvés de la terrible guerre de Sécession (1861-1865), révoquent unilatéralement le traité et adoptent une politique ultraprotectionniste. De nouveau, le Canada subit les aléas du commerce international. Qui plus est, ses exportations de bois vers l'Angleterre, qui s'étaient jusque-là maintenues malgré l'abandon de la protection, chutent brutalement à partir de 1864. Leurs revers sur les marchés étrangers forcent donc les marchands à plutôt envisager l'établissement d'un marché intérieur canadien qui réunirait toutes les colonies britanniques d'Amérique du Nord.

Sur le plan politique, la situation devient rapidement problématique. Comme aucun des quatre partis (Bleus et Rouges au Bas-Canada, Grits et Tories au Haut-Canada) n'est en mesure de présenter des candidats dans toutes les circonscriptions du Canada-Uni, la formation d'un gouvernement majoritaire est à toutes fins utiles impossible.

> **Traité de réciprocité**
>
> La réciprocité, qui désigne un libre-échange sectoriel entre deux pays, porte sur une liste précise de produits, généralement des matières premières, qui peuvent alors passer librement d'un côté à l'autre de la frontière sans contrôle douanier.

Le chargement de planches dans le port de Québec vers 1860. Le flottage du bois débordait alors jusqu'à Lévis et l'Anse-au-Foulon. Le bois qui ne servait pas à la construction navale était exporté vers l'Angleterre à bord de navires chargés à capacité.

■ ■ ■ Profil d'une région

Cette immense région comprend, outre la rivière et le lac eux-mêmes, le bassin hydrographique du Saguenay appelé Sagamie, lequel s'étend vers le nord jusqu'au Nouveau-Québec. Jacques Cartier baptise la région «Royaume du Saguenay» d'après le mot huron *Sagné* signifiant «par où l'eau sort». Les tribus montagnaises sont alors les véritables maîtres des lieux. Le Saguenay constitue un centre de commerce entre ce peuple de chasseurs et les peuples du sud qui pratiquent la culture du tabac et du maïs. Puis, le site exceptionnel de Tadoussac attire les morutiers et les baleiniers européens, qui l'accostent dès 1550. La traite des fourrures s'implante ensuite au siècle suivant. Tadoussac se trouve alors à la tête d'un réseau de postes s'étendant au-delà du lac Mistassini. La population montagnaise s'écroule cependant durant la même époque. Elle est aujourd'hui concentrée dans la localité de Pointe-Bleue, qui a incidemment conservé sa vocation de commerce des fourrures.

À partir de 1838, l'exploitation forestière structure véritablement la colonisation de la région. Depuis 1828, le potentiel agricole et forestier du Saguenay est connu, et de nombreux habitants de Charlevoix, pressés par l'augmentation de la population et la crise agricole, n'attendent qu'une route pour s'y installer. De La Malbaie, Alexis Tremblay dit Picotté réussit à convaincre un marchand britannique fraîchement débarqué, William Price, d'y investir dans la coupe de bois. Le rôle de Price est capital dans l'histoire de la région, car sa compagnie s'empare rapidement des meilleurs emplacements, à commencer par Chicoutimi (aujourd'hui un arrondissement de la ville de Saguenay), magnifiquement située en amont du fjord navigable. Par la suite, cette ville deviendra un centre important et diversifié.

Après 1843, les Price multiplient les scieries et les barrages, et ils mettent la main, vers 1890, sur 7700 kilomètres carrés de forêt au Saguenay–Lac-Saint-Jean. Cependant, la colonisation de la région est plutôt attribuable à l'initiative de familles isolées, presque toutes originaires de Charlevoix et encadrées par le clergé. Le grand feu de 1870 aurait pu un temps stopper ce mouvement, mais il permettra plus tard la culture du bleuet.

À compter de 1888, c'est la liaison par chemin de fer qui permet un peuplement important de la région. L'agriculture

---

Après 10 changements de gouvernement en 10 ans, les politiciens canadiens se rendent à l'évidence : il faut trouver une nouvelle constitution pour le pays. Au mois de juin 1864, une alliance, que l'histoire a retenue sous le nom de Grande Coalition, est formée entre les trois principales formations politiques. Les Bleus, les Tories et les Grits acceptent de discuter entre eux de la possibilité de créer une union fédérale des colonies britanniques d'Amérique du Nord. Au même moment, les colonies maritimes (Terre-Neuve, Île-du-Prince-Édouard, Nouvelle-Écosse, Nouveau-Brunswick) étudient elles aussi la possibilité de se réunir au sein d'une union fédérale. Toujours en 1864, deux conférences, l'une à Charlottetown et l'autre à Québec, jettent les bases du Canada actuel. Rapidement, Terre-Neuve et l'Île-du-Prince-Édouard se retirent des discussions, craignant d'être englouties par la puissance du Canada-Uni. La Nouvelle-Écosse et le Nouveau-Brunswick décident quant à eux de demeurer à la table des négociations, dans l'espoir d'être reliés au Canada par le chemin de fer. La conférence de Londres de 1866 permet de finaliser le projet de loi, qui réunit donc le Québec, l'Ontario, le Nouveau-Brunswick et la Nouvelle-Écosse. Adopté au Parlement anglais, l'Acte de l'Amérique du Nord britannique entre en vigueur le 1er juillet 1867.

>>> Le Saguenay–Lac-Saint-Jean

avance désormais d'est en ouest, de pair avec le déboisement. Elle contourne bientôt tout le lac Saint-Jean. Le terminus du chemin de fer, Roberval, s'impose ensuite comme métropole régionale. Puis, une nouvelle phase s'amorce après 1890 avec l'arrivée de la grande entreprise dans les domaines des pâtes et papiers, de l'hydroélectricité et de l'aluminium. Alfred Dubuc s'affirme alors comme « le roi de la pulpe », et la Price Brothers, qui intègre toutes les étapes de la transformation, comme « le roi du papier ». Les papetières qui s'installent en grand nombre consomment beaucoup d'énergie et stimulent l'aménagement de barrages sur le Saguenay à partir de 1900. De plus, à la suite de son implantation en 1925, Alcan augmente constamment sa production et sa participation dans la région. Jusqu'à récemment, trois multinationales, soit la Price Brothers, la Consol et Alcan, constituaient des partenaires cruciaux dans la structure économique régionale.

Depuis 1970 toutefois, la grande industrie est sur le déclin, ce qui force la région à diversifier ses activités. Le tourisme, déjà ancien, est en croissance. On compte également beaucoup sur la « route du Nord », qui doit relier la

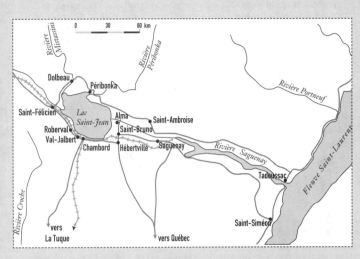

région à la baie James. Le destin du Saguenay–Lac-Saint-Jean semble donc toujours commandé de l'extérieur, par des intérêts étrangers, mais les habitants ont déjà compris que leur épanouissement dépendait d'abord des ressources du milieu et de leur proverbiale solidarité, parfaitement illustrée lors du déluge de 1996.

■ Le partage des pouvoirs

Au fil des discussions entourant l'union des colonies britanniques de l'Amérique du Nord s'affrontent différentes conceptions du nouveau pays à construire. À la vision très centralisatrice que proposent les représentants de l'Ontario s'oppose celle d'un système décentralisé soutenu par les Maritimes et les francophones. Pour ces derniers particulièrement, l'existence d'un gouvernement provincial jouissant de compétences exclusives dans certains domaines, le domaine social et l'éducation entre autres, s'avère essentielle à la préservation de leurs caractères distinctifs. Le résultat obtenu constitue un compromis entre un système unitaire et un système confédéral, accordant des pouvoirs limités aux paliers fédéral, provincial et municipal. Le Dominion du Canada doit continuer à se soumettre à l'autorité impériale, notamment en matière de relations avec l'extérieur. Ce n'est que graduellement que le pays obtiendra sa pleine souveraineté. En plus de détenir les compétences en matière de « grands pouvoirs » comme le commerce, les banques, les douanes, l'armée ou les postes (*voir le tableau 3.1 à la page suivante*), le gouvernement fédéral possède, au nom du maintien de l'ordre et de la bonne administration, un droit de désaveu des lois provinciales. Dans les champs de compétences partagés avec les provinces, comme l'agriculture et l'immigration, le point de vue fédéral l'emporte également

TABLEAU 3.1 La répartition des pouvoirs dans l'Acte de l'Amérique du Nord britannique

IMPÉRIAL	FÉDÉRAL	PROVINCIAL	MUNICIPAL
Pouvoirs	**Pouvoirs**	**Pouvoirs**	**Pouvoirs**
• Contrôle des affaires extérieures du Canada (jusqu'en 1931) • Droit de modifier la constitution • Pouvoir de régler les litiges dans les affaires canadiennes (Conseil privé)	• Réglementation du commerce • Défense du pays • Devises et intérêts de l'argent • Système postal • Affaires indiennes • Navigation • Transport interprovincial • Pêcheries • Droit criminel • Établissement et entretien des pénitenciers • Droit de désavouer une loi provinciale • Pouvoirs résiduaires (non spécifiquement attribués à l'un ou l'autre des paliers de gouvernement)	• Éducation • Hôpitaux • Institutions municipales de la province • Gestion des ressources naturelles • Travaux publics de nature locale • Droit civil • Administration de la justice	• Transport des eaux et égouts • Transport public • Administration de la police et des pompiers • Entretien de l'éclairage, des trottoirs et des voies d'échange • Hygiène publique
	Sources de financement	**Sources de financement**	**Sources de financement**
	• Douanes • Tous les systèmes de taxation • Emprunt sur les deniers publics	• Taxation directe (impôt sur le revenu, taxes à l'achat) • Vente des terres publiques • Vente de permis et de licences	• Taxes foncières

en cas de litige. Le gouvernement central a aussi la main haute sur les pouvoirs résiduaires, c'est-à-dire ceux qui n'ont pas été formellement attribués à l'un ou l'autre des paliers de gouvernement. Finalement, l'Acte de l'Amérique du Nord britannique accorde une prépondérance fiscale au gouvernement fédéral en lui permettant tous les modes de taxation, ce qui donne naissance à ce qu'on appelle de nos jours le déséquilibre fiscal.

La délégation québécoise dirigée par George-Étienne Cartier juge le contenu de l'Acte satisfaisant puisqu'elle a obtenu les garanties assurant, selon elle, la survie du peuple canadien-français. L'article 93 stipule ainsi que le gouvernement pourra intervenir pour protéger les droits scolaires des minorités. Notons que cette disposition ne sera appliquée qu'au Québec. L'article 133, lui, consacre le principe du bilinguisme dans la province de Québec et dans les institutions fédérales.

Deux Chambres sont instituées dans la nouvelle province de Québec : l'Assemblée législative (aujourd'hui l'Assemblée nationale), formée de 65 députés élus, et le Conseil législatif (aboli en 1968), composé de 24 membres nommés à vie par le gouvernement. Le cabinet, présidé par le premier ministre, détient seul les clés du pouvoir exécutif.

L'acquisition par le gouvernement fédéral des Territoires du Nord-Ouest en 1869 permet au Canada d'entreprendre la première phase de son expansion. En 1870, le Manitoba devient la cinquième province, suivi l'année suivante de la lointaine Colombie-Britannique, contre la promesse qu'un chemin de fer la reliera au reste du pays avant 10 ans. Finalement, l'Île-du-Prince-Édouard joint le Canada en 1873 (*voir la carte 3.5*).

CARTE 3.5 Le Canada en 1873

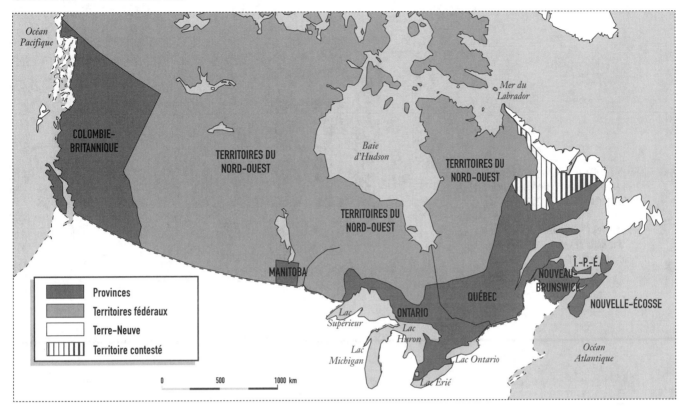

■ La domination des conservateurs ■ ■ □

À partir de 1867, l'élite du Canada français cesse donc de rêver à un pays français indépendant et adhère massivement aux principes d'un État bilingue. La création d'un gouvernement provincial à Québec lui permet en effet de conserver son poids politique, d'exercer le favoritisme grâce au contrôle des dépenses du gouvernement provincial, d'assurer la survie nationale grâce au pouvoir en matière d'éducation et, enfin, de poursuivre ses anciennes pratiques juridiques françaises au moyen de l'adoption, en 1866, du Code civil de la province du Bas-Canada. Se concrétise alors un pacte social entre cette bourgeoisie francophone, qui peut diriger le gouvernement provincial du Québec et les municipalités, et la grande bourgeoisie anglophone, qui, par le biais du gouvernement fédéral à Ottawa, a la main haute sur la *big business*.

Jouissant de l'appui de la grande entreprise et du clergé catholique, le Parti conservateur domine la scène politique québécoise durant les 30 premières années de la Confédération (*voir la figure 3.2 à la page suivante*).

Durant les 10 premières années du nouveau régime, mis à part l'organisation de la fonction publique, les interventions gouvernementales sont limitées. Cependant, une fois fixé le partage des ressources financières avec Ottawa, l'État québécois commence à emprunter pour mettre en œuvre un certain nombre de projets de développement économique. Dans un premier temps, Pierre Joseph Olivier Chauveau (1867-1873) et ses successeurs, Gédéon Ouimet (1873-1874) et Charles-Eugène Boucher de Boucherville (1874-1878), encouragent la construction de chemins de fer afin de stimuler la production industrielle et faciliter le

FIGURE 3.2 La domination électorale du Parti conservateur du Québec (1867-1897)

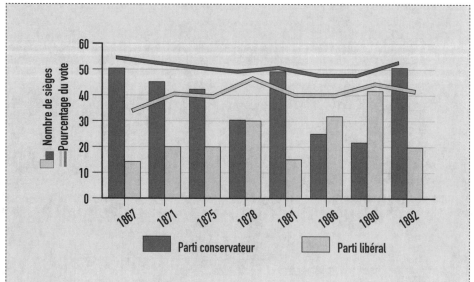

Cette figure illustre clairement la domination électorale du Parti conservateur du Québec au cours des 25 premières années d'existence du Canada. Les périodes les plus creuses surviennent à la suite des scandales qui seuls semblent pouvoir ébranler le pouvoir conservateur.

commerce ainsi que la colonisation. Leurs administrations respectives font aussi adopter plusieurs autres mesures visant à moderniser l'agriculture et à favoriser l'ouverture de nouvelles régions à la colonisation dans le but de juguler la vague d'émigration des paysans vers les États-Unis.

La période allant de 1879 à 1887 s'avère plus difficile pour les conservateurs. Elle met d'abord en lumière les problèmes financiers du gouvernement, provoqués en grande partie par le boom du chemin de fer. Il doit même vendre à perte la compagnie Québec, Montréal, Ottawa et Occidental (QMOO) à des intérêts privés. Le gouvernement du Québec devient alors davantage dépendant des subsides provenant du gouvernement fédéral. Pour plusieurs, ces difficultés financières indiquent clairement que la Confédération, au lieu de donner plus d'autonomie au Québec comme le prétendaient ses défenseurs, contribue en réalité à l'asservissement du Québec face à Ottawa.

Ancien patriote, George-Étienne Cartier (1814-1873) deviendra, à compter des années 1850, le chef politique le plus influent dans la vallée du Saint-Laurent. John A. Macdonald et lui doivent certainement être considérés comme les principaux artisans de la création du Canada en 1867.

Au début des années 1880 et en dépit de ses succès électoraux, le Parti conservateur est miné par des querelles intestines. Le radicalisme manifesté par l'aile ultramontaine menace en effet les bases mêmes du parti et attise l'affrontement entre ses deux composantes essentielles : la grande bourgeoisie anglophone et le clergé québécois. Ces luttes internes amènent d'ailleurs certains conservateurs modérés à se tourner vers le Parti libéral, lequel tend à abandonner son discours radical (*voir le tableau 3.2*). L'affaire Louis Riel, qui se déroule au même moment à 2000 kilomètres du Québec, provoquera finalement son éclatement.

TABLEAU 3.2 Les premiers ministres du Québec (1867-1900)

Année	Premier ministre
1867-1873	Pierre Joseph Olivier Chauveau
1873-1874	Gédéon Ouimet
1874-1878	Charles-E. Boucher de Boucherville
1878-1879	Henri Gustave Joly de Lotbinière
1879-1882	Adolphe Chapleau
1882-1884	Joseph-Alfred Mousseau
1884-1887	John Jones Ross
1887	Louis-Olivier Taillon
1887-1891	Honoré Mercier
1891-1892	Charles-E. Boucher de Boucherville
1892-1896	Louis-Olivier Taillon
1896-1897	Edmund James Flynn
1897-1900	Félix-Gabriel Marchand

☐ Conservateurs ▨ Libéraux

Ce tableau illustre les problèmes éprouvés par les libéraux provinciaux durant cette période. Il amène aussi à s'interroger sur les raisons qui poussent les premiers ministres à demeurer si peu de temps au pouvoir.

✛ Pourquoi, d'après vous, aucun des chefs conservateurs, appartenant pourtant à un parti dominant, ne reste-t-il plus de six ans à la tête du Québec ?

■ L'affaire Louis Riel ■ ■ ☐

En achetant les Territoires du Nord-Ouest en 1869, le gouvernement canadien entretient l'espoir d'y implanter des agriculteurs d'origine européenne. En établissant ces plans, il ne tient pas compte de la population amérindienne et métisse qui vit déjà sur place de la culture et de la chasse. Une résistance s'organise en 1870 autour d'un jeune Métis qui a fait des études secondaires à Montréal, Louis Riel. Le premier geste de Riel consiste à former un gouvernement provisoire qui entreprend aussitôt des démarches auprès d'Ottawa afin de faire connaître les exigences des Métis. Ces derniers réclament l'accession de leur territoire (le district d'Assiniboine, dans la région de la rivière Rouge, à l'ouest de l'Ontario) au rang de province, la reconnaissance de leurs droits de propriété et des dispositions semblables à celles qu'a obtenues le Québec en matière de langue et de religion.

Ce qui ne devait être qu'un affrontement entre Métis et colons blancs prend une ampleur nationale quand des voix s'élèvent à la fois du Québec, qui soutient le très francophone et catholique Riel, et de l'Ontario, qui appuie de son côté les colons privés de leurs terres pour ne pas se retrouver coincé entre deux « Québec ». Voulant prévenir une crise déchirante pour le nouveau pays, le gouvernement fédéral propose une solution qui conviendrait à toutes les parties : le *Manitoba Act* crée donc une nouvelle province où sont reconnues les principales exigences métisses. Outre les Métis, ces dispositions semblent aussi satisfaire le Québec. De son côté, Ottawa procède à l'envoi de troupes pour rétablir l'ordre dans la nouvelle province. Cela fait l'affaire des orangistes ontariens qui veulent la peau de Riel, qu'ils jugent responsable de la mort violente d'un colon blanc. Devant la menace d'une arrestation, le chef métis n'a d'autre choix que de s'enfuir aux États-Unis.

Bien qu'il soit en constant déplacement à partir de 1870, Louis Riel est élu député du comté de Provencher au Manitoba en 1873 et 1874. Devant les menaces d'assassinat, il évite cependant de se rendre à Ottawa et de siéger. Soulignons qu'après chacune de ses élections, il sera expulsé de la Chambre des communes par des motions que présentent des députés ontariens qui le tiennent responsable de la mort d'un colon blanc en 1870.

Quinze ans plus tard, la situation se répète. Une bonne partie des Métis du Manitoba, incapables de s'adapter aux mœurs des Blancs de plus en plus nombreux sur leur territoire, quittent cette région pour aller s'installer plus à l'ouest, afin de continuer à vivre selon leurs traditions. Quand l'entreprise de colonisation les rejoint au bord de la rivière Saskatchewan, les autorités fédérales tentent de nouveau de les dépouiller de leurs terres. Louis Riel prend encore une fois la tête d'un mouvement de résistance. Toutefois, après quelques semaines d'affrontements violents, la milice canadienne, rapidement dépêchée sur place grâce au nouveau Transcontinental, prend la situation en main. Riel est arrêté et jugé pour haute trahison. Reconnu coupable, il est pendu au mois de novembre 1885.

Au Québec, les réactions sont vives, surtout à l'endroit du gouvernement fédéral, qui avait le pouvoir de commuer la peine mais qui ne l'a pas fait. Le leader métis devient alors un symbole de l'oppression britannique et protestante envers la population canadienne-française et catholique. Pour un nombre grandissant de Québécois, la crise métisse semble faire la preuve que le gouvernement fédéral se soucie peu de la défense des droits de la minorité catholique. En éveillant le sentiment nationaliste au Québec, la pendaison de Riel met en péril la jeune et fragile unité canadienne. Le Parti conservateur assumant le gros du blâme en ce qui concerne la mort de Riel, la situation est intenable à l'échelle provinciale pour le premier ministre conservateur John Jones Ross (1884-1887), étroitement lié au gouvernement fédéral. Tous les débats entourant l'affaire Riel permettent alors un rapprochement assez extraordinaire entre les libéraux et quelques conservateurs, y compris des ultramontains, qui mettent sur pied un nouveau parti politique au nom plus rassembleur, le Parti national, dirigé par Honoré Mercier.

■ L'ouragan Mercier   ■ ■ □

Avocat, journaliste, brillant orateur et député libéral de Saint-Hyacinthe depuis 1879, Honoré Mercier tente depuis toujours de freiner les divisions entre les Canadiens français en les réunissant à l'intérieur d'une même formation politique. La pendaison de Louis Riel lui permet de réaliser partiellement ce rêve. Exploitant la ferveur nationaliste qui balaie la province, Mercier multiplie les discours enflammés dénonçant le sort réservé au chef métis. Le 22 novembre 1885, soit 6 jours après la pendaison, devant 40 000 personnes, il entame son discours en déclarant solennellement : « Riel, notre frère, est mort. » Ces quelques mots montrent que pour plusieurs, Riel, avant d'être un Amérindien, était d'abord un Canadien français. En 1887, Mercier mène son Parti national à la victoire et devient premier ministre. Au cours des quatre années qui suivent son accession à la tête de l'État québécois, porté par la ferveur populaire, il joue la carte nationaliste et affirme avec vigueur les droits du Québec.

Le style flamboyant de Mercier donne un souffle nouveau au gouvernement. Ses réalisations tiennent compte à la fois de la réalité rurale et de la montée du mouvement industriel et urbain. En créant le ministère de l'Agriculture et de la Colonisation (1888), il veut ouvrir de nouvelles zones de colonisation et répondre ainsi aux exigences de l'économie de marché. Une agriculture prospère et rentable, tournée notamment vers la production laitière, constitue selon lui une des clés du développement de la province. En regardant vers les États-Unis, Mercier prend conscience que la ville est toutefois essentielle à l'épanouissement du commerce et de l'industrie, deux domaines qui permettront de lutter contre le chômage et l'exil des Québécois. Il accepte également de collaborer avec les forces syndicales montantes en faisant adopter une loi ayant pour objectif de mieux protéger les travailleurs contre les abus du patronat. Cependant, ces premières interventions gouvernementales dans le monde du travail s'avèrent trop timides pour avoir des répercussions réelles et durables. Pour Mercier, l'accession du Québec au rang de société moderne passe aussi par une éducation accessible au peuple. Son gouvernement, en dépit des réticences du clergé catholique, voit donc à l'établissement d'écoles du soir et à l'organisation de cours davantage axés sur les métiers industriels.

Cependant, le point central de la politique du gouvernement de Mercier réside dans l'affirmation du Québec en tant qu'État français et catholique. Ardent défenseur de l'autonomie provinciale, Mercier est à l'origine de la première conférence interprovinciale, tenue à Québec en 1887. Contestant pour la première fois ouvertement l'autorité du gouvernement central, les cinq provinces présentes à la conférence réclament une révision du partage des pouvoirs et des revenus. Mercier œuvre également à faire reconnaître sa province sur la scène internationale. Il est accueilli avec enthousiasme par les milieux financiers de New York, décoré en France et en Belgique, et reçu en audience privée par le pape. Les résultats spectaculaires des élections de 1890 témoignent de la popularité de Mercier. Pourtant, moins d'un an après cette élection, Mercier n'est plus premier ministre. Ernest Pacaud, son trésorier, est accusé d'avoir empoché une partie de la subvention accordée par le gouvernement pour la construction d'une ligne de chemin de fer en Gaspésie. Les quelque 100 000 $ détournés par Pacaud devaient servir à rembourser les dettes de certains ministres provinciaux. Même si rien ne prouve que Mercier est impliqué dans cette affaire de la baie des Chaleurs, le discrédit entourant son parti le force à démissionner. Charles-Eugène Boucher de Boucherville est alors de nouveau appelé à former un gouvernement.

Après Louis-Joseph Papineau, avant Duplessis et en attendant René Lévesque, Honoré Mercier fut l'un des rares hommes politiques à susciter une véritable admiration chez ses contemporains et à prétendre rassembler tous les Canadiens français autour d'un projet nationaliste.

Ardent défenseur du principe de l'autonomie provinciale, Honoré Mercier (assis, il est le deuxième à partir de la gauche) est l'un des instigateurs de la première conférence des premiers ministres provinciaux. Il s'agit là du premier signe de protestation contre le pouvoir fédéral.

Les conservateurs reviennent donc au pouvoir jusqu'en 1897. Pendant cette période, De Boucherville (1891-1892) et ses successeurs, Louis-Olivier Taillon (1892-1896) et Edmund James Flynn (1896-1897), s'efforcent surtout d'assainir les finances publiques, passablement éprouvées par le faste de l'administration Mercier. Fidèles à leur programme, les conservateurs continuent de s'intéresser à l'agriculture. Ainsi, ils ouvrent des écoles spécialisées dans ce domaine, encouragent la production laitière et créent plusieurs municipalités rurales. Ce retour au pouvoir correspond aux dernières années de gloire des conservateurs. Le Parti libéral désormais solidement ancré au Québec profitera de la popularité de Wilfrid Laurier au poste de premier ministre du Canada après l'élection de 1896 pour s'emparer du pouvoir en 1897 et le conserver jusqu'en 1936.

■ ■ ■ L'essentiel

L'entrée en vigueur de l'Acte de l'Amérique du Nord britannique représente le triomphe de la grande bourgeoisie d'affaires britannique et de sa voix politique, le Parti conservateur. Après quelques ratés, le plan imaginé par les grands financiers afin de développer une économie est-ouest au Canada est mis en œuvre avec la Politique nationale. En partie influencé par cette politique, le Québec entreprend une profonde transformation de son économie. On assiste ainsi à l'ouverture de nouvelles régions sous l'impulsion du mouvement de colonisation, l'agriculture prend de plus en plus le virage de la commercialisation, et l'industrie s'implante maintenant de façon sérieuse. Avec le boom ferroviaire, Montréal s'impose aussi comme la principale ville du Canada. Comme jamais auparavant, le Québec est encadré de manière serrée. Sur les plans social et culturel, le clergé exerce une emprise extraordinaire, pendant que le secteur politique est largement dominé par le Parti conservateur tant au niveau fédéral qu'au niveau provincial. Cependant, vers la fin du siècle, la montée du duo Mercier-Laurier annonce l'ascension du Parti libéral.

■ ■ ■ Documents

Le milieu du XIXe siècle marque le retour en force du clergé catholique dans la vallée du Saint-Laurent. Ainsi, guidé par les évêques de Montréal et Trois-Rivières, Messeigneurs Bourget et Laflèche, le mouvement ultramontain entend investir davantage le champ politique afin d'éradiquer une fois pour toutes la tendance libérale que l'on considère anticléricale et révolutionnaire. Le *Programme catholique* de 1871 tente de faire la démonstration que l'action politique doit en tout temps s'inspirer des enseignements de l'Église.

Face à cette offensive, les libéraux ont du mal à s'imposer sur la scène politique au Québec. Pour y parvenir, ils doivent faire la preuve que leur doctrine n'est pas aussi radicale que veulent bien le prétendre leurs adversaires. Le texte de Wilfrid Laurier sur le libéralisme constitue un virage important en ce sens. Par une démonstration méthodique et systématique, Laurier montre que le libéralisme d'inspiration britannique, loin d'être synonyme de révolution, est davantage une source de changements, d'évolution, de bienfaits.

Toutefois, malgré les succès remportés par la tendance libérale de Laurier, le sermon prononcé par Monseigneur Louis-Adolphe Paquet en 1902, *La vocation de la race française en Amérique,* montre que le courant ultramontain est encore bien présent au tournant du XXe siècle.

Le Programme catholique (1871)

« [...] Il est impossible de le nier, la politique se relie étroitement à la religion, et la séparation de l'Église et de l'État est une doctrine absurde et impie. Cela est particulièrement vrai du régime constitutionnel qui, attribuant au parlement tout pouvoir de législation, met aux mains de ceux qui le composent une arme à double tranchant qui pourrait être terrible.

C'est pourquoi il est nécessaire que ceux qui exercent ce pouvoir législatif soient en parfait accord avec les enseignements de l'Église. C'est pourquoi il est du devoir des électeurs catholiques de choisir pour leurs représentants des hommes dont les principes soient parfaitement sains et sûrs.

L'adhésion pleine et entière aux doctrines catholiques romaines en religion, en politique et en économie sociale, doit donc être la première et la principale qualification que les électeurs catholiques devront exiger du candidat catholique. C'est le critérium le plus sûr qui devrait leur servir à juger des hommes et des choses.

[...] Dans la situation politique de notre pays, le parti conservateur étant le seul qui offre des garanties sérieuses aux intérêts religieux, nous regardons comme un devoir d'appuyer loyalement les hommes placés à sa tête.

Mais ce loyal appui doit être subordonné aux intérêts religieux que nous ne devons jamais perdre de vue. Si donc il existe dans nos lois des lacunes, des ambiguïtés ou des dispositions qui mettent en péril les intérêts des catholiques, nous devons exiger de nos candidats un engagement formel de travailler à faire disparaître ces défauts de notre législation.

[...] C'est le devoir des électeurs de n'accorder leurs suffrages qu'à ceux qui veulent se conformer entièrement aux enseignements de l'Église relativement à ces matières.

Concluons donc en adoptant les règles générales suivantes dans certains cas donnés.

1. Si la lutte se fait entre deux conservateurs, il va sans dire que nous appuierons celui qui acceptera le programme que nous venons de tracer.

2. Si, au contraire, elle se trouve engagée entre un conservateur d'une nuance quelconque, et un adepte de l'école libérale, nos sympathies actives seront pour le premier.

3. Si les seuls candidats qui s'offrent à nos suffrages dans un comté sont tous libéraux ou oppositionnistes, nous devons choisir celui qui souscrira à nos conditions.

4. Enfin, dans le cas où la contestation serait engagée entre un conservateur rejetant notre programme et un oppositionniste quand même l'acceptant, la position serait plus délicate. Voter pour le premier serait nous mettre en contradiction avec la doctrine que nous venons d'exposer. Voter pour le

second serait mettre en péril le parti conservateur que nous voudrions voir puissant. Quel parti prendre entre ces deux dangers ? Nous conseillerions alors l'abstention des électeurs catholiques.

[...] Tel est le programme que nous pensons devoir adopter pour les prochaines élections et qui, croyons-nous, devrait être adopté par tous les catholiques conservateurs de cette province. **>>**

Source : « Le Programme catholique », *Le Journal des Trois-Rivières,* 20 avril 1871.

Le libéralisme politique de Wilfrid Laurier (1877)

<< [...] J'ai déjà signalé quelques-unes des accusations que l'on fait circuler contre nous, je reviendrai encore sur ce sujet car c'est là le point le plus important. Toutes les accusations portées contre nous, toutes les objections à nos doctrines peuvent se résumer dans les propositions suivantes : 1) le libéralisme est une forme nouvelle de l'erreur, une hérésie déjà virtuellement condamnée par le chef de l'Église ; 2) un catholique ne peut pas être libéral. Voilà ce que proclament nos adversaires.

[...] L'idée libérale, non plus que l'idée contraire, n'est pas une idée nouvelle ; c'est une idée vieille comme le monde, que l'on retrouve à chaque page de l'histoire du monde, mais ce n'est que de nos jours qu'on en connaît la force et les lois, et qu'on sait l'utiliser.

[...] Ainsi, ceux qui condamnent le libéralisme comme une idée nouvelle n'ont pas réfléchi à ce qui se passe à chaque jour sous leurs yeux. Ceux qui condamnent le libéralisme comme une erreur n'ont pas réfléchi qu'ils s'exposaient, en le faisant, à condamner un attribut de la nature humaine.

Certes, je suis loin de faire un reproche à nos adversaires de leurs convictions, mais pour moi, je l'ai déjà dit, je suis un libéral. Je suis un de ceux qui pensent que partout, dans les choses humaines, il y a des abus à réformer, de nouveaux horizons à ouvrir, de nouvelles forces à développer.

Du reste, le libéralisme me paraît en tous points supérieur à l'autre principe. Le principe du libéralisme réside dans l'essence même de notre nature, dans cette soif de bonheur que nous apportons avec nous dans la vie, qui nous suit partout, pour n'être cependant jamais assouvie de ce côté-ci de la tombe. Notre âme est immortelle, mais nos moyens sont bornés. Nous gravitons sans cesse vers un idéal que nous n'atteignons jamais. Nous rêvons le bien, nous n'atteignons jamais que le mieux. À peine sommes-nous arrivés au terme que nous nous étions assigné, que nous découvrons des horizons que nous n'avions pas même soupçonnés. Nous nous y précipitons, et ces horizons, explorés à leur tour, nous en découvrent d'autres qui nous entraînent encore et toujours plus loin.

[...] L'art suprême de gouverner est de guider et diriger, en les contrôlant, ces aspirations de l'humanité. Les Anglais possèdent cet art au suprême degré. Aussi, voyez l'œuvre du grand parti libéral anglais. Que de réformes il a opérées, que d'abus il a fait disparaître, sans secousse, sans perturbation, sans violence ! Il a compris les aspirations des opprimés, il a compris les besoins nouveaux créés par des situations nouvelles, et, sous l'autorité de la loi, et sans autre instrument que la loi, il a opéré une série de réformes qui ont fait du peuple anglais le peuple le plus libre, le plus prospère et le plus heureux de l'Europe. >>

Source : Wilfrid Laurier, « Le libéralisme politique » dans Yvan Lamonde et Claude Corbo, *Le Rouge et le Bleu : une anthologie de la pensée politique au Québec de la Conquête à la Révolution tranquille*, Montréal, Les Presses de l'Université de Montréal, 1999, p. 237-259.

La vocation de la race française en Amérique (Louis-Adolphe Paquet, 1902)

<< [...] Tous les peuples sont appelés à la vraie religion, mais tous n'ont pas reçu une mission religieuse. L'histoire tant ancienne que moderne le démontre : il y a des peuples voués à la glèbe, il y a des peuples industriels, des peuples marchands, des peuples conquérants, il y a des peuples versés dans les arts et les sciences, il y a aussi des peuples apôtres. Ah ! reconnaissez-les à leur génie rayonnant et à leur âme généreuse : ce sont ceux qui, sous la conduite de l'Église, ont accompli l'œuvre et répandu les bienfaits de la civilisation chrétienne ; qui ont mis la main à tout ce que nous voyons de beau, de grand, de divin dans le monde ; qui, par la plume, ou de la pointe de l'épée, ont buriné le nom de Dieu dans l'Histoire ; qui ont gardé comme un trésor, vivant et impérissable, le culte du vrai et du bien. Ce sont ceux que préoccupent, que passionnent instinctivement toutes les nobles causes ; qu'on voit frémir d'indignation au spectacle du faible opprimé. Qu'on voit se dévouer, sous les formes les plus diverses, au triomphe de la vérité, de la charité, de la justice, du droit, de la liberté. Ce sont ceux, en un mot, qui ont mérité et méritent encore l'appellation glorieuse de champions du Christ et de soldats de la Providence.

Or, mes Frères, – pourquoi hésiterais-je à le dire ? – ce sacerdoce social, réservé aux peuples d'élite, nous avons le privilège d'en être investis ; cette vocation religieuse et civilisatrice, c'est, je n'en puis douter, la vocation propre, la vocation spéciale de la race française en Amérique. Oui, sachons-le bien, nous ne sommes pas seulement une race civilisée, nous sommes des pionniers de la civilisation ; nous ne sommes pas seulement un peuple religieux, nous sommes des messagers de l'idée religieuse ; nous ne sommes pas seulement des fils soumis de l'Église, nous sommes, nous devons être du nombre de ses zélateurs, de ses défenseurs et de ses apôtres. Notre mission est moins de manier des capitaux que de remuer des idées ; elle consiste moins à allumer le feu des usines qu'à entretenir et à faire rayonner au loin le foyer lumineux de la religion et de la pensée. >>

Source : Adolphe Paquet, « La vocation de la race française en Amérique », *Anthologie de la littérature québécoise*, Bibliothèque électronique du Québec, p. 8-9.

LE QUÉBEC INDUSTRIEL
1900-1930

AU QUÉBEC	
1900	Alphonse Desjardins fonde la première caisse populaire à Lévis.
1906	Ouverture d'un des premiers cinémas au monde, le Ouimetoscope.
1907	Ouverture de l'École des hautes études commerciales (HEC).
1910	Henri Bourassa fonde *Le Devoir*.
1911	Marie Gérin-Lajoie devient la première femme à décrocher un diplôme universitaire.
1914	Le naufrage de l'*Empress of Ireland* dans le golfe du Saint-Laurent fait 1024 victimes.
1917	Le gouvernement du Canada impose la conscription.
1918	Émeutes contre la conscription à Québec et Montréal.
1919	L'Université de Montréal se détache de l'Université Laval.
1921	Fondation de la Confédération des travailleurs catholiques du Canada (CTCC). Création de la Commission des liqueurs.
1922	Ouverture de la station CKAC à Montréal.
1927	Le Québec perd le Labrador aux mains de Terre-Neuve.

AILLEURS DANS LE MONDE	
1899-1902	Guerre des Boers.
1905	L'Alberta et la Saskatchewan deviennent les 8e et 9e provinces du Canada.
1911	Sun Yat-Sen fonde la République chinoise.
1914	Début de la Première Guerre mondiale. Ouverture du canal de Panama.
1917	Entrée des États-Unis dans la Première Guerre mondiale. Révolution russe.
1918	Armistice marquant la fin de la Première Guerre mondiale.
1919	Traité de Versailles ; création de la Société des nations (SDN).
1920	Début de la prohibition aux États-Unis. Le Congrès américain rejette le traité de Versailles.
1929	Krach boursier à Wall Street.

■ La population

Entre 1900 et 1930, le Québec connaît une **croissance démographique** spectaculaire, passant de 1,5 millions d'habitants à 3 millions, ce qui représente une augmentation moyenne de 2,3 % par année. Cette croissance est essentiellement attribuable à une forte natalité. Jusqu'en 1880, l'Ontario et les régions rurales de l'Amérique du Nord ont des taux de natalité comparables à celui du Québec. À compter de cette période par contre, le Québec se détache des autres provinces canadiennes. Il conservera un taux de natalité bien supérieur à la moyenne canadienne (au-dessus de 40 pour 1000) jusqu'à la crise des années 1930. Le taux de mortalité demeure cependant élevé lui aussi.

Malgré sa forte natalité, la part démographique du Québec dans le Canada passe de 31 à 28 %, car plus d'un million d'immigrants se dirigent vers les provinces situées à l'ouest du pays. Ils viennent encore des îles britanniques, mais également de plus en plus de l'Europe de l'Est, notamment de l'Ukraine et de la Pologne ; plusieurs d'entre eux sont juifs. Issus de milieux davantage scolarisés et urbanisés, les Juifs qui optent pour le Québec s'installent le plus souvent à Montréal. Il y avait 2473 Juifs à Montréal en 1891 ; ils sont 28 807 en 1911.

Toutefois, le **bilan migratoire** du Québec est négatif durant toute cette période. Amorcé en 1840, le mouvement d'émigration vers les États-Unis reste en effet considérable jusqu'à la crise de 1929, année où les Américains décident de bloquer la frontière aux nouveaux arrivants.

L'arrivée d'immigrants britanniques à Québec, au début du siècle. Des juifs orthodoxes, à droite, tournent le dos au photographe.

■ Les transports

De 1897 à 1925, le Québec connaît une croissance économique remarquable stimulée par l'essor du réseau ferroviaire (5600 kilomètres de voie ferrée en 1910). Les gouvernements fédéral, provincial et municipaux ont largement contribué à l'effort financier nécessaire à son aménagement (57 %), même si le secteur privé (43 %) en est le seul propriétaire et gestionnaire. Cependant, plusieurs lignes s'avèrent non rentables. Le gouvernement fédéral doit donc créer en 1923 le Canadien National, qui acquerra progressivement les **actifs** et les **passifs** de 221 petites entreprises privées en difficulté (dont la compagnie du Grand Tronc). Pour sa part, le Canadien Pacifique, une compagnie privée dont la ligne qui passe dans le sud du Canada demeure rentable, achète les réseaux les plus lucratifs.

Le chemin de fer et la navigation commencent à subir à partir de 1910 la concurrence d'un autre mode de transport : l'automobile. Le nombre d'automobiles immatriculées au Québec passe de 786 en 1910 à 42 000 en 1920, puis à 178 000 en 1930. Par contre, toutes proportions gardées, l'automobile ne constitue pas un mode de transport prépondérant pendant cette période. Elle est coûteuse, son rayon d'action est limité par le manque de routes carrossables

Conçu par la compagnie Dominion Bridge, le pont de Québec relève d'une technologie nouvelle pour l'époque. Il s'écroule à deux reprises, en 1907 et en 1916 (ci-contre), avant d'être finalement inauguré en 1917.

et déneigées en hiver ; elle est donc associée aux villes et ne rivalise pas sérieusement avec le train en ce qui concerne le transport des marchandises. L'arrivée de l'automobile contribue néanmoins à l'amélioration des routes ainsi qu'à la construction de quelques grands ponts, comme le pont de Québec enfin achevé en 1917 et, à Montréal, le pont Jacques-Cartier terminé en 1930, puis le pont Mercier inauguré en 1934.

■ Une agriculture capitaliste ■ ■ □

La modernisation de l'agriculture n'est pas étrangère au climat de croissance observable au Québec. Même si le secteur agricole perd constamment des effectifs entre 1900 et 1930, d'abord au profit des États-Unis, puis au profit des villes industrielles du Québec, il enregistre des progrès remarquables durant cette période. Pour prospérer, les agriculteurs avaient auparavant besoin d'un bon réseau de transport, de crédits coopératifs et d'une meilleure formation. Tous ces outils sont progressivement déployés durant la période, même si la petite exploitation familiale traditionnelle demeure la norme jusqu'en 1930.

La production laitière donne le ton à la modernisation de l'agriculture québécoise, mais on assiste aussi à l'essor de nouvelles cultures commerciales, en particulier celle du foin, dont le prix connaît une hausse jusqu'en 1920. Le foin est notamment exporté aux États-Unis pour l'élevage industriel des bovins et des chevaux, encore essentiels au transport et à l'agriculture. L'élevage porcin se développe également à la faveur du tarif impérial (de 1897 à 1907). La Grande-Bretagne découvre alors le bacon québécois, qui devient vite indispensable au *English Breakfeast*.

Pour leur part, les régions du Bas-Richelieu et de l'Assomption se spécialisent dans la culture du tabac (de 1 à 3,38 millions de kilos entre 1880 et 1900), tandis que celles de Deux-Montagnes et de l'Estrie découvrent la pomoculture. L'essor de Montréal stimule aussi la **culture maraîchère** à Saint-Laurent, à Saint-Léonard et sur l'île Jésus. Dans tous ces cas, l'habitant établit ses choix non plus en fonction de sa propre subsistance, mais bien en vue de vendre sa production en ville ou dans les marchés extérieurs.

Les caisses populaires d'épargne et de crédit créées en 1900 par Alphonse Desjardins jouent un rôle clé dans la modernisation de l'agriculture. Outre leur objectif de développer le sens de l'épargne chez les Canadiens français, les caisses visent surtout à accumuler des capitaux en milieu rural en consentant

L'un des premiers concessionnaires d'automobiles de l'Estrie, rue Minto, à Sherbrooke, en 1913.

Culture maraîchère

Culture diversifiée (fruits, légumes) dont les produits sont destinés à la vente dans les marchés publics.

Alphonse Desjardins (1854-1920) est sténographe parlementaire quand en 1900, à l'âge de 46 ans, il fonde la première caisse populaire à Lévis. La doctrine des caisses repose sur la synthèse de divers mouvements coopératifs européens étudiés par Desjardins.

Investissement direct

Contrairement aux Britanniques, qui préfèrent acheter des actions de compagnies canadiennes, les Américains procèdent à des investissements directs, c'est-à-dire qu'ils installent sur place leurs usines, avec leurs ingénieurs et leur technologie.

Concentration industrielle

Au terme d'une guerre des prix qui a duré de 1918 à 1925 environ, les petits producteurs sont mis en faillite ou rachetés par quelques grandes sociétés géantes qui s'entendent ensuite pour se partager le marché et pour fixer les prix.

dans chaque paroisse des prêts à des taux accessibles aux agriculteurs. Les débuts des caisses sont modestes, mais dès 1929, le réseau des caisses populaires Desjardins compte 178 établissements, qui regroupent 44 835 membres cumulant un actif de 11 millions de dollars. Après 1940, les caisses vont s'installer dans les quartiers ouvriers de Montréal et de Québec afin d'y inculquer leur idéal coopératif teinté de catholicisme.

Après 1920, la baisse brutale des prix et la chute des exportations vers l'Europe frappent durement les agriculteurs québécois, qui avaient mis tous leurs espoirs dans l'agriculture commerciale. Si 45,3 % des Québécois travaillent dans le secteur de l'agriculture en 1891, ils ne sont plus que 21,5 % à le faire en 1941. Les fermes établies à proximité des villes sont celles qui s'en sortent le mieux, car elles peuvent espérer vendre leurs produits dans les marchés publics. Dans les zones de colonisation cependant, des terres sont abandonnées. En Mauricie et au Lac-Saint-Jean, l'arrivée d'industries liées aux ressources naturelles est alors providentielle pour les colons ruinés. Bref, dans les faits, seules la Montérégie et l'Estrie, mieux desservies en voies de transport, ont su profiter de l'essor des cultures commerciales.

■ La deuxième vague industrielle (1900-1940) ■ □

Les industries traditionnelles (celle du textile notamment) poursuivent leur croissance après 1900 (*voir la figure 4.1*). Toutefois, de nouveaux secteurs se développent également de manière spectaculaire, à tel point qu'on peut parler d'une seconde vague industrielle grâce à laquelle Québec maintient son avance vis-à-vis du reste du Canada, exception faite de l'Ontario (*voir la figure 4.2*).

Hydroélectricité, pâtes et papiers, mines et électrométallurgie (aluminium) présentent cinq caractéristiques communes. Elles sont d'abord fondées sur l'exploitation de ressources naturelles situées dans la région du Bouclier canadien rendue accessible par le chemin de fer. De nouvelles zones industrielles naissent donc dans des régions jusque-là très peu peuplées, telles que l'Abitibi, la Mauricie et le Lac-Saint-Jean. On note deuxièmement le recours à des technologies de pointe, à peu près toutes nouvelles en 1900, qui requièrent une main-d'œuvre mieux formée et mieux rémunérée. Troisièmement, ces secteurs nécessitent tous des investissements considérables, consentis par de grands consortiums généralement américains. Les **investissements directs** de compagnies américaines au Québec, qui totalisaient 20 millions de dollars en 1900, se chiffrent à 74 millions en 1920. Quatrièmement, ces secteurs sont vite soumis à une forte **concentration industrielle** orchestrée par les banques et les grandes entreprises américaines. Enfin, Québec et les municipalités se montrent fort dociles face à ces grandes entreprises dont ils tirent d'importants revenus sous forme de taxes, de droits de coupe et de ristournes sur l'exploitation des ressources hydrauliques et minérales. Le premier ministre Taschereau déclare d'ailleurs en 1924 : « J'aime mieux importer du capital américain que d'exporter des Canadiens aux États-Unis ! »

FIGURE 4.1 L'évolution des secteurs industriels (1900-1940)

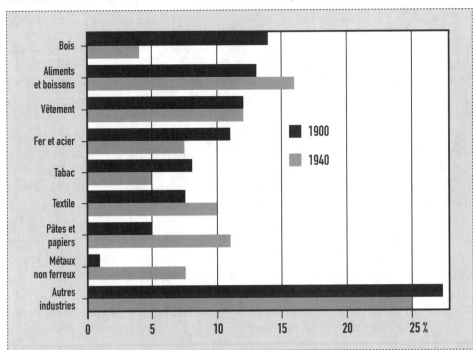

Malgré l'essor du secteur des pâtes et papiers, dont la part passe de 5 à 11 %, et de celui des métaux non ferreux (surtout l'amiante), qui passe de 1 à 7,5 %, les industries traditionnelles de l'alimentation et du vêtement demeurent prépondérantes.

FIGURE 4.2 Le poids industriel du Québec par rapport à l'Ontario et au Canada (1929)

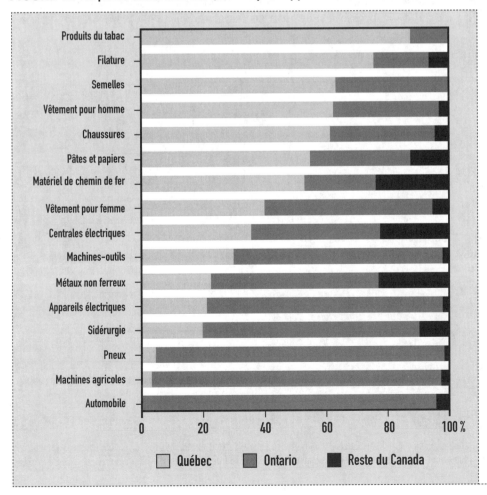

Du haut vers le bas, cette figure établit les forces et les faiblesses de l'appareil industriel québécois en 1929. Le Québec l'emporte sur l'Ontario dans l'industrie légère, où les salaires et les investissements sont généralement moins élevés, mais il souffre d'un net déficit dans l'industrie lourde (automobile, sidérurgie) et dans l'appareillage (machines-outils, appareils électriques). Le Québec bénéficie cependant d'une avance écrasante sur les autres parties du Canada.

■ Les pâtes et papiers

Le secteur des pâtes et papiers illustre bien chacune de ces caractéristiques générales. La technologie nécessaire à l'industrie a fait un bond considérable en 1880 grâce au procédé Fourdrinier, qui permet de fabriquer du papier à partir de la fibre de bois, notamment de l'épinette, particulièrement abondante au Québec. Toutefois, le facteur décisif qui favorise les premières implantations de ce type d'industrie dans la province réside dans l'abondance de l'eau, qui sert autant de source d'énergie qu'au transport des billots. De 1890 à 1910, les pulperies exportent surtout de la pâte de bois broyée vers la Grande-Bretagne et les États-Unis. Parmi les entrepreneurs, on trouve alors de nombreux francophones, dont Alfred Dubuc. En 1903, quatre ans à peine après sa fondation par Dubuc, la C.P.C. (la Compagnie de pulpe de Chicoutimi) est la plus grande pulperie au monde. On y broie 120 tonnes de pâtes par jour, tandis que la compagnie emploie 300 ouvriers en usine et 800 en forêt. La production culmine au moment de la Première Guerre mondiale, où la pulpe sort à un rythme de 315 tonnes par jour. Une vingtaine d'autres pulperies coexistent au Québec vers 1910, surtout dans les régions du Saguenay et de la Mauricie, qui fournissent à elles seules plus de la moitié de la production québécoise (*voir la carte 4.1*).

En 1910, le gouvernement libéral exige désormais que la pâte de bois soit transformée au Québec. Au même moment, les États-Unis connaissent la montée de la presse à sensation et des grands journaux américains tirant à

CARTE 4.1 L'industrie des pâtes et papiers au Québec

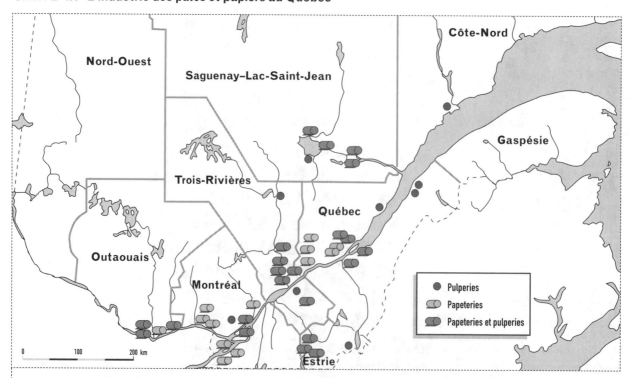

Les moulins à papier s'installent à proximité des cours d'eau. En 1931, on les trouve encore surtout au sud du Québec. Ils vont progressivement disparaître en Estrie et dans l'Outaouais pour migrer vers le nord-ouest à mesure que la ressource s'épuise.

des centaines de milliers d'exemplaires. L'essor du commerce accroît aussi la demande pour le papier kraft, les boîtes de carton et la rayonne, une fibre textile tirée de celle du bois.

Résultat : entre 1914 et 1920, la production de papier double au Québec. En 1920, la province fournit plus de la moitié de la production canadienne de papier, pour l'essentiel exportée aux États-Unis où, en 1932, 62 % de tout le papier journal consommé vient du Québec. Certaines installations comptent alors plus de 1000 employés, comme celle de Trois-Rivières. En effet, la Canadian International Paper (CIP) y ouvre en 1923 la plus grande papetière du monde.

En 1921, la récession frappe durement le secteur des pâtes et papiers. De nombreuses usines doivent fermer leurs portes et certaines localités se transforment en villages fantômes, par exemple Val-Jalbert au Lac-Saint-Jean. Commence alors une période de concentration industrielle intense. Entre 1923 et 1929, la CIP achète pas moins de 25 compagnies concurrentes. Plusieurs entreprises francophones font les frais de cette concentration, comme l'usine d'Alfred Dubuc, qui met fin à ses activités en 1927. Bientôt, seuls quatre trusts vont se partager l'essentiel de la production : la CIP, la Consolidated Paper, la Price Brothers et la Saint Lawrence Paper (Domtar).

Un tuyau d'amenée d'eau à la pulperie McLaren de Buckingham au début du siècle. Les usines de pâtes et papiers consomment énormément d'eau. Les polluants rejetés par ces usines suscitent cependant peu l'attention à cette époque.

■ L'hydroélectricité   ■ ■ □

Comme l'écrit l'économiste Albert Faucher, l'hydroélectricité constitue au début du XXᵉ siècle un **facteur de localisation** essentiel pour les industries grandes consommatrices d'énergie (*voir le document à la page 107*). Les premiers barrages sont de taille modeste mais agissent tel un aimant, attirant les entreprises de la seconde vague. C'est ainsi que la venue en Mauricie de la Shawinigan Water and Power, en 1898, entraîne celle d'usines de pâtes et papiers (telles la CIP et la Wayagamack), de chimie (la Shawinigan Chemicals), de textile (Wabasso), de coupe, ainsi que des usines d'électrométallurgie, en particulier de fabrication d'aluminium (Alcan et Reynolds). D'un autre côté, les entreprises consommatrices sont souvent elles-mêmes à l'origine de la construction d'une centrale. En 1926, une centrale de 500 000 chevaux-vapeur est spécialement aménagée afin d'alimenter une usine de papier-carton à Kénogami, une usine de papier à Port-Alfred, une aluminerie à Arvida et une papeterie à Riverbend, près de Dolbeau. Le Saint-Maurice est harnaché selon les mêmes modalités vers 1917 (*voir la figure 4.3 à la page suivante*). Dès 1930, seules cinq compagnies, dont la Shawinigan Water and Power, la Southern Canada Power et la Montreal Light, Heath and Power, assurent presque toute la production d'hydroélectricité. Cette production est principalement consacrée aux grandes entreprises, puisque seulement 3,5 % de l'électricité est alors destinée aux particuliers.

Facteur de localisation

Ensemble des ressources naturelles et humaines de même que des infrastructures qui contribuent à attirer les investissements productifs dans une région. L'hydroélectricité joue ce rôle au Québec depuis le début du XXᵉ siècle.

FIGURE 4.3 Les installations hydroélectriques sur la rivière Saint-Maurice

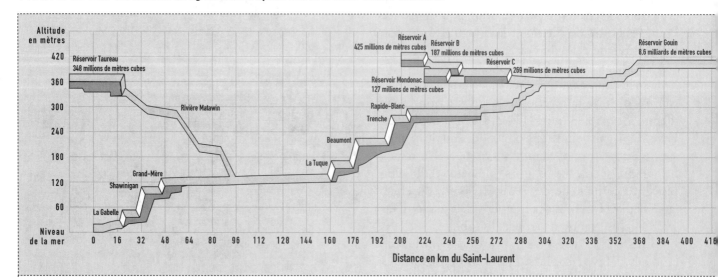

Cette figure permet de saisir comment une seule rivière peut alimenter plusieurs installations hydroélectriques. De nos jours, les rivières Manicouagan, des Outardes et la Grande Rivière à la baie James sont aménagées selon un modèle semblable.

Le Saint-Maurice, du réservoir Gouin à Trois-Rivières, alimente pas moins de sept barrages hydroélectriques, dont celui de Shawinigan, photographié ici en 1929.

■ Les entrepreneurs ■ ■ □

Industrialisation et urbanisation ont pour effet d'accroître les écarts de richesse entre la bourgeoisie d'affaires et les ouvriers, et de marginaliser l'élite rurale francophone constituée de professionnels, de marchands et d'artisans. Ce phénomène est d'autant plus frappant en ville, où richesse et pauvreté se jouxtent de façon de plus en plus choquante.

La riche bourgeoisie britannique est alors en mutation. Réunis autour des banques, du commerce et, donc, du réseau de chemin de fer, les bourgeois de Montréal et de Québec ont dû apprendre à cohabiter avec les capitalistes américains qui investissent dans les nouvelles industries depuis 1900. La véritable richesse passe alors des mains des familles bourgeoises à celles des actionnaires investisseurs, et le pouvoir, de l'entrepreneur au conseil d'administration. Ce nouveau capitalisme à l'américaine est en effet géré par des **holdings financiers** chapeautant plusieurs entreprises. Les magnats de 1900 – William Van Horne, George Stephen, Max Aitken ou Herbert Holt – sont donc des administrateurs qui participent à la gestion de plusieurs entreprises plus ou moins liées entre elles par des liens d'affaires et des ententes secrètes. Ils vivent à Québec dans l'enclave cossue de Sillery, le long du chemin Saint-Louis, ainsi qu'à Montréal dans le Golden Square Mile. Là, blottis au nord de la rue Sherbrooke, sur le flanc du mont Royal et autour de l'Université McGill, ils se font construire de somptueuses demeures. Selon le recensement de 1901, 70 % de toute la richesse du Canada se trouve dans ce quartier. Grands consommateurs d'espaces verts, ils investissent bientôt les villes de Westmount et de Hampstead de même que, au-delà du mont Royal, Outremont et Mont-Royal.

Pour sa part, la bourgeoisie canadienne-française a du mal à s'intégrer au monde de la haute finance. Il y a bien quelques entrepreneurs qui réussissent à se tailler une place enviable dans les affaires, comme Alfred Dubuc (pulperie), Joseph Versailles (cimenterie), Charles Viau (biscuiterie) et Joseph Simard (construction navale), mais, de façon générale, les Canadiens français ne possèdent ni les capitaux, ni la formation nécessaires pour accéder au monde fermé des conseils d'administration, où ils n'occupent en 1930 que 5 % des sièges.

**HERBERT SAMUEL HOLT
(1856-1941)**

Herbert Samuel Holt est tout à fait représentatif de la nouvelle élite financière montréalaise du tournant du XXe siècle. Né en Irlande et arrivé au Canada en 1875, il s'installe à Montréal en 1894 et travaille au chemin de fer, notamment pour le compte du Canadien Pacifique, pendant près de 20 ans. Le reste de sa carrière, essentiellement consacré à la finance, illustre à merveille le mouvement de concentration des entreprises se déroulant au Canada. À titre de président de la Montreal Gas Company, il procède à une fusion avec d'autres compagnies de gaz et d'électricité pour former la Montreal, Light, Heat and Power, dont il devient le premier président (1902-1908). Il lorgne ensuite du côté des banques en acceptant la présidence de la Sovereign Bank of Canada de 1902 à 1904, puis de la Banque Royale du Canada en 1908. Sous la présidence de Holt jusqu'en 1934, la Banque Royale devient la plus puissante institution financière au pays. Holt siège aussi au conseil d'administration de nombreuses grandes compagnies canadiennes dont il orchestre les stratégies commerciales et financières.

Ravenscrag, la résidence du président du Canadien Pacifique, Hugh Allan, est typique du Golden Square Mile de Montréal, avec son vaste terrain et ses serres, très à la mode au début du XXe siècle. Située sur la rue McTavish, la somptueuse demeure appartient aujourd'hui à l'hôpital Royal Victoria.

Holding financier

Entreprise qui possède les actions d'autres sociétés plus petites en plus de contrôler leurs activités et leurs opérations financières.

■ L'urbanisation

Corollaire de la croissance économique, les villes du Québec retiennent désormais mieux les paysans ruinés qui gagnaient auparavant la Nouvelle-Angleterre. Les villes qui croissent sont alors celles où s'implantent des usines : Sherbrooke, Valleyfield et Saint-Hyacinthe dans l'industrie textile, et Hull, Trois-Rivières, Shawinigan et Chicoutimi dans celles liées aux ressources naturelles (*voir la carte 4.2*).

L'augmentation de la population de Montréal est absolument remarquable. Elle passe en effet de 268 000 à 818 000 habitants entre 1900 et 1930, tandis que la population de l'île de Montréal dépasse déjà le million (*voir la figure 4.4*). Les habitants de la grande plaine de Montréal, jusque-là attirés par l'émigration aux États-Unis, sont désormais littéralement aspirés par le maelström montréalais. La métropole consolide alors sa vocation commerciale grâce au chemin de fer et au réseau routier. Toutefois, ce sont surtout les activités industrielles et financières de même que les emplois de services, générés par une population sans cesse grandissante, qui drainent ses migrants.

Les moyens de transport archaïques nuisent d'abord à l'étalement de l'espace urbain. À Saint-Henri, Pointe-Saint-Charles ou Sainte-Marie (Centre-Sud), les usines, les habitations ouvrières et les commerces demeurent comprimés dans des espaces restreints, tandis que sur le Plateau-Mont-Royal ou dans Hochelaga,

CARTE 4.2 Les principaux centres urbains au Québec en 1930

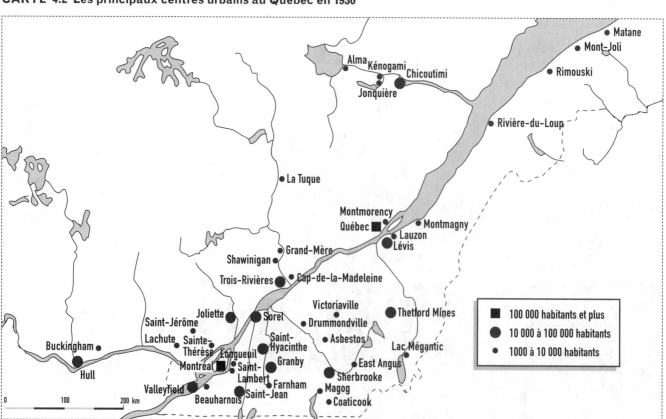

Le phénomène remarquable apparaissant autour de 1930 est l'émergence de villes industrielles comportant entre 10 000 et 100 000 habitants.

les résidences bourgeoises côtoient des mansardes sordides. À partir de 1892 cependant, le déploiement du réseau de tramways, qui s'étendra sur 430 kilomètres en 1945, favorise l'étalement urbain en permettant aux travailleurs d'habiter les nouveaux quartiers ouvriers de Rosemont, du Mile End et de Verdun tout en travaillant parfois à plusieurs kilomètres de chez eux. Parallèlement à l'expansion urbaine, Montréal annexe 19 municipalités de l'île entre 1905 et 1918. Ces villes, comme Maisonneuve, Saint-Louis et Rosemont, avaient toutes été acculées à la faillite par la pauvreté urbaine et par les subventions ruineuses offertes aux investisseurs industriels pour les attirer chez elles.

FIGURE 4.4 Le taux d'urbanisation au Canada (1850-1980)

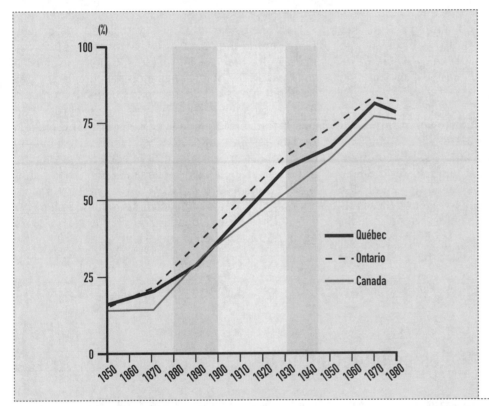

La majorité de la population vit désormais dans des villes de 3000 habitants et plus. L'urbanisation du Québec est moins précoce que celle de l'Ontario, mais plus rapide que celle de la moyenne canadienne.

Sur cette photographie du port de Montréal en 1928, on reconnaît au premier plan les quais aujourd'hui occupés par le Vieux-Port et, à gauche, l'édifice de la Banque Royale, alors le plus haut bâtiment de Montréal. Au centre, le boulevard Saint-Laurent traverse Montréal du nord au sud. On l'appelle aussi « la *Main* », car y débutent les numéros des adresses, qui montent ensuite vers l'ouest et l'est de la ville.

La Mauricie correspond en gros au bassin de la rivière Saint-Maurice, de sa source, le réservoir Gouin, à son embouchure, Trois-Rivières. La Mauricie laurentienne se développe lentement durant le Régime français, car la terre sablonneuse et inondable y est peu fertile. Trois-Rivières est cependant une ville ancienne (fondée en 1634, avant Montréal), à mi-chemin entre Montréal et Québec, qui dispose d'institutions importantes et d'une industrie remarquable, par exemple des forges du Saint-Maurice, qui, entre 1737 et 1883, fournissent la colonie en poêles, haches, pelles, parfois en canons, bientôt en rails de chemin de fer. C'est l'ouverture du Haut-Saint-Maurice qui fera de Trois-Rivières un nœud des communications, un centre de services et un pôle industriel.

Le peuplement du Haut-Saint-Maurice présente un retard par rapport aux autres régions de colonisation. La construction d'une estacade pour le transport du bois en 1852 précipite cependant la colonisation et l'exploitation forestière, et les billots descendent rapidement le Saint-Maurice par millions. Les paroisses se multiplient et, dès 1878, Saint-Jean-des-Piles, véritable entrepôt du Haut-Saint-Maurice, est relié à Trois-Rivières par le chemin de fer. L'industrie mauricienne repose d'abord sur les scieries, nombreuses et bien réparties, qui attirent des milliers de travailleurs durant l'hiver. Puis, de grandes sociétés papetières s'installent à Shawinigan (1906), à La Tuque (1907) et à Grand-Mère (1910), catapultant la région dans l'ère industrielle et urbaine. Le broyage mécanique du bois en pâte nécessitant beaucoup d'énergie, le Saint-Maurice est rapidement aménagé. En 1901, la Shawinigan Water and Power inaugure sur la cataracte une des plus grandes centrales du monde, qui est complétée par une série d'autres barrages en amont. Cette énergie est distribuée dans la région, où elle alimente les usines de chimie et d'électrométallurgie, qui se multiplient jusqu'en 1930. La technologie ne permet pas alors aux usines de s'éloigner des centrales électriques, ce qui engendre, en particulier à Shawinigan et à Trois-Rivières, une synergie grâce à laquelle tous profitent de la proximité des fournisseurs, des ressources naturelles et de la main-d'œuvre qualifiée.

Ce qui frappe, vers 1930, c'est l'extraordinaire diversité du paysage industriel de la Mauricie. Les pâtes et papiers (Consol, Brown, CIP, Belgo) restent importantes; s'ajoutent l'aluminium (Alcan, Reynolds), la chimie (Shawinigan Chemicals, Canada Carbide), le textile (Wabasso) et, plus tard, les appareils électriques (Westinghouse).

■ Les conditions de vie   ■ ■ □

L'expansion débridée de Montréal et de la basse-ville de Québec s'amorce sans qu'aucune réglementation n'ait assuré la qualité des constructions. Les promoteurs ont alors toute liberté d'entasser les édifices sur le plus petit terrain possible afin de réduire les coûts au minimum et maximiser les profits. On vit bientôt à deux ou trois familles dans des logements insalubres, et les maladies infectieuses font chaque année des milliers de victimes. On meurt donc beaucoup plus jeune à la ville qu'à la campagne. Montréal connaît alors le taux de mortalité infantile le plus élevé en Amérique du Nord, qui correspond au double de celui de Toronto ou de New York, par exemple. De 1900 à 1911, encore environ un bébé sur quatre meurt avant l'âge d'un an. Près de la moitié de ces décès sont causés par des diarrhées. Viennent ensuite la typhoïde et la tuberculose, qui font des milliers de victimes chaque année.

La pauvreté explique largement ces piètres conditions de vie. Malgré la croissance économique, les salaires demeurent extrêmement bas et, dans certains cas, les conditions de travail sont abominables. Sur le marché de l'emploi, la concurrence est vive, et les patrons savent en tirer profit. Les ouvriers

>>> La Mauricie

L'hydroélectricité semble en outre avoir constitué un facteur de localisation majeur. En 1931, la Mauricie est, après Montréal, la deuxième région industrielle du Québec.

Depuis 1950, le tissu industriel mauricien s'est écroulé, surtout dans les secteurs de la chimie et du textile, et en particulier dans la région du Haut-Saint-Maurice, entre La Tuque et Shawinigan. L'économie régionale se consolide aujourd'hui autour de sa partie laurentienne, grâce au pont Laviolette et au mégaparc industriel de Bécancour. Le Saint-Maurice reste cependant marqué par le passage de l'ère industrielle. Les nombreuses usines qui jalonnent son cours rappellent encore l'époque où, entre 1900 et 1950, la région était l'une des vallées industrielles les plus modernes et les plus prospères de l'Amérique.

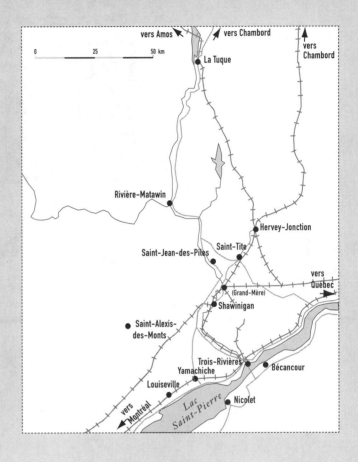

travaillent généralement 10 heures par jour, 6 jours par semaine. Un ouvrier non qualifié gagne en moyenne 1,75 $ par jour en 1912. Le revenu ouvrier est surtout consacré au logement, à l'alimentation et aux vêtements. Ces trois priorités retiennent plus de 70 % du revenu familial avant 1940. Comme, en général, le chef de famille ne gagne pas suffisamment d'argent, les enfants doivent souvent travailler pour compléter le revenu familial. La loi permet aux garçons de 12 ans et aux filles de 14 ans de travailler en usine. La plupart n'ont fréquenté l'école qu'une ou deux années et traînent ensuite un analphabétisme fonctionnel qui les confine à des tâches subalternes.

Dès le départ, les femmes participent au travail industriel. En 1911, elles représentent 19 % de la main-d'œuvre dans l'industrie alimentaire, 25 % dans l'industrie du cuir et pas moins de 60 % dans l'industrie textile. On y trouve surtout des jeunes filles, dont on apprécie l'habileté et la docilité, et parce qu'il est possible de leur imposer un salaire moitié moins élevé que celui d'un homme. On justifie cette attitude sexiste en affirmant qu'il n'appartient pas aux femmes d'assurer la subsistance de la famille. Le travail dans les bureaux se féminise au début du siècle ; les femmes y font leur entrée à mesure que se développent les tâches répétitives que boudent les hommes.

Cette image reflète la réalité pour plusieurs enfants de Montréal au tournant du siècle. Fréquentant peu l'école, tandis que les parents doivent travailler pour boucler le budget, les enfants sont le plus souvent laissés à eux-mêmes durant la journée.

Les conditions de vie s'améliorent notablement au cours des années 1910 et 1920. La plupart des villes se dotent alors d'un code de construction et d'installations sanitaires adéquates. Les logements sont désormais plus grands, mieux aérés et de meilleure qualité. Animés par le mouvement de réforme urbaine, la bourgeoisie, le clergé et les nationalistes pressent le gouvernement d'intervenir et de créer la Commission provinciale d'hygiène, la Régie des accidents du travail et la Loi de l'assistance publique.

Des journaliers construisant une ligne de tramways rue Saint-Denis en 1913. Ces travailleurs étaient généralement employés à la journée et ne disposaient d'aucune forme de protection syndicale.

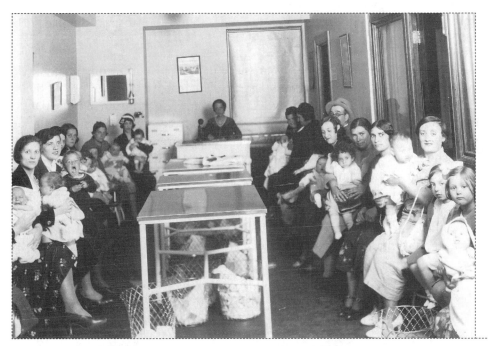

Parmi les initiatives destinées à améliorer les conditions de vie dans le milieu urbain, la plus efficace est sans doute celle de la Goutte de lait. En plus de distribuer du lait de bonne qualité aux enfants, de tels organismes offraient aux mères des conseils sur l'alimentation et l'hygiène.

Le mouvement ouvrier fait aussi pression sur les patrons entre 1907 et 1919 en vue d'imposer des normes minimales de travail. La technologie concourt également à l'amélioration des conditions de vie. Le réseau de tramways et l'automobile désengorgent le centre-ville, tandis que l'asphalte recouvre les chemins de terre battue, que le charbon remplace le bois de chauffage et que l'éclairage électrique fait son apparition. Puis, à leur tour, des cinémas (il y a déjà 134 salles de cinéma au Québec en 1933), des parcs, des restaurants et bientôt des *dancings* engendrent un nouveau mode de vie urbaine accessible à toutes les couches sociales, dont les habitudes sont bouleversées.

Lorsqu'il ouvre ses portes en 1906 rue Sainte-Catherine, le Ouimetoscope est le premier cinéma du Canada, et l'un des premiers au monde. Il gardera sa place dans la vie artistique montréalaise jusqu'en 1988, où dans l'indifférence générale, cette véritable institution fermera définitivement ses portes.

■ Le syndicalisme

La prospérité et l'intense mouvement d'industrialisation contribuent à la hausse des effectifs syndicaux, qui passent d'environ 10 000 en 1900 à 80 000 en 1918. La récession consécutive de la Grande Guerre ramène par contre ce nombre à 40 000 en 1926, mais il atteint de nouveau 80 000 à la veille de la crise de 1929. Cet essor se traduit par de nombreuses grèves ouvrières, en particulier de 1900 à 1919, autour de Montréal. Les gains obtenus par les travailleurs sont cependant modestes tant patrons et pouvoirs politiques semblent unis par leur hostilité commune envers les revendications ouvrières. Le militantisme ouvrier s'exprime en outre par l'action politique. Inspiré par le Parti travailliste anglais, le Parti ouvrier, fondé à Montréal en 1899, réclame une réforme en profondeur du modèle capitaliste. De ce parti, seul Alphonse Verville est cependant élu député fédéral en 1906.

En marge de ce syndicalisme politisé et très militant, on assiste à l'extérieur des grands centres à la montée d'un syndicalisme **confessionnel** d'obédience catholique (*voir la figure 4.5*). La peur du communisme (très présente au

Confessionnel

Relatif à une confession, à une religion.

FIGURE 4.5 Les origines des principales centrales syndicales au Québec

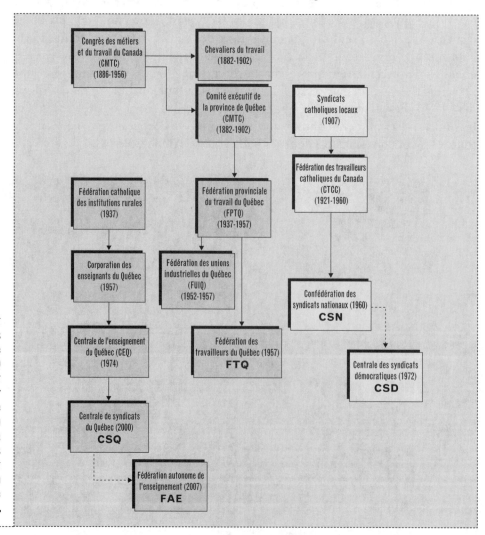

Historiquement, la FTQ moderne est issue des syndicats de métiers organisés en corporations, notamment dans le domaine de la construction. La CSQ provient d'un modeste regroupement d'institutrices rurales mis sur pied par Laure Gaudrault en 1937 ; elle est encore aujourd'hui très présente dans le milieu de l'enseignement. Quant à la CSN et à la CSD, elles remontent aux syndicats catholiques. Ces centrales profiteront considérablement de la syndicalisation de la fonction publique québécoise après 1964.

lendemain de la révolution russe de 1917 et de la grande grève de Winnipeg de 1919) et la nouvelle doctrine sociale de l'Église incitent le clergé québécois à s'engager dans l'action ouvrière. Le syndicalisme catholique connaît bientôt le succès au Québec avec 17 000 membres en 1921, quand on crée la Confédération des travailleurs catholiques du Canada (CTCC). La CTCC prêche l'harmonie, répugne à recourir à la grève et privilégie le dialogue entre travailleurs et patrons, unis par une langue et une foi communes.

■ La santé et l'éducation

Durant le premier tiers du XXe siècle, l'Église continue à dominer la vie sociale et culturelle des catholiques du Québec. Elle bénéficie pour cela d'effectifs impressionnants qui passent de 8612 personnes en 1900 à 30 000 en 1930 (soit 4500 prêtres et 25 500 membres des communautés religieuses). Pour la première fois, l'Église est physiquement présente dans chaque village et dans chaque quartier des villes, tous quadrillés en paroisses. Chaque gros village possède alors son couvent de sœurs et son collège de frères.

On distingue le clergé séculier, qui vit dans le « siècle » et constitue la hiérarchie religieuse chargée des tâches pastorales, du clergé régulier, qui vit selon une « règle » et comprend des communautés de femmes et d'hommes dévoués à des tâches de bienfaisance, d'éducation ou de soins hospitaliers (les Ursulines, les Jésuites, etc.). Dans cette deuxième catégorie, les femmes jouent un rôle prépondérant. C'est souvent pour elles la seule occasion de poursuivre leur scolarisation, d'exercer un certain pouvoir et, dans certains cas, d'échapper aux contraintes de la famille traditionnelle. L'Église compte aussi sur des organismes laïcs gravitant autour du conseil paroissial, qui encadrent les croyants et offrent des services communautaires (la Société Saint-Vincent-de-Paul, par exemple).

L'École technique de Québec, fondée en 1907.

L'État est habituellement fort heureux de confier des missions sociales à ces communautés qui ne lui coûtent presque rien et qui permettent de maintenir de très bas salaires pour le personnel laïc. Les besoins sont pourtant criants : une épidémie de variole fait près de 6000 victimes en 1885, une autre de typhoïde en fait 300 en 1909 à Montréal seulement, la grippe espagnole entraîne la mort de quelque 14 000 personnes en 1918, et la tuberculose provoque des ravages tout le long de cette période. Le secteur de la santé souffre du manque flagrant de ressources et de coordination entre les intervenants laïcs et religieux, tandis que les municipalités assument très inégalement leurs responsabilités constitutionnelles. Les riches préfèrent donc s'en remettre à une médecine privée florissante. La santé publique connaît néanmoins des progrès significatifs après 1920, tandis qu'on bâtit une vingtaine d'hôpitaux, d'hospices et d'orphelinats et que se professionnalise le métier d'infirmière.

Le monde de l'éducation souffre de la même incohérence et de la même inefficacité. En 1923, le cours primaire passe de quatre à six années. Après deux ans de cours préparatoires, l'élève peut accéder aux écoles techniques créées après 1907 dans les domaines de l'arpentage, de la foresterie et de l'agronomie. Les plus fortunés s'orientent cependant vers l'un des 36 collèges classiques dirigés par des communautés religieuses. Les collèges offrent une formation de niveau collégial axée sur la théologie et les lettres. Cet enseignement est peu adapté aux besoins du marché, mais il est le seul à ouvrir les portes de l'université. Il existe deux universités anglophones (McGill et Bishop) et deux francophones (Université Laval à Québec et Université de Montréal). Jusqu'en 1919, l'Université de Montréal n'est qu'une succursale de l'Université Laval. Quand elle devient indépendante, elle absorbe l'École polytechnique (1873) et l'École des hautes études commerciales (1907), puis se dote en 1942 d'un impressionnant campus sur le flanc du mont Royal.

Dans les faits toutefois, seule une faible minorité d'élèves termine son cours primaire (*voir la figure 4.6*). On constate partout la grande difficulté à garder les enfants en classe après la troisième ou la quatrième année du primaire. Un fort courant d'opinion dominé par l'Église s'oppose à ce que l'enseignement devienne obligatoire, parce que cela va à l'encontre de l'autorité du père, qui souvent ne voit pas pourquoi ses enfants devraient retarder leur entrée sur le marché du travail. Il faudra attendre 1943 pour que le gouvernement du Québec impose l'éducation primaire obligatoire et gratuite aux moins de 14 ans.

FIGURE 4.6 **La fréquentation scolaire au primaire (1891-1951)**

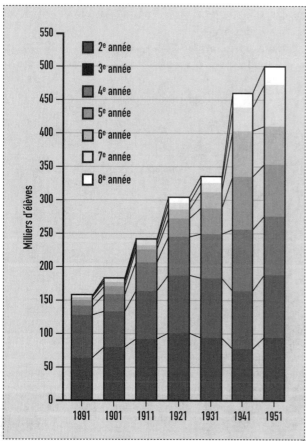

Chaque colonne représente la population scolaire du Québec à une année donnée. Le nombre d'écoliers passe ainsi de 150 000 à un demi-million dans la première partie du XXᵉ siècle. En 1891, seuls 19 % des écoliers poursuivaient leurs études après la troisième année. En 1931, ils étaient déjà 46 % à le faire. Après la septième année, on pouvait enfin accéder aux collèges classiques, l'équivalent du secondaire actuel. Les personnes qui accomplissaient leur huitième année se destinaient généralement aux écoles de métiers ou au cours normal pour obtenir leur brevet d'enseignement.

■ Le libéralisme triomphant ■■□

Malgré la **vision théocratique** diffusée par le clergé, c'est l'idéologie libérale qui s'impose au Québec. Soutenu par la bourgeoisie d'affaires et par sa presse écrite, le libéralisme prône la libre concurrence, le mouvement d'industrialisation et l'initiative privée, par opposition à l'intervention de l'État.

Historiquement, le libéralisme politique s'est développé au XVIIIᵉ siècle en opposition à l'absolutisme, afin que l'État limite ses interventions à la protection de l'égalité juridique, de la liberté d'expression, ainsi que de la propriété privée. Sur le plan économique, le libéralisme défend la libre concurrence et la liberté de commerce, soit le principe du « laisser-faire, laisser-passer ». Au Canada, le Parti libéral de Wilfrid Laurier est le premier à pleinement revendiquer ces deux dimensions du libéralisme. Laurier réussit notamment à calmer la méfiance du clergé et à le convaincre que le libéralisme n'est ni révolutionnaire ni antichrétien. L'élection de Laurier à Ottawa en 1896 et le long règne libéral, tant au Québec qu'au Canada, marquent le triomphe de la libre concurrence et de l'État de droit au Canada.

L'essor des villes et le climat de prospérité contribuent aussi puissamment à diffuser les valeurs libérales au Québec. Les journaux à sensation, les catalogues rutilants, les nouveaux modèles d'automobiles, le cinéma et la musique américaine diffusent tous des symboles de prestige et de réussite matérielle. L'esprit libéral atteint également les artistes et les écrivains d'ici. Jusqu'à la fin du XIXᵉ siècle, l'école patriotique de Québec trouvait toujours dans les thèmes nationalistes et religieux l'inspiration pour ses romans et sa poésie. À Montréal par contre, autour de l'école littéraire de Montréal, de jeunes poètes explorent au tournant du XXᵉ siècle les thèmes de l'angoisse et de la solitude de la vie moderne. S'inspirant des courants littéraires contemporains, Émile Nelligan, Charles Gill et Louvigny de Montigny décrivent la douleur du Canadien français rompu et dépossédé par l'urbanisation, le travail en usine et le libéralisme triomphant.

■ Le clérico-nationalisme ■■□

En 1901, 77 % des Québécois sont catholiques et francophones. Cette population joue pourtant un rôle marginal dans sa propre économie, où elle se trouve partout au bas de l'échelle. Elle subit par ailleurs tous les inconvénients d'être une minorité au sein du Canada. En 1905, le Québec ne représente plus qu'une province sur neuf, contre une sur quatre en 1867, et partout les francophones sont victimes de discrimination. Les Canadiens français se sentent donc exclus du modèle de réussite mis de l'avant par le libéralisme et se considèrent comme un groupe menacé « qui ne peut survivre que par une cohésion totale derrière ses élites cléricales et nationalistes ». Le clérico-nationalisme vise alors à protéger les valeurs canadiennes-françaises menacées par les « ravages du libéralisme ». On dénonce du même coup l'exploitation des Canadiens français et la discrimination à leur égard, les écarts de richesse, le contrôle de l'économie par les étrangers et la duplicité des gouvernements. On s'offusque surtout de la contamination par le modernisme, de la recherche

EMMA LAJEUNESSE DITE ALBANI (1847-1930)

Dotée d'une voix exceptionnelle selon les chroniqueurs de la fin du XIXᵉ siècle, Emma Lajeunesse (qui changera plus tard son nom pour Albani) est née à Chambly mais a principalement été élevée aux États-Unis. Au cours de son existence, elle connaît une prestigieuse carrière de cantatrice internationale. Après de brillantes études de chant à Paris et à Milan, Albani est engagée à Londres. Là, elle chante sous la direction des plus grands musiciens de son temps : Rubinstein, Dvorak, Gounod, Liszt. Durant ses fréquentes tournées en Amérique, elle ne manque aucune occasion de se produire à Montréal, où elle reçoit chaque fois un accueil triomphal. En 1883, 10 000 personnes viennent l'accueillir à la gare de Montréal. Malgré sa popularité, elle mourra isolée et appauvrie à Londres. En racontant la carrière de la cantatrice Albani, il est difficile de ne pas tracer un parallèle avec tous ces artistes québécois qui se distinguent de nos jours sur la scène internationale. Les auteurs de *L'histoire des femmes au Québec depuis quatre siècles* rappellent qu'« Albani est la seule femme à être passée à l'histoire officielle du XIXᵉ siècle québécois pour autre chose que sa charité et son dévouement ».

Vision théocratique

Conception du monde du clergé catholique canadien-français qui s'élabore au XIXᵉ siècle et qui prône la soumission du pouvoir politique aux autorités religieuses, porteuses du message divin.

Le Congrès eucharistique de Montréal en 1910. L'Église y apparaît triomphante. Le premier ministre Laurier, à droite, semble bien effacé à côté de la puissante hiérarchie catholique.

Fête-Dieu

Fête catholique célébrée 60 jours après Pâques.

Congrès eucharistique

Rassemblement de religieux et de laïcs catholiques du monde entier dans le but de célébrer la mort et la résurrection du Christ.

du confort et du plaisir, ainsi que de l'indifférence religieuse, seules explications possibles à l'exode vers les États-Unis et vers Montréal, d'ailleurs décrite comme un « véritable chancre de débauche où les âmes les plus pures se perdent irrémédiablement ». Le péché guette en particulier ceux qui s'adonnent à la danse ou fréquentent le théâtre ou le cinéma. On déclare même : « Les romans et les journaux qu'on lit en règle générale sont une véritable tribune de Satan, ni plus ni moins, le démon y prône tous les péchés et y flétrit toutes les vertus. » Les cléricо-nationalistes dénoncent en fait toute la société industrielle moderne. Ils tentent de la sorte de river le Québec à l'âge d'or de l'agriculturisme.

Pour y parvenir, l'Église catholique peut user de son emprise sur les systèmes d'éducation et de santé. Même si sa présence est moins visible sur la scène politique depuis le déclin de l'ultramontanisme, ses interventions demeurent innombrables entre 1900 et 1930. On la retrouve derrière la fondation des premières caisses populaires (1900), de l'Association catholique de la jeunesse canadienne-française (ACJC, 1903), des syndicats catholiques (1907), de l'École sociale populaire (1911), de la Société du bon parler français (1902), de *L'Action catholique* (1907) et de nombre d'autres journaux, associations, confréries et organisations laïques dans toutes les sphères de la vie sociale des catholiques, littéralement conscrits par la pratique religieuse. Au début du siècle, les patients de l'hôpital de la Miséricorde doivent se rendre à la chapelle trois fois par jour ! De grandes démonstrations telles que la procession de la **Fête-Dieu** ou le **congrès eucharistique** de 1910 sont autant d'occasions d'afficher l'unité religieuse des Canadiens français. L'Église s'érige ainsi en porte-parole de la nation, qu'elle croit avoir protégée depuis ses origines.

On convainc ainsi les catholiques que leur pauvreté les rapproche en fait de Dieu, qu'ils forment un peuple béni prédestiné à un jour convertir toute l'Amérique à la vraie foi. « Notre mission consiste moins à allumer le feu des usines qu'à entretenir et faire rayonner au loin le foyer lumineux de la religion et de la pensée. » Aux yeux des clérico-nationalistes, les chômeurs qui quittent le Québec en quête d'un emploi sont en fait « des corps expéditionnaires lancés par la Providence à la conquête du continent », puisque la « nation américaine, avant un demi-siècle, sera éteinte dans le matérialisme et l'indifférence ».

Fermement attaché à l'autorité paternelle et à l'unité de la famille traditionnelle, le clérico-nationalisme combat aussi l'émancipation des femmes et des ouvriers, car comme le dit si bien Jules-Paul Tardivel, « la présente harmonie entre patrons et ouvriers est voulue par Dieu », qui préfère voir « la main de l'ouvrier unie à celle du patron entre les mains du prêtre ». La vigueur du clérico-nationalisme satisfait ainsi en partie le libéralisme triomphant, notamment quand il chante les vertus de la pauvreté et qu'il dénonce le rôle des syndicats et des gouvernements.

Or, déjà, selon la Ligue nationaliste, l'ACJC, Edmond de Nevers, Errol Bouchette et Édouard Montpetit, ce clérico-nationalisme est coupé des réalités modernes, ce qui a pour effet de laisser le contrôle des richesses du Québec aux mains des capitalistes étrangers. Ils soutiennent que les Canadiens français doivent au contraire se réapproprier l'économie et, d'urgence, prendre le chemin des écoles commerciales plutôt que celui des séminaires. La voix de ces quelques personnes s'avère pour l'instant minoritaire.

Le clérico-nationalisme est également menacé par l'essor de l'**orangisme** au Canada anglais. Convaincus de la supériorité de la culture anglo-saxonne, les orangistes souhaitent renforcer les liens des Canadiens avec l'Empire britannique et partout combattre la culture franco-catholique. Ils participent donc à l'abolition des droits des francophones hors Québec et à l'écrasement de la révolte métisse de Louis Riel.

Entre les orangistes du Canada anglais et les clérico-nationalistes québécois, Wilfrid Laurier tente d'arbitrer le choc des races (*voir le tableau 4.1*). Premier ministre du Canada de 1896 à 1911, Laurier établit tout le programme du puissant Parti libéral du Canada, qui doit viser à niveler les différends entre les deux peuples grâce à une quête commune pour la justice et la prospérité. Il affirme ainsi en 1911 : «On m'accuse au Québec d'avoir trahi les Français, et en Ontario d'avoir trahi les Anglais. […] Je ne suis rien de tout cela; je suis Canadien.»

> **Orangisme**
>
> Origine des partisans de Guillaume d'Orange à titre de roi d'Angleterre au XVIIᵉ siècle. L'orangisme est depuis associé à l'idéologie impérialiste britannique, fermement anticatholique sur le plan religieux.

TABLEAU 4.1 L'affrontement idéologique au Canada (1900-1920)

Idéologie	Valeurs centrales	Slogan	Promoteurs	Projets	Lieu d'épanouissement	Aspiration	Voix politique	Défenseurs	Journaux
LIBÉRALISME	Individualisme et compétition	Progrès	Hommes d'affaires	Industrie et commerce	Ville cosmopolite	Réussite matérielle	Parti libéral	Wilfrid Laurier William Lyon Mackenzie King Goldwin Smith	*La Presse* (1884) *The Montreal Gazette* (1778)
CLÉRICO-NATIONALISME QUÉBÉCOIS	Valeurs collectives, surtout religieuses	Traditions nationales	Clergé catholique	Agriculture et mission évangélisatrice	Campagne laurentienne	Paix spirituelle	Parti conservateur du Québec et mouvement nationaliste	Ignace Bourget Henri Bourassa Lionel Groulx	*La Vérité* (1880) *Le Devoir* (1910)
ORANGISME (OU IMPÉRIALISME CANADIEN-ANGLAIS)	Solidarité nationale et culture	Morale victorienne	Monarchie et armée	Frontière et expansion sur le continent par l'agriculture	Empire britannique	Morale puritaine et respectabilité	Parti conservateur du Canada	George Denison Lord Minto Clifford Sifton	*The Nation* (1874) *The Week* (1883)

■ Le long règne du Parti libéral ■ ■ □

Malgré les bouleversements économiques et sociaux qui secouent le Québec au tournant du XXᵉ siècle, le Parti libéral s'installe solidement au pouvoir à Ottawa de 1896 à 1911, et à Québec de 1897 à 1936. Il dominera en fait toute l'histoire politique canadienne du XXᵉ siècle (*voir la figure 4.7 à la page suivante*).

FIGURE 4.7 La domination électorale du Parti libéral du Québec (1897-1935)

Le Parti libéral surfant sur la vague de prospérité, sa suprématie est alors incontestable. Son pourcentage de votes, généralement au-dessus de 50 %, lui permet à chaque fois d'obtenir de confortables majorités en Chambre.

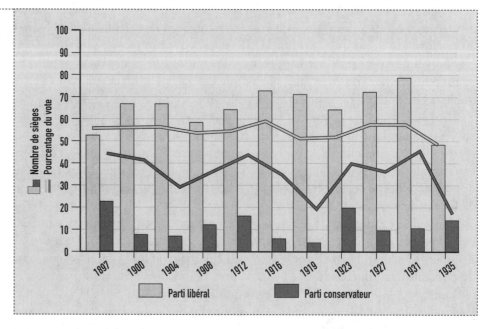

Parti libéral   Parti conservateur

Au départ, les succès électoraux des libéraux s'expliquent par leur habileté à tirer profit de la popularité personnelle de Wilfrid Laurier, premier ministre francophone du Canada. Une fois au pouvoir, le Parti libéral utilise ensuite des moyens moins honorables pour y rester, qu'il s'agisse d'utiliser le procédé du « **télégraphe** », d'acheter le vote de certains électeurs ou d'annoncer des projets de routes, de ponts ou d'écoles dans le but d'influencer le vote à la veille d'une élection. À ce jeu, un parti doit disposer de suffisamment d'argent. Pour y arriver, il fait usage du « patronage » ou favoritisme, qui consiste pour un parti au pouvoir à consentir des contrats gouvernementaux à certaines entreprises en échange d'une contribution directement versée à la caisse électorale du parti. Le parti finance ainsi sa réélection à même les fonds publics, mais est dépendant des entreprises qui peuvent alors exercer un chantage efficace afin d'obtenir des faveurs des politiciens.

Cloué aux banquettes de l'opposition, le Parti conservateur du Québec a du mal à suivre le rythme imposé par les libéraux. Incapables, à l'échelle fédérale, de présenter un candidat pouvant rivaliser avec Laurier au Québec et privés de l'appui traditionnel des hommes d'affaires désormais ralliés au Parti libéral, les conservateurs perdent aussi le soutien des clérico-nationalistes attirés par le mouvement nationaliste d'Henri Bourassa.

Le Parti libéral de Félix-Gabriel Marchand (1897-1900) amorce tout de suite une vaste politique d'exploitation

Télégraphe

Tactique électorale consistant à ajouter les noms de personnes défuntes aux listes électorales et à faire ensuite voter des électeurs prête-noms.

Ce dessin quelque peu satyrique tend à illustrer le phénomène du patronage qui sévit dans le milieu journalistique, mais aussi dans d'autres secteurs comme la construction, la voirie ou les chemins de fer. Les journaux parviennent en effet à survivre en grande partie grâce aux contrats d'impression que le gouvernement du Québec leur octroie.

des richesses naturelles afin de profiter de la demande mondiale croissante. Il lutte également pour faire renaître le ministère de l'Instruction publique. Fortement opposé à cette idée, le clergé s'en remet au Vatican pour régler la question. Après de longues négociations entre Wilfrid Laurier et le légat du pape, le projet est finalement abandonné. Les ennemis de l'école obligatoire triomphent de nouveau !

L'exploitation des richesses naturelles s'intensifie sous la direction de Simon-Napoléon Parent (1900-1905), à un point tel que l'opposition conservatrice accuse les libéraux de vendre le patrimoine national à des intérêts étrangers. Lui-même issu du milieu des affaires, Parent met en place une politique favorable aux grands capitalistes, qui a tôt fait d'attirer sur lui des accusations de corruption.

Ensuite, l'administration de Lomer Gouin (1905-1920) se modèle sur celle de ses prédécesseurs. Il impose cependant des restrictions sur l'exploitation des richesses naturelles en légiférant sur les exportations de bois coupé et sur la vente des ressources hydrauliques du Québec. Il préside aussi à un développement spectaculaire des infrastructures routières et s'intéresse à l'éducation en créant des écoles techniques, ainsi que l'École des hautes études commerciales (HEC) en 1907.

En 1920, Gouin cède sa place à Louis-Alexandre Taschereau, qui dirige le Québec essentiellement de la même manière jusqu'au cœur des années 1930. Dans l'ensemble cependant, les réalisations du régime libéral impressionnent par leur timidité. On cherche surtout à ne pas empiéter sur la sphère du puissant clergé catholique tout en s'attachant la bourgeoisie d'affaires, qui finance la réélection du parti.

■ La Première Guerre mondiale ■ ■ ■ □

Le Parti libéral sait aussi jouer la carte du nationalisme quand l'électorat le commande. Simon-Napoléon Parent, par exemple, ressuscite l'idée des conférences interprovinciales lancée par Honoré Mercier afin d'obtenir une augmentation des subventions fédérales versées aux provinces. Au moment de la crise de la **conscription**, Lomer Gouin affronte quant à lui la grogne du Canada anglais, qui considère que le Québec ne fait pas sa part dans l'effort de guerre. Engagé dans la Première Guerre mondiale, le Canada n'arrive bientôt plus à renouveler ses effectifs sur le front par le seul enrôlement volontaire. Le gouvernement fédéral dirigé par le conservateur Robert Laird Borden fait donc adopter en 1917 une loi qui appelle sous les drapeaux tous les hommes célibataires ayant entre 20 et 35 ans. La tension entre le Québec et le reste du Canada atteint un sommet quand Gouin permet à l'un de ses députés, Joseph-Napoléon Francœur, de présenter à l'Assemblée législative une motion à l'effet que « la province de Québec serait disposée à accepter la rupture du pacte fédératif de 1867 si, dans les autres provinces, on croit qu'elle est un obstacle à l'union, au progrès et au développement du Canada ». Même si elle n'a pas de suite, la motion Francœur montre le fossé séparant les deux peuples fondateurs. En 1917, le Canada apparaît aussi divisé que lors de la pendaison de Louis Riel 30 ans auparavant. L'isolement du Québec devient pratiquement

HENRI BOURASSA (1868-1952)

Fils de l'artiste Napoléon Bourassa et petit-fils de Louis-Joseph Papineau, Henri Bourassa est l'un des chefs de file du nationalisme canadien-français au tournant du XXe siècle. Maire du village de Montebello à l'âge de 22 ans, il occupe ensuite la fonction de député fédéral (1896-1907 et 1925-1935) et de député provincial (1908-1912) tout en menant une activité journalistique très vigoureuse. Directeur-fondateur du journal *Le Devoir* de sa fondation en 1910 jusqu'en 1932, il entend offrir une information indépendante des grands partis politiques, ce qui est rare à l'époque.

Résolument canadien, Bourassa lutte pour assurer une présence francophone d'un océan à l'autre. Il combat les dispositions visant à restreindre l'usage du français dans les écoles de l'Alberta, de la Saskatchewan (1905) et de l'Ontario (1912). Les Canadiens français, affirme-t-il, sont appelés à devenir le flambeau du catholicisme en Amérique du Nord. Toutefois, avant de devenir l'État idéal pour son peuple, le Canada doit s'affranchir de l'Angleterre. Tout le long de sa carrière, Bourassa luttera donc contre toute forme d'impérialisme britannique, notamment au point de vue militaire.

Bourassa conservera un énorme prestige jusqu'à la fin de ses jours, même si ses idées conservatrices et ruralistes sont alors déjà dépassées dans un Québec urbain et industrialisé.

Conscription

Enrôlement obligatoire dans l'armée des hommes célibataires. Cette mesure exceptionnelle est imposée parce que le Canada n'arrive plus à renouveler ses effectifs uniquement par l'enrôlement volontaire.

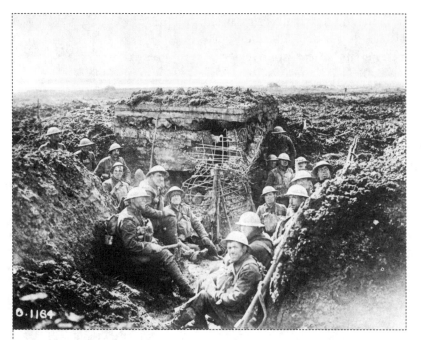

Des soldats canadiens prennent un moment de répit après avoir capturé une mitrailleuse allemande pendant la bataille de Vimy en 1917. Généralement inexpérimentés, les soldats canadiens s'illustrent néanmoins tout le long de la Grande Guerre, notamment durant la bataille de la Somme en 1916 et lors de l'attaque de la crête de Vimy en 1917. Tout aussi remarquables sont les prouesses du 22ᵉ régiment, entièrement composé de Canadiens français.

complet quand aucun francophone, même Laurier, n'accepte de faire partie du cabinet fédéral, qui regroupe alors une coalition de libéraux et de conservateurs. Au printemps de 1918, les manifestations contre la conscription tournent à l'émeute. À Québec, l'armée charge la foule, tuant cinq civils. Malgré ces événements malheureux, les Canadiens français participeront tout de même à l'effort de guerre. Ainsi, des 424 000 hommes enrôlés au Canada entre 1914 et 1918, 19 000 (soit 4,5 %) sont francophones.

Durant la Grande Guerre, les dépenses militaires du gouvernement fédéral font un bond impressionnant, passant de 13,5 millions de dollars en 1913 à 438,7 millions en 1918, ce qui représente 63 % du budget total du pays. L'activité économique est puissamment stimulée entre 1914 et 1918 par les commandes du gouvernement et par les achats des pays alliés. Les commandes militaires favorisent surtout les secteurs de la mécanique, du textile, des ressources naturelles, mais aussi celui de l'agriculture. De plus, le secteur de la chimie est particulièrement choyé, que ce soit en ce qui concerne la fabrication d'explosifs en Mauricie ou le raffinage du pétrole dans l'est de Montréal. Le Québec voit ainsi le nombre d'emplois industriels doubler durant le conflit; ils sont de plus en plus occupés par des femmes. La gestion de l'État est cependant marquée par de nombreuses erreurs, tandis que les pénuries et l'absence de réglementation font bondir le taux d'inflation. L'indice des prix augmente de 17 % en 1919, provoquant des grèves et des affrontements entre des travailleurs et l'armée. Le gouvernement ne dispose pas non plus d'un programme cohérent à la fin de la guerre pour convertir l'économie en une économie de paix et pour trouver du travail aux anciens combattants qui reviennent du front. Le chômage est donc important jusqu'en 1923.

■ ■ ■ L'essentiel

Partout en Occident, le passage à l'ère industrielle constitue un moment marquant. Largement axée sur l'exploitation des richesses naturelles, cette révolution amène son lot de changements. Au premier chef, l'exode rural fait en sorte que la population des villes dépasse désormais celle des campagnes. Montréal présente alors deux visages : celui d'une ville cossue où domine la haute bourgeoisie d'affaires et celui d'un bourbier fangeux où s'entassent les ouvriers francophones.

Tandis que les syndicats réagissent en affrontant les patrons lors de durs conflits, les nationalistes québécois prônent plutôt un retour aux valeurs traditionnelles par le biais du clérico-nationalisme. Le capitalisme sauvage triomphe néanmoins, alors que sur le plan politique, le Parti libéral amorce un règne qui durera 40 ans. Au bout du compte, cette période, l'une des plus prospères de l'histoire du Québec, prendra brusquement fin quand surviendra la terrible crise des années 1930.

■ ■ ■ **Documents**

Malgré la poussée industrielle au début du XXᵉ siècle, le Québec accuse un retard économique par rapport à sa province voisine, l'Ontario. En outre, le groupe majoritaire, celui des Canadiens français, participe fort peu à la croissance économique. Plusieurs penseurs, d'Étienne Parent à Édouard Montpetit, ont réfléchi à ce problème. En 1953, deux économistes, Albert Faucher et Maurice Lamontagne, tentent d'expliquer le retard économique du Canada français dans la première moitié du siècle par des facteurs de localisation. Le sociologue Pierre Harvey, quant à lui, utilise plutôt la sociologie et la psychologie pour expliquer l'état d'infériorité économique des Canadiens français. En quoi, selon vous, leur diagnostic du problème diffère-t-il?

Le retard du Québec selon deux économistes (1953)

« Nous nous proposons ici d'expliquer le développement de l'industrie par une thèse [...] s'appuyant surtout sur des facteurs économiques et géographiques. Nous croyons que nul ne peut comprendre cette évolution s'il ne se réfère constamment aux facteurs de localisation qui dominent chaque époque et au fait élémentaire que le Québec est situé sur le continent nord-américain.

La période préindustrielle (1810-1866)

Cette période préindustrielle correspond à l'ère commerciale. La hausse du cycle commença au début du dix-neuvième siècle avec les guerres napoléoniennes. Le bois et les céréales étaient les deux principales ressources commerciales; les centres d'expansion économique les plus importants étaient situés sur la côte de l'Atlantique. Aux États-Unis, les villes de Boston, New York, Philadelphie et de la Nouvelle-Orléans étaient très actives et particulièrement bien situées pour développer des industries de biens de consommation.

Au Canada, pendant cette période, le Québec occupait le premier rang; son expansion économique était centrée autour de Montréal et de Québec. Ainsi, la prééminence historique du Québec dans le développement de la vie économique du Canada coïncide, à cette époque, avec la phase commerciale et vient surtout du rôle économique déterminant du Saint-Laurent. [...]

La période du lent développement (1866-1911)

Cependant, un ensemble de facteurs devaient mettre un terme à cette période et changer le cours des choses : le libre-échange en Angleterre [1849], la fin du traité de réciprocité avec les États-Unis [1866], le creusage du chenal du Saint-Laurent [1851] et la construction des canaux. Le facteur le plus important qui accompagna le passage de l'ère commerciale à l'ère industrielle fut sans aucun doute le remplacement du bois par l'acier comme produit de base de l'industrie; la construction des chemins de fer fut l'élément décisif de cette transformation. L'avènement de la machine à vapeur a permis ce changement dans l'industrie de la construction navale.

Ainsi, une ère nouvelle commençait : le charbon et le fer devenaient les facteurs clés du développement économique. Seules les régions possédant du charbon pourraient dès lors progresser rapidement.

Ces améliorations technologiques impliquaient un changement dans l'importance relative des facteurs de localisation et un déplacement du centre de gravité économique en Amérique du Nord. Les villes côtières perdirent les avantages que leur donnait leur situation géographique pendant l'ère commerciale ; l'importance que le Québec avait acquise grâce à sa production de bois et à la construction de navires baissa considérablement. [...]

Au Canada, comme aux États-Unis, l'activité économique s'est déplacée vers le centre du pays. Dans cette nouvelle zone industrielle, le sud de l'Ontario était géographiquement avantagé en ce qui a trait à la circulation maritime et ferroviaire. Cette région était adjacente aux bassins houillers des Appalaches et elle commandait les routes les plus économiques pour atteindre l'hinterland de l'Ouest. [...]

Ainsi, la perte de la prééminence économique du Québec n'était pas un incident régional, mais un phénomène beaucoup plus vaste qui affecta le continent tout entier et qui provenait du passage d'un régime mercantiliste à un système industriel basé sur le charbon, l'acier et la vapeur. [...] Un seul facteur de localisation [...] avantageait encore [le Québec], un surplus de main-d'œuvre dans les villes et les campagnes, dans tous les cas paisible et sûre. Cet avantage avait en fait peu d'importance puisque la main-d'œuvre pouvait toujours se déplacer. Néanmoins, comme la Nouvelle-Angleterre, le Québec devait s'adapter à cette nouvelle situation et les deux régions adoptèrent la même solution, qui était probablement la seule possible. À l'époque où l'Ontario se trouvait à participer au développement des industries de l'acier et de l'outillage, le Québec s'associait à un type d'industrie qui recherchait la main-d'œuvre à bon marché. [...]

Ainsi, le Québec devait traverser une longue période de profond déséquilibre. Au moment même où sa structure industrielle faisait face à une crise d'adaptation et se développait très lentement, sa population s'accroissait à un rythme rapide. [...] La seule solution possible à l'époque était d'encourager le développement de l'agriculture et de la colonisation car il n'y avait pas d'autres débouchés pour la main-d'œuvre. [...] Les facteurs culturels n'avaient rien à voir avec cette évolution et avec la léthargie relative de l'industrie québécoise comparée à celle de l'Ontario. Cette différence s'explique par le simple fait que le Québec, au sein de l'économie de l'acier propre à cette période, n'avait ni charbon ni fer et qu'il était situé trop loin des bassins houillers des Appalaches. [...]

L'ère du nouvel individualisme (1911-1953)

Au début du XXᵉ siècle, de nouvelles tendances apparurent dans l'économie du Québec. Encore là, cette région demeurait étroitement liée au continent nord-américain mais fondait maintenant son développement économique sur ses ressources, à l'exemple des autres régions du continent. En d'autres termes, les ressources naturelles du Québec étaient appelées à remplir une fonction bien définie et à satisfaire des besoins spécifiques. Tandis que le développement du sud de l'Ontario était en quelque sorte la contrepartie de l'industrialisation américaine, la croissance de l'industrie du Québec devait la compléter.

Plusieurs facteurs sont à l'origine du changement fondamental qui était sur le point de modifier la configuration économique du Québec. Premièrement, le plus important était sans doute l'épuisement de certaines ressources et l'insuffisance d'autres facteurs aux États-Unis. Le bois de pâte, le cuivre et le fer illustrent bien cette situation. Deuxièmement, l'acier gardait sa prééminence mais perdait de son importance relative et d'autres métaux lui étaient substitués dans plusieurs domaines. De plus, l'avion fut à l'aluminium ce que les chemins de fer avaient été à l'acier. Troisièmement, le charbon perdit son titre de première source d'énergie et fut remplacé par l'eau qui coûtait moins cher. L'énergie hydroélectrique devint de plus en plus un facteur de localisation de nouvelles industries. [...] Les premiers signes apparurent en même temps que ce qu'on a appelé les industries jumelles : hydro-électricité et pâtes et papiers. Puis vinrent les industries de l'aluminium, des mines, des produits chimiques et de l'aéronautique.

Il faut souligner que le Québec restait en retard sur l'Ontario à cause de la période de stagnation qu'il avait dû traverser plus tôt et aussi à cause de sa situation géographique moins avantageuse par rapport à la zone industrielle des États-Unis. [Mais si] nous ne considérons que son immense territoire et l'abondance de ses ressources encore inexploitées, nous ne serons pas surpris que son taux de développement à long terme devienne le plus élevé au Canada, et cela avant longtemps. Pendant sa période d'expansion vers le nord, le Québec pourrait bien regagner la suprématie qu'il a perdue au cours de la période d'expansion vers l'ouest. **»**

Source : Albert Faucher et Maurice Lamontagne, « History of industrial development », dans Jean-Charles Falardeau (dir.), *Essais sur le Québec contemporain,* Québec, Les Presses de l'Université Laval, 1953, p. 23-37.

Le retard du Québec selon un sociologue (1971)

« [...] Même si le schéma qui nous sert de guide concerne les économies sous-développées, ce qui n'est manifestement pas le cas du Québec, il est possible d'en tirer un certain nombre d'éléments, qui, regroupés, peuvent fournir une hypothèse de travail valable. Ces éléments peuvent se résumer succinctement dans la série des propositions suivantes :

1) tout groupe qui est soumis au traumatisme collectif d'une colonisation ou d'une conquête réagit spontanément contre le conquérant ou le colonisateur pour sauver sa propre identité vis-à-vis de « l'autre » ;

2) cette réaction de défense prend d'abord la forme d'une négation (rejet) du système de valeurs de l'autre et d'une retraite sur soi ;

3) le conquis ou le colonisé tend à surévaluer ce qui le distingue de l'autre et ce dans quoi il est cantonné par la force (l'agriculture) : il devient le missionnaire de ces éléments de sa situation ;

4) le conquis ou le colonisé s'enferme dans une vision autoritaire du monde, ce qui constitue un système de protection ;

5) toutes ces réactions, par leurs influences sur la constitution des personnalités, entraînent une inhibition de la créativité collective en faveur de la conservation de l'héritage du passé.

[...] Les Canadiens français, rejetant intérieurement le système de valeurs de l'autre, ne s'engageront qu'avec répugnance dans les activités qu'ils identifient à l'autre : ils chercheront plutôt des activités différentes et conformes, à la fois à l'image qu'ils se font d'eux-mêmes et de l'autre ; ils seront alors plus facilement juristes qu'entrepreneurs, par exemple, et, en général, se dirigeront vers les professions libérales auxquelles l'élite canadienne-française s'identifie par opposition aux activités économiques qui seront perçues comme non conformes aux idéaux du groupe parce qu'identifiées au système de valeur de l'autre. »

Source : Pierre Harvey, « Pourquoi le Québec et les Canadiens français occupent-ils une place inférieure sur le plan économique ? », *Le Devoir*, 13-14 mars 1969, dans René Durocher et Paul-André Linteau, *Le « retard » du Québec et l'infériorité économique des Canadiens français*, Montréal, Boréal, 1971, p. 121-122.

DE LA CRISE À LA GUERRE

1930-1945

AU QUÉBEC	
1930	Commission des assurances sociales du Québec (commission Montpetit). Début du programme des grands travaux publics. Ouverture du pont Jacques-Cartier.
1932	Programme de secours directs. Joseph-Armand Bombardier conçoit la première motoneige.
1933	Publication du *Programme de restauration sociale*.
1934	Fondation de l'Action libérale nationale (ALN).
1936	Fondation de l'Union nationale. Création du crédit agricole.
1937	Adoption de la « loi du cadenas ».
1938	Les femmes obtiennent le droit de conserver leur salaire.
1940	Le gouvernement Godbout accorde le droit de vote aux Québécoises.
1943	L'instruction devient obligatoire et gratuite pour les enfants de 14 ans et moins.
1944	Création d'Hydro-Québec.

AILLEURS DANS LE MONDE	
1931	Statut de Westminster ; le Canada obtient sa pleine souveraineté.
1933	Adolf Hitler accède au pouvoir en Allemagne. Franklin Delano Roosevelt lance le *New Deal* aux États-Unis.
1934	Création de la Banque du Canada.
1935	Invasion de l'Éthiopie par l'Italie.
1936	Création de la Société Radio-Canada. Début de la guerre civile d'Espagne.
1937	Commission Rowell-Sirois sur les relations entre le fédéral et les provinces.
1939	Seconde Guerre mondiale ; entrée en guerre du Canada.
1940	Adoption de la loi canadienne sur la mobilisation des ressources nationales.
1941	L'attaque japonaise à Pearl Harbour précipite l'entrée en guerre des États-Unis.
1942	Plébiscite pancanadien sur la conscription.
1943	Première conférence de Québec.
1944	Débarquement de Normandie. Programme canadien d'allocations familiales.
1945	Les États-Unis lancent deux bombes atomiques sur Hiroshima et Nagasaki. Fin de la Deuxième Guerre mondiale.

■ La Grande Dépression   ■ ■ □

Après la période d'euphorie des «années folles», le Québec, à l'instar du reste du monde occidental, s'engage en 1929 dans une longue période de récession. Essentiellement, la crise des années 1930 en est une de surproduction. Au terme d'une phase de croissance, l'économie capitaliste entre dans une période de surchauffe qui se manifeste par une hausse des prix. Une fois que l'endettement a atteint un point critique, la consommation diminue, ce qui entraîne une surproduction et, conséquemment, des mises à pied massives.

La récession des années 1930 s'avère plus longue et plus profonde que toutes celles qui l'ont précédée, d'abord parce que le Québec est désormais industrialisé et que l'économie capitaliste y est bien ancrée. On ne peut donc plus comme autrefois trouver refuge dans l'agriculture de subsistance, en marge de l'économie mondiale. L'ouvrier de 1930 n'a d'autre choix que d'attendre la réouverture de l'usine pour arriver à payer son loyer et sa nourriture. Deuxièmement, depuis 1927, l'Ouest canadien est frappé par une sécheresse qui se prolonge jusque dans les années 1930. Les revenus des agriculteurs de la Saskatchewan diminuent de 90 % entre 1927 et 1933. Cela affecte en particulier les activités portuaires de Montréal où on transforme alors le blé provenant de l'Ouest. Troisièmement, l'Europe s'est rapidement relevée de la Première Guerre mondiale et, dès 1924, elle diminue ses achats au Québec, notamment dans les domaines agricole et forestier.

Enfin, le Québec est alors particulièrement dépendant du commerce mondial des ressources naturelles, notamment avec les États-Unis. Or, immédiatement après le **krach boursier** d'octobre 1929, les Américains haussent leurs tarifs douaniers et rapatrient leurs capitaux investis à l'étranger, ce qui a littéralement pour effet d'exporter la crise économique. Pour le Québec, les conséquences sont dramatiques.

Entre 1930 et 1933, considérées comme les années les plus noires, le taux de chômage passe de 3 % à 25 %, le produit national brut diminue de 42 %, le commerce extérieur baisse de 57 % et les sommes versées en salaires chutent de 40 % (*voir la figure 5.1*). Les secteurs les plus touchés sont ceux liés aux ressources naturelles et aux transports. L'industrie de la construction se trouve aussi paralysée pendant 10 ans. Les industries de première nécessité (agriculture, textile, vêtement, alimentation) sont moins touchées. Malgré une légère reprise entre 1933 et 1936, la crise ne se termine réellement qu'avec la guerre de 1939-1945, quand le Canada décuple ses dépenses militaires, relançant ainsi l'économie du pays.

Krach boursier

Débâcle boursière survenue à la bourse de New York le jeudi 24 octobre 1929. Souvent gonflée artificiellement, la valeur des actions des entreprises s'effondre finalement, provoquant des faillites et des mises à pied en cascade.

FIGURE 5.1 **L'effet de la crise et de la Seconde Guerre mondiale sur les sommes versées en salaires au Québec**

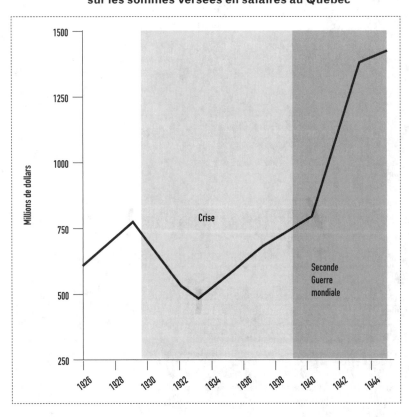

■ Quelques réactions

Ni les entreprises ni les gouvernements n'étaient préparés à une crise d'une telle ampleur. Aussi, la misère s'installe brutalement. Le réseau d'entraide et la famille doivent alors prendre le relais pour soutenir leurs membres dans le besoin. L'économie au noir, l'échange de services et même le troc connaissent alors de beaux jours. Les femmes sont particulièrement engagées dans la récupération et le recyclage de biens de consommation courante. La lutte se fait vive pour occuper les rares emplois qui restent. Les hommes qualifiés, mieux payés, ont souvent perdu leur emploi les premiers. Les employeurs embauchent plutôt des femmes et des immigrants, lesquels acceptent des conditions de travail inférieures. Le racisme et l'**antisémitisme** entre communautés rivales ponctuent alors cette période de crise.

Le mot d'ordre véhiculé par les élites économiques et les gouvernements consiste à demander à la population de patienter, en attendant que le cycle de récession touche son terme et que, tout naturellement, le capitalisme recommence à distribuer les fruits de la richesse. Toutefois, année après année, la crise perdure. Plusieurs voix s'élèvent donc pour exiger que les gouvernements remédient au marasme généralisé.

Les cercles cléricaux et nationalistes s'étaient toujours méfiés du libéralisme. La crise sonne ainsi le ralliement des forces conservatrices. Un homme, le chanoine Lionel Groulx, fervent nationaliste favorable à la réappropriation de l'économie par les Canadiens français, se retrouve vite au centre de la plupart des projets visant à corriger les excès du libéralisme au Québec. Plusieurs penseurs, comme François-Albert Angers, Esdras Minville et Philippe Hamel, se joignent alors à Groulx et conçoivent, autour de l'École sociale populaire, un *Programme de restauration sociale* débouchant pour l'essentiel sur la doctrine du **corporatisme**.

Le corporatisme vise à permettre aux Canadiens français de prendre les rênes de leur économie en utilisant l'État québécois pour se protéger du capitalisme anglo-américain. Le *Programme de restauration sociale* propose ainsi de lutter contre les trusts étrangers dans les secteurs de l'amiante et des pâtes et papiers ainsi que de nationaliser l'hydroélectricité. Ce faisant, on rejette à la fois le libéralisme et le communisme, jugés inhumains et antichrétiens, et on suggère plutôt d'éliminer les tensions sociales en rassemblant le peuple autour d'une religion, d'une identité nationale commune et d'un chef paternaliste.

André Laurendeau écrit d'ailleurs en 1935 : « Nous demandons à la Providence de nous envoyer cet homme qui nous tirera du désarroi social et national, qui nous arrachera d'entre les mains des puissances d'argent [...] Il nous faut un vrai Canadien français, cent pour cent, qui aime sa patrie et la sauve. » Maurice Duplessis saura profiter de cette vogue corporatiste pour se faire élire sous la bannière de l'Union nationale en 1936.

LIONEL GROULX (1878-1967)

Prêtre et historien, Lionel Groulx doit être considéré comme le père de l'enseignement de l'histoire du Canada au XXᵉ siècle. Homme d'action, il se fait d'abord connaître en 1904 comme membre fondateur de l'Association catholique de la jeunesse canadienne-française (ACJC). En 1915, Groulx devient le premier professeur d'histoire à l'Université de Montréal. Il est aussi le premier à s'intéresser à l'histoire économique et surtout à vouloir montrer que le Canada français possède une histoire à la fois distincte et grandiose. Il ouvre de la sorte la voie à l'idée d'indépendance du Québec. Homme de plume engagé, il laisse derrière lui une œuvre considérable : *Notre maître le passé* (1924), *Histoire du Canada français depuis la découverte* en quatre tomes (1950 à 1952), la revue *L'Action nationale* et la *Revue d'histoire de l'Amérique française* (à partir de 1947).

Antisémitisme

Hostilité envers les Juifs. Cette forme de racisme prend racine en Occident au Moyen Âge pour des motifs religieux. Elle est particulièrement intense dans plusieurs pays touchés par la crise des années 1930, notamment en Allemagne, où elle aura les conséquences dramatiques que l'on connaît.

Corporatisme

Doctrine visant à assurer la paix sociale en réunissant les divers corps sociaux en corporations, sous la direction d'un gouvernement autoritaire.

FRÈRE MARIE-VICTORIN (CONRAD KIROUAC) (1885-1944)

Le frère Marie-Victorin, un autodidacte s'étant formé à force de patience et d'observations, est le premier scientifique de réputation internationale qu'ait produit le Québec. Entré chez les frères des écoles chrétiennes à l'âge de 16 ans, il se destine à une carrière d'enseignant. Par contre, souvent malade, il consacre ses heures de repos à l'étude de la botanique.

Enseignant d'abord au collège classique de Longueuil, il rejoint l'Université de Montréal dès l'ouverture de la Faculté des sciences de la nature en 1920. C'est là qu'il rassemble autour de lui une solide équipe de chercheurs, qui contribuent à la rédaction de *La flore laurentienne*, une recension de milliers d'espèces de plantes poussant au Québec publiée en 1935. Réputé dans le champ de la botanique, Marie-Victorin a travaillé à la création de nombreuses associations scientifiques, dont l'Association canadienne-française pour l'avancement des sciences (ACFAS, 1923), encore très active aujourd'hui. Par-dessus tout cependant, le souvenir de Marie-Victorin reste lié au Jardin botanique, qu'il a ouvert en 1936 et que fréquentent encore annuellement des milliers de visiteurs.

New Deal

Littéralement, nouvel ordre ou nouvelle donne. Série de mesures prises aux États-Unis à compter de 1933 par le président Roosevelt et destinées à relancer l'économie américaine. Le *New Deal* consiste surtout en un ensemble de grands travaux publics visant à remettre les Américains au travail.

■ L'action de l'État   ■ ■ □

Selon la Constitution, l'aide aux chômeurs est du ressort des organismes de charité et des municipalités. Mais dès le début de la crise, les villes sont débordées et le gouvernement provincial doit placer plusieurs d'entre elles sous tutelle, faisant ainsi timidement son entrée dans le champ de l'aide sociale, qu'il occupe encore de nos jours. Déjà, Québec était allé aussi loin qu'il avait pu en 1921 en adoptant la Loi de l'assistance publique, laquelle limitait l'aide de l'État aux seuls indigents hospitalisés ne jouissant d'aucun soutien familial. Durant la crise des années 1930, l'unique mesure tangible prise à Québec réside dans la création de la Commission des assurances sociales du Québec, présidée par Édouard Montpetit (1930), qui recommande l'octroi d'allocations aux mères nécessiteuses, aux personnes âgées et aux chômeurs. L'administration Taschereau se montre d'abord hostile à ces recommandations qui vont à l'encontre du principe sacré selon lequel on ne doit pas payer quelqu'un qui ne travaille pas.

La prise de conscience est plus vigoureuse au niveau fédéral, où le gouvernement conservateur de Richard B. Bennett présente une série de lois novatrices, véritable ***New Deal*** canadien. Ces lois touchent notamment le programme canadien de pensions de vieillesse et la création en 1934 de la Banque du Canada, qui permet depuis de contrôler les taux d'intérêt et la masse monétaire en circulation.

Devant l'ampleur de la crise, Québec doit finalement aller de l'avant et mettre sur pied en 1932 un programme de secours directs dont les coûts sont partagés entre le fédéral, le provincial et les municipalités. La distribution des allocations sous forme de coupons échangeables dans les commerces est confiée à des organismes de charité. Fort bienvenu, le programme de secours directs connaît cependant quelques ratés. Ainsi, comme l'aide est réservée aux habitants des villes, elle provoque un afflux de paysans ruinés vers ces localités déjà engorgées.

Dès 1930, Taschereau s'engage plus volontiers dans une politique de grands travaux destinée aux pères de famille au chômage. Québec et les municipalités font ainsi réparer des infrastructures, construire de petits barrages hydroélectriques ainsi que des toilettes publiques, élargir ou embellir des rues. Malheureusement, réalisés sans planification, ces travaux publics n'ont guère de répercussions sur l'économie et n'aident finalement que quelques milliers de travailleurs.

Engagés par les autorités de Montréal, des chômeurs travaillent à l'élagage des arbres à l'île Sainte-Hélène en 1937. Les programmes de travail subventionné de ce genre sont généralement mal conçus et ont peu de retombées économiques.

■ La crise dans les régions

Avec la crise, les chantres de la colonisation font de nouveau entendre leur voix. La mise en valeur du Témiscouata, du Témiscamingue et surtout de la lointaine Abitibi semble alors le moyen tout désigné pour sortir la population des villes. Cette idée gagne bientôt le gouvernement, qui, à court de moyens, décide d'y participer financièrement. Le plan soumis par le ministre de la Colonisation Irénée Vautrin promet une somme alléchante de 1000 dollars à toutes les familles désireuses de s'engager dans l'aventure.

Avec le recul, il ressort toutefois qu'il était illusoire de penser transformer des ouvriers urbains en colons abitibiens. Les conditions économiques ne sont d'ailleurs pas plus favorables pour les ruraux. Le prix de leurs produits agricoles est alors en chute libre : entre 1929 et 1933, le prix de la livre de bœuf passe de 0,36 $ à 0,21 $, celui de la douzaine d'œufs de 0,47 $ à 0,28 $ et celui de la corde de bois de 12,21 $ à 9,81 $. Pas plus qu'à la fin du XIXᵉ siècle, la colonisation ne constitue une solution valable à la misère des villes. Aussi, même si on procède à quelque 16 000 établissements en Abitibi avant 1940, fort peu des familles installées demeurent sur une terre. Bon nombre des habitants vont travailler aux mines d'or qu'on ouvre alors, l'un des rares secteurs florissants durant la crise.

Le développement du secteur minier est tardif au Québec. Alors qu'en Ontario, la construction du Transcontinental avait permis, presque par hasard, de découvrir dès 1890 des gisements de cobalt, de nickel et de cuivre au nord des Grands Lacs, la mise en valeur des métaux du Bouclier canadien au Québec ne date que des années 1930. Il y a toutefois une exception importante : l'amiante. L'industrie moderne a déjà révélé l'importance dans une foule de domaines de ce matériau ininflammable, qui se prête particulièrement bien à la transformation, et dont une bonne part des réserves mondiales se trouve dans la région des Appalaches, au Québec. La fibre d'amiante se travaille presque aussi bien que le coton et entre dans la confection de vêtements, de papier et de matériaux de construction résistants à la chaleur et au feu. Vers 1880, son exploitation commerciale croît donc rapidement. En 1900, le Québec est déjà le premier producteur mondial de ce métal non ferreux, dont 90 % de la production est exportée. Une compagnie, l'Asbestos Corporation (résultat de la fusion de 11 entreprises), en vient à dominer l'industrie. On aménage une immense mine à ciel ouvert à Asbestos, en Estrie, qui devient le principal employeur de la région. Par contre, le métal est exporté à l'état brut

Ce diagramme de l'organisation d'une paroisse de Québec en 1945 montre l'étendue et la diversité des activités orchestrées par l'Église catholique. Plusieurs de ces services ont depuis été pris en charge par l'État ou par des organismes communautaires non confessionnels.

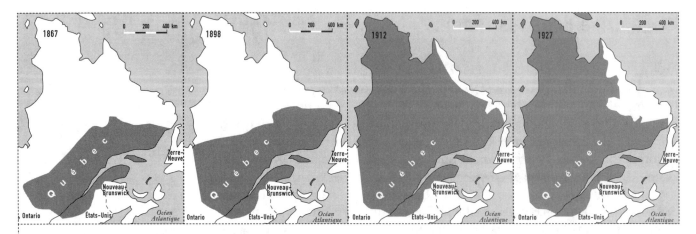

C'est sous le gouvernement libéral d'Alexandre Taschereau qu'est fixé le territoire actuel du Québec. Le Québec de 1867 correspondait au bassin hydrographique du Saint-Laurent. Au tournant du xxᵉ siècle, l'Abitibi, désormais traversée par le chemin de fer, est intégrée au territoire québécois, ce qui permet sa colonisation. C'est toutefois la frontière du Labrador qui fera couler le plus d'encre. Historiquement, le territoire attribué à Terre-Neuve correspondait au littoral du Labrador. En 1927, un jugement fort contesté du Conseil privé de Londres cède à Terre-Neuve tout le bassin hydrographique qui se jette dans la mer du Labrador, y compris les riches gisements de fer et l'important potentiel hydroélectrique que recèle cette région. En octobre 2001, un amendement constitutionnel accorde à la province le nouveau nom officiel de Terre-Neuve-et-Labrador.

et il n'entraîne le développement d'aucune industrie secondaire. Les conditions de travail sont aussi particulièrement déplorables, tandis que compagnies et autorités locales se font complices d'un crime terrible envers les travailleurs en omettant de se préoccuper de l'amiantose, le cancer du poumon provoqué par la fibre d'amiante.

■ L'économie de guerre ■ ■ □

Quand le Canada entre en guerre contre l'Allemagne d'Adolf Hitler le 10 septembre 1939, il ne dispose que d'une force armée infime et de munitions suffisant à peine à soutenir quelques jours de combat. Pour les Québécois et Québécoises, la Seconde Guerre mondiale se déroule donc d'abord sur le front industriel en vue de doter le Canada d'une force armée moderne et d'approvisionner son alliée européenne, l'Angleterre, bientôt seule à affronter l'Allemagne nazie.

Très tôt, les usines roulent à plein régime, contribuant ainsi, avec le service militaire, à éliminer le chômage. L'industrie chimique des explosifs bénéficie de commandes gigantesques. En Mauricie, la Shawinigan Chemicals et la CIL décuplent leur production entre 1939 et 1943. Ce seul secteur compte à ce moment 40 000 ouvriers. Les avionneries de la région de Montréal créent 27 000 emplois, et les chantiers navals, 23 000. L'industrie de l'acier et celle des produits électriques, les Marconi ou Phillips à Pointe-Saint-Charles, reçoivent aussi des commandes importantes. L'effet composé de ces secteurs se répercute sur l'ensemble de l'industrie. En 1942, l'industrie canadienne emploie 3 131 000 personnes, soit un million de plus qu'en 1940. Le Canada produit alors chaque semaine 6 navires, 80 avions, 4500 véhicules militaires, 525 000 obus, 25 000 000 de cartouches et 10 000 tonnes d'explosifs. Si bon nombre des entreprises créées pendant la guerre disparaissent après le conflit, certaines se convertissent au marché civil et jouent encore aujourd'hui un rôle important. Canadair (Bombardier) et United Aircraft (Pratt & Whitney) dans l'aéronautique, la MIL Davie à Québec dans la construction navale et la CIL à McMasterville, en Montérégie, en sont des exemples. Toutefois, aucune industrie ne profitera autant de la guerre que celle de l'aluminium.

Durant la guerre, on fabrique des chars d'assaut à Rosemont, des bombardiers à Saint-Laurent et des sous-marins à la Canadian Vickers, à Montréal.

Le secteur de l'aluminium n'aurait pu s'établir au Québec sans l'hydro-électricité. Le procédé d'**électrolyse,** qui permet de transformer la composition de la **bauxite,** une poudre grise importée des Caraïbes, nécessite en effet beaucoup d'électricité. La technologie de préparation de l'aluminium date des années 1890. Sa légèreté et sa résistance à la chaleur lui avaient rapidement procuré des débouchés dans l'industrie mécanique et dans celle des transports. Consciente du potentiel énergétique du Québec, l'Aluminium Company of America (Alcoa) a construit au début du siècle une usine-pilote à proximité du barrage de la Shawinigan Water and Power. La Première Guerre mondiale a démontré les applications militaires de l'aluminium; l'aviation en a révélé tout le potentiel. La filiale canadienne d'Alcoa, Alcan, a investi dans les années 1910 et 1920 d'énormes capitaux dans la région du Saint-Maurice et surtout dans celle du Saguenay. En plus de prendre possession de presque tout le potentiel hydroélectrique de la région, elle a fondé en 1924 une ville nouvelle : Arvida, du nom de ARthur VIning DAvis, président d'Alcoa. Alcan y a non seulement fait construire de grandes cuves d'électrolyse, mais elle y a aussi organisé les services municipaux et fait bâtir des maisons pour ses employés; en 1943, ils sont plus de 5000 à y être installés. La production d'aluminium augmente régulièrement durant cette période, mais elle connaît une véritable explosion durant la Seconde Guerre mondiale, alors que la totalité de la production d'Alcan est vouée à des fins militaires. Arvida devient ainsi une cité-entreprise, c'est-à-dire une agglomération dont l'activité économique n'est généralement attribuable qu'à un seul employeur. Ce sera aussi le cas de Rouyn avec la Noranda Mines, de Thetford Mines avec l'Asbestos Corporation et de Masson avec la James McLaren.

Au cours de cette période, c'est surtout la croissance des dépenses militaires qui stimule l'économie. La figure 5.2, à la page suivante, montre bien que l'État ne dépense pas plus en 1933, quand la misère et le chômage sévissent, qu'en 1927, année de prospérité. La guerre et la lutte au nazisme sont donc les seules à réussir à délier les cordons de la bourse du gouvernement canadien. Les dépenses

Électrolyse

Décomposition chimique de certaines substances, dont l'alumine contenue dans la bauxite, par le passage d'un courant électrique. Cette opération permet d'obtenir un métal liquide qu'on peut ensuite couler sous forme de lingot d'aluminium ou de magnésium.

Bauxite

Principal minerai d'aluminium que le Québec importe surtout de la Jamaïque et de la Guyane.

Le gouvernement fédéral n'épargne aucun effort pour faire triompher la cause alliée. L'affiche présentée ici cherche à faire échec à l'espionnage et au sabotage, que l'on craint énormément.

Les femmes jouent un rôle essentiel dans l'effort de guerre canadien. Elles forment environ 12 % des effectifs employés dans la production militaire. Le gouvernement fédéral, qui fait produire toute une série d'affiches de propagande telles que celle-ci, cherche à stimuler la production industrielle et l'achat d'obligations de la Victoire.

fédérales, qui atteignaient 553 millions de dollars en 1938, dépassent finalement les 5 milliards de dollars entre 1942 et 1945.

FIGURE 5.2 L'évolution de la dette et des dépenses du gouvernement fédéral (1927-1948)

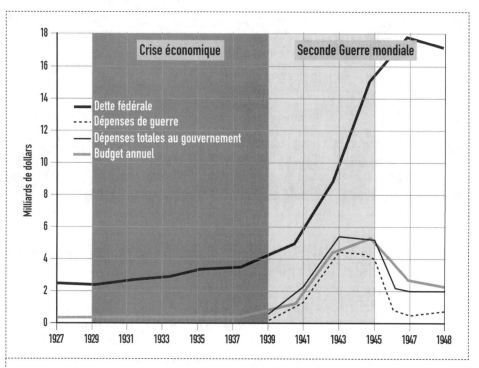

Cette figure montre clairement que le gouvernement fédéral dépense assez peu durant les années 1930 pour soulager la misère des chômeurs. La menace nazie lors de la Seconde Guerre mondiale (1939-1945) réussit seule à délier les cordons de la bourse du gouvernement, qui n'hésite plus à s'endetter pour financer l'effort de guerre.

Il ne s'agit toutefois pas de dépenser sans planification. Le Canada ne veut pas répéter les erreurs commises durant la Première Guerre mondiale, alors que la fin du conflit avait entraîné inflation et chômage. Dès 1940, le gouvernement de Mackenzie King adopte la *Loi sur la mobilisation des ressources nationales,* qui autorise une véritable réquisition financière, industrielle et humaine du pays. Autour du ministre des Approvisionnements, C. D. Howe, on adopte un style de gestion autoritaire inspiré de l'entreprise privée. La consommation est rationnée, les prix, arbitrairement fixés, et toute la population est enrégimentée. Plusieurs produits de base (viande, farine, sucre, beurre) ne peuvent ainsi être achetés qu'en échange de coupons de rationnement. L'omniprésence du contrôle gouvernemental pèse aussi sur l'exercice des droits et libertés. L'information circulant à la radio et dans les journaux est largement contrôlée par un bureau de censure. En somme, le gouvernement fédéral se comporte comme un super consommateur en mesure d'imposer ses priorités aux entreprises et aux citoyens ainsi que d'interdire par exemple la construction d'automobiles afin que les usines puissent produire davantage de véhicules militaires.

Pour soutenir l'effort de guerre, le gouvernement a besoin de beaucoup d'argent. Il émet donc les obligations de la Victoire, ancêtres des obligations d'épargne, qui financent en partie les dépenses militaires. Il augmente aussi l'impôt sur le revenu créé durant la Grande Guerre et réanime en 1937 la Commission royale d'enquête sur les relations entre le Dominion et les provinces, appelée commission Rowell-Sirois. Le rapport Rowell-Sirois s'avère important, puisqu'il représente la première remise en question du partage des revenus fiscaux depuis la Confédération. Il propose de mettre plus d'argent à la disposition du fédéral, qui serait le seul à intervenir dans les champs de l'impôt sur le revenu et des cotisations d'assurance-chômage. Par un système de **péréquation,** le fédéral distribuerait ensuite des sommes aux provinces, selon leurs besoins. La commission dépose son rapport en 1940, en pleine guerre. En plus d'ouvrir la porte au centralisme fédéral et aux querelles constitutionnelles que l'on connaît, la commission Rowell-Sirois annonce aussi la venue de l'interventionnisme étatique qui existe encore de nos jours.

Péréquation

Mécanisme consistant, pour le gouvernement fédéral, à redistribuer des ressources financières des provinces plus riches aux provinces plus pauvres.

Drôle de guerre

Nom donnée à la période de la Deuxième Guerre mondiale qui s'étend de septembre 1939 à mai 1940 durant laquelle on dénombre que très peu d'activités militaires.

■ La conscription ■■□

Plus contraignante encore est la *Loi sur la mobilisation des ressources nationales* destinée à baliser le recrutement militaire. En vertu de cette loi, tous les hommes doivent s'enregistrer auprès du bureau de recrutement en prévision d'un enrôlement obligatoire. Cette mesure suscite de l'opposition au Québec; plusieurs, dont le maire de Montréal, Camillien Houde, s'y opposent publiquement, y voyant le premier pas vers la conscription. Cela lui vaut d'ailleurs un emprisonnement de quatre ans dans un camp de dissidents. Au départ, la *Loi* n'impose aux conscrits que de servir au Canada pendant une période limitée. En 1944 cependant, le service militaire obligatoire est prolongé et implique de servir outre-mer, où se déroulent des combats meurtriers.

La participation québécoise au second conflit mondial est nettement plus importante que durant la Première Guerre mondiale. L'armée n'est pourtant guère accueillante pour les jeunes Canadiens français. À l'exception des régiments Chaudière, Royal 22e et Fusiliers Mont-Royal, les recrues sont disséminées dans des unités unilingues anglaises où les postes de commandement leur sont fermés.

Du point de vue canadien, la guerre se déroule en trois temps *(voir la figure 5.3 à la page suivante)*. De septembre 1939 à 1940, durant la «**drôle de guerre**», l'appareil militaro-industriel est mis en branle tandis qu'on aménage les camps d'entraînement des volontaires. La chute de la France aux mains de l'Allemagne en juin 1940 donne subitement un grand rôle stratégique au Canada. Jusqu'à la fin de 1941, la Grande-Bretagne et ses anciennes colonies doivent à peu près seules affronter l'Allemagne nazie durant la «bataille d'Angleterre». Il s'agit alors pour le Canada d'approvisionner au plus vite la Grande-Bretagne en

Dès l'entrée officielle en guerre des États-Unis en 1941, le président américain Franklin Delano Roosevelt et le premier ministre anglais Winston Churchill se rencontrent régulièrement afin de coordonner les opérations contre les forces de l'Axe. L'une de ces rencontres a lieu à Québec, au château Frontenac, en août 1943. Le premier ministre canadien, William Lyon Mackenzie King, assiste aux discussions. Les trois hommes se réunissent à nouveau à Québec en septembre 1944.

FIGURE 5.3 La participation canadienne aux deux guerres mondiales

La Première Guerre mondiale a fait davantage de victimes canadiennes (61 082) que la Seconde Guerre mondiale (42 042). Encore plus spectaculaire est le pourcentage de pertes nettement plus élevé enregistré durant la Grande Guerre.
✚ À quoi attribuez-vous ces phénomènes ?

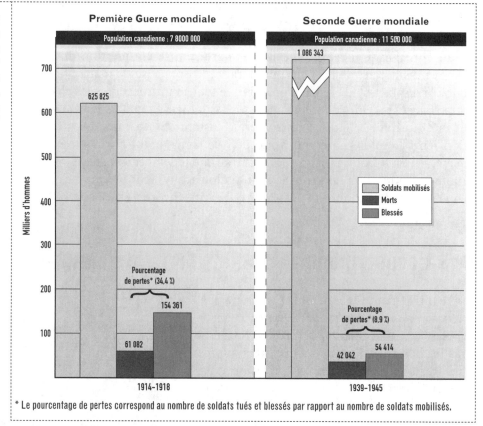

* Le pourcentage de pertes correspond au nombre de soldats tués et blessés par rapport au nombre de soldats mobilisés.

Au matin du 19 août 1942, les soldats canadiens s'apprêtent à débarquer à Dieppe en Normandie. La valeur stratégique de l'opération de Dieppe n'a jamais été clairement démontrée. Destiné à « tester » les défenses de l'Allemagne et à créer un second front à l'ouest pour soulager l'Union soviétique sur le front de l'est, ce raid désastreux se soldera par la mort de 2753 des 4963 Canadiens débarqués.

hommes, en vivres et en matériel. La marine canadienne, dérisoire au début du conflit, devient vite une force aguerrie par quatre années de lutte contre les sous-marins allemands, les *U-boats*, qui s'attaquent systématiquement aux convois destinés aux îles britanniques.

Le conflit connaît un revirement le 7 décembre 1941, lorsque les États-Unis entrent en guerre au lendemain du raid japonais sur Pearl Harbor (Hawaï). L'axe Washington-Londres-Ottawa passe alors à l'offensive contre les forces nazies, italiennes et nippones. Les Canadiens participent ainsi au débarquement en Afrique en mai 1942, au débarquement en Italie en juillet 1943 et se frottent aux défenses allemandes lors du désastreux raid sur Dieppe.

Le débarquement de Normandie, le 6 juin 1944, inaugure la période la plus meurtrière du conflit pour les troupes canadiennes. Celles-ci ont alors pour tâche de déloger les garnisons allemandes installées le long des côtes belge et hollandaise (*voir la carte 5.1*). Le Canada y perd des milliers d'hommes chaque mois, ce qui entraîne de nouvelles mesures de recrutement au pays. Après la chute de Berlin le 2 mai 1945, des troupes canadiennes sont dépêchées dans l'océan Pacifique, où se poursuit la guerre contre le Japon, qui capitule le 15 août 1945.

CARTE 5.1 Les forces armées canadiennes et la reconquête de l'Europe (1944-1945)

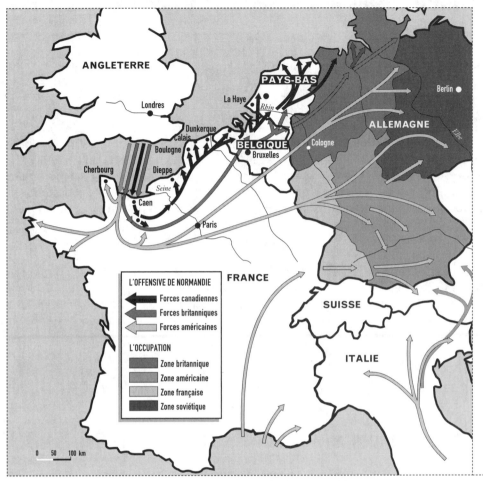

Après la reconquête de l'Italie en 1943, les troupes canadiennes participent au débarquement de Normandie le 6 juin 1944. Appuyée par plusieurs dizaines d'aviateurs et plus de 10 000 marins canadiens, la 3e division d'infanterie prend pied sur la plage, s'empare de la ville de Caen, puis libère les côtes belge et hollandaise où subsistent des poches de résistance, tandis qu'Anglais et Américains foncent vers le cœur de l'Allemagne. À la fin de la guerre, le Canada se voit octroyer une zone d'occupation en Allemagne.

Le matin du 6 juin 1944, des soldats canadiens s'élancent à l'assaut de Bernières-sur-Mer en Normandie. Jusqu'à la fin du mois d'août, les troupes canadiennes libèrent de nombreux villages français et capturent 12 000 Allemands. La campagne de Normandie a coûté la vie à 13 000 Canadiens.

L'Abitibi et le Témiscamingue forment un immense plateau rocheux plutôt plat et gorgé de lacs et de rivières. La fonte des glaciers y a laissé une épaisse couche d'argile qui rend le sol propice à l'agriculture, surtout au sud, au Témiscamingue.

L'histoire du Témiscamingue est passablement plus ancienne que celle de l'Abitibi et elle est intimement liée à l'exploration de la rivière des Outaouais, d'abord route du commerce des fourrures, puis du flottage de billots. Premiers habitants de la région, les Algonquins autorisent leurs alliés français à fonder le Fort Témiscamingue en 1685 au carrefour des routes de la fourrure. Encore en 1820, il s'agit là du plus important poste de traite de l'est du Canada. Puis, la coupe de bois devient importante à compter de 1881 sous l'impulsion de la communauté des frères oblats. Çà et là s'installent aussi des familles de colons qui pratiquent l'élevage laitier.

Pour sa part, l'Abitibi est la seule grande région du Québec qui n'est pas accessible par voie d'eau depuis la vallée du Saint-Laurent. Elle n'entre donc dans l'histoire qu'avec la construction du chemin de fer Québec-Winnipeg (1912), vite jalonné de communautés à vocation agricole : Senneterre, Amos, Taschereau. Durant la crise des années 1930, l'Abitibi est ciblée comme région de colonisation. Le plan Gordon, mis sur pied par le fédéral en 1932, et, à Québec, le plan Vautrin mènent à l'établissement de 16 000 familles en Abitibi-Témiscamingue entre 1932 et 1940.

Après 1922, l'Abitibi fait déjà parler d'elle avec la découverte de gisements de cuivre et d'or à Noranda. Le long de la faille géologique de Cadillac surgit spontanément une série de villes minières, soit Cadillac, Malartic, Val-d'Or et Rouyn, où les salaires élevés attirent les colons et contribuent à urbaniser la population de l'Abitibi. La

■ Le féminisme ■ ■ □

Exception faite des religieuses, les femmes ont jusqu'ici joué un rôle modeste dans la vie publique du Québec. Historiquement, les Québécoises étaient confondues avec la famille rurale où seule comptait la figure du père. La femme ne possédait donc en propre aucun droit civil ou politique. Même si le travail salarié et l'urbanisation bouleversent cet ordre chauvin, la culture traditionnelle associe toujours strictement la femme à la procréation, à l'éducation des enfants et au travail domestique. Les femmes prennent donc progressivement conscience du décalage qui existe entre leur contribution réelle à l'économie et à la société et le peu de droits qu'elles peuvent y exercer. Ce sont les femmes de la bourgeoisie, issues du mouvement de réforme urbaine, qui fondent les premières associations féministes tel le *Montreal Local Council of Women* (1893). Jusqu'en 1940, les luttes féministes portent surtout sur le droit à l'éducation supérieure, sur une reconnaissance juridique et sur l'obtention du droit de vote. Des associations comme le Cercle de fermières (1915) et l'Association familiale de l'éducation et des affaires sociales (AFEAS) initient les ménagères aux règles des réformes hygiéniques et leur apprennent à composer avec médecins, enseignants et prêtres, qui s'ingèrent de plus en plus dans la sphère familiale.

Plus difficile est la lutte pour l'accès à l'éducation supérieure. Sur 36 collèges classiques en 1930, deux seulement sont destinés aux femmes, et seule l'Université McGill leur offre des cours dans certaines facultés. Les premières femmes avocates ou médecins, comme Irma Levasseur, ont dû faire leurs études hors du Québec. Cependant, avant 1945, les femmes réussissent à forcer la

>>> L'Abitibi-Témiscamingue

compagnie Noranda Mines en tire des profits faramineux ; elle constitue aujourd'hui encore une grande multinationale canadienne.

L'Abitibi-Témiscamingue poursuit sa croissance rapide après la Seconde Guerre mondiale grâce aux prix élevés du cuivre et à l'intérêt qu'y portent les investisseurs américains. Cependant, la mécanisation dans les industries minière et forestière provoque bientôt une stagnation dans l'emploi et entraîne l'exode des plus jeunes vers Montréal. Entre 1966 et 1973, la population décline, passant de 161 000 à 147 000 habitants. L'économie régionale éprouve d'ailleurs de la difficulté à se diversifier, puisque 80 % de la main-d'œuvre industrielle se trouve encore dans les secteurs du bois d'œuvre, des pâtes et papiers ou des métaux.

porte de la plupart des facultés et sont reconnues par la majorité des corporations professionnelles (par le barreau par exemple, en 1941).

Sur le plan législatif, le Code civil consacrait en 1866 l'incapacité juridique des femmes mariées. Leur statut était alors fondu à celui de la famille : « La femme, en se mariant, sacrifie sa liberté, son nom et sa personne [et] sacrifie en même temps [...] ses droits civils mais non l'exercice de ses droits. » Les premières féministes luttent donc pour que la femme puisse notamment conserver son salaire et hériter d'un époux défunt. La commission Dorion, créée à la demande des féministes en 1929, confirme dans son rapport la suprématie du mari au sein de la famille. Le mari peut, par exemple, demander le divorce sur simple présomption d'adultère, puisqu'il subit de toute façon « les morsures du ridicule ». En revanche, la femme ne peut obtenir le divorce que si son époux fait vivre sa concubine sous le toit familial. Ce double standard en matière de séparation de corps ne sera aboli qu'en 1955. Les gains au chapitre de la loi sont par conséquent assez modestes avant 1945, essentiellement parce qu'on répugne à scinder l'unité juridique de la famille. Les femmes obtiennent en attendant le droit de conserver leur salaire (1938) et celui d'encaisser les chèques d'allocations familiales (1944).

Des ouvrières inspectant des pièces d'obus durant la Seconde Guerre mondiale. La main-d'œuvre féminine est recherchée durant les deux guerres pour exécuter des travaux requérant minutie et précision.

En raison de ses origines bourgeoises, Thérèse Casgrain (1896-1981) était surnommée « la féministe au collier de perles ». Néanmoins, dans le domaine de l'éducation comme dans celui de la politique, elle a consacré sa vie à l'ouverture de nouveaux horizons pour les femmes du Québec.

La lutte pour le suffrage féminin demeure la mieux connue et la plus décisive. On considérait jusque-là qu'accorder le droit de vote aux femmes irait « à l'encontre de l'unité et de la hiérarchie familiales ». Dès 1913, des « suffragettes », autour de Carrie Derrick, créent la *Montreal Suffrage Association*. En 1922, Marie Gérin-Lajoie et Mme Walter Lyman fondent le Comité provincial du suffrage féminin, qui devient en 1929 la Ligue des droits de la femme sous la présidence de Thérèse Casgrain. Entre-temps, Idola Saint-Jean établit en 1927 l'Alliance canadienne pour le vote des femmes du Québec. Ces associations profitent alors de toutes les tribunes pour exprimer leurs revendications. Chaque année, des délégations acheminent des pétitions au premier ministre et même au roi d'Angleterre en vue d'obtenir le suffrage féminin. « Ceci donne une allure très légaliste à leurs démarches et se conforme à la tradition libérale de réforme », selon l'historienne Yolande Pinard.

Les Canadiennes obtiennent le droit de voter au niveau fédéral en 1918. Au niveau provincial, les Québécoises sont en 1940 les dernières au pays à obtenir ce droit. Tant qu'il l'a pu, le clergé catholique s'est opposé au suffrage féminin. L'Église exerce en effet jusque-là une grande influence auprès des familles et, donc, des femmes. En accordant le droit de vote aux mères, elle craint que les femmes se tournent désormais vers la tribune politique pour se faire entendre (*voir le tableau 5.1*).

Toutes ces revendications ne remettent pas pour l'instant en question la place des femmes dans la société. Les premières féministes acceptent ainsi que les femmes demeurent confinées à la sphère familiale, mais à condition qu'on reconnaisse leur contribution dans les domaines de l'éducation, de la santé et

TABLEAU 5.1 Trois opinions sur le vote des femmes

MARIE GÉRIN-LAJOIE, 1902

« Les femmes sont plus au fait qu'on le croit des enjeux de la politique. Elles savent par exemple qu'il est actuellement question de rendre plus salubre l'eau que nous buvons et qu'on parle de réglementer les cabarets et la vente des boissons alcooliques. Des règlements sur l'éclairage des rues, la sécurité et l'éducation de leurs enfants sont aussi débattus et les femmes s'y intéressent. Sur ces questions et bien d'autres, les femmes de la province sont en mesure de formuler des opinions éclairées et de choisir adéquatement les hommes qui auront charge de les appliquer. »

HENRI BOURASSA, 1925

« La femme-électeur [...] engendrera bientôt la femme-cabaleur, la femme-télégraphe, la femme-sénateur, la femme-avocat, enfin, pour tout dire en un mot : la femme-homme, ce monstre hybride et répugnant qui tuera la femme-mère, la femme-femme. »

J.M.R. CARDINAL VILLENEUVE, OMI ARCHEVÊQUE DE QUÉBEC, 1944

« Nous ne sommes pas favorables au suffrage politique féminin :

1. Parce qu'il va à l'encontre de l'unité et de la hiérarchie familiales ;
2. Parce que son exercice expose la femme à toutes les passions et à toutes les aventures de l'électoralisme ;
3. Parce qu'en fait, il nous apparaît que les femmes dans la province ne le désirent pas ;
4. Parce que les réformes sociales, économiques, hygiéniques, etc., que l'on avance pour préconiser le droit de suffrage chez les femmes, peuvent être aussi bien obtenues grâce à l'influence des organisations féminines en marge de la politique.

Nous croyons exprimer ici le sentiment commun des évêques de la province. »

de l'hygiène. Le droit de vote sert donc d'abord à mieux faire reconnaître ce savoir-faire. L'arrivée massive des femmes mariées sur le marché du travail durant la Seconde Guerre mondiale contribue bien davantage à transformer l'image de la femme et à préparer les luttes féminines de la seconde partie du XXᵉ siècle.

■ La crise et les partis politiques ■ ■ □ □

Au moment où éclate la crise économique, Louis-Alexandre Taschereau est déjà premier ministre depuis 1920. De façon générale, il modèle son action sur celle de son prédécesseur, Lomer Gouin : quelques interventions musclées se perdent dans un océan de prudence. Si les libéraux ont profité jusque-là de la prospérité, la crise des années 1930 ébranle les assises mêmes du parti. Elle suscite aussi l'émergence d'idéologies radicales tant à gauche qu'à droite, de sorte que la scène politique québécoise du milieu des années 1930 s'en trouve profondément transformée.

L'apathie du gouvernement devant les ravages de la crise provoque des dissensions au sein même du Parti libéral. En 1934, un petit groupe de députés libéraux dirigés par Paul Gouin et influencés par les idées corporatistes quitte le PLQ et forme l'Action libérale nationale (ALN). L'ALN se lance dans une charge contre les abus du capitalisme libéral et suggère, par une série de réformes et de nationalisations inspirées du corporatisme et du rapport Montpetit, l'instauration d'une société plus juste. Présent sur toutes les tribunes et notamment à la radio, le parti de Gouin est, au début de 1935, en voie de devenir une solution de rechange crédible au vieux Parti libéral.

L'ALN souffre cependant d'un problème de financement qui peut s'avérer funeste quand on connaît les mœurs politiques de l'époque et le rôle qu'y joue le patronage. Paul Gouin accepte donc à contrecœur de sceller une alliance avec le Parti conservateur, dirigé depuis 1933 par un certain Maurice Duplessis. Duplessis voit vite dans cette alliance l'occasion de conjurer le mauvais sort qui maintient son parti dans l'opposition depuis 40 ans. Cependant, en dépit de l'alliance Gouin-Duplessis aux élections de 1935, les libéraux de Taschereau sont réélus de justesse. Aussi, dès la reprise des travaux de l'Assemblée législative en 1936, l'opposition attaque le régime vacillant de Taschereau. Lors de l'enquête sur les comptes publics, Duplessis étale au grand jour les abus d'un régime corrompu par 39 années de pouvoir. Le premier ministre Taschereau doit même démissionner, laissant à Adélard Godbout le soin de gérer les crises économique et politique. Godbout n'a d'autre choix que de déclencher de nouvelles élections dès le mois d'août 1936. Duplessis entreprend immédiatement de rallier à lui un à un les membres de l'Action libérale nationale et d'isoler Paul Gouin. En juin, il fonde l'Union nationale et, contre toute attente, défait les libéraux en remportant 76 sièges sur 90.

L'Union nationale de Duplessis n'est pas seule à tirer profit du climat de crise et du mécontentement envers le régime libéral. Soulignons d'abord la prolifération de mouvements de gauche, généralement liés aux syndicats, qui recrutent surtout des travailleurs d'usine et des chômeurs désœuvrés. Le Parti communiste du Canada (1921) s'appuie sur l'idéologie marxiste et prône le

FRED ROSE (1907-1983)

Fred Rose est à ce jour le seul député communiste à avoir siégé à la Chambre des communes. Électricien de formation, il est encore jeune quand il quitte la Pologne pour le Canada. Militant actif pour les jeunesses communistes canadiennes durant les années 1930 – il est d'ailleurs arrêté et condamné à un an de prison pour ses activités en 1931 –, il ne tarde pas à voir la section politique de cette organisation, le Parti ouvrier progressiste, gagner en popularité au Québec vers la fin de la guerre. C'est sous les couleurs de ce parti qu'il est élu député de la circonscription largement ouvrière de Montréal-Cartier en 1943. Il est toutefois victime de la vague anticommuniste qui frappe l'Amérique du Nord dès 1945, à l'amorce de la guerre froide. Sous le couvert de la *Loi sur les secrets officiels*, les autorités canadiennes l'accusent en effet d'avoir espionné, durant la Seconde Guerre mondiale, pour le compte de l'Union soviétique. Forcé de démissionner de ses fonctions, il est condamné en 1946 à six années de prison. Libéré en 1951, il doit alors s'exiler pour toujours dans sa Pologne natale.

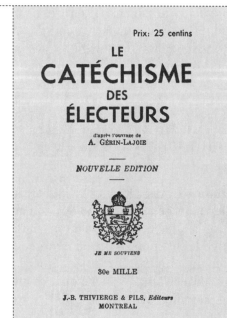

LE CATÉCHISME DE QUÉBEC

CHAPITRE PREMIER
DE LA FIN DE L'HOMME

(a)*1. — Qui est le créateur du monde?

— Dieu est le créateur du ciel et de la terre et de toutes les choses visibles et invisibles

*2. — Qu'est-ce que l'homme?

— L'homme est un être composé d'un corps et d'une âme, et créé par Dieu à son image et à sa ressemblance.

3. — Comment notre âme ressemble-t-elle à Dieu?

— Notre âme ressemble à Dieu en ce qu'elle est un esprit qui ne mourra jamais, et qu'elle est douée d'une intelligence et d'une volonté libre.

*4. — Pourquoi Dieu vous a-t-il créé?

— Dieu m'a créé pour le connaître, l'aimer et le servir en ce monde, et pour être heureux avec lui dans le ciel pendant l'éternité.

(a) Le signe * indique les questions que l'on pourra se contenter de faire apprendre aux petits enfants et aux personnes qui sont dépourvues de mémoire.

Prix: 25 centins

LE CATÉCHISME DES ÉLECTEURS

d'après l'ouvrage de
A. GÉRIN-LAJOIE

NOUVELLE EDITION

JE ME SOUVIENS

30e MILLE

J.-B. THIVIERGE & FILS, Éditeurs
MONTREAL

Première partie

CHAPITRE PREMIER

REMARQUES GÉNÉRALES

1. — Quelle est la première loi imposée aux hommes à l'égard de la vie en société?

— La loi imposée aux hommes par la nature, par Dieu lui-même, est de se rassembler, de s'unir et de vivre en société. Tout ce qui tend au maintien de cette société doit être soigneusement observé et respecté par les citoyens et surtout par ceux qui les dirigent.

2. — Quels sont les principaux droits qui appartiennent à tout citoyen?

— Il y a certains droits qui sont inhérents à tout citoyen et qu'il ne peut lui-même aliéner; tel est le droit de la vie, celui de chercher le bonheur, d'adorer l'Être Suprême, etc. ..

3. — Quelle est l'étendue de la liberté dont nous jouissons?

— (a) Nous pouvons faire tout ce qui ne nuit pas aux autres et n'est pas prohibé par la loi.

Afin de se rallier l'électorat catholique, Maurice Duplessis fait imprimer son programme sous la forme d'un petit catéchisme de l'électeur. À gauche, la première page du véritable catéchisme, ouvrage que tous les Canadiens français catholiques ont eu à apprendre par cœur lors de leur passage à l'école.

Les mouvements d'obédience nazie et ouvertement antisémites tel le PNSC rejoignent une infime minorité de Québécois durant la crise. Ils se retrouvent aussi au Canada anglais et en Angleterre. Les ultraconservateurs québécois préfèrent plutôt prendre exemple sur les régimes fascistes plus modérés de l'Italie et du Portugal, où l'Église catholique joue un rôle équivalent à celui tenu au Québec.

renversement du gouvernement capitaliste de même que l'instauration d'une dictature du prolétariat, sur le modèle de l'Union soviétique. La *Cooperative Commonwealth Federation* (CCF, 1934) origine des provinces de l'Ouest canadien. De tendance socialiste, la CCF propose de procéder à de nombreuses nationalisations, d'investir dans l'aide sociale et de limiter l'emprise du grand capital. Au Québec, de tels mouvements rencontrent l'hostilité de l'Église et des nationalistes, qui les considèrent surtout animés par des anglophones athées préparant, selon eux, « le grand soir de la débauche antichrétienne ».

À la droite de l'éventail politique, la Ligue du crédit social, également originaire de l'Ouest canadien (1933), parvient mieux à s'enraciner au Québec : ses idées concordent davantage avec l'idéologie cléricale et on y retrouve quelques leaders québécois, dont Louis Even et Gilberte Côté. Pour mettre fin à la crise, les créditistes proposent de verser une allocation mensuelle aux citoyens afin d'augmenter leur pouvoir d'achat. Il faut cependant attendre plusieurs années avant que les créditistes ne présentent des candidats aux élections. Plus à droite encore, le Parti national social chrétien (PNSC) suggère, pour mettre un terme à la crise, l'instauration d'un régime fasciste calqué sur ceux de l'Allemagne et de l'Italie. Ce mouvement demeure par contre marginal et, dès 1939, ses principaux chefs, dont Adrien Arcand, sont emprisonnés durant toute la durée de la guerre.

Le Québec des années 1930 est donc le théâtre d'un bouillonnement politique inédit. Cette effervescence ne dure toutefois que le temps de la crise. Immédiatement après, on en revient au **bipartisme** dominé par l'Union nationale et le Parti libéral.

■ Duplessis goûte au pouvoir   ■ ■ □

Maurice Duplessis avait basé sa campagne électorale de 1936 sur les ambitieuses réformes de l'ALN. Dès son élection toutefois, Duplessis écarte du Cabinet les députés associés au groupe de Paul Gouin, tels Ernest Grégoire et Philippe Hamel, notamment liés au projet de **nationalisation** de l'hydroélectricité. Pour financer sa campagne, Duplessis avait entre autres obtenu des sommes d'argent substantielles des grandes compagnies d'hydroélectricité en échange du maintien de leurs privilèges. Il apparaît bientôt qu'il n'a aucunement l'intention d'appliquer son programme électoral et qu'il entend gouverner selon les principes de la vieille politique.

De 1936 à 1939, Duplessis renoue avec les thèmes des conservateurs. Fidèle à ses prédécesseurs, il est soumis à l'entreprise privée et rétablit les rouages du patronage. Ses efforts se limitent par conséquent à soutenir la colonisation et à instaurer le crédit agricole. Quant aux travailleurs, loin de bénéficier des hausses salariales escomptées, ils se voient imposer une série de lois favorables aux employeurs. Le *bill* 19 accorde ainsi au gouvernement le droit de modifier une convention collective dûment négociée. Le *bill* 20 crée pour sa part l'Office des salaires raisonnables, qui fixe les salaires à des conditions souvent inférieures à celles négociées avec les patrons. Le gouvernement de l'Union nationale se donne aussi le droit de fermer tout établissement soupçonné de propager l'idéologie communiste. Ce sont surtout les syndicats qui subissent cette « loi du cadenas » (1937). Soucieux de son image de grand nationaliste, Duplessis affronte également Ottawa, qui souhaite créer un programme national d'assurance-chômage. Appuyé en cela par le gouvernement de l'Ontario, Duplessis fait ainsi bloquer devant les tribunaux la plupart des réformes proposées par le fédéral.

Après seulement trois années d'une administration un peu brouillonne, Maurice Duplessis déclenche des élections pour le mois d'octobre 1939. Il cherche alors à faire porter la campagne sur l'engagement du Canada dans la Seconde Guerre mondiale et sur le thème de la conscription. Le souvenir de la crise de la conscription de 1917 est encore vif et Duplessis tente ainsi d'embarrasser les libéraux qui sont au pouvoir à Ottawa. Les libéraux du Québec, eux, répliquent qu'ils sont les mieux placés pour que leurs vis-à-vis fédéraux n'imposent pas à nouveau la conscription. Rassurés par les engagements libéraux et déçus de l'administration unioniste, les électeurs accordent un appui massif au Parti libéral d'Adélard Godbout et élisent 69 de ses candidats. Au Canada anglais, cette victoire est célébrée comme celle de l'unité canadienne face à la guerre.

Bipartisme

Régime dans lequel la scène politique est généralement occupée par deux partis s'alternant au pouvoir, ce qui assure une certaine stabilité politique. Le parti élu gouverne plutôt au centre des idées politiques.

Nationalisation

Achat par une collectivité, par l'intermédiaire de son gouvernement, de certains biens ou moyens de production appartenant à des intérêts privés.

Dans sa lutte contre Ottawa pour l'autonomie provinciale, Maurice Duplessis (à gauche) cherche constamment des alliés parmi les autres premiers ministres provinciaux. Aucun n'a cependant autant d'affinités avec lui que Mitchell Hepburn, le premier ministre de l'Ontario (à droite), qui dominera sa province d'une main de fer de 1934 à 1942.

■ Les réformes du gouvernement Godbout ■■□

Agronome de formation, Adélard Godbout est député de 1929 à 1948 ainsi que premier ministre de 1939 à 1944. Soucieux de se démarquer du régime Taschereau, Godbout a introduit des réformes qui touchent encore aujourd'hui la vie des Québécois. Le destin a toutefois voulu que l'on ne conserve de son administration que le souvenir d'une soumission quasi totale devant un gouvernement fédéral centralisateur.

Plébiscite

Vote direct de l'ensemble des électeurs sur une question que le gouvernement lui soumet. Contrairement au référendum, un plébiscite est consultatif et n'engage pas l'État à se conformer au résultat.

S'il n'avait pas été aux commandes en temps de guerre, le gouvernement Godbout aurait certainement été salué comme l'un des plus innovateurs depuis 1867. S'inspirant des idées réformistes nées à la faveur de la crise, Godbout engage une réforme de la fonction publique, fait adhérer le Québec au programme d'assurance-chômage (1940), crée le Conseil d'orientation économique et une commission sur l'universalité des soins de santé (1943). En 1940, le gouvernement Godbout accorde finalement le droit de vote aux femmes. En 1943, la loi oblige désormais les enfants à fréquenter l'école jusqu'à l'âge de 14 ans et, en 1944, on nationalise partiellement les ressources hydroélectriques du Québec en créant la société Hydro-Québec, qui prend le contrôle de la *Montreal, Light, Heat and Power*.

En dépit de son dynamisme, le gouvernement Godbout donne l'impression de s'écraser devant le gouvernement fédéral, qui, depuis le début de la guerre, s'est lancé dans une offensive centralisatrice, forçant les provinces à lui céder de nombreux champs de compétence. Quant à la conscription, après avoir promis en 1939 de ne pas l'imposer, le gouvernement fédéral se « libère » de sa promesse lors d'un **plébiscite** pancanadien. Le 27 avril 1942, 71,2 % des Québécois (dont 85 % sont francophones) votent contre la proposition fédérale. De son côté, le reste du Canada lui donne son appui à 80 %. Plus rien n'empêche donc le gouvernement fédéral d'imposer la conscription, ce qu'il fera en 1944. Les électeurs québécois se sentent alors dupés par le Parti libéral, et l'Union nationale de Duplessis saura en tirer profit.

Un nouveau parti surgit en attendant sur la scène provinciale. Né de la ferveur nationaliste engendrée par la crise de la conscription et dirigé par André Laurendeau, le Bloc populaire recueille le vote des intellectuels et des nationalistes qui ne peuvent s'identifier au conservatisme de Duplessis. Aux élections de 1944, l'Union nationale remporte 48 circonscriptions avec seulement 38 % des votes, alors que les libéraux n'en obtiennent que 37 avec 40 % des voix. Avec 16 % d'appui, le Bloc populaire fait élire quatre députés. Après un premier mandat difficile entre 1936 et 1939, Maurice Duplessis entend bien profiter du retour à la paix pour s'installer confortablement au pouvoir à Québec.

Assis côte à côte lors d'une assemblée du Bloc populaire en août 1944, Henri Bourassa et André Laurendeau incarnent alors le passé et l'avenir du nationalisme québécois. Tandis que Bourassa croit que les valeurs rurales et catholiques doivent primer, Laurendeau considère que l'épanouissement du Québec passe par la modernisation et l'ouverture sur le monde.

■ L'émergence de la culture de masse ■ ■ ▢ ▢

Le Québec compte peu d'œuvres littéraires importantes avant 1936, si ce n'est *Maria Chapdelaine* de Louis Hémon, *La Scouine* d'Albert Laberge ou *Les demi-civilisés* de Jean-Charles Harvey. La crise et la Seconde Guerre mondiale engendrent cependant des tensions propices à la création. En quelques années, Ringuet (Philippe Panneton), Hector de Saint-Denys Garneau, Hugh McLennan, Félix-Antoine Savard et surtout Gabrielle Roy, avec *Bonheur d'occasion* (1945), propulsent la littérature du Québec dans la modernité littéraire. Les images bucoliques du terroir cèdent alors la place à une littérature urbaine, parfois sociale, où les héros sont des perdants et où le ton est franchement naturaliste. La littérature québécoise sort ainsi de l'enfance et affirme sa personnalité propre.

Malgré la présence de grands auteurs pendant cette période, le paysage culturel du Québec durant la crise et la guerre demeure néanmoins désolé. Il n'y a alors qu'une seule bibliothèque publique francophone pour un million de Montréalais, aucune troupe de théâtre classique n'existe avant 1949 et la fréquentation scolaire dépasse rarement la troisième année du primaire. La grande originalité de l'époque se trouve donc du côté de la culture populaire destinée aux masses et puissamment véhiculée par les nouveaux moyens de communication : la presse à sensation, le cinéma et la radio.

La culture populaire du Québec tire ses thèmes et ses formes de la Nouvelle-France et du folklore anglo-irlandais; elle reste très importante jusqu'au cœur du XXᵉ siècle. Il s'agit d'une culture participative, puisque sa manifestation est assumée par les consommateurs eux-mêmes. Les réunions en famille, à l'occasion des nombreuses fêtes religieuses, servent de prétexte à l'expression spontanée de la chanson à répondre, de la complainte, du conte, des légendes et, surtout, du violon et des danses, comme la gigue, la bourrée ou le cotillon, qui fascinent nos ancêtres. Il s'agit également d'une culture vivante qui évolue, puisqu'elle laisse une grande place à l'improvisation, aux variantes régionales et à l'expression de réalités populaires rurales, telles que le travail, la vie champêtre et l'amour de sa blonde et de son pays. Évoluant durant plus de deux siècles, cette forme de culture devient l'incarnation d'une identité distincte en Amérique.

Dans la première moitié du XXᵉ siècle, la culture participative subit la concurrence d'une culture de masse, si bien qu'en 1945, elle relève déjà du « folklore », c'est-à-dire d'une forme d'expression pétrifiée et recyclée par la culture de masse. Cette dernière est une culture de consommation, car elle diffuse un produit uniforme, conçu par des artistes professionnels pour un auditoire passif et payant. Ce sont avant tout les moyens de communication modernes qui assurent sa diffusion. Le cinéma, inventé au tournant du siècle, s'est implanté à Montréal avec l'ouverture du Ouimetoscope en 1906. On y projette des « p'tites vues », soit des films muets de quelques minutes que commence à produire Hollywood. La radio fait aussi une entrée remarquée en 1922 avec la station CKAC, qui est suivie de Radio-Canada en 1936. Peu après, les francophones en particulier sont rivés à leur poste récepteur pour écouter leurs radio-romans, un genre inventé au Québec et qui, sur le mode du feuilleton, fait connaître dans toute la province *Nazaire et Barnabé*, *La pension Velder* et *Un homme et son péché*. La radio et le disque 78 tours présentent bientôt la

STEPHEN LEACOCK (1869-1944)

Peu connu du public francophone, Stephen Leacock fut néanmoins célèbre de son vivant et salué comme le plus grand auteur humoristique anglophone depuis Mark Twain et George Bernard Shaw. Arrivé d'Angleterre à l'âge de six ans, Leacock mène toute sa vie une honorable carrière de professeur d'économie à l'Université McGill. C'est cependant son œuvre d'écrivain satirique qui le rend célèbre (*Sunshine Sketches of a Little Town*, 1912 ; *Arcadian Adventures with the Idle Rich*, 1914 ; *Winnowed Wisdom*, 1926 ; *Laugh Parade*, 1940). Profondément conservateur et traditionaliste, il ironise à propos de toutes les manifestations de la vie moderne (industrialisation, féminisme, individualisme) qui déferlent sur le Québec au début du XXᵉ siècle. Chauvine, voire raciste selon nos standards modernes, son œuvre évoque bien la nostalgie d'une certaine élite britannique, impuissante devant le déclin de son empire colonial et le triomphe du capitalisme à l'américaine. Depuis 1946, *The Leacock Medal for Humour* récompense annuellement un écrivain canadien d'expression anglaise.

LA BOLDUC (MARY TRAVERS) (1894-1941)

Née en Gaspésie, Mary Travers déménage à Montréal pour épouser un violoneux du nom d'Édouard Bolduc. Mère de 13 enfants (dont 9 meurent en bas âge), elle chante d'abord dans sa cuisine au milieu des siens. Encouragée par son entourage, elle enregistre son premier disque en 1929, à l'âge de 34 ans. Commence alors une carrière extraordinaire, qui fait d'elle la première véritable vedette de la chanson populaire que connaît le Québec. Auteure, compositrice et interprète, elle écrit près de 300 chansons qui animent le Québec, le Canada et même la Nouvelle-Angleterre des années 1930. Ses thèmes sont ceux de la vie quotidienne et des faits divers, qui critiquent en particulier la vie turbulente des villes et célèbrent les gens de son « beau Québec ». Ses chansons et ses airs entraînants font provisoirement oublier aux auditeurs la misère dans laquelle ils se trouvent. Également accordéoniste et violoniste, elle enregistre des airs traditionnels que les Québécois turlutent encore à l'occasion.

chansonnette française, le jazz américain et la voix d'or d'Enrico Caruso. Conteurs et violoneux d'autrefois quittent rapidement le salon québécois, où trônent désormais une radio et parfois un tourne-disque. Les ondes radiophoniques permettent également l'émergence d'un puissant symbole pour le Canada français : les Canadiens de Montréal.

Les artistes locaux tablent vite sur le particularisme culturel du Québec et offrent, par le canal de la culture de masse, un produit adapté à l'auditoire francophone. Le théâtre « burlesque » de vaudeville, par exemple, connaît une vogue extraordinaire en reprenant les gags du cinéma américain. La troupe de Jean Grimaldi se produit partout au Québec, dans le nord de l'Ontario et même en Nouvelle-Angleterre, où les francophones en voie d'assimilation se rappellent un moment leurs origines en compagnie de la Poune, de Ti-Zoune, des « turluteries » de la Bolduc. La carrière de Mary Travers, dite la Bolduc, est peut-être celle qui illustre le mieux le passage de la culture participative à la culture de masse. Durant la crise et la Seconde Guerre mondiale, Ovila Légaré, Raymond « le Soldat » Lebrun, qui chante des complaintes de soldat sur des airs *country*, et le quatuor Alouette connaissent aussi une grande popularité.

Par contre, le meilleur porteur de la culture de masse reste la presse écrite. Les quotidiens importants qui se sont créés à la fin du siècle précédent, à savoir le *Montreal Star* (1869), *La Presse* (1884), *La Patrie* (1879) et *Le Soleil* (1896), atteignent bientôt les 100 000 exemplaires vendus par jour. Les nouveaux procédés d'impression permettent désormais de sortir en grande quantité des journaux plus volumineux, couverts de gros titres, de dessins et de photos. Le milieu populaire, récemment alphabétisé, s'abreuve donc volontiers d'une presse accessible, abondamment illustrée et accordant une place considérable aux sports, aux nouveautés du cinéma et aux potins d'artistes locaux et étrangers. Devant leur succès, certains auteurs « sérieux » comme Claude-Henri Grignon, Marie-Claire Daveluy et Émile Coderre écrivent alors en fonction d'un plus vaste marché. Sous le nom de Jean Narrache, Émile Coderre émeut en particulier le peuple par une poésie simple et pathétique, à l'image du Québec des années 1930.

Les deux orphelines de Jean Narrache (1931)

[...] Dehors, y'avait deux p'tit's filles
en p'tit's rob's minc's comm' du papier.
Leurs bas étaient tout en guenilles ;
y'avaient mêm' pas d'claqu's dans les pieds.
Ell's grelottaient, ces pauvr' p'tit's chouettes !
Ell's nous d'mandaient la charité
En montrant leurs p'tit's mains violettes.
Ah ! c'était ben d'la vraie pauvreté !

■ ■ ■ L'essentiel

Après une période de modernisation et de croissance rapide, le Québec entre en 1929 dans un cycle de récession marqué jusqu'en 1939 par une grave crise économique et sociale, puis par les effets de la Seconde Guerre mondiale. Cette période charnière voit le Québec tourner la page dans de nombreux domaines, au chapitre économique bien sûr, mais également sur les plans de la culture, de la condition féminine et du rôle des gouvernements. Pour sa part, la scène politique se caractérise par une effervescence sans précédent et la montée de l'Union nationale de Maurice Duplessis.

■ ■ ■ Documents

Comme durant la Première Guerre mondiale, l'imposition, dès 1941, d'un enrôlement obligatoire par le gouvernement fédéral rencontre une forte résistance au Québec. Quelles sont les raisons de cette opposition ? Les Québécois seraient-ils plus pacifiques ou pacifistes que les autres Canadiens ? Les textes qui suivent émettent deux hypothèses pour expliquer la résistance canadienne-française à la conscription. À partir de votre propre compréhension de la réalité québécoise et des enjeux internationaux, seriez-vous en mesure de formuler d'autres explications ?

La tradition antimilitariste au Québec

« Les faits montrent que les Québécois ont traditionnellement adopté une attitude distincte de celle des autres Canadiens face à la guerre. Il y a évidemment des raisons qui expliquent ce phénomène. Certains diront que les Québécois n'étaient pas contre la guerre mais contre la collaboration avec les Anglais. [...] Dans le refus de participer aux efforts de guerre, il y a plus que du ressentiment face aux Anglais. Pendant longtemps, le Québec a été une société rurale, où les gens étaient attachés à leur terre qu'ils considéraient comme leur pays. Ils étaient isolés et se trouvaient en dehors des événements mondiaux. Pendant des générations, contrairement à leurs ancêtres européens, ils ont été préservés des guerres. La politique était l'affaire des seigneurs et de la bourgeoisie et le peuple percevait bien que la guerre entre nations n'avait rien à voir avec ses intérêts. C'étaient les guerres des autres. Même en 59, quand Wolfe entreprend le siège de Québec, Montcalm a du mal à recruter des défenseurs : beaucoup de cultivateurs doivent rester sur leurs fermes pour sauver les récoltes et, parmi les recrutés, il y a de nombreux déserteurs. Après la Conquête, quand ils ont voulu survivre comme collectivité face à la volonté anglaise de les assimiler, les Québécois se sont repliés sur eux, ont fait beaucoup d'enfants et ont attendu. »

Source : Serge Mongeau, « La tradition antimilitariste au Québec », *Pour un pays sans armée*, Montréal, Éditions Écosociété, 1993.

Le Canada, terre d'Amérique

>> L'isolationnisme des États-Unis était perçu par les Canadiens français comme un symbole de liberté. Liberté de décider volontairement face à une participation. Jamais les États-Unis ne sont accusés de manquer à leur devoir. Au contraire, leur courage est souligné et l'on appuie leur volonté de prendre le temps nécessaire pour bien évaluer comme peuple d'Amérique leurs intérêts dans ce conflit. Dans *La crise de la conscription*, André Laurendeau écrit : "Roosevelt venait de déclarer la neutralité de son pays jusqu'à Pearl Harbour, nous allions être le seul pays américain à participer à la guerre. Nous nous demandions pourquoi, seuls en Amérique, nous devions participer à la croisade des démocraties : pourquoi seuls en Amérique, nous étions privés de la liberté de juger cette guerre."

En examinant cette citation d'André Laurendeau, nous pouvons remarquer que celui-ci définit le Canada comme pays d'Amérique, comme américain. Il faut signaler aussi qu'à l'époque, pour l'ensemble d'un peuple, le Canada demeure la patrie. Une patrie qui fait partie de l'Amérique. Quand Laurendeau s'interroge "pourquoi seuls en Amérique, nous étions privés de la liberté de juger", c'est assez évident qu'il se réfère au Canada et, en particulier, au peuple canadien-français, comme faisant partie de l'Amérique. En l'occurrence, nous pouvons constater que le peuple canadien-français devait son allégeance à une terre et une patrie d'Amérique. Cette terre d'Amérique où il se sentait chez lui, où il devait se sentir libre comme l'autre terre d'Amérique (les États-Unis) et avoir le droit de choisir entre une participation volontaire ou non. Lorsque nous examinons de près les propos de Laurendeau, nous voyons que ce concept d'appartenance à son américanité (canadienne-française) devient alors central dans la compréhension du refus. >>

Source : Donald Cuccioletta, « L'isolationnisme ou le refus de l'Europe : les Canadiens français, les Américains et la Deuxième Guerre mondiale », *Bulletin d'histoire politique*, vol. 3, n°s 3-4, 1994.

■ ■ ■

LE QUÉBEC DE DUPLESSIS
1945-1960

Chapitre

6

AU QUÉBEC	
1948	Publication du *Refus global*. Le fleurdelisé devient le drapeau officiel du Québec.
1949	Grève de l'amiante.
1950	Fondation de la revue *Cité libre*.
1952	Grève de Louiseville.
1953	Ouverture d'une ligne de chemin de fer entre Sept-Îles et Schefferville. Commission Tremblay.
1954	Maurice Duplessis crée un impôt provincial.
1955	Émeute à Montréal après la suspension de Maurice Richard.
1956	Office des marchés agricoles.
1957	Grève de Murdochville.
1959	Grève des réalisateurs de Radio-Canada. Décès de Maurice Duplessis.
1960	Décès de Paul Sauvé.

AILLEURS DANS LE MONDE	
1947	Les États-Unis lancent le plan Marshall pour la reconstruction de l'Europe.
1948	Louis Stephen Saint-Laurent devient le premier francophone depuis Wilfrid Laurier à occuper le siège de premier ministre du Canada.
1949	Création de l'OTAN. Révolution communiste en Chine.
1950	Guerre de Corée.
1951	Le gouvernement du Canada crée un programme de pensions de vieillesse.
1952	Création de la télé de Radio-Canada.
1953	Décès de Staline.
1954	La France se retire de l'Indochine.
1955	Conférence afro-asiatique de Bandung.
1956	Crise du canal de Suez.
1957	Conseil des Arts du Canada. Communauté économique européenne.
1958	Programme d'assurance-hospitalisation canadien.
1959	Charles de Gaulle devient président de la France. Révolution cubaine. Voie maritime du Saint-Laurent.

■ Le baby-boom

Comme c'est le cas ailleurs en Occident, la population du Québec enregistre une forte croissance naturelle entre 1945 et 1960 (*voir la figure 6.1*). Cette reprise de la natalité qu'on a appelée «baby-boom» correspond avant tout à un rattrapage qui ramène temporairement le Québec à son taux de natalité des années 1920. Le chômage durant la crise avait déjà compromis de nombreux mariages, et le manque de logements à cette même période retardait le départ des enfants du domicile familial. La Seconde Guerre mondiale avait ensuite mis un frein à la procréation, bon nombre de femmes travaillant à l'usine et d'hommes se trouvant au front.

FIGURE 6.1 **La croissance naturelle de la population au Québec (1800-1990)**

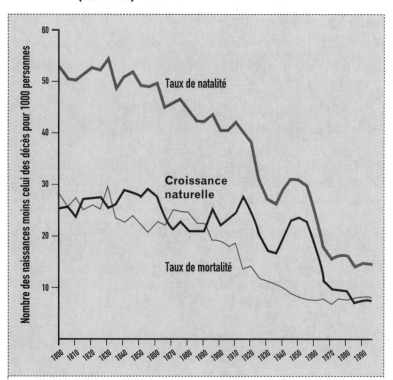

Le baby-boom qui se produit entre 1945 et 1960 ne prend son sens que lorsqu'on l'associe à la baisse du taux de mortalité.

Indice de fécondité

Nombre moyen d'enfants par femme en âge de procréer (de 15 à 49 ans).

Durant le baby-boom, le taux de natalité de la province n'est pas aussi prodigieux qu'on pourrait le croire. L'**indice de fécondité** était déjà de 3,45 enfants par femme en 1941. En 1951, en plein baby-boom, il s'élève jusqu'à 3,84 enfants, pour ensuite redescendre à 3,77 en 1961. Ces taux de natalité prennent cependant toute leur importance quand on les associe à la diminution de la mortalité infantile.

Le nombre de bébés décédés avant l'âge d'un an a toujours été élevé dans le Québec agricole et industriel. Il atteignait 187 décès pour 1000 naissances en 1900. En 1920, il s'élevait encore à 163 décès pour 1000 naissances. Toutefois, la mortalité infantile chute rapidement à 60 pour 1000 en 1945, puis à 30 pour 1000 en 1961. Pendant la même période, le nombre de mères qui trouvent la mort en accouchant passe de 4 à 0,4 pour 1000, en particulier parce qu'on choisit de plus en plus souvent de sauver la mère plutôt que le bébé en cas de complications.

Divers facteurs contribuent à la diminution de la mortalité périnatale, notamment l'amélioration des conditions d'hygiène, une meilleure alimentation, les progrès de la médecine et l'augmentation des efforts des gouvernements dans le domaine de la santé. En 1930, seulement 26,6% des bébés au Canada naissaient dans un hôpital, les autres accouchements ayant généralement lieu à la maison. Ce pourcentage passe à 76% en 1950, puis à 94,6% en 1960, ce qui accroît le taux de survie des bébés et entraîne un rajeunissement spectaculaire de la population. En 1951, 1 Québécois sur 4 a moins de 10 ans.

La figure 6.2 permet de constater la croissance rapide de la population du Québec, qui passe de 3,7 millions d'habitants en 1945 à 5,7 millions en 1965, ce qui représente alors près de 30% de la population du Canada. Cette croissance ralentira par la suite et la population québécoise ne franchira le cap des 7 millions d'habitants qu'en 1991; elle constituera à ce moment moins du quart de l'ensemble canadien. L'Ontario conserve de son côté un rythme de croissance plus soutenu, son rendement économique lui permettant d'attirer plus facilement les immigrants et les Canadiens des autres provinces.

FIGURE 6.2 Les parts du Québec et de l'Ontario dans l'ensemble de la population canadienne

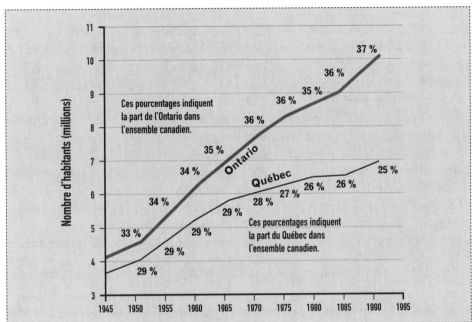

La population du Québec passe de 4 à 6 millions de personnes en à peine 20 ans, mais depuis, elle plafonne et n'atteint le chiffre des 7 millions que dans les années 1990.

■ L'immigration

Si l'émigration massive des Canadiens français vers les États-Unis et le nord de l'Ontario a déjà pris fin en 1930, la prospérité de l'après-guerre produit néanmoins une situation nouvelle. Non seulement les Québécois demeurent-ils désormais au Québec, ou du moins au Canada, mais un nombre croissant d'étrangers souhaitent maintenant s'y établir. Avant 1930, les immigrants étaient surtout d'origine britannique ou arrivaient de l'Europe de l'Est, soit de la Pologne, de l'Ukraine ou de l'Allemagne. Entre 1945 et 1960, le tiers des immigrants provient de la région méditerranéenne; de l'Italie

FIGURE 6.3 La comparaison des courbes de chômage et d'immigration au Québec (1960-1990)

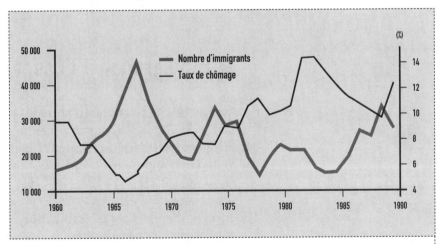

Devant la méfiance de la population face à l'arrivée de nombreux immigrants, le gouvernement fédéral a vite réagi en fixant les quotas d'immigration en fonction du taux de chômage alors en vigueur.

surtout, mais aussi de la Grèce et du Portugal. Alors que le Québec n'accueillait en moyenne que 10 000 immigrants par année entre les deux guerres, il en reçoit de 20 000 à 30 000 par an à compter de 1945. Le nombre d'immigrants est toutefois étroitement lié au taux de chômage, comme le montre la figure 6.3. Ainsi, les portes s'ouvrent en période de croissance et se ferment en période de récession. Quoi qu'il en soit, entre 1945 et 1960, les immigrants sont prêts à travailler et à se marier dès leur arrivée : 62,1 % d'entre eux ont en effet entre 15 et 44 ans, et 46 % d'entre eux sont célibataires.

■ La fin de l'agriculture traditionnelle ■ ■ □

Durant la guerre, beaucoup d'exploitations agricoles avaient profité des prix élevés. Les fermes qui exploitaient les terres les plus riches et les mieux situées écoulaient alors facilement toute leur production à des prix intéressants. Ces fermes sont les premières à se mécaniser. Le nombre de tracteurs agricoles passe de 5758 en 1941 à 60 481 en 1961. L'électrification rurale, qui est achevée en 1960, permet pour sa part la généralisation des trayeuses électriques, la réfrigération des denrées et le chauffage des étables.

Après 1945, les agriculteurs sont cependant victimes de la dégradation des **termes de l'échange** : le prix de leurs produits grimpe moins vite que celui des produits qu'ils achètent, et même si les Québécois s'enrichissent, ils ne se procurent pas forcément plus de nourriture. Face à ce dilemme, l'agriculture traditionnelle a toujours réagi en accroissant la production et les surfaces cultivées afin de soutenir le revenu familial. Cette solution est désormais combattue à la fois par l'État, les coopératives et les tenants de l'agriculture commerciale en général, qui souhaitent plutôt soutenir les prix en contrôlant l'offre. L'Office des marchés agricoles (1956), l'Office de stabilisation des prix agricoles (1958), la Société du crédit agricole (1959) et la Commission canadienne du lait (1966) constituent autant de programmes gouvernementaux mis sur pied pour soutenir les prix agricoles et orienter les cultures.

Ces mesures consolident la situation de quelques milliers d'entrepreneurs agricoles très productifs, mais sonnent aussi le glas de l'agriculture traditionnelle. S'ils étaient 254 000 en 1950, les agriculteurs ne seront en effet plus que 121 000 en 1964, puis 40 150 en 1991. Ces agriculteurs perdent alors le revenu d'appoint que leur apportaient la pêche, la chasse et surtout la coupe en hiver, désormais confiée à des bûcherons professionnels manipulant de l'équipement de pointe.

Terme de l'échange

Prix d'un produit vendu par rapport à celui d'un produit qu'on doit acheter. Compte tenu de la dégradation des termes de l'échange, les agriculteurs québécois ont tendance à s'appauvrir entre 1945 et 1960.

■ L'intégration à l'économie continentale ■ ■ □

Avant 1945, les relations commerciales du Canada et du Québec avec les États-Unis et la Grande-Bretagne étaient réparties à peu près également. Désormais première puissance industrielle, commerciale et financière du monde, les États-Unis imposent un ordre économique mondial dont ils sont les grands régisseurs. Les relations économiques entre le Canada et les États-Unis s'intensifient considérablement après 1945, entre autres par le biais d'investissements directs consentis par des multinationales américaines et grâce à l'aménagement d'infrastructures communes : ponts, autoroutes et voies maritimes.

Présents depuis le début du XXe siècle au Canada, les investissements américains augmentent donc énormément après 1950. Ces investissements, qui n'excédaient pas 3 milliards de dollars par année avant la guerre, atteignent 10 milliards en 1957 et franchiront les 30 milliards en 1973. C'est qu'après la guerre, les États-Unis délaissent le protectionnisme et cherchent à mieux s'implanter dans les pays faisant partie de leur zone d'influence. Les investissements américains représentent 75 % de tous les investissements étrangers au Canada en 1960, un pourcentage global équivalant à 16,7 milliards de dollars.

CARTE 6.1 La main-d'œuvre dans l'industrie manufacturière au Québec en 1961

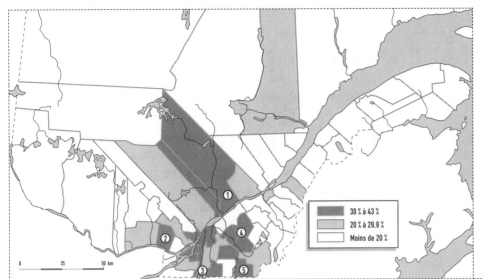

■	30 % à 43 %
■	20 % à 29,9 %
□	Moins de 20 %

Le Québec industriel culmine à l'époque de Duplessis. Chaque « région » industrielle est en fait associée à quelques villes où l'on trouve des industries importantes.

✚ Identifiez la ville industrielle associée à chaque région : 1. Mauricie ; 2. Outaouais ; 3. Haut-Richelieu ; 4. Bois-Francs ; 5. Estrie.

Dans le contexte de la guerre froide, ce sont surtout les ressources naturelles du Québec qui intéressent les Américains. Le gouvernement de l'Union nationale (1944-1960) les leur cède d'ailleurs à très bas prix. L'industrie minière et celle des pâtes et papiers connaissent alors une croissance spectaculaire, qui provoque l'essor de villes-ressources en plein cœur du Bouclier canadien : Val-d'Or, Rouyn, Chibougamau et Fermont dans le secteur minier ; La Sarre, Maniwaki et Baie-Comeau dans le secteur forestier. Entre 1950 et 1960, on se rue en particulier vers les réserves de cuivre et de nickel en Abitibi et vers celles de fer au Nouveau-Québec (*voir la carte 6.1*).

Toutefois, l'arrivée de capitaux américains est aussi attribuable au fait que la technologie et les moyens de transport modernes permettent maintenant aux multinationales d'intégrer l'extraction des ressources du Québec à leur appareil de production. Au début des années 1950, par exemple, la compagnie Iron Ore fait construire une voie de chemin de fer de 574 kilomètres entre le port minéralier de Sept-Îles et la nouvelle ville de Schefferville. Elle y aménage une mine de fer et y fait ériger un barrage ainsi que tout un quartier pour les mineurs. Le fer fait désormais partie d'une chaîne continue qui amène le minerai des mines du Nouveau-Québec aux ateliers de traitement de Sept-Îles et, de là, aux usines automobiles du Michigan.

D'autre part, les plus grands journaux américains sont imprimés sur du papier québécois. Le *Chicago Tribune* vient même directement superviser la coupe du bois et la transformation du papier au Québec. La mainmise étrangère touche aussi l'industrie lourde (la machinerie, le pétrole, la chimie, le transport). Si le phénomène de la continentalisation affecte le Québec, au bout du compte, la domination étrangère y est quand même moins marquée qu'en Ontario. De fait, en 1981, 53,4 % de la production manufacturée ontarienne sera encore assurée par des entreprises étrangères, comparativement à seulement 37,1 % au Québec.

À 576 kilomètres au nord de Sept-Îles, à cheval sur la frontière du Québec et du Labrador (Terre-Neuve), se développe la ville de Schefferville (7200 habitants). Schefferville est alors la métropole de ces villes du nord (Wabush, Gagnon et Fermont) qui alimentent le port de Sept-Îles en minerai de fer. La fermeture de la mine par la compagnie Iron Ore en 1983 conduira au départ précipité de tous ses habitants.

■ ■ ■ Profil d'une région

Le long d'une côte de 1250 kilomètres, entre l'embouchure du Saguenay et le détroit de Belle-Isle, la Côte-Nord se présente d'abord comme un immense littoral jalonné de petits villages et de quelques villes-ressources : Forestville, Baie-Comeau–Hauterive, Port-Cartier et Sept-Îles. Depuis toujours, la Côte-Nord abrite une importante communauté de Montagnais, concentrée aujourd'hui dans les quelques villes et dans la réserve de Maliotenam.

Première région que les explorateurs européens ont reconnue, il faut ironiquement attendre le début du XXᵉ siècle pour voir un réel développement de la Côte-Nord. Les entreprises forestières se ruent alors sur l'épinette noire propice à la transformation en pâte à papier. À compter de la Seconde Guerre mondiale, la région connaît un véritable boom économique qui fait passer sa population de 2500 personnes en 1941 à plus de 85 000 en 1966. Trois ressources naturelles présentes dans la région expliquent à elles seules un tel essor : les pâtes et papiers toujours, le gisement de fer du Nouveau-Québec et l'hydroélectricité.

Encore aujourd'hui, les principaux moulins à papier se trouvent dans la Haute-Côte-Nord, entre Forestville et Baie-Comeau. Derrière ces villes, des millions de mètres cubes de matière ligneuse sont rendus accessibles par une série de chemins forestiers qui s'enfoncent toujours davantage à l'intérieur des terres. La compagnie Price Brothers, la Quebec North Shore et la ITT Rayonner s'y installent successivement.

Par ailleurs, après la Seconde Guerre mondiale, le contexte de la guerre froide et l'épuisement des ressources aux États-Unis rendent subitement intéressants les gisements de fer situés à 600 kilomètres au nord de Sept-Îles, à la frontière du Québec et du Labrador. Entre 1951 et 1955, d'un gigantesque chantier émerge une série de villes minières, à savoir Gagnon et Fermont (1961), Wabush (1962) et surtout Schefferville (1954). Elles sont reliées par rail à Port-Cartier et à Sept-Îles, où des usines de traitement et des ports minéraliers sont aménagés très rapidement. Sept-Îles, qui ne comptait que 1900 habitants en 1951, devient une ville prospère de 14 000 habitants dès 1961.

Qui plus est, l'exploitation des ressources hydroélectriques marque un tournant pour cette région, qui se voit alors solidement arrimée à l'économie du sud du Québec. Après les aménagements sur la rivière Betsiamites au cours des années 1950, la mise en valeur des rivières aux Outardes et Manicouagan devient l'une des grandes réalisations de la Révolution tranquille.

L'écluse du lac Saint-Louis en 1959.

PME

Selon les normes canadiennes, les PME (petites et moyennes entreprises) ne doivent pas compter plus de 500 employés et la valeur de leurs actifs ne doit pas dépasser 25 millions de dollars.

Il en est ainsi parce que l'industrie légère – moins intéressante pour les Américains – est surtout concentrée au Québec, tandis que les secteurs mécanique, chimique et automobile, plus rentables, sont implantés en Ontario.

Les voies de communication entre le Québec et le reste de l'Amérique du Nord ont connu des améliorations majeures depuis le début du XXᵉ siècle. Le transport ferroviaire, qui visait à souder économiquement le Canada sur un axe est-ouest, entame en 1945 un constant ralentissement. Les lignes à l'ouest de Thunder Bay, c'est-à-dire celles qui acheminent le blé vers les Grands Lacs et vers Vancouver, demeurent rentables, mais tout le réseau de l'est du Canada, y compris les lignes du Québec, accumule déficit sur déficit. Tant le Canadien Pacifique que le Canadien National cherchent à se départir de leur réseau.

Le transport par camion remplace alors graduellement le transport ferroviaire. Sa souplesse et sa rapidité expliquent la faveur croissante dont il jouit. Il est particulièrement précieux pour les **PME** industrielles du Québec, dont le volume de production est modeste, de même que pour l'approvisionnement du commerce de détail, implanté au cœur des centres urbains ou en bordure des autoroutes. Le réseau de routes asphaltées au Canada s'étend ainsi considérablement, passant de 39 040 kilomètres en 1945 à 112 800 kilomètres en 1960. On construit alors de nombreuses routes régionales de même que des autoroutes reliant et ceinturant les centres-villes. Le trafic aérien connaît lui

>>> La Côte-Nord

La fin des grands chantiers et la baisse des prix des ressources naturelles durant les années 1970 et 1980 entraînent le déclin rapide de la région. La fermeture de l'usine ITT de Baie-Comeau et surtout celle de la mine de Schefferville par la compagnie Iron Ore en 1984 provoquent une grave récession dans la région. La situation s'est grandement améliorée de nos jours grâce à l'augmentation des prix du papier, à la modernisation du port en eaux profondes de Sept-Îles et surtout à l'ouverture d'usines d'aluminium à Pointe-Noire et à Port-Cartier, qui profitent de la proximité des ressources hydroélectriques. De nouveaux aménagements dans ce domaine, en particulier sur les rivières Moisie et Sainte-Marguerite, ne sont pas loin de rappeler le climat de frénésie des années 1950 et 1960. Les touristes, enfin, profitent depuis longtemps des meilleures rivières à saumon du monde et visitent aujourd'hui par dizaines de milliers les installations de la Manic ainsi que le site de l'archipel de Mingan, près de Havre-Saint-Pierre.

Le très grand isolement de la région (la route ne parvient à Natashquan qu'en 1996) et l'hétérogénéité de ses 110 000 habitants distinguent toujours la Côte-Nord du reste du Québec. Le vieux fond amérindien et acadien auquel s'est greffée une population venue des quatre coins du Québec a fait de la Côte-Nord une région particulièrement nationaliste, qui donne régulièrement des majorités aux tenants de la souveraineté du Québec.

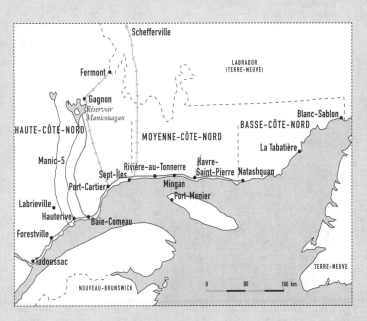

aussi une croissance spectaculaire, qui se prolongera jusqu'à la crise du pétrole de 1973. Montréal s'impose alors comme une plaque tournante du trafic aérien et devient même le siège de l'Organisation de l'aviation civile internationale (OACI), une des composantes de l'ONU.

De son côté, le transport maritime profite beaucoup de l'intensification des échanges nord-sud, en particulier après l'inauguration de la voie maritime du Saint-Laurent en 1959. À cette occasion, l'ensemble du réseau de canalisation est réaménagé de façon à permettre aux transatlantiques de se rendre jusqu'aux Grands Lacs. Les automobiles du centre du continent et le blé des Grands Lacs parviennent ainsi au Québec, tandis que transitent en sens inverse les métaux et le papier de la province. Cependant, la voie maritime du Saint-Laurent s'avère peut-être en partie responsable du déclin du port de Montréal, puisque celui-ci ne constitue alors plus un point d'arrêt obligatoire pour les navires. Les activités y augmentent néanmoins grâce au trafic du pétrole brut et au commerce par conteneurs, domaine dans lequel le port de Montréal joue un rôle

L'usine de la Dominion Textile à Montmorency, en 1953. L'électricité est fournie par la centrale construite juste au-dessus des célèbres chutes.

La production de masse passe par l'aménagement de grands centres commerciaux (ci-dessous, les Galeries d'Anjou) à proximité des autoroutes. Bien adaptés à la civilisation de l'automobile et bénéficiant d'un pouvoir d'achat important, ces centres commerciaux sont directement responsables de l'effondrement des commerces dans le centre des villes.

de chef de file à l'échelle mondiale. Le port de Québec survit quant à lui surtout grâce à la manutention des ressources naturelles.

L'intégration du Québec à l'économie nord-américaine prend encore bien d'autres formes. Ainsi, la forte présence des syndicats d'origine américaine, le tourisme transfrontalier, l'invasion de la culture américaine et la généralisation de l'*American way of life* contribuent à diffuser dans la province des conceptions et des habitudes de consommation états-uniennes.

■ L'économie et la consommation de masse ■ ■ □

La période de 1930 à 1945, marquée par la crise et la guerre, avait provoqué l'effondrement du pouvoir d'achat des Québécois. La fin du conflit inaugure ensuite une ère de consommation qui se prolongera jusqu'aux années 1970.

Les entreprises investissent d'abord massivement pour se reconvertir à une économie de paix et, après une courte période d'adaptation, elles sont de nouveau prêtes à offrir voitures, appareils électroménagers, voyages ou téléviseurs aux consommateurs. Ces entreprises visent de plus en plus le marché des petits épargnants qui ont accumulé des économies depuis la guerre et qui souhaitent accéder à un mode de vie à l'américaine. Entre 1945 et 1970, le salaire moyen quadruple, passant de 31 $ à 122 $ par semaine, tandis que le prix moyen des biens de consommation double à peine durant la même période (*voir la figure 6.4*).

FIGURE 6.4   **Le revenu personnel par habitant dans certaines provinces canadiennes et dans quelques pays comparables en 1957 (en dollars canadiens)**

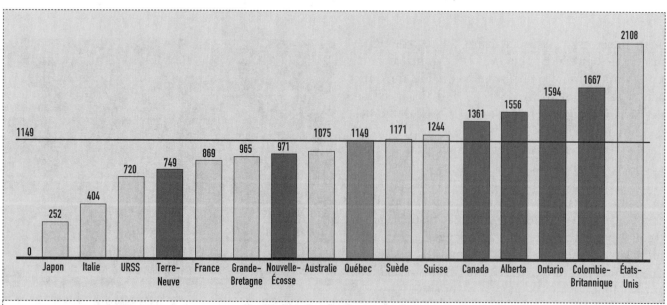

Même si la mesure du revenu moyen par habitant doit être considérée avec prudence, il appert que le Québec de Duplessis se classe parmi les États les plus riches du monde. Cependant, la province se compare moins avantageusement au reste du Canada, étant la province la plus pauvre à l'ouest du Nouveau-Brunswick.

✦ Cette situation a-t-elle beaucoup changé selon vous ?

Les salariés sont donc deux fois plus riches. Autre indice de prospérité : en 1945, on compte une voiture particulière pour 22 Québécois, alors qu'en 1970, on comptera déjà une voiture pour 3,75 Québécois, soit près d'une par famille. Le phénomène de la télévision est plus remarquable encore : entre 1953 et 1960, le pourcentage de foyers québécois possédant un téléviseur passe de 10 % à 88,7 % (alors qu'il n'existe toujours qu'une seule chaîne francophone!). La télévision devient alors à son tour un puissant moyen de promotion des produits de consommation.

La reprise de la construction constitue la plus éclatante manifestation du nouveau pouvoir d'achat des Québécois. Ralenti par la crise et la guerre, le parc immobilier n'avait presque pas bougé entre 1930 et 1945. La guerre terminée, l'assurance d'emplois bien rémunérés et la recrudescence de la natalité propulsent la construction domiciliaire en périphérie de Montréal et des villes moyennes.

Comme le montre la figure 6.5, le secteur primaire dominait avant 1880, en raison de l'importance de l'agriculture. Le secteur secondaire, qui regroupe les activités de fabrication, de transformation et de construction, s'est ensuite imposé. Après 1945, c'est au tour du secteur tertiaire, celui des services, de connaître un fort développement. Très diversifié, il comprend les activités de finance, de commerce, de transport, de communication ainsi que la fonction publique (par exemple, l'éducation, les services sociaux et la santé). Contrairement à l'industrie manufacturière, qui a beaucoup profité du contexte militaire de 1939 à 1945, le secteur tertiaire bénéficie de cette période de paix et de la société de consommation de masse qui s'installent après la guerre.

MAURICE RICHARD (1921-2000)

Endossant l'uniforme du Canadien de Montréal de 1942 à 1960, Maurice Richard devient vite un véritable héros pour les Canadiens français, qui suivent ses exploits d'abord à la radio, puis à la télévision. Déjà adulé pour des faits d'armes alors inédits – il est en effet le premier joueur à avoir marqué 50 buts dans une saison et 500 dans une carrière –, Maurice Richard entre dans la légende au mois de mars 1955, lorsqu'il est accusé par Clarence Campbell, président de la Ligue nationale de hockey, d'avoir bousculé un juge de ligne et qu'il est suspendu pour le reste de la saison et les séries éliminatoires. Lors du match suivant, Campbell est pris à partie par la foule et doit quitter l'enceinte du Forum. Puis, à la fin de la première période, la foule est évacuée à cause d'une bombe fumigène lancée par un partisan. L'émeute éclate ensuite quand, rejointe par des centaines d'autres partisans qui suivaient l'action à la radio, la foule se met à saccager les magasins de la rue Sainte-Catherine, causant des dommages importants.

Cette réaction, aussi inédite que spontanée, montre le rôle que jouent alors les nouveaux médias comme la radio et la télévision dans l'identification d'un peuple à son héros. Pour les Canadiens français de l'époque, Maurice Richard incarne le francophone dominant dans un univers anglophone.

Félix Leclerc a écrit à son sujet : «Quand il lance, l'Amérique hurle. Quand il compte, les sourds entendent. Quand il est puni, les lignes téléphoniques sautent. Quand il passe, les recrues rêvent. C'est le vent qui patine. C'est tout le Québec qui est debout. Qui fait peur et qui vit.»

FIGURE 6.5 L'évolution des secteurs économiques au Québec (1880-1990)

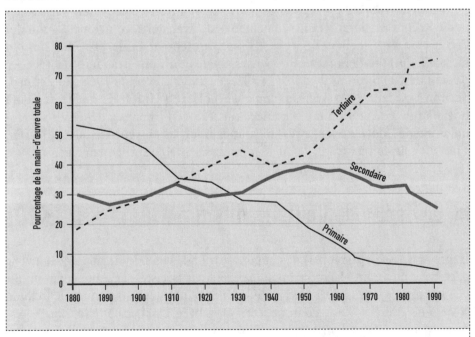

Ce graphique trace l'évolution de l'économie du Québec sur plus d'un siècle. On y distingue clairement trois tranches chronologiques.

✜ Tentez de les reconnaître et de brosser un portrait social et économique du Québec durant chacune d'elles.

■ L'engagement économique de l'État ■■□

Les sommes importantes dépensées par le gouvernement fédéral durant la Deuxième Guerre mondiale bouleversent le rôle traditionnellement attribué à l'État dans l'économie. Jusque-là, sa fonction se bornait à assister l'entreprise privée et à laisser agir les lois du marché. La crise avait une première fois montré les limites d'une telle conception. Avec la guerre puis l'après-guerre, le Canada fait l'expérience d'une économie dirigée et s'oriente résolument vers le **keynésianisme.**

Entré en fonction en 1948, le premier ministre Louis Saint-Laurent, sans remettre en cause les principes du libéralisme, entend utiliser l'État fédéral afin de promouvoir la justice sociale et une meilleure répartition des richesses entre les personnes ainsi que les régions du Canada.

Concrètement, cette nouvelle politique nationale se traduit par le rapatriement à Ottawa de la quasi-totalité des pouvoirs fiscaux (dont l'impôt sur le revenu en 1947) de même que par des interventions de plus en plus marquées dans le domaine social (l'universalisation des pensions de vieillesse en 1951, l'assurance-hospitalisation en 1958), même s'il s'agit là d'une compétence provinciale. Par son interventionnisme, le gouvernement fédéral souhaite resserrer l'unité canadienne, passablement éprouvée par la guerre. Apparaissent alors l'autoroute transcanadienne (1950-1962), la télévision de la société Radio-Canada (1952) et le Conseil des Arts du Canada (1957). Cette campagne mènera quelques années plus tard à la proclamation d'un nouveau drapeau canadien (l'unifolié, en 1965). Le gouvernement fédéral se dote ainsi des outils qui lui permettent d'intervenir directement dans la vie économique, sociale et culturelle de chaque Canadien.

Jusqu'en 1960, c'est surtout le gouvernement du Canada qui, par ses dépenses d'infrastructure et ses paiements de transfert, contribue à stimuler l'économie du Québec. Toutefois, le gouvernement de la province devient un acteur prépondérant. Les dépenses totales du gouvernement du Québec passent de 100 millions de dollars en 1945 à 800 millions en 1960. Toutes proportions gardées, le gouvernement québécois de l'Union nationale demeure fidèle à une conception conservatrice du rôle de l'État. Ses dépenses servent notamment à développer le réseau routier pour les entreprises qui souhaitent s'installer sur le territoire, ce qui s'avère très rentable sur le plan électoral.

■ Le déclin de l'élite traditionnelle ■■□

L'après-guerre est un rappel constant que le monde vient de tourner une nouvelle page de son histoire. L'écroulement des régimes fascistes, la chute économique de l'Europe, la lutte pour la décolonisation et la montée en puissance de l'Union soviétique et de la Chine communiste touchent le Québec comme tout l'Occident, même si, pour l'instant, les clérico-nationalistes se croient à l'abri de ces bouleversements. Ainsi, la bourgeoisie anglophone continue à trôner au sommet de la pyramide sociale grâce à sa mainmise sur les conseils d'administration des grandes entreprises à capital-actions. Cependant, à mesure que les multinationales américaines supplantent les traditionnelles grandes familles britanniques,

Keynésianisme

Théorie économique élaborée par l'économiste britannique John Maynard Keynes selon laquelle l'État doit en période de crise investir afin de stimuler le développement, puis diminuer ses transferts en période de prospérité.

Deuxième francophone à accéder au poste de premier ministre du Canada, l'« oncle Louis » (Louis Saint-Laurent) fait entrer le pays dans l'ère du keynésianisme. Profitant de la prospérité de l'après-guerre, le gouvernement canadien multiplie les interventions afin, dit-on, de créer une société juste.

Toronto remplace peu à peu Montréal à titre de métropole canadienne. Depuis 1930, le volume des transactions à la bourse de Toronto a déjà dépassé celui de la vénérable bourse de Montréal (fondée en 1874). Non seulement l'activité économique tend-elle à se déplacer vers l'ouest du continent, mais en plus, mieux située à proximité du cœur industriel des États-Unis, la capitale ontarienne attire davantage les sièges sociaux des entreprises américaines.

Par ailleurs, l'élite traditionnelle constituée des professionnels (avocats, notaires, médecins) continue à jouir d'un prestige sans pareil dans le milieu rural. Les activités de ses membres dépassent le strict cadre professionnel; ils sont ainsi présents à la commission scolaire, au conseil municipal, au sein des associations caritatives (les Chevaliers de Colomb, par exemple) ainsi qu'en politique provinciale, où le gouvernement de l'Union nationale leur fait une cour assidue. Le personnel religieux est actif dans les mêmes organisations, qui ne sauraient exister sans la présence d'un «aumônier». Tous formés dans les collèges classiques, prêtres et professionnels partagent les mêmes valeurs et le même attachement aux caractères ancestraux des Canadiens français, à savoir la foi catholique, la langue française et la vocation agricole. Ce sont ces mêmes thèmes qu'exploite le gouvernement Duplessis.

À la longue cependant, l'Église catholique sera discréditée par son exposition prolongée à la politique en général, et par sa présence aux côtés du parti de l'Union nationale en particulier. D'ailleurs, dès 1940, les effectifs religieux ne se renouvellent déjà plus au même rythme qu'avant. Ce problème de recrutement pose d'autant plus problème quand on connaît toutes les responsabilités assumées par les organisations religieuses conformément à la « doctrine sociale

Cette photo prise à Montréal en 1955 réunit le maire Jean Drapeau, le cardinal Paul-Émile Léger, le premier ministre Maurice Duplessis et de nombreux membres du clergé. Personne ne semble alors se douter que l'Église catholique est à la veille de connaître une crise majeure.

de l'Église », dans les domaines de la santé et de l'éducation notamment. Le clergé est également aux prises avec des déchirements internes entre progressistes et traditionalistes. Les laïcs dénoncent en outre l'hégémonie cléricale et revendiquent une participation plus active à l'administration des écoles et des hôpitaux. Enfin, l'urbanisation et tous les loisirs trépidants qu'on trouve en ville ne permettent plus au curé d'y captiver autant ses ouailles.

De ces tensions et de cet essoufflement résulte une désaffection progressive de la part des catholiques, qui s'accélèrera à la Révolution tranquille, alors que dans certaines paroisses, le taux de participation à la messe dominicale chutera de 70 % entre 1960 et 1970.

■ La lutte pour l'éducation ■ ■ □

Depuis 1875, l'éducation relève du Conseil de l'instruction publique, organisme indépendant du gouvernement, mais dirigé par le clergé. L'administration des écoles appartient à une myriade de commissions scolaires sous-financées et gérées par des commissaires élus mais dépourvus des compétences nécessaires. La formation des maîtres n'est pas vraiment réglementée, tandis que les enseignants laïcs sont en conflit d'intérêt avec le personnel religieux. Enfin, comme le financement se situe au niveau local, le réseau protestant, plus riche, offre aux élèves un encadrement matériel et intellectuel bien supérieur à celui du réseau catholique. Bref, inefficacité et inégalité constituent la règle.

Il devient bientôt impossible de masquer plus longtemps la faillite de ce système confessionnel à deux vitesses, alors que le baby-boom et les nouveaux besoins du marché du travail provoquent l'engorgement des écoles. Des 729 000 élèves qu'elle comptait en 1945, la clientèle scolaire passe à 1 300 000 en 1960. Le sous-financement en éducation et le manque d'intérêt du gouvernement ne permettent absolument pas de faire face à une telle croissance. Comme le font remarquer Linteau et autres : « Encore en 1951, 70 % des 8780 établissements scolaires du Québec n'ont qu'une seule classe, 60 % sont sans électricité et 40 % sans eau ni toilettes. » En 1956, plus de la moitié des commissions scolaires se trouvent dans une situation financière périlleuse. Le retard et la désuétude du système transparaissent également dans les programmes pédagogiques, qui ne répondent plus aux besoins du marché du travail, particulièrement dans le domaine scientifique. Il faudra toutefois attendre la Révolution tranquille avant que l'État amorce une réforme en profondeur dans ce domaine.

■ Une force de changement : le syndicalisme ■ ■ □

La période de 1945 à 1960 est marquée par l'amélioration très nette de la condition ouvrière. Malgré des disparités toujours importantes entre travailleurs qualifiés et travailleurs non qualifiés, le salaire industriel moyen passe de 30 $ à 70 $ par semaine, ce qui augmente le pouvoir d'achat du salarié. Par ailleurs, la semaine de 40 heures se généralise, donnant lieu à de nouvelles possibilités en matière de loisirs et de culture. Dernière nouveauté : des mécanismes de saisie à la source permettent désormais à patrons et employés de cotiser à une caisse de retraite ou d'assurance-salaire.

Le mouvement syndical se trouve alors en mesure de proposer une nouvelle vision crédible face à l'idéologie clérico-nationaliste de Duplessis. Sa croissance coïncide avec la fin de la guerre, qui met un terme aux restrictions des gouvernements sur la question des conflits de travail et relance l'emploi dans l'industrie civile, ce qui provoque une hausse de l'adhésion syndicale.

La généralisation de la mise en œuvre de la formule Rand (1946), qui oblige les employeurs à percevoir à la source les cotisations syndicales de leurs employés, renforce les assises financières des centrales syndicales. Cela leur permet d'afficher un militantisme accru et, à l'occasion, d'affronter l'État duplessiste, réputé foncièrement antisyndical. Suivant une logique implacable, le premier ministre s'applique pour sa part à miner l'autorité des syndicats – associés au communisme – au moyen d'une série de lois et de mesures, afin que le Québec demeure attirant aux yeux des investisseurs étrangers.

Ces manœuvres du premier ministre visant à préserver la tranquillité sociale sont vaines. La période de 1945 à 1960 est en effet ponctuée de grèves extrêmement longues et pénibles. La plus déterminante est certainement celle de l'amiante, qui débute en février 1949 et dure cinq mois. Au départ, les employés des mines d'amiante de Thetford Mines et d'Asbestos appartenant à la firme américaine Johns Manville débrayent afin d'obtenir une augmentation de 0,15 $ l'heure et certains avantages comme un régime d'assurance-maladie et une protection contre les poussières d'amiante, qui causent des ravages chez les mineurs (l'amiantose). Cette grève marque un point tournant dans l'histoire de la province, car les forces vives du Québec s'y affrontent. Sans tarder, l'État intervient en envoyant la Police provinciale afin d'aider la multinationale américaine à briser la grève. À son tour, la Confédération des travailleurs

Au fur et à mesure que la grève de l'amiante se prolonge, des camions de ce genre seront de plus en plus nombreux à se présenter à Asbestos. Amorcées par des organisations syndicales ou religieuses, ces collectes témoignent de l'appui d'une bonne partie de la population aux grévistes.

Une profondeur de 300 mètres et un diamètre de 1,2 kilomètre font de la mine d'amiante d'Asbestos la plus grande exploitation du genre dans le monde. Vers la fin des années 1940, environ 5000 personnes y travaillent. C'est dans ce contexte que se déroule la grève de 1949, au cours de laquelle s'affrontent les patrons de la compagnie Johns Manville, secondés par le gouvernement Duplessis, et les grévistes, qui reçoivent des appuis de tous les milieux de la société québécoise.

catholiques du Canada (CTCC), qui représente les travailleurs, est rapidement épaulée par de nombreux intellectuels (*Le Devoir* délègue plusieurs journalistes et dénonce systématiquement les actions du gouvernement) ainsi que par la partie la plus progressiste du clergé. Elle reçoit notamment l'appui de Mgr Joseph Charbonneau, archevêque de Montréal, qui déclare : « La classe ouvrière est victime d'une conspiration qui veut son écrasement et [...] c'est le devoir de l'Église d'intervenir. Nous voulons la paix sociale, mais nous ne voulons pas l'écrasement de la classe ouvrière. »

Outre la grève de l'amiante, le tableau 6.1 montre l'intensité de l'activité syndicale sous Duplessis. Les grèves sont longues et les travailleurs doivent souvent affronter les briseurs de grève (*scabs*) envoyés par les entreprises avec la bénédiction de l'État.

TABLEAU 6.1 **Quelques grèves sous le régime de Duplessis**

Année	Entreprise	Lieu	Secteur	Grévistes	Durée
1946	Dominion Textile	Montréal / Valleyfield	Textile	6000	3 mois
1947	Dominion Ayers	Lachute	Textile	700	5 mois
1948		Victoriaville	Meubles	1200	3 mois
1949	Johns Manville	Asbestos / Thetford Mines	Mines	5000	5 mois
1949		Montréal / Québec	Navigation en haute mer	9000	7 mois
1951	Canadian Vickers	Montréal / Québec	Chantiers maritimes	3500	
1952	Associated Textile	Louiseville	Textile	850	11 mois
1952	Dupuis Frères	Montréal	Commerce	1000	3 mois
1952	Dominion Textile	Montréal / Valleyfield	Textile	6000	3 mois
1953–1954	Noranda Mines	Noranda	Mines	2000	5 mois
1954		Montréal	Construction	4000	2 mois
1954	Dominion Oilcloth	Montréal / Farnham	Textile	1400	3 mois
1955		Montréal	Camionnage	1500	3 mois
1957	Gaspé Copper	Murdochville	Mines	1000	7 mois
1957	Alcan	Arvida	Métallurgie	7000	4 mois
1958	La Presse	Montréal	Journalisme	100	13 jours
1959	Radio-Canada	Montréal	Communications	2000	2 mois

Ce tableau montre la vigueur des luttes syndicales sous Duplessis. Notez la durée des grèves, le nombre de travailleurs impliqués et le fait que le secteur industriel est le plus touché. Le secteur des services, alors surtout dirigé par des syndicats catholiques, s'avère plus docile.

■ La puissance unioniste   ■■□

Quand Maurice Duplessis est élu en 1944, l'Union nationale reprend le pouvoir et entreprend un règne ininterrompu qui ne prendra fin qu'en 1960 (*voir le tableau 6.2*). Plusieurs raisons expliquent la longévité de ce règne. Tout d'abord, le parti, fortement enraciné dans les petites villes et dans le milieu rural, profite pleinement des distorsions de la carte électorale, qui désavantage encore les grandes villes. L'approche autonomiste du gouvernement de l'Union nationale face aux volontés centralisatrices d'Ottawa lui mérite aussi le vote des nationalistes. En outre, la défense des valeurs traditionnelles telles la langue, la foi et la place du clergé en matière d'éducation et de services de santé permet au parti de conserver l'appui de l'Église catholique. Par ailleurs,

TABLEAU 6.2 Les premiers ministres du Québec (1900-1960)

Année	Premier ministre	Parti
1900-1905	Simon Napoléon Parent	Parti libéral
1905-1920	Lomer Gouin	Parti libéral
1920-1936	Louis-Alexandre Taschereau	Parti libéral
1936	Adélard Godbout	Parti libéral
1936-1939	Maurice Duplessis	Union nationale
1939-1944	Adélard Godbout	Parti libéral
1944-1959	Maurice Duplessis	Union nationale
1959-1960	Paul Sauvé	Union nationale
1960	Antonio Barrette	Union nationale

SIMONNE MONET-CHARTRAND (1919-1993)

ses politiques favorables à l'entreprise privée sont fort appréciées des milieux d'affaires tant francophones qu'anglophones.

Toutefois, le succès de l'Union nationale s'explique également par sa structure et par son mode de financement. Il s'agit d'une organisation un peu floue, sans réels statuts et très peu démocratique, dont le seul véritable credo est l'attachement indéfectible au chef, qui dirige tout et veille sur tout, depuis les débats à l'Assemblée législative jusqu'aux discussions à la table du Cabinet des ministres. Autour de ces derniers, les organisateurs politiques s'occupent chacun d'une région, surveillent le choix des candidats et veillent au financement des campagnes électorales. Sous leur autorité, les députés font le lien avec les élites locales qu'ils cajolent en période électorale.

Perfectionnant une méthode déjà utilisée par les libéraux de Taschereau, l'Union nationale parvient de plus à constituer une formidable caisse électorale. Chaque fournisseur du gouvernement, de la plus grande firme au plus modeste entrepreneur, doit remettre au parti une ristourne équivalant à 10 % de la valeur de chaque contrat octroyé par le gouvernement. Les organisateurs et les députés redistribuent ensuite judicieusement cet argent en vue de financer la réélection du parti et d'influencer l'opinion publique. L'Union nationale se porte ainsi acquéreur de journaux (le *Montréal-Matin*, par exemple) et corrompt des journalistes qui ne cesseront ensuite de vanter les mérites du gouvernement. Il n'existe en somme plus de frontière entre l'Union nationale et l'État québécois ; l'autorité que lui confère le contrôle de l'appareil étatique permet au parti de Duplessis d'autofinancer son maintien au pouvoir.

■ Une opposition affaiblie   ■ ■ □

Depuis la guerre, le Parti libéral donne l'impression d'être inféodé au grand frère fédéral ; un thème exploité à profusion par Duplessis. Par ailleurs, ni Adélard Godbout, ni son successeur, Georges-Émile Lapalme, ne peuvent rivaliser avec le charisme de Maurice Duplessis. Ces problèmes se traduisent pour les libéraux par des insuccès électoraux répétés (*voir la figure 6.6 à la page suivante*).

Sous la direction de Lapalme, les libéraux entreprennent néanmoins de démocratiser leur parti et d'en faire une organisation moderne. La Fédération libérale du Québec (FLQ) dote le parti provincial d'une structure

Issue de la petite bourgeoisie montréalaise, Simonne Monet-Chartrand s'engage très jeune dans la voie du militantisme. Active dès l'âge de 18 ans dans les Jeunesses ouvrières catholiques (JOC), elle y côtoie plusieurs personnes qui marqueront l'histoire du Québec, par exemple, Gérard Pelletier, Paul Sauvé, Claude Ryan et le syndicaliste Michel Chartrand, qu'elle épouse en 1942 et avec lequel elle a sept enfants.

Très pratiquante, elle tente tout le long de sa vie d'allier les idéaux du catholicisme avec les principes de justice sociale. Aux côtés de son mari, elle est de toutes les luttes syndicales. Elle participe entre autres à la mise sur pied de plusieurs organisations de soutien aux grévistes durant les années 1950. Féministe engagée, elle appuie la cause du droit de vote des femmes pour finalement, durant les années 1960, devenir l'une des fondatrices de la Fédération des femmes du Québec. Pacifiste, elle n'hésite pas à s'opposer à tous les conflits, depuis la Deuxième Guerre mondiale et la guerre de Corée au milieu du siècle jusqu'à la guerre du Golfe en 1991.

Journaliste pigiste à Radio-Canada de 1968 à 1972 et écrivaine, elle collabore à de nombreuses publications comme *Châtelaine*, *La Vie en rose* et *Les Têtes de pioche*. Diplômée en histoire et en sociologie, elle publie en 1981 une autobiographie, *Ma vie comme une rivière*, de même que des ouvrages sur l'histoire des femmes au Québec.

FIGURE 6.6 Le vote libéral aux élections provinciales du Québec (1944-1994)

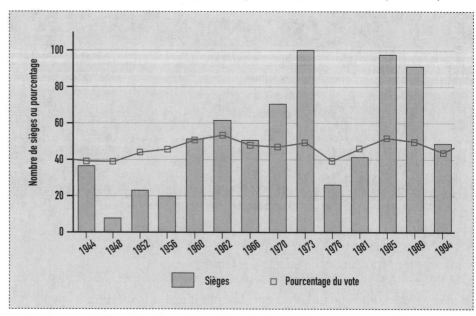

indépendante de celle du parti fédéral. Désormais regroupés en associations de comté, les militants élisent leur candidat dans leur comté et ont voix au chapitre en ce qui concerne les orientations du parti, des privilèges jusque-là réservés à l'entourage du chef. Cette réforme est impopulaire chez l'*establishment* du parti, mais elle permet au Parti libéral de renouveler son image; une image désormais plus démocratique et plus indépendante d'Ottawa. Il ne lui manque en somme qu'un chef dynamique. À partir de 1958, Jean Lesage entreprend de coaliser sous son aile les diverses forces anti-duplessistes.

Quant aux tiers partis, ils ne connaissent guère plus de succès qu'auparavant, si ce n'est la brève existence du Bloc populaire de 1944 à 1948. Né de la fièvre provoquée par la crise de la conscription, le Bloc récolte 15 % des votes et 4 sièges aux élections de 1944. Ce parti disparaît toutefois quand son chef provincial, André Laurendeau, démissionne en 1948.

Le seul autre parti ayant fait élire un député durant les années 1940 et 1950 est l'Union des électeurs, l'expression politique du mouvement créditiste apparu durant la crise. Cependant, le parti est bientôt dissous pour que le Crédit social puisse de nouveau se concentrer sur sa vocation d'éducateur populaire. En ce qui a trait aux partis de gauche, ils ont énormément de difficulté à survivre, étant toujours aux prises avec leurs problèmes traditionnels : les communistes doivent composer avec la féroce propagande antisoviétique des années 1950 (dans le contexte de la guerre froide), et la Cooperative Commonwealth Federation (CCF) est considérée comme un parti de l'Ouest canadien.

■ Les politiques unionistes ■ ■ □

Fidèle au libéralisme économique classique, Duplessis cherche à limiter les interventions de l'État, dont la mission essentielle doit se borner à maintenir la paix sociale et à réprimer les abus. Ainsi, le nombre de fonctionnaires n'augmente que pour grossir les rangs des services traditionnellement offerts par le gouvernement québécois, comme les ministères de la Justice, de la Voirie ou la Commission des liqueurs. La pensée économique vise toujours strictement à créer les conditions propices à l'entreprise privée. Les dépenses se limitent aux fonds pour la construction d'hôpitaux et d'écoles qui, une fois terminés, demeurent sous la supervision des communautés religieuses et des élites locales. L'agriculture, vue comme la clé de la préservation de la nationalité, reçoit en revanche une attention particulière par le biais du crédit agricole et du programme d'électrification rurale, des initiatives qui permettent de moderniser l'agriculture, mais qui sont surtout très rentables sur le plan électoral.

Gestion prudente, recherche de l'équilibre budgétaire et dépenses limitées : l'État québécois ne se modernise pas et s'avère incapable de suivre la cadence des changements que connaît le monde de l'après-guerre. Cela le place aussi aux antipodes du gouvernement fédéral, qui, à la faveur de la guerre, devient nettement interventionniste.

Contrairement aux autres provinces qui plient généralement devant la poussée centralisatrice d'Ottawa, le gouvernement Duplessis élabore une vigoureuse défense de l'autonomie provinciale au nom du respect du pacte de 1867. Duplessis interdit par exemple aux universités québécoises de toucher aux subventions versées par Ottawa, parce que l'éducation relève des provinces. En parallèle, il lutte pour récupérer le champ de compétence de l'impôt sur le revenu, un pouvoir cédé à Ottawa durant la guerre. En 1954, Ottawa recule et consent à réduire le fardeau fiscal des Québécois de 10 % (un abattement qui atteindra 16,5 % en 2007), ouvrant ainsi la porte à l'impôt sur le revenu au provincial. Depuis, les Québécois sont les seuls Canadiens à remplir deux déclarations de revenus.

La défense des droits provinciaux menée par Maurice Duplessis est bien illustrée par les travaux de la Commission royale d'enquête sur les problèmes constitutionnels (la commission Tremblay) créée par Québec, qui siège entre 1953 et 1956. Généralement tenues dans l'ombre par Duplessis, qui les trouve trop ambitieuses, les conclusions du rapport de la Commission montrent que les grandes institutions et les principales associations de citoyens de la province demandent une réforme en profondeur d'un système (le fédéralisme) qu'elles aident à construire sans en retirer de réels avantages. La Commission réclame également des modifications dans l'administration provinciale. Si le gouvernement ne s'inspire pas beaucoup des recommandations issues de cette vaste consultation publique, il reste qu'elle est, selon l'historien Michel Brunet, « pour toute la collectivité québécoise l'occasion d'un examen et d'une prise de conscience. Jamais auparavant les Canadiens français du Québec ne s'étaient interrogés avec un tel effort de lucidité sur eux-mêmes et sur leurs problèmes collectifs ».

C'est donc au chapitre de la défense de l'autonomie provinciale que Duplessis se montre le plus combatif. Sa politique cherche habituellement à faire contrepoids au nationalisme fédéraliste que tente alors d'imposer, par différentes politiques, le gouvernement canadien. Ne disposant pas des moyens des fédéraux pour mener à bien cette lutte, Duplessis réplique par des gestes spectaculaires qui frappent l'imagination de ses concitoyens; nous pensons bien sûr au rapatriement d'une partie du fardeau fiscal, mais surtout à l'adoption du fleurdelisé en 1948, qui contribue de façon extraordinaire à donner une image distincte au Québec. Autrement, les 15 années de pouvoir qu'il passe

MAURICE DUPLESSIS (1890-1959)

Admiré par les uns et honni par les autres, Maurice Duplessis a dominé la scène politique québécoise au milieu du XXe siècle.

Admis au barreau du Québec en 1913, Duplessis abandonne graduellement la pratique du droit pour se consacrer à sa véritable passion, la politique. Héritage familial oblige — son père Nérée ayant été député conservateur de Saint-Maurice de 1886 à 1900 —, Duplessis n'a de cesse de militer et de faire la promotion du Parti conservateur à une époque dominée par le Parti libéral. Défait lors de l'élection de 1923, il accède finalement à l'Assemblée législative en 1927. Les électeurs du comté de Saint-Maurice l'éliront par la suite lors de neuf élections consécutives.

La principale force de Duplessis réside dans le fait qu'il a su créer une organisation politique, l'Union nationale, dont il connaît tous les rouages et qu'il dirige d'une main de fer. Fort de cette organisation, Duplessis impose au Québec un climat de conservatisme, le respect des traditions étant selon lui le seul moyen pour assurer la survie de la nation. Ainsi, après 1945, en faisant la promotion des valeurs religieuses et du respect de la loi et de l'ordre, Duplessis empêche dans une certaine mesure le Québec de se moderniser au même rythme que le reste de l'Occident. Ses détracteurs évoqueront d'ailleurs cette période comme étant celle de la Grande Noirceur.

Jamais marié, Duplessis consacrera essentiellement toute son existence à la politique, ne s'accordant annuellement que de brèves vacances pour assister aux Séries mondiales de baseball.

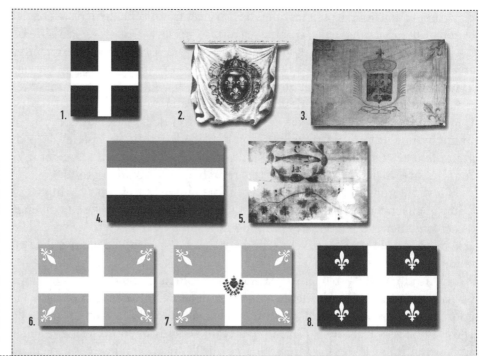

Le fleurdelisé adopté en 1948 constitue l'aboutissement d'un long processus. Il est facile de voir que les drapeaux 1, 2 et 3, utilisés à différents moments sous le régime français, servent d'inspiration aux drapeaux 6, 7 et 8 apparus au xxe siècle. Les principales composantes – champ bleu, croix blanche, fleur de lys – font référence aux origines françaises de la population québécoise. Les drapeaux 4 et 5, quelque peu différents, ont servi de bannières aux Patriotes durant les années 1830.

Selon plusieurs, c'est Paul Sauvé qui a lancé le Québec sur la voie de la Révolution tranquille. Au cours de son mandat de quatre mois, il adopte de nombreuses mesures qui annoncent les grands changements qui se produiront sous le règne libéral de Jean Lesage. Sa mort soudaine, le 2 janvier 1960, jette la consternation dans la province, encore ébranlée par le décès de Duplessis.

entouré d'un cabinet qui demeure à peu de choses près le même sont remarquables par la passivité et la peur du changement qui les caractérisent.

Maurice Duplessis meurt à Schefferville le 7 septembre 1959 dans le chalet du président de l'Iron Ore. Le lieu est hautement symbolique, puisque ce chef qui a passé sa vie à protéger sa province des influences extérieures rend son dernier soupir au Nouveau-Québec, région qui témoigne de l'intégration du Québec dans l'économie nord-américaine. Quant à l'identité de son successeur, cela ne fait aucun doute. Depuis longtemps en effet, Paul Sauvé s'impose comme le dauphin du chef, de telle sorte que sa nomination à la tête de l'Union nationale ne constitue qu'une formalité. Le dynamisme dont il fait preuve dès son arrivée au pouvoir contraste avec le style de son prédécesseur et soulève de grands espoirs de changement. Déterminé à faire passer le Québec au rang des sociétés modernes, le gouvernement Sauvé, en l'espace d'à peine 4 mois, fait adopter 66 nouvelles lois qui indiquent clairement que « désormais », l'État interviendra davantage afin d'améliorer les conditions de vie des Québécois, notamment en matière d'éducation et dans les affaires sociales. Toutefois, Paul Sauvé n'a pas l'occasion de poursuivre son travail réformiste, puisqu'il meurt subitement le 2 janvier 1960. Son successeur, Antonio Barrette, ne jouissant ni de l'appui populaire, ni de celui de son parti, n'a d'autre choix que d'annoncer la tenue d'élections pour le mois de juin. Malgré tout, les « 100 jours » de Sauvé auront permis aux Québécois d'avoir un avant-goût des changements sur le point de se produire.

■ ■ ■ L'essentiel

Lorsque prend fin la Seconde Guerre mondiale, plusieurs Québécois se demandent s'ils ne vont pas revivre la dépression qui a marqué les années d'avant-guerre. S'ouvre en fait devant eux la plus longue et la plus intense période de croissance de l'histoire du Québec. La province connaît en effet 15 années de prospérité pendant lesquelles elle sort résolument des privations de la crise des années 1930 et de la guerre. Plusieurs phénomènes concourent à cette prospérité sans précédent après 1945 : l'implantation d'une économie continentale et l'arrivée de capitaux américains dans la province ; l'essor de la consommation de masse ; la croissance de la population ; de même qu'un accroissement, particulièrement au niveau fédéral, du rôle de l'État dans l'économie. Cette époque demeure pourtant associée à un homme profondément conservateur et attaché aux valeurs du passé : Maurice Duplessis, dont le parti, l'Union nationale, domine durant toute la période.

■ ■ ■ Documents

Malgré les apparences, à compter de 1945, des individus s'interrogent sur le destin du Québec, sur la façon de le faire progresser à tous les niveaux. Les textes que nous proposons ici présentent trois points de vue sur le Québec de la période Duplessis. Le peintre Paul-Émile Borduas, en 1948, s'attaque à l'ignorance crasse qui, selon lui, empêche toute évolution. Il prêche l'ouverture sur le monde, la liberté de penser, de créer. André Laurendeau, rédacteur en chef au journal *Le Devoir* de 1957 à 1968, fait pour sa part ressortir le fait que le comportement de Maurice Duplessis s'apparente à celui d'un chef colonial qui joue le jeu du dominateur, maintenant de cette façon son propre peuple dans un état d'infériorité. Pierre Elliott Trudeau, qui souhaite des changements importants dans le rôle que joue l'État dans la société, s'élève de son côté contre la corruption omniprésente dans les mœurs politiques des Québécois. Enfin, le Frère Untel (Jean-Paul Desbiens) porte un regard fort critique sur la mentalité québécoise à l'aube des années 1960. Ces témoignages sont intéressants au moment où, 40 ans après son décès, on reprend un débat sur la pertinence d'une « réhabilitation » de l'œuvre politique de Maurice Duplessis.

Paul-Émile Borduas, *Refus global* (1948)

« Rejetons de modestes familles canadiennes-françaises, ouvrières et petites bourgeoises, de l'arrivée du pays à nos jours restées françaises et catholiques par résistance au vainqueur, par attachement arbitraire au passé, par plaisir et orgueil sentimental et autres nécessités.

Colonie précipitée dès 1760 dans les murs lisses de la peur, refuge habituel des vaincus ; là, une première fois abandonnée. L'élite reprend la mer ou se vend au plus fort. Elle ne manquera plus de le faire chaque fois qu'une occasion sera belle.

Un petit peuple serré de près aux soutanes restées les seules dépositaires de la foi, du savoir, de la vérité et de la richesse nationale. Tenu à l'écart de l'évolution universelle de la pensée, pleine de risques et de dangers, éduqué sans mauvaise volonté, mais sans contrôle, dans les faux jugements des grands faits de l'histoire, quand l'ignorance complète est impraticable [...]

Petit peuple qui malgré tout se multiplie dans la générosité de la chair sinon dans celle de l'esprit; au nord de l'immense Amérique, au corps sémillant de la jeunesse, au cœur d'or, mais à la morale simiesque, envoûtée par le prestige annihilant du souvenir des chefs-d'œuvre d'Europe, dédaigneux des authentiques créations des classes opprimées. [...]

Des œuvres révolutionnaires, quand, par hasard, elles tombent sous la main, paraissent les fruits amers d'un groupe d'excentriques. [...]

Des consciences s'éclairent au contact vivifiant des poètes maudits : ces hommes qui sans être des monstres osent exprimer haut et net ce que les plus malheureux d'entre nous étouffent tout bas dans la honte de soi et la terreur d'être engloutis vivants. Un peu de lumière se fait à l'exemple de ces hommes qui acceptent les premiers les inquiétudes présentes, si douloureuses, si filles perdues. Les réponses qu'ils apportent ont une tout autre valeur de trouble, de précision, de fraîcheur que les sempiternelles rengaines proposées au pays de Québec et dans tous les séminaires du globe. **»**

Source : Paul-Émile Borduas, *Refus global et autres écrits*, Typo, 1997 © 1997 Éditions Typo et succession Paul-Émile Borduas.

André Laurendeau dénonce l'arbitraire (1958)

« Monsieur Duplessis considère, sincèrement croyons-nous, le pouvoir comme une propriété personnelle. Il en dispose à son gré. Ses amis obtiennent des faveurs. Les comtés amis reçoivent un traitement particulier. Les députés de l'opposition n'ont en chambre à ses yeux que des moitiés de droits; il les traite comme s'ils n'avaient pas été élus aussi légitimement que les majoritaires.

Monsieur Duplessis paraît croire juste et légitime d'affamer l'opposition : qu'il s'agisse de situations ou de routes, d'écoles ou de ponts, seuls ses favoris sont servis. Il vient d'appliquer ce principe aux journaux : un adversaire à son gré n'est pas digne de l'entendre. Il choisit parmi les journaux ceux qu'il regarde comme loyaux, et il commence d'exclure les autres.

Cet arbitraire va contre la démocratie et les coutumes d'un régime parlementaire.

D'habitude, les anglophones sont plus sensibles que nous aux atteintes à toutes les formes de liberté. [...] D'habitude, écrivons-nous. Car dans le Québec cette tradition paraît singulièrement anémique. Du moins si l'on en juge par les journaux anglophones quand ils jugent les événements québécois. [...]

Les journaux anglophones du Québec se comportent comme les Britanniques au sein d'une colonie d'Afrique.

Les Britanniques ont le sens politique, ils détruisent rarement les institutions politiques d'un pays conquis. Ils entourent le roi-nègre mais ils lui passent ses fantaisies. Ils lui ont permis à l'occasion de couper des têtes : ce sont les mœurs du pays.

Une chose ne leur viendrait pas en tête : et c'est de réclamer d'un roi-nègre qu'il se conforme aux hauts standards moraux et politiques des Britanniques.

Il faut obtenir du roi-nègre qu'il collabore et protège les intérêts des Britanniques. Cette collaboration assurée, le reste importe moins. Le roitelet viole les règles de la démocratie ? On ne saurait attendre mieux d'un primitif...

Je ne prête pas ces sentiments à la minorité anglaise du Québec. Mais les choses se passent comme si quelques-uns de ses chefs croyaient à la théorie et à la pratique du roi-nègre. Ils pardonnent à M. Duplessis, chef des naturels du pays québécois, ce qu'ils ne toléreraient de l'un des leurs. 》》

Source : « André Laurendeau dénonce l'arbitraire », *Le Devoir,* 7 avril 1958, p. 4.

Portrait de la corruption politique par Pierre Elliott Trudeau (1952)

《《 Il faut expliquer notre immoralisme profond. Car enfin, nous prétendons être un peuple chrétien. Nous adhérons à une éthique où les devoirs vis-à-vis de la société et du prochain sont rigoureusement définis. Nous ne manquons pas de respect envers l'autorité civile et nous vivons habituellement dans un climat d'obéissance aux lois. Bref, nous entretenons sur l'ordre social des conceptions orientées par la théologie catholique et nos mœurs témoignent en général de la sincérité de ces vues – sauf en un domaine. Dans nos relations avec l'État, nous sommes passablement immoraux ; nous corrompons les fonctionnaires, nous usons de chantage avec les députés, nous pressurons les tribunaux, nous fraudons le fisc, nous clignons obligeamment de l'œil « au profit de nos œuvres ». Et en matière électorale, notre immoralisme devient véritablement scabreux. Tel paysan, qui aurait honte d'entrer au lupanar, à chaque élection vend sa conscience pour une bouteille de whisky blanc. Tel avocat, qui demande la peine maximale contre les voleurs de troncs d'église, se fait fort d'avoir ajouté deux mille noms fictifs aux listes des électeurs. Et les histoires de malhonnêteté électorale ne scandalisent pratiquement plus personne, tellement elles ont peuplé l'enfance de notre mémoire collective.》》

Source : Pierre Elliott Trudeau, « Réflexions sur la politique au Canada français », *À contre-courant, textes choisis : 1939-1996,* Montréal, Stanké, 1996, p. 41-42.

Frère Untel (Jean-Paul Desbiens), *Les Insolences du Frère Untel* (1960)

《《 Notre inaptitude à nous affirmer, notre refus de l'avenir, notre obsession du passé, tout cela se reflète dans le joual, qui est vraiment notre langue. Je signale en passant l'abondance, dans notre parler, des locutions négatives. Au lieu de dire qu'une femme est belle, on dit qu'elle n'est pas laide ; au lieu de dire qu'un élève est intelligent, on dit qu'il n'est pas bête ; au lieu de dire qu'on se porte bien, on dit que ça va pas pire, etc.

On est amené ainsi au cœur du problème, qui est un problème de civilisation. Nos élèves parlent joual parce qu'ils pensent joual, et ils pensent joual parce qu'ils vivent joual, comme tout le monde par ici. Vivre joual, c'est Rock'n Roll et hot dog, party et balade en auto, etc. C'est toute notre civilisation qui est jouale. On ne règlera rien en agissant au niveau du langage lui-même. C'est au niveau de la civilisation qu'il faut agir. [...] Nous vivons joual par pauvreté d'âme et nous parlons joual par voie de conséquence. [...]

Quoi faire ? C'est toute la société canadienne-française qui abandonne. C'est nos commerçants qui affichent des raisons sociales anglaises. Nous sommes une race servile. Nous avons eu les reins cassés, il y a deux siècles, et ça paraît. [...]

J'écris aussi pour bien établir de dire ce que l'on pense. Pour bien établir que toute vérité est bonne à dire. Mon idée à moi, c'est que nous sommes plus libres que nous ne le pensons ; ce n'est pas la liberté qui manque, c'est le courage de prendre des libertés que l'on a. Nous pleurnichons sur la liberté absente et nous n'avons même pas essayé la liberté. Nous sommes un peu comme ce chien d'un conte de Jules Renard : nous flairons une chaîne qui ne nous retient peut-être plus. [...]

Je répète que je ne suis pas malheureux. Je suis obligé de le répéter, car on veut me faire passer pour un chien hargneux, un mécontent, un arriviste frustré. J'ai renoncé à tout pouvoir il y a longtemps. [...] Je ne suis pas malheureux. Je suis comme je suis. Je me débats, car je n'ai pas envie que ceux dont je suis manquent le train. Il ne faut pas manquer le train. Nous avons assez de retard. ≫

Source : Jean-Paul Desbiens, *Les Insolences du Frère Untel*, Montréal, Les Éditions de l'Homme, 1960, p. 25-27, 83, 148.

LA RÉVOLUTION TRANQUILLE
1960-1970

AU QUÉBEC	
1960	Début de la Révolution tranquille. Le Québec adhère au programme fédéral d'assurance-hospitalisation.
1961	Début des travaux de la commission Parent. Ils se termineront en 1966.
1962	Création de la Société générale de financement (SGF).
1963	Nationalisation de l'électricité. Fondation du Rassemblement pour l'indépendance nationale (RIN).
1964	Création du ministère de l'Éducation.
1965	Création de la Caisse de dépôt et placement.
1967	Création des cégeps. Exposition universelle ; visite du général de Gaulle au Québec. Fondation du Mouvement souveraineté-association (MSA).
1968	Ouverture du barrage Manic-5. Décès du premier ministre Daniel Johnson. Fondation du Parti québécois.
1969	Ouverture du réseau de l'Université du Québec. Émeutes linguistiques à Saint-Léonard.
1970	Crise d'Octobre. *Loi sur les mesures de guerre.*

AILLEURS DANS LE MONDE	
1961	Le Soviétique Youri Gagarine devient le premier homme dans l'espace.
1962	Fin de la guerre d'Algérie.
1963	Assassinat du président américain John F. Kennedy.
1965	L'unifolié devient le drapeau officiel du Canada.
1967	Guerre des Six-Jours entre Israël et les pays arabes.
1968	Pierre Elliott Trudeau, premier ministre du Canada. Intervention soviétique en Tchécoslovaquie. Manifestations étudiantes et syndicales en France.
1969	L'astronaute américain Neil Armstrong foule le sol lunaire. Festival de Woodstock. Le gouvernement du Canada adopte la *Loi sur les langues officielles.*

Avec comme slogan « C'est le temps que ça change », le libéral Jean Lesage devient premier ministre du Québec le 22 juin 1960, après 16 années de pouvoir unioniste. Les candidats qu'il dirige, surnommés ensemble l'« équipe du tonnerre », ont en général fait leur apprentissage politique en luttant contre le régime de Duplessis.

■ Le début d'un temps nouveau ■■□

Au sens strict, la Révolution tranquille correspond aux réformes économiques, sociales et politiques mises de l'avant par le gouvernement libéral de Jean Lesage entre 1960 et 1966. Par contre, pour plusieurs, elle se prolonge jusqu'à la crise d'Octobre 1970, plus précisément jusqu'au moment où la *Loi sur les mesures de guerre* met brusquement fin à cet élan d'enthousiasme.

L'énergie qui caractérise la Révolution tranquille provient de mouvements animés par des forces montantes de la société canadienne-française, en gestation depuis la fin de la Deuxième Guerre mondiale. Les luttes syndicales ont ainsi forgé une nouvelle culture revendicative réclamant de vastes réformes dans le domaine de la législation sociale. Les femmes remettent pour leur part en question leur rôle traditionnel et exigent une réforme du Code civil. De leur côté, les jeunes, très nombreux durant cette période, affichent des valeurs en rupture avec celles de la société duplessiste et revendiquent une réforme de l'éducation. Face à ces forces montantes, l'élite traditionnelle composée des membres des professions libérales et du clergé ne parvient plus à répondre aux aspirations nouvelles des Québécois. À partir de ce moment, les politiciens québécois se recrutent surtout parmi les intellectuels, les entrepreneurs et les **technocrates** ayant d'abord fait carrière dans l'appareil gouvernemental, dans l'entreprise privée, à l'université, dans les syndicats ou dans les médias avant de consacrer quelques années de leur vie à la politique.

L'enrichissement du Québec, l'essor du secteur des services, l'engagement économique croissant de l'État ainsi que l'embauche massive de fonctionnaires et de jeunes cadres dans les entreprises vont aussi de pair avec l'expansion d'une nouvelle classe moyenne. La croissance du Mouvement Desjardins (*voir la figure 7.1*) illustre d'ailleurs la montée de cette classe moyenne francophone

Technocrate

Haut fonctionnaire qui possède une certaine influence dans l'appareil d'État ainsi que des compétences ou une formation de niveau supérieur.

FIGURE 7.1 Les multiples facettes du Mouvement Desjardins

enrichie et entreprenante. Avec la Révolution tranquille, le réseau des caisses populaires se transforme en une organisation moderne semblable à celle des banques, en investissant entre autres le champ des hypothèques et des prêts à la consommation. La disparition graduelle de l'idéal coopératif à l'origine du mouvement témoigne bien de la transformation du comportement des investisseurs, désormais soucieux avant tout du rendement de leur épargne.

■ Un fédéralisme libéral ou un nationalisme québécois ?

La Révolution tranquille est indissociable de l'affirmation d'un certain nationalisme. Que son cœur balance du côté du Canada ou de celui du Québec, il est alors question de rattraper un important retard et de hisser le peuple québécois au rang de société postindustrielle. Durant les années 1950, en réaction au nationalisme conservateur de Duplessis, des intellectuels québécois voient dans le **fédéralisme libéral** le moyen de moderniser la société québécoise. Le gouvernement fédéral, résolument keynésien, constitue pour eux le meilleur véhicule à même d'assurer la justice sociale et la plénitude des libertés individuelles. Une telle approche s'oppose à toute forme d'identification à un groupe ethnique ou linguistique en particulier. On célèbre au contraire le cadre canadien qui, au-delà des différences de langue ou de culture, unit tous les citoyens autour d'un projet commun de liberté et de prospérité. Le Québec, avec sa langue et son histoire, y a sa place, mais au même titre que les populations d'origine japonaise, ukrainienne ou italienne et, donc, sans y détenir de statut distinct.

Au Québec, les chantres du fédéralisme libéral se recrutent au départ parmi les collaborateurs de la revue *Cité libre*, ainsi qu'à Radio-Canada. Cette idéologie est aussi largement appuyée par la population anglophone de même que par la majeure partie des immigrants qui arrivent nombreux au Québec durant les années 1960. Pour ces derniers en particulier, soutenir l'option canadienne, c'est faire partie intégrante de la culture nord-américaine et ainsi accroître ses chances de réussir. Les thèses du fédéralisme libéral sont d'autant plus accréditées que Pierre Elliott Trudeau, Jean Marchand et Maurice Sauvé inaugurent à Ottawa un *French Power*, faisant la preuve que les Québécois et la langue française y ont aussi leur place. Ces fédéralistes appuient certes quelques-unes des initiatives du gouvernement Lesage entre 1960 et 1966, mais lorsque ces réformes visent à conférer au Québec un statut particulier, ils parlent de « trahison de clercs », y voyant une réémergence du nationalisme conservateur de Duplessis.

Les tenants du fédéralisme libéral ne sont pas les seuls à dénoncer le nationalisme de Maurice Duplessis. Les partisans du **néo-nationalisme** cherchent de leur côté à redéfinir et à moderniser l'attachement à une nation proprement québécoise et non plus canadienne-française. On compte parmi eux des journalistes du quotidien *Le Devoir*, comme André Laurendeau et Gérard Filion, ainsi que des historiens, tels Michel Brunet et Maurice Séguin. Pour eux, seul un État québécois interventionniste pourrait conjurer le long processus d'asservissement et d'assimilation qui mine le Québec depuis deux siècles.

Comme l'écrit alors André Laurendeau, il faut « raccorder le social et le national ». En d'autres termes, il faut sortir le nationalisme de ses ornières traditionnelles et en faire, avec le soutien de l'État québécois, un outil d'émancipation

Fédéralisme libéral

Idéologie selon laquelle un gouvernement fédéral fort et centralisateur jouerait le rôle de protecteur des libertés individuelles de tous les Canadiens. Cette idéologie, principalement véhiculée par le Parti libéral de Pierre Elliott Trudeau, s'oppose avec vigueur au nationalisme québécois.

Néo-nationalisme

Idéologie qui cherche à réconcilier les valeurs fondamentales du Québec avec la réalité du monde moderne. Cette idéologie se développe à la fois en réaction au traditionalisme du régime de Duplessis et aux visées centralisatrices du gouvernement fédéral durant les années 1940 et 1950.

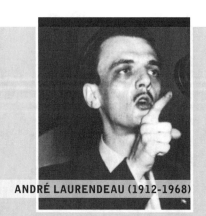

ANDRÉ LAURENDEAU (1912-1968)

Par le biais de son action politique et journalistique, André Laurendeau développe une pensée nationaliste qui n'est pas sans rappeler celle d'Henri Bourassa ou de Lionel Groulx. À la différence qu'il s'applique à harmoniser les revendications traditionnelles des Canadiens français avec la réalité industrielle et urbaine du Québec des années 1940 et 1950. Il se pose donc comme l'un des précurseurs importants de la Révolution tranquille.

En sa qualité de chef de l'aile provinciale du Bloc populaire (1944-1948), puis de journaliste pour *L'Action nationale* (1934-1954) et *Le Devoir* (1947-1968), Laurendeau cherche à amener les forces politiques, principalement le gouvernement Duplessis, à entreprendre des réformes sociales et économiques, qui seules pourraient assurer aux Québécois une véritable autonomie. S'il défend activement les droits des Canadiens français, Laurendeau n'est pas pour autant favorable à la séparation du Québec, dont il redoute les conséquences sociales et économiques. D'ailleurs, inquiet devant la montée du séparatisme au Québec, il pousse, au début des années 1960, le gouvernement fédéral à se pencher sérieusement sur la crise du fédéralisme. Cela mènera à la Commission royale d'enquête sur le bilinguisme et le biculturalisme (1963-1968), dont on confie la présidence à Laurendeau et Dunton. Par son travail à cette commission, Laurendeau cherche à trouver une solution durable à la question de l'égalité constitutionnelle des francophones au Canada. Si l'incompréhension du Canada anglais le décourage, le rapport de la Commission mène néanmoins à l'adoption de la *Loi sur les langues officielles* de 1969.

économique et sociale pour toute la population de la province. Les Canadiens français se désignent d'ailleurs maintenant comme des Québécois, en faisant référence au territoire qu'ils habitent, et ils mettent en avant le sentiment d'appartenance de tous les habitants à un territoire et à son État. Le nationalisme québécois laisse ainsi tomber son attachement au passé pour se définir à partir des aspects positifs du groupe majoritaire : l'affirmation du fait français, l'existence d'une culture originale et dynamique, l'occupation d'un territoire nettement défini et le désir profond de réformer la société. Il s'agit donc d'un nationalisme d'affirmation, porteur de revendications politiques claires, en vue de la reconquête des leviers économiques et politiques essentiels à l'épanouissement de la collectivité québécoise.

■ Le nouveau rôle économique de l'État québécois ■ □

Suivant les principes préconisés par les néo-nationalistes, l'État québécois devient le vaisseau amiral de la Révolution tranquille. L'action du gouvernement du Québec peut alors être ramenée à trois objectifs fondamentaux : moderniser les infrastructures économiques du Québec ; réformer l'administration publique afin de concourir à la justice sociale ; et promouvoir la place des Canadiens français. Pour y parvenir, l'État québécois doit multiplier ses dépenses par 20 entre 1960 et 1980. Il crée de nouveaux ministères et des sociétés d'État chargés de développer les ressources naturelles, d'investir dans la modernisation de l'économie et d'y intensifier la participation des Québécois (*voir le tableau 7.1*).

Les réalisations dans le domaine des ressources hydrauliques sont peut-être ce qui résume le mieux les objectifs de la Révolution tranquille. Depuis la guerre, la production d'électricité a énormément augmenté au Québec, grâce aux investissements de la société d'État Hydro-Québec (fondée en 1944) et à ceux de compagnies privées (*voir la carte 7.1*). Plusieurs nationalistes, dont René Lévesque, ministre des Richesses naturelles entre 1961 et 1966, sont convaincus de l'urgence de nationaliser ce secteur et d'en faire un outil de développement collectif pour les Québécois. Malgré l'opposition concertée des grandes entreprises comme la Shawinigan Water and Power et la Quebec Power Company, des financiers de la **rue Saint-Jacques** et de certains

TABLEAU 7.1 Le nouveau rôle de l'État

Ministères	Sociétés d'État	Organismes financiers
Culture (1961)	Société québécoise d'exploitation minière (SOQUEM, 1965)	Caisse de dépôt et placement (1965)
Éducation (1964)	Société québécoise d'initiative pétrolière (SOQUIP, 1969)	Société générale de financement (SGF, 1962)
Affaires intergouvernementales (1967)	Office de planification et de développement du Québec (OPDQ, 1969)	Société de développement industriel (SDI, 1971)
Main-d'œuvre (1968)		
Immigration (1968)		
Communications (1969)		

CARTE 7.1 La production d'électricité au Québec au milieu des années 1980

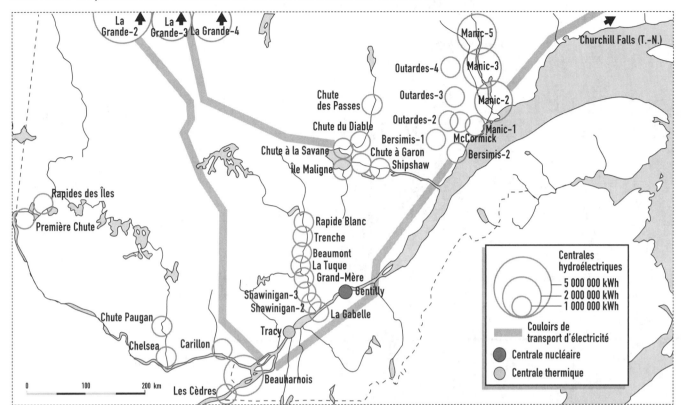

La Grande-2 La Grande-3 La Grande-4

Manic-5

Churchill Falls (T.-N.)

Outardes-4 Manic-3

Chute des Passes Outardes-3 Manic-2

Chute du Diable Outardes-2 Manic-1

Bersimis-1 McCormick

Chute à la Savane Chute à Garon Bersimis-2

Île Maligne Shipshaw

Rapides des Îles

Première Chute

Rapide Blanc
Trenche
Beaumont
La Tuque
Grand-Mère

Shawinigan-3 Gentilly
Shawinigan-2

Chute Paugan La Gabelle

Chelsea Carillon Tracy

Les Cèdres Beauharnois

Centrales hydroélectriques

5 000 000 kWh
2 000 000 kWh
1 000 000 kWh

Couloirs de transport d'électricité

● Centrale nucléaire

○ Centrale thermique

0   100   200 km

membres du gouvernement, dont le premier ministre lui-même, Lévesque parvient à convaincre son parti et la population du bien-fondé de la mesure.

Par conséquent, en 1963, Hydro-Québec procède au rachat de presque toute la production privée d'électricité au Québec, aboutissement du rêve de plusieurs nationalistes depuis les années 1920. Ce rachat coûte environ 604 millions de dollars, mais il permet désormais à Québec de participer à la stratégie industrielle de la province. Hydro-Québec sert également à financer le gouvernement, qui empoche ses profits, de même qu'à accroître sa solvabilité aux yeux des prêteurs étrangers. Elle s'avérera aussi une véritable pépinière pour des milliers d'ingénieurs et d'administrateurs francophones hautement qualifiés, qui seront ensuite prêts à occuper des rôles clés dans l'entreprise privée. Hydro-Québec est la plus grande entreprise du Québec. Avec ses achats de matériel auprès des entreprises québécoises, la mise au point d'une technologie de pointe, son engagement dans le développement du Nord et ses exportations d'électricité aux États-Unis, elle génère une activité économique déterminante. Des aménagements prestigieux comme ceux de la Manic ou de la Baie-James témoignent enfin du savoir-faire québécois et de notre capacité d'être « maîtres chez nous ».

Rue Saint-Jacques

Montréal est à cette époque la métropole financière du Canada, et on fait alors allusion à la rue Saint-Jacques, dans le Vieux-Montréal, où sont concentrées les banques et les compagnies d'assurance, de la même manière qu'on fait aujourd'hui allusion à Bay Street (Toronto), à Wall Street (New York) ou à la City (Londres).

L'Institut de recherche en électricité du Québec (IREQ), à Varennes, est l'un des plus spécialisés au monde. Hydro-Québec y développe des moyens de transporter l'électricité sur de très longues distances.

■ Un train de politiques sociales ■■□

Vaudreuil, le 8 juin 1960. Cette photographie illustre bien ce que sont devenus les Québécois à l'aube des années 1960 : un peuple tranquille qui aspire malgré tout à des changements après 16 années de gouvernement unioniste. L'équipe du tonnerre menée par Jean Lesage, qui sera portée au pouvoir deux semaines plus tard, aura la lourde tâche de répondre à ces attentes.

✚ En quoi cette photographie montre-t-elle que les mœurs électorales se sont transformées au Québec ?

Confessionnel

Désigne les services organisés et offerts en fonction de la religion ou de la confession des clients, en l'occurrence, au Québec, catholiques et protestants.

Durant la Révolution tranquille, la société québécoise et les habitudes de consommation évoluent en fonction des besoins de l'importante cohorte issue du baby-boom. En effet, 44 % de la population a moins de 19 ans en 1961. Il faut donc d'urgence fonder des écoles, des collèges, et bientôt des universités. On doit aussi trouver des emplois à une population active à laquelle s'ajoutent 200 000 travailleurs par an entre 1961 et 1971. Les jeunes du baby-boom exercent ainsi une pression certaine sur les artisans de la Révolution tranquille et ils contribuent à son climat survolté.

L'éducation est par conséquent un dossier prioritaire pour l'équipe du tonnerre. Dès leur arrivée au pouvoir, les libéraux annoncent la création en 1961 de la Commission royale d'enquête sur l'éducation, présidée par Mgr Alphonse-Marie Parent et chargée de recueillir des idées en vue de repenser le réseau scolaire québécois. L'objectif premier est d'accroître l'accès à l'école publique et de faire en sorte que davantage de jeunes terminent leurs études secondaires (*voir la figure 7.2*).

Les principales recommandations de la Commission seront intégralement appliquées par les gouvernements successifs. Par exemple, l'« opération 55 » sera destinée à ramener le nombre de commissions scolaires de 1500 à 55, à consolider leurs assises financières et à leur permettre d'offrir un cycle complet d'études secondaires, ce qui n'était souvent pas le cas en 1960. En outre, le Conseil supérieur de l'éducation sera créé, ainsi que, en 1964, le ministère de l'Éducation, qui requerra des négociations serrées avec les membres du clergé. Si ce ministère met la main sur le domaine scolaire, l'éducation demeurera tout de même de nature **confessionnelle** (catholique et protestante) jusqu'en 1998.

Toujours en conformité avec les recommandations du rapport Parent, Québec annonce en 1967 la création d'un réseau de collèges d'enseignement général et professionnel. Les cégeps constituent des institutions uniques au monde qui, entre le secondaire et l'université, intègrent les secteurs professionnel et préuniversitaire et prolongent la gratuité scolaire. Ces nouveaux établissements sonnent aussi le glas des collèges classiques, qui pendant plus d'un siècle sont demeurés réservés à la petite élite traditionnelle. La fondation des cégeps facilite ainsi l'accès à l'éducation postsecondaire pour toute une génération et contribue à accroître le nombre d'inscriptions à l'université. Le réseau de l'Université du Québec (UQ) répond à cette demande accrue dès 1969, tant à Montréal (UQAM) qu'en région (Rimouski, Chicoutimi, Trois-Rivières, Hull et Rouyn). Les constituantes de l'UQ, ainsi que ses écoles affiliées, telles que l'École nationale d'administration publique, l'École de technologie supérieure, l'Institut Armand-Frappier, etc., accueillent en outre une clientèle adulte déjà sur le marché du travail et qui souhaite se perfectionner.

FIGURE 7.2 Le pourcentage des Québécois fréquentant l'école

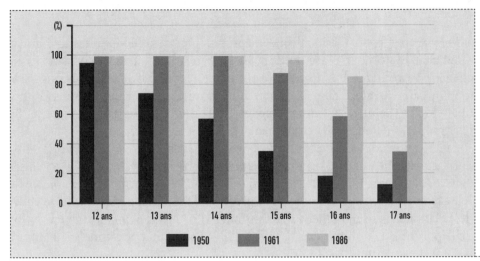

Ce portrait de la clientèle scolaire répartie selon l'âge à trois périodes données montre les profondes racines historiques du décrochage scolaire. Les pourcentages indiquent le taux de Québécois qui fréquentent l'école en 1950, 1961 et 1986. Les réformes de la Révolution tranquille et les transformations du monde du travail entraînent un rattrapage spectaculaire.

Mieux éduquée et plus revendicatrice, la jeunesse québécoise s'inscrit dans le courant de contestation et de contre-culture présent partout en Occident durant les années 1960. En 1964, l'Union générale des étudiants du Québec (UGEQ) coordonne cette mobilisation et offre une première tribune au mouvement étudiant. Déjà, les principales revendications portent sur la gratuité scolaire complète, l'amélioration de la qualité de l'enseignement et un régime de prêts et bourses non pas basé sur le mérite, mais bien sur les besoins financiers des étudiants. Un tel système voit le jour en 1963.

L'atteinte de la justice sociale exige également que l'on rende les soins de santé accessibles à tous les Québécois, ce qui est loin d'être le cas à la fin de l'ère de Duplessis. Dès 1960, le gouvernement Lesage adhère au programme d'assurance-hospitalisation proposé aux provinces par Ottawa en 1958. Cette loi instaure la gratuité des soins donnés à l'hôpital. Il s'agit de la première étape vers l'implantation d'un système universel de soins de santé, lequel se concrétisera en 1971 à la suite des recommandations de la commission Castonguay-Nepveu. Conséquence logique de la gratuité des soins de santé, les centres locaux de services communautaires (CLSC), qui doivent servir de porte d'entrée au système de santé et être axés sur une médecine préventive et des soins à domicile, apparaîtront en 1974.

Finalement, le gouvernement Lesage adopte un nouveau Code du travail plus favorable aux travailleurs et il proclame l'égalité juridique des femmes et des hommes (1964).

Lorsqu'ils ouvrent leurs portes en 1967, plusieurs cégeps s'installent dans les édifices des anciens collèges classiques. Avec le temps cependant, nombre d'entre eux emménageront dans de nouveaux locaux. C'est le cas entre autres du Cégep du Vieux Montréal.

■ La question linguistique　　　■ ■ □

Influencés par le néo-nationalisme, de plus en plus de francophones souhaitent que l'État renforce la place du français en éducation, au travail et dans l'affichage. Le problème linguistique se trouve exacerbé par les conclusions de la Commission royale d'enquête sur le bilinguisme et le biculturalisme (1965), qui démontre, chiffres à l'appui, que les francophones sont partout victimes de discrimination, au Canada comme au Québec.

Cette prise de conscience suscite une forte réaction chez les immigrants, entre autres chez ceux d'origine italienne, qui réclament des classes anglaises dans les écoles catholiques. Cette agitation force le gouvernement unioniste de Jean-Jacques Bertrand à présenter le projet de loi 63, qui garantit le libre choix de la langue d'enseignement mais instaure des mesures incitatives en faveur de l'apprentissage du français. La nouvelle loi ne plaît à personne et provoque bientôt de violentes manifestations.

Au début des années 1960, le centre-ville de Montréal présente un visage essentiellement anglophone, résultat de plusieurs années de laisser-faire et de nombreuses décennies de domination économique. Au cours des 30 années suivantes, la lutte pour accorder une plus grande place au fait français devient centrale au Québec.

Une scène de désordre lors d'une audience publique, à Saint-Léonard, à propos du projet de loi 63, où il est proposé que les immigrants fréquentent davantage l'école de langue française.

■ Une révolution politique

La Révolution tranquille initie un vaste mouvement visant à démocratiser et à assainir les institutions représentatives. Dans un premier temps, le droit de vote est étendu à plus de gens : aux jeunes de 18 à 20 ans (1964), aux Amérindiens (1969), aux juges (1978) et aux détenus (1979). Les différents partis cherchent à séduire cet électorat en recrutant des membres et en animant des associations de comté. Ces associations désignent des délégués aux congrès d'orientation ou à l'occasion des congrès de direction de parti devenus le prétexte à des *happenings* médiatiques. Cette utilisation accrue des médias, surtout de la télévision, et la place qu'accorde désormais l'opinion publique à l'« image » des politiciens amènent les formations à se tourner vers des professionnels de la publicité – des firmes de communications – pour orchestrer leur campagne, choisir un slogan ou préparer les débats télévisés.

On assiste parallèlement à l'assainissement notable des mœurs politiques. À compter de 1963, les partis officiels peuvent obtenir le remboursement d'une partie de leurs dépenses électorales et, en 1964, une première loi sur le financement des partis limite les dépenses des partis durant les campagnes. Ces mesures ont pour effet de diminuer l'importance des caisses occultes, qui favorisaient le parti au pouvoir. Une nouvelle loi en 1977 interdira aux formations politiques d'accepter les contributions des entreprises et limitera celles des individus. Finalement, le contrôle exercé par l'État sur le processus électoral diminue considérablement les cas de fraude. La carte électorale subit aussi d'importantes modifications pour se conformer à la répartition réelle de la population québécoise, moins nombreuse dans les campagnes et plus nombreuse dans les villes. Le nombre de circonscriptions électorales passe ainsi de 95 en 1962 à 108 en 1970, puis à 125 en 1995. Le gouvernement Lesage cherche également à faire davantage participer la population à la vie de l'État, en particulier lors des audiences publiques sur la réforme de l'éducation. Il combat en outre la corruption au sein de la fonction publique afin de la rendre indépendante du parti au pouvoir, comme cela se fait déjà au niveau fédéral. Il souhaite de la sorte attirer des universitaires et des gestionnaires rigoureux, capables de concevoir une bureaucratie efficace et moderne.

Le rôle de député demeure cependant l'apanage d'hommes francophones, généralement issus des professions libérales. Les bancs de l'**Assemblée nationale** (l'expression est consacrée en 1968) comptent encore très peu de femmes, d'agriculteurs, de salariés et de membres des minorités culturelles.

À mesure qu'il s'affirme et étend ses champs d'intervention, l'État québécois devient plus revendicateur face au gouvernement fédéral. Ayant introduit le concept de statut particulier, Jean Lesage réclame pour le Québec des pouvoirs accrus en matière de fiscalité, de culture et d'immigration. Il exige aussi le droit de se retirer de programmes pancanadiens tout en recevant les sommes qui y sont associées et, par exemple, d'instaurer son propre régime de retraite ou son propre programme de prêts et bourses aux étudiants.

Assemblée nationale

En 1867, on crée au Québec le Conseil législatif (Chambre haute) et l'Assemblée législative (Chambre basse). Le Conseil législatif, non élu et sans réel pouvoir, est aboli en 1968, tandis que l'Assemblée législative devient l'Assemblée nationale en 1968.

■ ■ ■ Profil d'une région

Le Bas-Saint-Laurent–Gaspésie est la région qui, à partir de La Pocatière à 100 kilomètres à l'est de Québec, comprend le Bas-Saint-Laurent, la péninsule gaspésienne et les îles de la Madeleine. L'histoire de cette région est celle d'un peuplement difficile en raison de son climat capricieux et de son éloignement des grands centres que sont Montréal et Québec. D'ailleurs, les noms Gaspé et Gaspésie proviennent d'une expression micmaque signifiant « bout du monde ».

Bien que Jacques Cartier s'arrête aux îles de la Madeleine et à Gaspé lors de ses voyages, la période française ne conduit pas à un développement très poussé du Bas-Saint-Laurent et de la Gaspésie. Au moment de la défaite de 1760, on dénombre à peine plus de 500 personnes sur les côtes gaspésiennes. Il faudra attendre le milieu du XIXᵉ siècle ainsi que le mouvement de colonisation lancé par le gouvernement et le clergé en vue d'enrayer l'exode des Canadiens français vers les États-Unis pour y voir augmenter la population de façon significative. Seules les îles de la Madeleine ne compteront jamais que quelques villages vivant essentiellement de la pêche et, depuis peu, du tourisme et d'une mine de sel.

Comme les rigueurs climatiques de la région ne permettent pas une activité agricole intense, les colons doivent trouver une autre solution pour arriver à joindre les deux bouts : alors que le Bas-Saint-Laurent s'oriente vers la coupe du bois, la Gaspésie, elle, dépend davantage de la pêche. À la fin du XIXᵉ siècle, la Gaspésie constitue d'ailleurs le plus important fournisseur de poissons de l'Europe méditerranéenne. Ce n'est qu'au XIXᵉ siècle que s'amorce l'exploitation plus poussée des ressources minières et forestières de la péninsule.

En dépit des tentatives de colonisation, l'est du Québec, en particulier la Gaspésie, ne parvient pas à suivre le développement du reste de la province. Parlant de ce coin de pays, Esdras Minville dit, en 1927 : « La Gaspésie [...] parvient à peine à faire vivre une population de 70 000 âmes et ne réussit pas à retenir la moitié de ses enfants. Voilà à mon sens ce que nous pouvons appeler un pays sinon encore mourant, du moins très dangereusement atteint. » Comme les autorités gouvernementales ne semblent pas touchées outre mesure par les problèmes de la région, un vaste programme visant à développer un solide réseau de coopération régionale est implanté entre 1930 et 1960. Malgré cela,

■ Le retour de l'Union nationale ■ ■ □

Malgré une imposante liste de réformes, le Parti libéral est défait aux élections de 1966. Même s'il domine l'Union nationale au chapitre des voix exprimées (47 % contre 40 %), le PLQ ne parvient qu'à faire élire 50 députés contre 56 pour son adversaire. Cette défaite s'explique par un découpage électoral encore inéquitable et par la querelle grandissante entre fédéralistes et nationalistes, qui mine les libéraux.

Après ce règne de courte durée, le nouveau gouvernement de Daniel Johnson ne peut désavouer l'héritage libéral et, dans une large mesure, il poursuit sur la lancée de la Révolution tranquille, par exemple en ce qui concerne la reconnaissance internationale. Malgré l'opposition d'Ottawa, Québec participe ainsi à des conférences internationales au Gabon (1968) et à Paris (1969). De plus, l'Exposition universelle de 1967, dont Montréal est le siège, constitue une autre belle occasion pour Johnson d'attirer sur le Québec les regards du monde entier. Le premier ministre reçoit les uns à la suite des autres les chefs d'État qui se présentent pour visiter le site de Terre des Hommes. Aucun visiteur ne fera cependant couler plus d'encre que le président français Charles de Gaulle.

>>> Le Bas-Saint-Laurent–Gaspésie

la saignée démographique ne paraît pas vouloir s'arrêter.

Un semblant de renouveau apparaît en 1963 avec la création du Bureau d'aménagement de l'est du Québec (BAEQ). Cet organisme a pour mission de revitaliser le Bas-Saint-Laurent–Gaspésie en diversifiant les activités de cette région extrêmement dépendante de la pêche et de la coupe du bois. Si certains problèmes demeurent, le niveau de vie de la région augmente alors. Plusieurs villes offrent ainsi aujourd'hui des débouchés qui permettent de garder les jeunes dans la région, comme Rimouski, où se trouvent une université du Québec, un cégep et de nombreux organismes affiliés.

Malgré ces améliorations, les inquiétudes sont toujours présentes. Coup sur coup, à la fin des années 1990, la Gaspésie a été frappée dans ses secteurs névralgiques. Le moratoire sur la pêche à la morue de 1995, la fermeture de la mine de cuivre de Murdochville et celle de la papetière Gaspésia de Chandler en 1999 y ont considérablement réduit l'activité économique. Par ailleurs, à mesure que diminuent les ressources de la mer, le Bas-Saint-Laurent–Gaspésie doit de plus en plus compter sur les revenus d'un tourisme sans cesse grandissant de même que sur les paiements de transfert des gouvernements pour assurer sa survie.

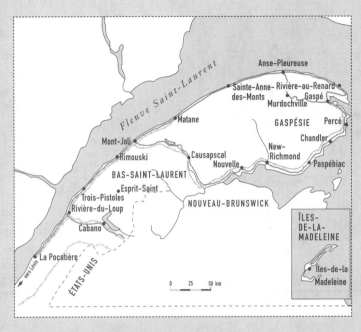

Après avoir emprunté le chemin du Roy qui sépare Montréal et Québec, le général de Gaulle s'approche de l'hôtel de ville de Montréal, où il prononce quelques instants plus tard son célèbre discours se terminant par « Vive le Québec libre ! » Par ces quatre mots, le président français donne une grande crédibilité au mouvement indépendantiste québécois et le fait connaître à l'échelle internationale.

DANIEL JOHNSON (1915-1968)

Même s'il n'a été premier ministre du Québec que durant deux années (1966-1968), Daniel Johnson a néanmoins laissé sa marque. Député de l'Union nationale dès 1946, il en vient à occuper le poste de ministre des Ressources hydrauliques entre 1958 et 1960.

Les historiens s'accordent généralement pour attribuer à Johnson le crédit d'avoir rajeuni l'Union nationale, de lui avoir insufflé des idées et du sang neufs sans pour autant renier complètement l'héritage duplessiste. Sentant la fièvre nationaliste gagner le Québec, il n'hésite pas à reprendre à son compte un discours revendicateur face au reste du Canada. En 1965, il publie un ouvrage intitulé *Égalité ou indépendance*, dans lequel il expose un programme suffisamment ambigu pour rassembler autour de lui des partisans de toutes les tendances. Était-il souverainiste ? Fédéraliste ? Jusqu'où aurait-il été dans sa menace de séparation ? Voilà autant de questions auxquelles nombres d'articles, d'ouvrages et de colloques n'ont pu répondre.

Au pouvoir de 1966 à 1968, il préside l'ouverture des premiers cégeps, de la Bibliothèque nationale, de la télévision de Radio-Québec et de plusieurs autres institutions. Pour plusieurs, il demeure aussi celui qui accompagna en 1967 le général de Gaulle lors de sa visite. De santé fragile, Johnson est terrassé par un arrêt cardiaque le 26 septembre 1968 au barrage Manic-5 qu'il était venu inaugurer et qui porte aujourd'hui son nom.

À partir du début des années 1960, le Québec s'appuie en particulier sur la France pour rayonner hors du Canada. La Maison du Québec à Paris y jouit d'une reconnaissance diplomatique dès 1961. Se produisent alors de nombreuses frictions protocolaires entre Québec et Ottawa, connues sous le nom de « guerre des drapeaux ». Déjà difficiles, les relations franco-canadiennes deviennent franchement tendues lorsque De Gaulle, profitant de son passage à Montréal en juillet 1967, lance du haut du balcon de l'hôtel de ville son fameux : « Vive le Québec libre ! » Aux yeux des indépendantistes, ces paroles viennent confirmer la justesse de leur cause. Le gouvernement fédéral est par contre profondément choqué par les paroles du président français, y voyant un acte d'ingérence dans les affaires canadiennes. Entre les deux, le premier ministre Johnson cultive l'ambiguïté et ne laisse jamais vraiment savoir à quelle enseigne il loge. S'il lance des slogans comme « Égalité ou indépendance », il prétend aussi être un partisan de l'interdépendance du Canada et du Québec. À sa mort, en 1968, il devient le troisième premier ministre unioniste à mourir en cours de mandat en huit ans.

Son successeur, Jean-Jacques Bertrand, manque de leadership et ne réussit pas à réprimer efficacement la fronde à l'intérieur de son parti. Il doit de plus affronter le ralentissement économique qui suit la fin de l'Expo 67, les violentes manifestations étudiantes et le mécontentement lié à la question linguistique.

◼ Le phénomène Trudeau ◼◼◻

Alors que le Québec change rapidement, la politique fédérale semble connaître une période de relative passivité, paralysée par une succession de gouvernements minoritaires. De plus en plus conscient de l'importance du Québec pour se maintenir au pouvoir, Lester B. Pearson, premier ministre libéral en poste depuis 1963, se met à l'écoute de la Révolution tranquille et tente de faire une plus large place à l'élément francophone à Ottawa. Son geste le plus important consiste à attirer dans les rangs de son parti trois personnalités québécoises associées au fédéralisme libéral : Jean Marchand, Gérard Pelletier et Pierre Elliott Trudeau, les « trois colombes ». Des trois, Trudeau est celui qui dénonce avec le plus de vigueur le nationalisme québécois, qu'il juge réactionnaire et schizophrène.

Tenant à la fois de la séduction et de l'audace, le style Trudeau déconcerte ses adversaires mais lui attire la faveur populaire. La vague de la « trudeaumanie » lui permet en 1968 d'être élu premier ministre et de former le premier gouvernement majoritaire depuis 1957. Le nouveau premier ministre s'emploie alors, d'un côté, à convaincre les Québécois que le Canada peut servir leurs intérêts et, de l'autre, à faire comprendre aux anglophones que le fait français a sa place partout au Canada. S'appuyant sur les conclusions de la commission Laurendeau-Dunton sur le bilinguisme et le biculturalisme, le gouvernement Trudeau fait adopter une loi sur les langues officielles qui étend le bilinguisme à toutes les institutions fédérales et, par l'embauche de fonctionnaires francophones, il donne au français une place inédite à l'extérieur du Québec.

Depuis que le gouvernement fédéral s'est montré ouvert au fait français, Trudeau juge que le nationalisme québécois n'a tout simplement plus sa raison d'être. Il s'oppose donc fermement au statut distinct pour le Québec. Son

Avouant posséder le désir irrépressible de changer la réalité, Pierre Elliott Trudeau, que l'on voit ici avec Jean Marchand, joint les rangs du Parti libéral du Canada en 1965. Nommé ministre de la Justice en 1967, il remplace Lester Pearson à la direction du parti en 1968. En moins de trois ans, cet intellectuel, qui semblait aspirer au relatif confort d'une carrière universitaire, se retrouve à la tête du Canada.

objectif consiste en fait à aménager un Canada moderne ainsi qu'à en renforcer la souveraineté, en particulier en rapatriant la constitution canadienne de 1867 et en y enchâssant une charte protégeant les droits et libertés. Pour ce faire, Trudeau a cependant besoin de l'accord des gouvernements provinciaux, dont celui du Québec, lequel réclame que la nouvelle constitution lui garantisse un statut particulier. L'affrontement entre le fédéralisme libéral et le néo-nationalisme québécois devient par conséquent très vif à la fin des années 1960.

■ Les premiers mouvements indépendantistes ■ ■ □

Malgré l'adhésion d'une majorité de Québécois francophones aux principes néo-nationalistes, des divergences d'opinion naissent vite sur la façon de procéder et surtout sur la portée de l'affirmation de cette identité québécoise. Pour certains, il suffit de réclamer un statut spécial à l'intérieur du Canada, alors que pour d'autres, la rupture du pacte de 1867 est devenue nécessaire à l'épanouissement de la province. La Révolution tranquille donne ainsi naissance aux premiers mouvements revendiquant l'indépendance politique du Québec.

En 1963, le Rassemblement pour l'indépendance nationale (RIN) devient le premier parti indépendantiste articulé. Animé au départ par Marcel Chaput et André d'Allemagne, le RIN présente des caractères fort originaux : il est financé par ses membres et il organise des « assemblées de cuisine » ainsi que des manifestations bruyantes afin de propager son message. Pour les membres du RIN, seule l'indépendance peut redonner le Québec aux Québécois, étrangers dans leur propre pays. La langue, et non plus la religion, unit les Québécois. Une fois indépendant, le Québec pourrait s'engager sur la voie du socialisme modéré, assurer la justice sociale et intervenir dans les domaines où l'entreprise privée est absente ou agit d'une manière socialement inacceptable. Mené par le bouillant Pierre Bourgault, le RIN fait bonne figure aux élections de 1966 en récoltant 5,6 % des votes, même s'il ne fait élire aucun candidat. Malgré sa disparition en 1968, le RIN laisse sa marque dans le paysage politique québécois en forçant les partis traditionnels à aborder la question nationale et à préciser leur position constitutionnelle.

Durant les années 1960, les manifestations à saveur nationaliste se multiplient. Le RIN devient un expert dans l'art d'organiser ces rassemblements populaires, parvenant chaque fois à faire passer son message souverainiste.

Le mouvement indépendantiste prend un nouvel élan quand René Lévesque expose dans *Option-Québec* son projet de souveraineté du Québec doublée d'une association économique avec le reste du Canada. Forcé de quitter les rangs du Parti libéral en raison de ses positions trop nationalistes, Lévesque crée en 1967 le Mouvement souveraineté-association (MSA). Grâce à sa personnalité de même qu'à sa crédibilité d'ex-ministre libéral et d'artisan de la nationalisation de l'électricité, Lévesque obtient très vite l'appui des membres du RIN et de ceux du Ralliement national (RN). Il fonde alors en 1968 le Parti québécois (PQ), véritable coalition des indépendantistes modérés du Québec. Le PQ devient le parti de la génération montante. En quelques années, il recrute une centaine de milliers de membres. Comme le RIN, le PQ se finance à même des souscriptions populaires, idée chère à Lévesque, très attaché au principe de la transparence politique.

Tous les indépendantistes n'adhèrent cependant pas au Parti québécois. Depuis 1963, des groupuscules, pas nécessairement liés les uns aux autres, se réclament du Front de libération du Québec (FLQ) et empruntent la voie du terrorisme pour éveiller les Québécois à leur condition d'exploités. Non seulement les membres du FLQ sont-ils partisans d'une souveraineté claire et nette, mais surtout ils jugent le projet d'indépendance illusoire s'il n'est pas jumelé à un régime socialiste de type marxiste. C'est ainsi que, au moyen d'attentats à la

Entre 1963 et 1970, le FLQ fait parler de lui en s'attaquant, souvent au moyen de bombes ou de dynamite, à ce qu'il considère comme les symboles du colonialisme du Québec. Ainsi, l'hôtel Reine-Élisabeth, les bureaux militaires ou plus souvent les boîtes aux lettres (comme ci-contre à Westmount) subissent les foudres des terroristes.

bombe, de vols de banque et finalement d'enlèvements, le FLQ s'attaque aux symboles de l'impérialisme au Québec, soit aux boîtes aux lettres de Westmount, à la Bourse de Montréal, à l'hôtel Reine-Élisabeth, aux casernes militaires, etc. Il incite les Québécois à suivre la voie révolutionnaire pour défendre leurs droits. Si à certains égards la population partage l'amertume de ses membres, les moyens utilisés par ces terroristes les privent de tout appui populaire.

■ La crise d'Octobre

L'épisode clôturant cette période est la crise qui éclate en octobre 1970, quelques mois après des élections provinciales qui ramènent au pouvoir le Parti libéral, maintenant dirigé par un jeune chef inexpérimenté, Robert Bourassa.

Les événements débutent le 5 octobre avec l'enlèvement par la cellule Libération du FLQ du diplomate britannique James Richard Cross à son domicile de Westmount. Cet enlèvement est suivi, le 10 octobre, par celui du ministre du Travail et de l'Immigration du cabinet Bourassa, Pierre Laporte, perpétré cette fois par la cellule Chénier (du nom du Patriote de 1837). Les felquistes posent alors cinq conditions pour la libération des otages : la fin des opérations policières, la diffusion massive du manifeste du FLQ dans les journaux, à la radio et à la télévision, la libération de 23 prisonniers politiques détenus au Québec, le versement de 500 000 $ en lingots d'or et, enfin, un avion prêt à s'envoler pour Cuba et l'Algérie. Redoutant par-dessus tout un mouvement de sympathie populaire à l'endroit des ravisseurs, les différents gouvernements dénoncent vigoureusement les actions terroristes. En pleine campagne électorale, le maire de Montréal, Jean Drapeau, choisit de colporter la peur en déclarant que « la révolution au Québec est peut-être en voie d'exécution ».

Alors que le premier ministre Bourassa cherche à gagner du temps afin d'épargner la vie des otages, Pierre Elliott Trudeau privilégie plutôt une intervention musclée. Dans la nuit du 15 au 16 octobre, la *Loi sur les mesures de guerre* est adoptée. En plus de permettre le déploiement de 5000 soldats de l'armée canadienne au Québec, elle suspend les libertés individuelles en accordant notamment des pouvoirs extraordinaires aux divers corps policiers (Gendarmerie royale, Sûreté du Québec, police de Montréal), comme celui de procéder à des perquisitions et d'arrêter sans mandat toute personne soupçonnée d'être associée aux ravisseurs. Dès le premier jour, les forces de l'ordre arrêtent 250 personnes, agissant à partir de leurs propres listes de suspects.

La crise prend toutefois un nouveau tournant avec la découverte, le 17 octobre, du corps de Pierre Laporte dans le coffre d'une voiture près de l'aéroport de Saint-Hubert. S'il est sûr que le ministre est mort étranglé

Quand un journaliste lui a demandé jusqu'où il était prêt à aller pour régler la crise d'Octobre, Pierre Elliott Trudeau a répondu : « *Just watch me.* » Quelques jours plus tard, l'armée entrait à Montréal. Par la suite, le premier ministre canadien a toujours argué qu'il avait répondu aux demandes de Robert Bourassa et de Jean Drapeau, qui croyaient à une situation d'insurrection appréhendée.

■ ■ ■ Profil d'une région

De Repentigny au sud, à une encablure de Montréal, jusqu'à Saint-Michel-des-Saints au nord, la région de Lanaudière présente au moins trois types de paysages fort contrastés : une sorte de Québec en miniature. D'abord, la grande agglomération constituée des villes de Terrebonne, Mascouche, Lachenaie, Le Gardeur et Repentigny offre de nos jours une vaste étendue de maisons unifamiliales reliée à la métropole par un réseau d'autoroutes. Le cœur de la région forme pour sa part une zone agricole qui se déploie de L'Assomption à Saint-Jean-de-Matha, en passant par Berthier et bien sûr Joliette. Véritable capitale administrative et culturelle, la région de Joliette rassemble aussi l'essentiel des activités industrielles de Lanaudière, tournées vers le secteur alimentaire, celui des matériaux de construction et celui des produits du plastique. Au-delà de Saint-Gabriel-de-Brandon et de Sainte-Émélie s'étend enfin une vaste zone forestière comptant de nombreux lacs, parcs naturels et pourvoiries (ZEC).

Une telle gradation dans le paysage montre bien que la colonisation s'y est faite du sud vers le nord, en particulier le long des deux rivières qui traversent Lanaudière : la rivière Noire et surtout la rivière L'Assomption. Dès le XVIIe siècle, la rive nord du fleuve, entre Lavaltrie et Terrebonne, est bien peuplée et les seigneurs de Lanaudière s'intéressent au développement de leur domaine. Au XIXe siècle, Terrebonne en particulier devient un centre commercial important grâce à l'homme d'affaires Joseph Masson, qui y aménage des entrepôts et des moulins sur un site remarquable encore de nos jours. Cependant, l'impulsion la plus importante correspond à l'arrivée de Barthélémy Joliette, qui, en s'alliant au clan des Lanaudière, fonde L'Industrie (Joliette), y fait construire un collège (1846), une scierie (1842) et un chemin de fer qui relie la ville au fleuve (1850). Grâce à lui, l'industrie forestière s'implante dans Lanaudière, où elle s'étire encore aujourd'hui toujours plus vers le nord. Joliette connaît alors un développement remarquable portant ombrage à des villes pourtant plus anciennes comme Berthierville et L'Assomption.

Quoique concentrés à proximité de Montréal, les Lanaudois sont soucieux de conserver une identité distincte. Leurs gloires locales, de Wilfrid Laurier à Gilles Villeneuve en passant par Céline Dion, y sont abondamment célébrées et, depuis 1978, le père Fernand Lindsay y organise le plus important festival d'été de musique classique au Canada.

---

par le pendentif qu'il portait, nul ne peut dire avec certitude de quelle façon la chose s'est produite. La mort de Laporte change radicalement la perception de la crise dans la population, la curiosité cédant alors vite la place à la colère et à la peur. La crise en tant que telle connaît son dénouement au mois de décembre, quand les ravisseurs de Laporte sont arrêtés et que les membres de la cellule Libération parviennent à négocier la libération de Cross en échange d'un exil à Cuba. Ils reviendront toutefois au Québec une quinzaine d'années plus tard et subiront un procès.

Depuis la fin de cette crise, la question a toujours été de savoir si la réaction des gouvernements, surtout celle du fédéral, avait été excessive. Le premier ministre Trudeau a toujours justifié son attitude intransigeante en déclarant qu'un pays démocratique devait éviter de négocier avec des terroristes et que les prétendus prisonniers politiques dont les felquistes réclamaient la libération étaient en fait condamnés pour des crimes bien réels (attentats terroristes, vols, etc.) et non à cause de leurs opinions politiques. Trudeau justifiait aussi le recours à la *Loi sur les mesures de guerre* sur la foi de rapports en provenance du Québec, qui laissaient supposer un risque d'insurrection généralisée dans la région de Montréal, ce qui n'a jamais pu être prouvé. Les milliers de terroristes

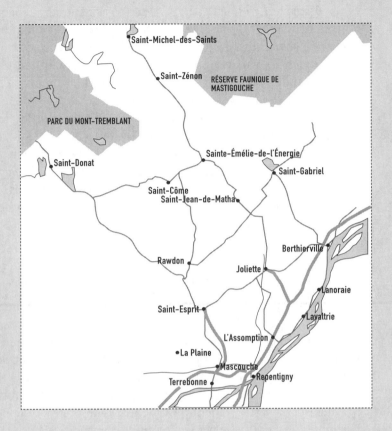

n'étaient en fait qu'une poignée, alors que les perquisitions policières n'ont permis de mettre la main que sur quelques armes. Quant aux 502 arrestations sans mandat, Trudeau en rejetait la responsabilité sur la Sûreté du Québec et la police de Montréal. Selon certains, la crise d'Octobre aurait en fait fourni l'occasion au gouvernement fédéral, engagé dans une lutte contre le nationalisme québécois, de discréditer le mouvement indépendantiste qui menaçait alors le fédéralisme canadien.

■ Une révolution culturelle

Toute cette effervescence sociale et politique n'est pas sans influencer le milieu culturel durant cette période. Les artistes expriment alors une pensée originale, particulièrement engagée sur le plan social, qui conjugue la ferveur nationaliste à une ouverture sur le monde. Dès 1948, la publication du *Refus global* se pose comme le premier véritable signe de réveil et de contestation du milieu artistique. Manifeste prônant un art directement lié à l'inconscient, instinctif,

HUBERT AQUIN (1929-1977)

Écrivain à la vie mouvementée, Hubert Aquin appartient à une nouvelle génération de romanciers qui font entrer la littérature québécoise dans un courant plus moderne. Faisant éclater les conventions de l'écriture romanesque, Aquin, comme plusieurs de ses contemporains, s'amuse à écrire en joual, fait appel à l'érotisme et invite à se révolter contre l'ordre établi. Parmi les autres écrivains de cette vague figurent aussi Réjean Ducharme, Jacques Godbout, Marie-Claire Blais et Jacques Ferron.

D'abord journaliste, puis scénariste et réalisateur à l'Office national du film, Aquin occupe à compter de 1961 le poste de directeur de la revue *Liberté*. Fortement inspiré par le courant nationaliste naissant, il milite au sein du Rassemblement pour l'indépendance nationale (RIN). Arrêté en 1964 pour port d'arme illégal, il est finalement interné pendant huit mois à l'Institut Albert-Prévost, un asile d'aliénés. C'est à cette époque qu'il écrit son premier roman, *Prochain épisode* (1965). Encouragé par cette première publication, Aquin écrit successivement *Trou de mémoire* (1968), pour lequel il reçoit le Prix du Gouverneur général (qu'il refuse par conviction politique), *L'antiphonaire* (1969) et *Neige noire* (1974), en plus de faire paraître bon nombre de textes à saveur politique. Écrivain engagé et homme troublé, Hubert Aquin se suicide en 1977.

expérimental, il dénonce violemment l'obscurantisme et le conformisme de la société québécoise en s'attaquant à l'État, au clergé et aux institutions d'enseignement qui font obstacle à la liberté de penser.

Après le *Refus global*, la production artistique québécoise ne sera plus jamais la même, et il ne sera désormais plus rare d'entendre tel artiste ou telle chanteuse prendre position sur les débats de l'heure et afficher ses convictions politiques. L'essai et la poésie sont particulièrement influencés par le climat de la Révolution tranquille et posent des questions qui marient le littéraire au politique. La mode est lancée dès 1960 avec la parution de l'ouvrage *Les Insolences du Frère Untel*, qui dénonce un système d'éducation déficient. La revue *Parti pris*, qui se double d'une maison d'édition, s'ouvre aussi largement aux textes à teneur socialiste et nationaliste. Pierre Vallières dénonce quant à lui l'exploitation des Québécois francophones dans *Nègres blancs d'Amérique* (1968). Pour sa part, la poésie de Gérald Godin, de Jacques Brault et surtout de Gaston Miron et du groupe des Éditions de l'Hexagone célèbre le pays qu'il faut construire. Dans *L'homme rapaillé*, Miron écrit :

« L'homme de ce temps porte le visage de la flagellation et toi, Terre de Québec, Mère Courage dans ta longue marche, tu es grosse de nos rêves charbonneux douloureux de l'innombrable épuisement des corps et des âmes. »

Toutefois, dans l'éventail culturel québécois, la musique populaire est sans doute le domaine qui reflète le mieux les mutations et les déchirements du Québec des années 1960. C'est au cours de cette période que la musique québécoise parvient à sortir du carcan folklorique pour accéder à la maturité qui lui permet aujourd'hui de marier plusieurs styles. C'est en particulier par la chanson que se sont le mieux exprimés des thèmes fondamentaux tels que l'identité et l'attachement au Québec. Une première époque, celle des chansonniers, est dominée par deux grands noms : Félix Leclerc et Gilles Vigneault, parvenus, par un mélange de poésie et de musique, à traduire les aspirations souverainistes de toute une génération. À ces deux grands noms, il faut ajouter ceux de Claude Léveillée, Raymond Lévesque, Pauline Julien et Jean-Pierre Ferland. Puis, vers la fin des années 1960, l'influence américaine aidant, davantage de groupes ainsi qu'une nouvelle forme de spectacle apparaissent. Outre les Classels ou les Baronnets, dont les chansons ne véhiculent aucun message durable, d'autres styles progressent. Dans l'Ostidcho (1968), Robert Charlebois, Louise Forestier et Yvon Deschamps créent un mélange heureux de rock, de poésie et d'humour. Avec Diane Dufresne ou des paroliers comme Luc Plamondon, les concerts deviennent de véritables spectacles multimédias. Au cours des années 1970, Beau Dommage introduira des thèmes urbains dans le monde musical, tandis qu'Harmonium continuera, dans un style éthéré, de chanter la nature et le pays. Paul Piché perpétuera quant à lui l'esprit de ces années 1960 en continuant à associer sa démarche créatrice à l'expression d'un message politique clair.

Au théâtre et dans le roman, le réalisme avait marqué les années 1940 et 1950. Des histoires dures mettaient en scène des personnages rompus et déchirés ou victimes du déracinement rural et de la prolétarisation. Qu'on pense à l'œuvre de Gabrielle Roy ou à celle de Marcel Dubé, aux drames de Gratien Gélinas ou à un roman de Claude-Henri Grignon, *Un homme et son péché*, qui deviendra un radio-roman, puis un téléroman porté à l'écran. Dans un registre moins dramatique, l'œuvre de Roger Lemelin, *Les Plouffe* (1948), a aussi

connu un destin similaire en offrant en plus
un portrait du Québec urbain où peuvent
enfin se retrouver davantage de Québécois.
Au moment où débute la Révolution tranquille, les romanciers cherchent de nouvelles
voies, beaucoup moins prosaïques et de nature plus psychologique (Marie-Claire Blais),
poétique (Anne Hébert) ou proprement es-
thétique (Hubert Aquin, Réjean Ducharme).
Le théâtre suit une trajectoire parallèle,
quoique les dramaturges éprouvent plus de
mal à s'éloigner des drames bourgeois d'un
Marcel Dubé ou d'un Jacques Languirand. Il
faudra attendre la fin des années 1960 pour
qu'éclate le cadre rigide du français normatif
et que l'émotion des acteurs puisse s'exprimer par la véritable langue populaire, le

joual, dont Claude Gauvreau et surtout Michel Tremblay révèlent toute la
puissance poétique. À elle seule, la présentation de la pièce *Les Belles-soeurs* au
Théâtre du Rideau vert en 1968 constitue un événement d'envergure.

Félix Leclerc (1914-1988) est vraiment
le premier des chansonniers québécois.
D'aspect traditionnel, ses chansons
reflètent pourtant très souvent les
expériences nouvelles vécues par les
Québécois après la guerre. Dès 1950,
il charme le public français alors qu'il
se présente sur scène avec pour seuls
accessoires un tabouret, sa guitare, sa
chemise « à carreaux » et
une voix inimitable.

À l'instar de la littérature, les arts visuels se sont ouverts sur le monde durant
la décennie 1940, sous l'impulsion d'artistes québécois installés à l'étranger,
comme Alfred Pellan, dont l'œuvre multiforme s'est nourrie de plusieurs
styles. Mais voilà que débute la grande aventure de l'automatisme avec Paul-
Émile Borduas et Jean-Paul Riopelle, qui prônent une production spontanée,
instinctive, dans la droite ligne de l'école new-yorkaise de l'*action painting*, qui,
plus que le mouvement surréaliste français, va désormais influencer les peintres québécois. Forts de cette influence extérieure, les peintres et sculpteurs
participent à l'ouverture du Québec sur le monde et tentent un rapprochement
avec le public. La multiplication des galeries d'art, la collaboration des artistes
à des ouvrages de construction importants (le métro de Montréal, l'Expo 67,
etc.) ainsi que la loi québécoise qui exige que 1 % du budget de construction
d'un édifice public soit consacré à l'achat d'œuvres d'art témoignent de ce désir
de démocratisation.

Tout aussi remarquable est la naissance au Québec d'une production ciné-
matographique originale. Le signal de départ d'un cinéma québécois distinct
semble correspondre au déménagement de l'Office national du film d'Ottawa
à Montréal en 1956. À l'exemple des automatistes, des cinéastes comme Pierre
Perrault, Gilles Groulx et Michel Brault cherchent à faire ressortir la spon-
tanéité et la créativité en utilisant le cinéma direct. *La lutte* (1961) de Brault,
Bûcherons de la Manouane (1962) d'Arthur Lamothe et *Pour la suite du monde*
(1963) de Perrault sont de bons exemples de ce style. De cette école sortiront
de grands réalisateurs qui hisseront le cinéma québécois à un niveau supérieur,
malgré toutes les difficultés entourant le financement d'un long-métrage.
D'excellents films qui empruntent leurs personnages à la quotidienneté sortent
ainsi sur les écrans durant les années 1970 ; pensons à *Mon oncle Antoine* (1971)
de Claude Jutra, à *L'eau chaude, l'eau frette* (1976) de Marc-André Forcier ou
aux *Bons débarras* (1980) de Francis Mankiewicz. L'apparition, en 1968, de la
Société de développement de l'industrie du cinéma canadien (Téléfilm Canada),
puis de la Société générale du cinéma à Québec en 1977 ouvriront ensuite de

MARCELLE FERRON (1924-2001)

À la fois peintre, sculpteure et verrière, Marcelle Ferron s'impose comme l'une des artistes les plus importantes du XXᵉ siècle québécois. Durant une enfance difficile marquée par la maladie, Ferron se découvre une passion pour la peinture qui ne cessera de croître. Quelques années après avoir quitté l'École des Beaux-arts de Québec, dont elle juge la formation sur l'art moderne insatisfaisante, elle trouve un maître à penser en Paul-Émile Borduas qui l'initie à la peinture automatiste. Elle comptera d'ailleurs parmi les signataires du manifeste *Refus global* en 1948.

En 1953, afin de pousser plus loin sa démarche artistique, elle quitte son mari et part s'installer à Paris avec ses trois filles. Ce séjour, qui durera 13 ans, lui permet de se bâtir une solide réputation d'artiste. C'est aussi à Paris qu'elle commence à travailler le verre, un matériau qui lui permet de jouer avec les lumières avec plus de liberté.

De retour au Québec en 1966, elle œuvre sans relâche à de nouveaux procédés pour façonner le verre. Elle parvient notamment à mettre au point une technique qui lui permet de construire d'immenses murs en verre. Le public québécois prend véritablement connaissance de son grand talent quand est dévoilé l'immense vitrail de la station de métro Champ-de-Mars, en 1966. Elle est par la suite invitée à concevoir les vitraux de nombreux édifices partout au Québec, notamment celui du Palais de justice de Granby ou encore de l'hôpital de Trois-Rivières.

nouvelles avenues aux cinéastes et permettront au Québec des années 1980 de produire des films de renommée internationale.

Cet élan créateur dans tous les domaines artistiques aurait été impossible sans la fondation d'institutions culturelles. Au cours des années 1950, conséquemment à la création par le gouvernement fédéral de la télévision française de Radio-Canada (1952) et du Conseil des Arts du Canada (1957), les artistes québécois sont parvenus à mieux se faire connaître du grand public. Toutefois, comme les mécènes privés font cruellement défaut au Québec, c'est le gouvernement provincial qui, dans la foulée de la Révolution tranquille, voit à couver la naissance de ces institutions culturelles. Sous l'égide de Georges-Émile Lapalme, le Parti libéral crée ainsi le ministère des Affaires culturelles en 1961. D'allure modeste, ce ministère est d'abord responsable de quatre grandes entités : la Commission des monuments historiques, l'Office de la langue française, le Département du Canada français d'outre-mer et le Conseil provincial des arts. On inaugure aussi bientôt le Musée d'art contemporain, la Place des Arts, des maisons-théâtres comme le théâtre Denise-Pelletier, et l'on parraine la naissance de plusieurs maisons d'édition. Aux anciennes institutions, comme Fides et Beauchemin, viennent s'ajouter de nouveaux éditeurs, comme l'Hexagone, Boréal, VLB éditeur ou Les Quinze. Enfin, dans certains champs de compétence partagés, Québec tente au moins de donner la réplique aux institutions fédérales en créant son Office du film (1961) et la télévision de Radio-Québec (1969).

Même s'ils sont davantage influencés par les milieux artistiques parisiens, puis new-yorkais, les peintres québécois de l'après-guerre demeurent pétris par l'environnement et les paysages du Québec. On pense spontanément à Jean-Paul Lemieux et à ses longues steppes enneigées. Il en va de même pour la peinture abstraite. Dans *Expansion rayonnante*, on retrouve à la fois l'intensité des noirs, caractéristique à Paul-Émile Borduas, et la luminosité bien particulière des hivers québécois.

■■■ L'essentiel

La croissance économique soutenue commencée en 1945 se poursuit sans grand heurt durant les années 1960, permettant à l'État d'engranger d'importantes rentrées fiscales et de mettre en place les mécanismes de l'État providence. Amorcée par les libéraux de Jean Lesage, la Révolution tranquille bouleverse les structures économiques, sociales et politiques du Québec. Soudainement plus confiants en leurs moyens, les Québécois affichent une attitude de plus en plus nationaliste que tentera de combattre un gouvernement fédéral lui-même transformé par l'arrivée d'un *French Power.* En 1970, au terme des folles années 1960, la crise d'Octobre, caractérisée par la présence de l'armée à Montréal, met fin à cette période d'exubérance et clôt la Révolution tranquille.

■■■ Documents

Un des points saillants des années 1960 est certainement l'émergence d'un mouvement nationaliste québécois extrêmement revendicateur. Toutefois, ce mouvement ne présente pas un visage unique, comme en font foi les trois textes qui suivent. Le premier est un discours de Jean Lesage lorsqu'il était premier ministre du Québec. Il lance en quelque sorte la pensée voulant que le Québec forme une société distincte à l'intérieur du Canada. René Lévesque, quant à lui, pousse plus loin cette conception du monde en mettant en avant l'indépendance du Québec assortie d'une association économique avec le reste du Canada. Il explique d'ailleurs cette idée lorsqu'il soumet à l'Assemblée nationale la question référendaire en 1979. Finalement, le manifeste du Front de libération du Québec de 1970 présente l'option plus radicale du mouvement nationaliste en prônant l'indépendance et la révolution sociale.

Jean Lesage, premier ministre du Québec, le 28 janvier 1965

« D'abord, premier principe, nous croyons que le Québec est l'expression politique du Canada français et qu'il joue le rôle de mère patrie de tous ceux qui au pays parlent notre langue. De ce fait, deuxième principe. Notre province a des traits particuliers, un caractère propre, qu'il est de son devoir de sauvegarder et qu'elle a le droit de mettre en valeur. Ce caractère propre, le premier ministre du Canada lui-même l'a reconnu. Personnellement, j'en ai parlé clairement, je ne sais combien de fois.

Troisième principe. Nous vivons dans un cadre constitutionnel qui, en évoluant et en s'améliorant, doit permettre à notre communauté d'atteindre elle-même et par les moyens qui lui conviennent les objectifs qu'elle se fixe librement. Cette possibilité d'épanouissement était reconnue au moment de la Confédération de 1867, et doit continuer de l'être, même si pour ce faire le régime constitutionnel du Canada doit s'adapter aux conditions nouvelles.

Quatrième principe. Le Québec d'aujourd'hui doit posséder et contrôler, dans la mesure du possible, les leviers économiques, sociaux, administratifs et politiques grâce auxquels, seulement, il pourra réaliser ses aspirations légitimes de peuple adulte.

Cinquième principe. L'action du Québec moderne doit s'exercer dans la paix et la justice en tenant compte de la réalité nord-américaine dans laquelle il vit. Des liens normaux et souhaitables qui le rapprochent des autres nations de langue française et des relations économiques et commerciales qu'il entretient non seulement avec le reste du Canada, mais aussi avec beaucoup d'autres pays du monde.

Source : *Débats de l'Assemblée législative du Québec*, 2 février 1965, p. 238.

René Lévesque, premier ministre du Québec, le 20 décembre 1979

« Depuis sa naissance, il y a plus de 370 ans, le peuple québécois n'a jamais eu l'occasion de se prononcer démocratiquement sur son avenir.

C'est donc avec une fierté qui m'apparaît légitime qu'au nom du Gouvernement je soumets aujourd'hui à nos compatriotes le projet d'une question qui leur permettra, le printemps prochain, de franchir une étape décisive […]

En bref, ce que le Gouvernement propose aux Québécois et aux Québécoises, c'est de devenir pleinement responsables de leur collectivité au moyen d'une nouvelle entente, fondée sur l'égalité fondamentale de chacun des partenaires, en vue d'atteindre le double objectif suivant : donner au Québec le pouvoir exclusif de faire ses lois et d'employer ses impôts ainsi que le droit de participer à la communauté des nations ; et, en même temps, maintenir avec le Canada les liens étroits et mutuellement avantageux d'une association économique et d'une union monétaire.

Dès le début d'une action politique qui rassemblait quelques centaines de personnes, il y a 12 ans, ces lignes de force nous semblaient déjà commandées par l'évolution de plus en plus divergente de la société québécoise et du régime constitutionnel dans lequel elle a vécu depuis au-delà d'un siècle maintenant. Le Québec tendait en effet, au rythme accéléré qui fut celui de la « Révolution tranquille », à assumer ou du moins à réclamer l'augmentation de ses pouvoirs, afin de devenir progressivement maître chez lui ; le régime fédéral, de son côté, réagissait à cette pression montante en durcissant sa résistance au changement, et même en accentuant ce penchant insatiable de toutes les institutions pour l'accroissement de leur emprise. […]

Ainsi, une unanimité est-elle en train de se faire, à tout le moins, sur le caractère inacceptable d'un *statu quo* qui entrave sans cesse davantage les exigences du développement et de la sécurité même du Québec. […]

C'est pourquoi il est devenu nécessaire, sans pour autant briser les liens économiques ni la promesse qu'ils renferment d'un *partnership* mieux équilibré, de récupérer la totalité de nos pouvoirs politiques avant qu'il ne soit trop tard. Non seulement le fédéralisme s'est-il refusé jusqu'à maintenant à toute réforme satisfaisante, mais il est désormais très clair, quant à nous, qu'il n'est simplement pas dans sa nature de s'y prêter. »

Source : *Journal des débats*, 20 décembre 1979, p. 4807.

Le manifeste d'octobre 1970

« Le Front de libération du Québec n'est pas le messie, ni un Robin des bois des temps modernes. C'est un regroupement de travailleurs québécois qui sont décidés à tout mettre en œuvre pour que le peuple du Québec prenne définitivement en mains son destin.

Le Front de libération du Québec veut l'indépendance totale des Québécois, réunis dans une société libre et purgée à jamais de sa clique de requins voraces, les « big boss » patronneux et leurs valets qui ont fait du Québec leur chasse gardée du cheap labor et de l'exploitation sans scrupule.

Le Front de libération du Québec n'est pas un mouvement d'agression, mais la réponse à une agression, celle organisée par la haute finance par l'entremise des marionnettes des gouvernements fédéral et provincial (le show de la Brinks, le bill 63, la carte électorale, la taxe dite de « progrès social », Power Corporation, l'assurance-médecins, les gars de Lapalme…).

Le Front de libération du Québec s'autofinance d'impôts volontaires prélevés à même les entreprises d'exploitation des ouvriers (banques, compagnies de finance, etc.). […]

Nous avons cru un moment qu'il valait la peine de canaliser nos énergies, nos impatiences comme le dit si bien René Lévesque, dans le Parti québécois, mais la victoire libérale montre bien que ce qu'on appelle démocratie au Québec n'est en fait et depuis toujours que la « democracy » des riches. La victoire du Parti libéral en ce sens n'est en fait que la victoire des faiseurs d'élections Simard-Cotroni. En conséquence, le parlementarisme britannique, c'est bien fini et le Front de libération du Québec ne se laissera jamais distraire par les miettes électorales que les capitalistes anglo-saxons lancent dans la basse-cour québécoise à tous les quatre ans. Nombre de Québécois ont compris et ils vont agir. Bourassa dans l'année qui vient va prendre de la maturité : 100 000 travailleurs révolutionnaires organisés et armés !

Oui, il y en a des raisons à la victoire libérale. Oui, il y en a des raisons à la pauvreté, au chômage, aux taudis, au fait que vous M. Bergeron de la rue Visitation et aussi vous M. Legendre de Ville de Laval, qui gagnez 10 000 dollars par année, vous ne vous sentiez pas libres en notre pays le Québec.

Oui, il y en a des raisons, et les gars de la Lord les connaissent, les pêcheurs de la Gaspésie, les travailleurs de la Côte-Nord, les mineurs de la Iron Ore, de Quebec Cartier Mining, de la Noranda les connaissent eux aussi ces raisons. Et les braves travailleurs de Cabano que l'on a tenté de fourrer une fois de plus en savent des tas de raisons.

Oui, il y en a des raisons pour que vous, M. Tremblay de la rue Panet et vous, M. Cloutier qui travaillez dans la construction à Saint-Jérôme, vous ne puissiez vous payer des « vaisseaux d'or » avec de la belle zizique et tout le fling flang comme l'a fait Drapeau l'aristocrate, celui qui se préoccupe tellement des taudis qu'il a fait placer des panneaux de couleurs devant ceux-ci pour ne pas que les riches touristes voient notre misère.

Oui, il y en a des raisons pour que vous Madame Lemay de Saint-Hyacinthe, vous ne puissiez vous payer des petits voyages en Floride comme le font avec notre argent tous les sales juges et députés.

Les braves travailleurs de la Vickers et ceux de la Davie Ship les savent ces raisons, eux à qui l'on n'a donné aucune raison pour les crisser à la porte. Et les gars de Murdochville que l'on a écrasés pour la seule et unique raison qu'ils voulaient se syndiquer et à qui les sales juges ont fait payer plus de deux millions de dollars parce qu'ils avaient voulu exercer ce droit élémentaire. Les gars de Murdochville la connaissent la justice et ils en connaissent des tas de raisons. [...]

Nous en avons soupé du fédéralisme canadien qui pénalise les producteurs laitiers du Québec pour satisfaire aux besoins anglo-saxons du Commonwealth; qui maintient les braves chauffeurs de taxi de Montréal dans un état de demi-esclaves en protégeant honteusement le monopole exclusif à l'écœurant Murray Hill et de son propriétaire-assassin Charles Hershorn et de son fils Paul qui, à maintes reprises, le soir du 7 octobre, arracha des mains de ses employés le fusil de calibre 12 pour tirer sur les chauffeurs et blesser ainsi mortellement le caporal Dumas, tué en tant que manifestant; qui pratique une politique insensée des importations en jetant un à un dans la rue des petits salariés des textiles et de la chaussure, les plus bafoués au Québec, aux profits d'une poignée de maudits «money makers» roulant en Cadillac; qui classe la nation québécoise au rang des minorités ethniques du Canada.

Nous en avons soupé, et de plus en plus de Québécois également, d'un gouvernement de mitaines qui fait mille et une acrobaties pour charmer les millionnaires américains en les suppliant de venir investir au Québec, «la Belle Province», où des milliers de milles carrés de forêts remplies de gibier et de lacs poissonneux sont la propriété exclusive de ces mêmes Seigneurs tout-puissants du XXe siècle;

D'un hypocrite à la Bourassa qui s'appuie sur les blindés de la Brinks, véritable symbole de l'occupation étrangère au Québec, pour tenir les pauvres «natives» québécois dans la peur de la misère et du chômage auxquels nous sommes tant habitués;

De nos impôts que l'envoyé d'Ottawa au Québec veut donner aux boss anglophones pour les «inciter», ma chère, à parler français, à négocier en français : repeat after me : «cheap labor means main-d'œuvre à bon marché».

Des promesses de travail et de prospérité, alors que nous serons toujours les serviteurs assidus et les lèche-bottes des big shot, tant qu'il y aura des Westmount, des Town of Mount-Royal, des Hampstead, des Outremont, tous ces véritables châteaux forts de la haute finance de la rue Saint-Jacques et de la Wall Street, tant que nous tous, Québécois, n'aurons pas chassé par tous les moyens, y compris la dynamite et les armes, ces big boss de l'économie et de la politique, prêts à toutes les bassesses pour mieux nous fourrer.

Nous vivons dans une société d'esclaves terrorisés, terrorisés par les grands patrons, Steinberg, Clark, Bronfman, Smith, Neapole, Timmins, Geoffrion, L. Lévesque, Hershorn, Thompson, Nesbitt, Desmarais, Kierans (à côté de ça, Rémi Popol la garcette, Drapeau le dog, Bourassa le serin des Simard, Trudeau la tapette, c'est des peanuts).

Terrorisés par l'Église capitaliste romaine, même si ça paraît de moins en moins (à qui appartient la Place de la Bourse ?), par les paiements à rembourser à la Household Finance, par la publicité des grands maîtres de la consommation Eaton, Simpson, Morgan, Steinberg, General Motors… ;

Terrorisés par les lieux fermes de la science et de la culture que sont les universités et par leurs singes-directeurs Gaudry et Dorais et par le sous-singe Robert Shaw. Nous sommes de plus en plus nombreux à connaître et à subir cette société terroriste et le jour s'en vient où tous les Westmount du Québec disparaîtront de la carte.

Travailleurs de la production, des mines et des forêts ; travailleurs des services, enseignants et étudiants, chômeurs, prenez ce qui vous appartient, votre travail, votre production et votre liberté. Et vous, les travailleurs de la General Electric, c'est vous qui faites fonctionner vos usines ; vous seuls êtes capables de produire ; sans vous, General Electric n'est rien !

Travailleurs du Québec, commencez dès aujourd'hui à reprendre ce qui vous appartient ; prenez vous-mêmes ce qui est à vous. Vous seuls connaissez vos usines, vos machines, vos hôtels, vos universités, vos syndicats ; n'attendez pas d'organisation miracle.

Faites vous-mêmes votre révolution dans vos quartiers, dans vos milieux de travail. Et si vous ne la faites pas vous-mêmes, d'autres usurpateurs technocrates ou autres remplaceront la poignée de fumeurs de cigares que nous connaissons maintenant et tout sera à refaire. Vous seuls êtes capables de bâtir une société libre.

Il nous faut lutter, non plus un à un, mais en nous unissant, jusqu'à la victoire, avec tous les moyens que l'on possède comme l'ont fait les Patriotes de 1837-1838 (ceux que Notre sainte mère l'Église s'est empressée d'excommunier pour mieux se vendre aux intérêts britanniques).

Qu'aux quatre coins du Québec, ceux qu'on a osé traiter avec dédain de lousy French et d'alcooliques entreprennent vigoureusement le combat contre les matraqueurs de la liberté et de la justice et mettent hors d'état de nuire tous ces professionnels du hold-up et de l'escroquerie : banquiers, businessmen, juges et politicailleurs vendus.

Nous sommes des travailleurs québécois et nous irons jusqu'au bout. Nous voulons remplacer avec toute la population cette société d'esclaves par une société libre, fonctionnant d'elle-même et pour elle-même, une société ouverte sur le monde.

Notre lutte ne peut être que victorieuse. On ne tient pas longtemps dans la misère et le mépris un peuple en réveil.

Vive le Québec libre !

Vive les camarades prisonniers politiques !

Vive la révolution québécoise !

Vive le Front de libération du Québec ! ≫

Source : *Manifeste du Front de libération du Québec,* lu le 8 octobre 1970 sur les ondes de Radio-Canada.

LE DUEL QUÉBEC-CANADA

1970-1990

AU QUÉBEC	
1970	Deux enlèvements et la *Loi sur les mesures de guerre* plongent le Québec dans la crise d'Octobre.
1971	Échec de la conférence constitutionnelle de Victoria.
1972	Front commun intersyndical (CSN-FTQ-CEQ).
1974	Création du Conseil du statut de la femme. La loi 22 fait du français la langue officielle du Québec.
1975	Convention de la Baie-James entre le gouvernement du Québec, les Cris et les Inuits.
1976	Jeux olympiques de Montréal. Élection du premier gouvernement souverainiste du Parti québécois.
1977	Adoption de la Charte de la langue française (projet de loi 101).
1978	Loi sur la protection du territoire agricole.
1980	Premier référendum sur la souveraineté-association. Le « non » l'emporte par 59,6 %.
1982	Le gouvernement du Québec réduit les salaires des employés du secteur public.
1985	Démission de René Lévesque ; retour au pouvoir des libéraux de Robert Bourassa.
1987	Signature de l'entente constitutionnelle du lac Meech entre le gouvernement fédéral et les provinces.
1989	Un homme âgé d'une vingtaine d'années entre à l'École polytechnique de Montréal et abat 14 étudiantes.

AILLEURS DANS LE MONDE	
1972	Le président Richard Nixon visite successivement la Chine et l'URSS.
1973	La crise du pétrole provoque une montée générale de l'inflation.
1974	Scandale du Watergate aux États-Unis ; démission du président Richard Nixon.
1975	Signature des accords d'Helsinki portant sur la sécurité et la coopération en Europe.
1978	Signature des accords de Camp David entre Israël et l'Égypte.
1979	Défaite des libéraux à Ottawa ; gouvernement minoritaire conservateur dirigé par Joe Clark.
1980	Retour au pouvoir des libéraux de Trudeau à Ottawa. Accession de l'ultra-conservateur Ronald Reagan à la présidence des États-Unis.
1982	Ratification de la nouvelle constitution canadienne en l'absence de représentants du Québec. Crise économique mondiale qui affecte durement le Québec.
1984	Victoire des conservateurs de Brian Mulroney à Ottawa.
1986	Explosion de la centrale nucléaire de Tchernobyl.
1989	Signature de l'accord de libre-échange entre le Canada et les États-Unis. Chute du mur de Berlin.

■ La chute de la natalité

Au terme du baby-boom consécutif à la Seconde Guerre mondiale, le nombre de naissances baisse rapidement au Québec, passant de 3,77 enfants par femme en 1961 à 1,93 en 1971, puis à 1,56 en 1981, pour atteindre 1,36 en 1986. Plusieurs facteurs ont contribué à cette diminution de la natalité, à commencer par la commercialisation de la pilule anticonceptionnelle au début des années 1960. Le déclin de l'influence religieuse, l'essor d'une société matérialiste et individualiste, l'insécurité économique, le travail féminin, tous des phénomènes en croissance, retardent aussi la formation du couple et la venue du premier enfant.

Sur le plan économique, la baisse de la natalité a un effet direct sur la consommation. Dans l'alimentation, le vêtement et la construction, le recul de la demande provoque le report d'investissements et une guerre féroce pour des parts de marché. Alors qu'on construisait plus de 50 000 unités de logement par année entre 1965 et 1970, après le sommet de 1976, l'industrie de la construction doit compter sur des mesures incitatives soutenues par les gouvernements pour arriver à vendre des maisons de plus en plus grandes à des familles de plus en plus petites. Comme le montrent les figures 8.1 et 8.2, la diminution de la natalité entraîne aussi un vieillissement de la population et, par conséquent, un changement des habitudes de consommation. Une population plus âgée achète moins de maisons neuves, va moins souvent au restaurant ou au cinéma, se convertit au «cocooning», cotise à un fonds de pension et sollicite davantage les services de santé. Les enfants ayant quitté le foyer, un nombre croissant de Québécois vendent leur «bungalow» et font l'expérience de la copropriété – du «condo» – en attendant la maison de retraite.

FIGURE 8.1 Les pyramides des âges au Québec

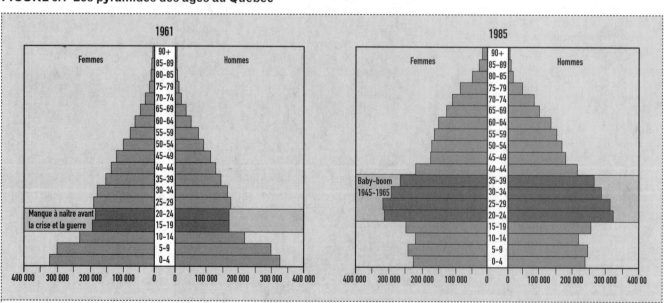

En raison de son nombre, l'imposante cohorte née entre 1945 et 1965 joue un rôle clé dans l'histoire du Québec contemporain. À mesure qu'elle grandit, cette génération sait imposer ses valeurs au reste de la population.

FIGURE 8.2 L'évolution de l'espérance de vie au Québec (1930-1997)

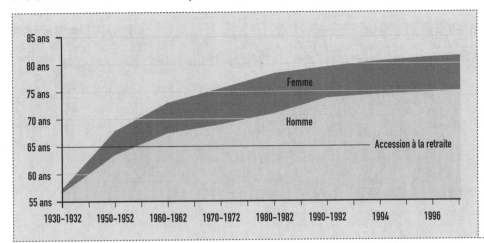

Même si l'espérance de vie ne connaît plus de progrès notables de nos jours, les Québécois peuvent espérer demeurer en santé 20 ans après leur mise à la retraite (à 65 ans). Par conséquent, en plus des rentes du Québec, de la pension de vieillesse et de leur fonds de retraite d'entreprise, ils sont aussi invités à cotiser à un REER (régime enregistré d'épargne-retraite) afin de garantir leur sécurité financière tout le long du «bel âge».

■ Les migrations

L'immigration compense toutefois encore pour cette chute de la croissance naturelle. L'origine des immigrants s'est considérablement diversifiée depuis les années 1960. Au tournant des années 1980, les principaux groupes viennent du Liban (8,5 %), d'Haïti (6,7 %), de la France (5,4 %), de Hong Kong (4,1 %), du Portugal (3,8 %) et du Vietnam (3,4 %). Ils se concentrent à Montréal, où des communautés nationales déjà sur place les accueillent. Ils suivent donc le chemin inverse des francophones, qui pour leur part délaissent les centres-villes au profit des banlieues. Comme le souligne Gérald LeBlanc : «C'est donc à 20 % des francophones du Québec qu'on demande d'intégrer 80 % des immigrants. C'est une mission impossible.»

Depuis 1970, l'augmentation et la diversité des immigrants changent le visage de Montréal et compliquent leur intégration à la culture de la majorité.

■ Le déclin économique des régions

En revanche, pour des dizaines de milliers d'Abitibiens, de Gaspésiens ou de Saguenéens, la survie de leur région est désormais menacée. Les **disparités régionales** sont très anciennes, les villes de Québec et surtout de Montréal agissant très tôt comme des pôles d'attraction. Depuis 1880, la région de Montréal a ainsi fourni de 64 % à 70 % de la production industrielle totale du Québec, contre 9 % pour Québec, 7 % pour Trois-Rivières, 3,6 % pour l'Estrie et 10 % seulement pour le reste de la province. Le taux de chômage est également plus élevé en région qu'à Montréal. En 1986, il est de 18 % en Gaspésie, de 14,5 % dans le Bas-Saint-Laurent et de 12,2 % au Saguenay–Lac-Saint-Jean. La dépendance à quelques grands employeurs rend encore plus fragile l'économie des régions. Par exemple, Trois-Rivières, si prospère durant les années 1950, devient, après le départ de quelques multinationales, la capitale canadienne du chômage. Les jeunes quittent donc leur région, qui se dépouille peu à peu de sa vigueur (*voir le tableau 8.1 à la page suivante*).

Disparité régionale

Développement inégal entre les régions, conséquence de l'histoire, des choix économiques ou simplement de l'éloignement relatif. Les disparités entre les régions du Québec sont bien illustrées par des taux de chômage qui peuvent doubler d'une région à l'autre, par exemple si l'on compare la Gaspésie à la région de Québec.

TABLEAU 8.1 La variation de la population dans les différentes régions du Québec entre 1986 et 2006

Région	Population en 2006	Variation 1986-2006
Laurentides	518 621	+37,0 %
Lanaudière	434 872	+34,5 %
Outaouais	347 214	+24,5 %
Laval	376 845	+22,8 %
Montérégie	1 386 963	+19,2 %
Estrie	302 161	+12,8 %
Capitale-Nationale	671 468	+10,7 %
Centre-du-Québec	228 099	+9,7 %
Nord-du-Québec	40 637	+9,3 %
Chaudière-Appalaches	397 777	+8,6 %
Montréal	1 873 971	+2,9 %
Mauricie	260 461	+1,5 %
Abitibi-Témiscamingue	144 835	−3,4 %
Saguenay—Lac-Saint-Jean	274 095	−6,3 %
Bas-Saint-Laurent	201 692	−6,7 %
Côte-Nord	95 948	−11,2 %
Gaspésie—Îles-de-la-Madeleine	95 872	−19,6 %

Le village québécois reste marqué par sa forme allongée le long d'une route ; ce sont l'église et l'école qui lui donnent un centre. La population y vieillit cependant et bon nombre de localités comme celle-ci doivent désormais combattre pour leur survie.

La question de la survie des régions refait régulièrement surface en période électorale et donne souvent lieu à des promesses hâtives. Les actions gouvernementales dans le domaine sont rarement concertées et durables et, lorsque c'est le cas, le succès n'est pas garanti. Les régions font d'ailleurs toujours preuve d'une certaine méfiance envers les plans ambitieux concoctés dans les universités et les officines du pouvoir à Québec et à Montréal.

Une tendance plus viable vise à partir de 1975 à décentraliser l'administration des services et à confier davantage de responsabilités à des organismes en région. L'Office de planification et de développement du Québec, les conseils régionaux de développement (CRD) et les municipalités régionales de comté (MRC) s'ajoutent aux municipalités afin de gérer des dossiers tels le zonage agricole, les plans d'aménagement et les services de santé. Au milieu des années 1980 cependant, les compressions budgétaires touchent durement les bureaux régionaux. Dans certaines régions, on lutte héroïquement pour conserver les rares services gouvernementaux qui demeurent, par exemple, un bureau de poste, un hôpital, une école. Le torchon brûle d'ailleurs entre Québec et les municipalités du Québec, à qui l'on confie des responsabilités de plus en plus lourdes, sans toutefois leur octroyer d'autre source de revenu que la taxe foncière.

■ L'agriculture sous protection

Les effectifs agricoles se sont effondrés durant les années 1960, tandis que l'étalement urbain a grignoté les meilleures terres. Le monde agricole est donc emporté après 1970 par une grande vague de réglementation destinée à stopper ce déclin. Chaque producteur détient désormais un quota de production qu'il ne peut dépasser sous peine de pénalité. Pour nombre de produits tels le porc, la volaille et le lait, les prix sont arbitrairement fixés, et les agriculteurs, protégés contre les produits étrangers et même contre les aléas de la météo. En 1978, la Loi sur la protection du territoire agricole ralentit l'étalement urbain, en particulier en banlieue de Montréal.

La figure 8.3 montre que la production laitière a gardé sa prépondérance. Les quotas ont permis aux agriculteurs québécois de faire main basse sur la moitié de la production canadienne de lait. En conséquence, l'élevage occupe les trois quarts de l'activité agricole en 1987.

Cette modernisation précipite la mort de l'agriculture traditionnelle, mais consolide la situation de quelques milliers d'entrepreneurs agricoles très productifs, capables de se mesurer aux géants de la distribution alimentaire. En raison de leur petit nombre et de leur pouvoir d'achat, les grandes chaînes contrôlent toute l'industrie agroalimentaire. Malgré la force des Provigo, Métro-Richelieu et Steinberg, certains petits magasins se maintiennent cependant avec succès. Autant dans le vêtement qu'en alimentation, les modes changeantes et la qualité du service offert assurent la survie de boutiques, de librairies et d'épiceries de quartier. La vente de bière, de cigarettes et de billets de loterie permet à des milliers de dépanneurs de briser la monotonie des quartiers résidentiels. En 1971, 69 % des achats au détail, ce qui équivaut à 5,15 milliards de dollars, sont encore réalisés dans des magasins de 10 employés et moins.

FIGURE 8.3 Le pourcentage de la valeur de la production agricole totale selon le type de culture (1987)

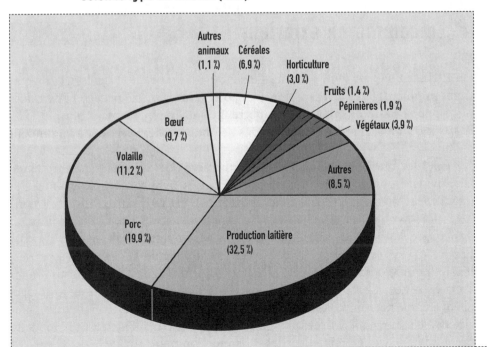

L'élevage représente les trois quarts de la production agricole québécoise. Cette proportion est restée stable jusqu'à nos jours, en raison des règlements qui fixent le nombre d'exploitants.

■ ■ ■ Profil d'une région

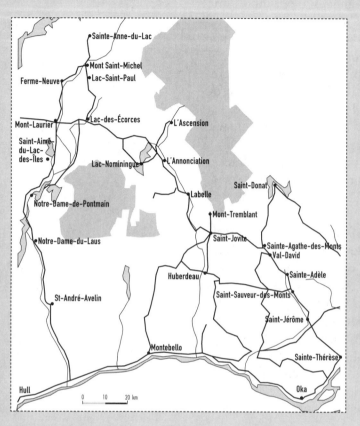

Au sud, les Basses-Laurentides forment une chaîne de villes-dortoirs, de Repentigny à Oka, le long de la rivière des Mille-Îles, en face de Montréal et Laval. La région est entièrement découpée en seigneuries au XVIIIe siècle, où bientôt prospèrent les bourgs agricoles de Sainte-Thérèse, Terrebonne et Saint-Eustache. Les dévastations consécutives aux Rébellions de 1837-1838 interrompent toutefois l'essor des Basses-Laurentides. L'agriculture y demeure importante au XXe siècle, mais elle est bientôt menacée par l'étalement urbain et, en 1971, par l'expropriation maladroite visant à faire place au nouvel aéroport international de Montréal (Mirabel). La région connaît depuis une croissance démographique spectaculaire (433 000 habitants en 1996).

Au nord de Saint-Jérôme, le territoire est découpé en cantons après la Conquête et peuplé de quelques centaines de familles écossaises cohabitant avec les clans algonquins. Puis, sous l'influence du curé Antoine Labelle,

■ Le commerce extérieur   ■ ■ □

En 1970, le Québec demeure pour l'essentiel un exportateur de dérivés de matières premières (*voir la figure 8.4*). Le papier d'imprimerie occupe la première place depuis la fin de la Seconde Guerre mondiale, représentant plus de 15 % des exportations, alors que les livraisons de minerais de cuivre et de fer tendent à diminuer.

En 1982, certaines tendances se confirment : 64,5 % des exportations de la province sont destinées aux États-Unis. Les livraisons au Royaume-Uni (5,5 %), en Allemagne (2,2 %), au Japon (2,6 %) et en France (1,8 %) deviennent alors marginales. Au chapitre des importations, les États-Unis dominent également, le Québec y effectuant 51,3 % de ses achats à l'étranger. La part des autres pays est minime : le deuxième fournisseur, le Venezuela – essentiellement pour le pétrole brut –, ne représente que 6,3 % des importations totales de la province. Cette dépendance aux États-Unis, à la fois comme principal client et fournisseur, rend le Québec très vulnérable à la conjoncture américaine. L'entente de libre-échange de 1989 vient d'ailleurs renforcer cette prépondérance américaine dans les échanges commerciaux de la province.

>>> Les Laurentides

la colonisation s'étend vers le nord. Si Saint-Jérôme est reliée à Montréal par chemin de fer dès 1877, il faut attendre 1892 pour que le «p'tit train du Nord» atteigne Sainte-Agathe, puis Mont-Laurier en 1909. Encore aujourd'hui, la route 117 (le boulevard Labelle) et l'autoroute 15 perpétuent le rôle historique du tracé ferroviaire, et le nom des villages, celui de l'Église au tournant du XXᵉ siècle : L'Annonciation, La Conception, L'Ascension, etc. Malgré les efforts consentis, la colonisation ne connaît guère de succès. Dans les Laurentides comme ailleurs, l'industrie du bois vient au secours d'une colonisation anémique à la fin du XIXᵉ siècle. Le bois d'œuvre connaît en particulier un développement remarquable à Sainte-Agathe, à Mont-Laurier et à Ferme-Neuve.

Les Laurentides deviennent très tôt une région de villégiature. D'abord par le chemin de fer, puis par la route, les Montréalais s'y rendent en masse à compter des années 1940 afin de profiter des nombreux lacs et centres de ski de la région. Des sites tels que Pointe-Calumet, Piedmont, Lac des Sables ou la trappe d'Oka sont bien connus de toute la génération de l'après-guerre. La région arrive d'ailleurs au deuxième rang après Montréal au chapitre de l'hôtellerie. La voie de chemin de fer (fermée en 1989) est en outre devenue le parc linéaire Le P'tit Train du Nord, qui accueille le long de ses 200 kilomètres les cyclistes l'été et les skieurs de randonnée l'hiver. Des sites de prestige comme Saint-Sauveur ou Mont-Tremblant ont depuis placé les Laurentides sur l'itinéraire du tourisme international. À côté de ces enclaves, les habitants des Laurentides demeurent humbles. Deux chefs-d'œuvre, *Un homme et son péché* (1934) de Claude-Henri Grignon et *Les bons débarras* (1979) de Francis Mankiewicz, racontent à leur manière l'histoire de ces gens modestes et tourmentés, à jamais marqués par les épreuves de la colonisation.

FIGURE 8.4 Les principales livraisons du Québec en pourcentage de la valeur totale des exportations (1984)

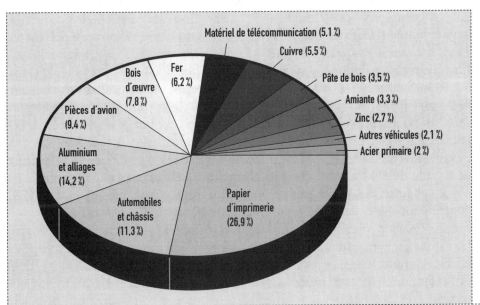

◆ Distinguez les exportations de matières premières et celles de produits finis.

Pacte de l'automobile

Traité de libre-échange entre le Canada et les États-Unis portant sur les composantes automobiles, qui oblige les grands constructeurs américains à assembler au Canada autant de voitures qu'ils y vendent. La province de l'Ontario, située à proximité des centres de production automobile américains, profite particulièrement de cet accord.

Si les ressources naturelles voient leur part diminuer, les exportations de produits usinés, tels les automobiles et les moteurs d'avion, sont en revanche en nette progression. L'industrie automobile a commencé à s'installer au Canada en 1965, à la suite de la signature du **Pacte de l'automobile**. Pour sa part, l'industrie aéronautique, née durant la Seconde Guerre mondiale, a poursuivi sa croissance, surtout grâce à une aide substantielle du gouvernement fédéral. Trois compagnies, à savoir Rolls Royce à Lachine, Canadair (Bombardier) à Saint-Laurent et United Aircraft (Pratt & Whitney) à Longueuil, conçoivent et fabriquent alors des produits reconnus mondialement. Enfin, jusqu'à la crise du pétrole de 1973, le transport aérien connaît une croissance fulgurante. Montréal est alors la plaque tournante du trafic aérien et le siège de l'Organisation de l'aviation civile internationale (OACI). La compagnie Air Canada, dont le siège social est à Montréal, joue le rôle de transporteur national, tandis que quelques autres compagnies assurent les liaisons avec les régions éloignées du nord du Québec. Toutefois, au début des années 1980, la baisse du trafic aérien, la privatisation d'Air Canada et la déréglementation dans ce secteur entraînent une guerre des prix et l'arrivée de capitaux américains. Le transport aérien de la région montréalaise périclite. Montréal possède désormais deux aéroports de classe internationale qui ne sont pas rentables. Hors des grandes villes, le trafic aérien plafonne et les petits aéroports sont soit fermés, soit vendus à des intérêts privés.

■ Le déclin industriel ■ ■ □

L'industrie manufacturière du Québec a continué à croître jusqu'au début des années 1960, embauchant à l'époque le tiers de la main-d'œuvre québécoise. Le développement rapide pendant la guerre, l'augmentation de la population, celle du pouvoir d'achat et une productivité considérable sont responsables d'un tel essor. Certaines régions comme la Mauricie, les Bois-Francs (Drummondville) et l'Estrie connaissaient alors un taux d'industrialisation élevé.

L'industrie occupait ainsi 417 000 personnes en 1951, puis 427 000 en 1959. Elle en occupe encore 491 000 en 1985. Par contre, la valeur de la production augmente bien plus vite que les effectifs, passant de 5 milliards de dollars, en 1951, à 23 milliards, en 1975, puis à 45 milliards en 1985. La productivité par travailleur s'accroît donc nettement (*voir la figure 8.5*).

À partir des années 1970, au lieu de moderniser des installations vétustes, plusieurs entreprises préfèrent se délocaliser. Cela se produit dans les secteurs du textile (Dominion Textile), de l'alimentation (Cadbury), des appareils électriques (General Electric) et des ressources naturelles (ITT à Port-Cartier, la CIP à Trois-Rivières et Iron Ore, dont le départ provoque la fermeture de la ville de Schefferville dans le Nouveau-Québec). La crise du pétrole de 1973, la hausse sans précédent des taux d'intérêt en 1981, puis la crise de 1982 contribuent également à l'effondrement du secteur industriel québécois.

Au Québec, on redoute alors la disparition de centaines de PME québécoises. Le gouvernement de la province, de même que certaines sociétés d'État, entrent donc en action. Le régime enregistré d'épargne-actions (REA) et l'exemption de taxes sur les vêtements et les meubles permettent aux entreprises de disposer de capitaux et d'accroître leur compétitivité. La société

FIGURE 8.5 La répartition par secteur de la valeur totale de la production industrielle par ordre de prépondérance

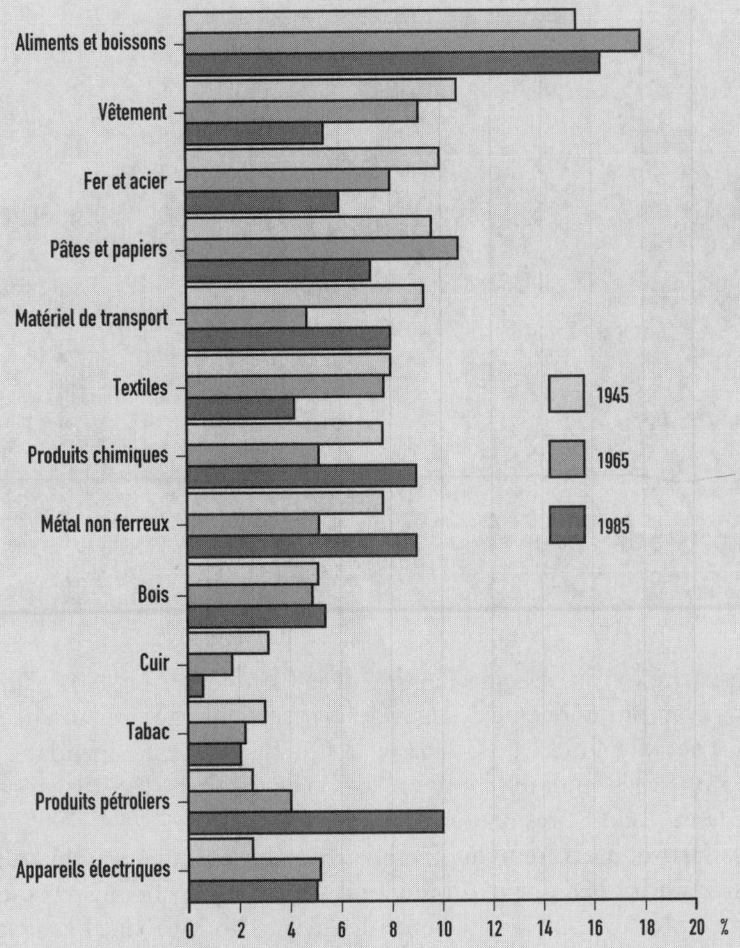

La structure industrielle du Québec connaît peu de changements entre 1945 et 1985. Les aliments et boissons continuent à dominer le paysage industriel québécois, employant plus de 50 000 travailleurs en 1990, que ce soit dans la boulangerie (Christie, Durivage), la fromagerie (Lactancia, Saputo) ou l'embouteillage (Coke, Naya, Molson). Les industries ayant la plus forte croissance sont celles où les gains de productivité par travailleur ont été les plus importants : les produits pétroliers (Shell, Ultramar), le transport (Bombardier), les communications (Nortel, Erikson, Bell), les pâtes et papiers, l'aluminium et les mines. Les secteurs du vêtement, du textile et des métaux, autrefois si importants, ont décru rapidement depuis 1945. La concurrence de nouveaux pays industriels où les salaires sont plus bas, le vieillissement des installations et le déclin du transport ferroviaire ont entraîné la fermeture de nombreuses usines dans la région de Montréal, à Lévis et à Valleyfield. Le nombre d'employés du vêtement (58 794 travailleurs en 1990) demeure tout de même élevé, ce qui témoigne du faible taux de productivité par travailleur.

Rexfor sauve ainsi des dizaines de scieries menacées de rachat par les géants des pâtes et papiers. Dans certains cas, le gouvernement se porte lui-même acquéreur d'entreprises. Cela se produit dès 1977 dans les secteurs de l'amiante (SGA), de la sidérurgie (Sidbec) et des pâtes et papiers (Domtar). On parle alors d'«État Provigo» ou de «Québec inc.» pour désigner ce partenariat original entre le gouvernement et l'entreprise privée francophone. Ces interventions préparent la reprise économique de 1984 et permettent un contrôle francophone plus important, qui passe de 47 % en 1961 à 55 % en 1978.

■ Le traité de libre-échange ■■□

Depuis le XVIIᵉ siècle, le Québec a toujours été lié à de grands ensembles commerciaux, d'abord au sein de l'empire colonial de la France, puis, après 1760, dans l'Empire britannique. Déjà, l'abandon en 1846 de la protection coloniale par la Grande-Bretagne avait mené en 1854 à un premier traité de libre-échange entre ses colonies de l'Amérique du Nord et les États-Unis. Ce traité

Le réseau des stations de Pétro-Canada résulte en majeure partie de l'achat par le gouvernement canadien des postes de vente de la pétrolière Petro-Fina. Fer de lance de la politique énergétique de Pierre Elliott Trudeau, Pétro-Canada sert en particulier à rappeler aux Québécois la présence salvatrice du gouvernement fédéral. L'entreprise est partiellement privatisée en 1990.

de « réciprocité » avait pris fin à la veille de la Confédération de 1867, alors que le Canada avait plutôt décidé d'ériger des barrières douanières afin de protéger son industrie naissante. Le Canada et le Québec avaient cependant toujours souhaité nouer des ententes commerciales avec les États-Unis, surtout afin d'y exporter leurs abondantes ressources naturelles.

Si le Parti conservateur du Canada, qui représente les industriels et les villes, est traditionnellement protectionniste, le Parti libéral, représentant le commerce et les régions, prône généralement le libre-échange avec les États-Unis. Or, à compter de 1970, c'est le Parti libéral de Pierre Elliott Trudeau (influencé en cela par le Nouveau Parti démocratique) qui préconise un nouveau type de protectionnisme envers les Américains. Trudeau cherche de la sorte à renforcer l'autonomie du Canada face aux États-Unis. Les libéraux créent alors plusieurs agences comme le Conseil de la radiodiffusion et des télécommunications canadiennes (CRTC) en 1968, la Corporation de développement du Canada (CDC) en 1971 et l'Agence de tamisage des investissements étrangers (FIRA) en 1973. Ces mesures ont précisément pour but de renforcer le contrôle canadien sur certaines industries et de limiter la liberté d'action des multinationales américaines en sol canadien. Ainsi, dans le domaine pétrolier par exemple, Trudeau lance une politique énergétique et met sur pied en 1974 une grande pétrolière canadienne, Pétro-Canada, qui vise à contrer le monopole des multinationales du pétrole.

Sur la scène fédérale, le nationalisme très interventionniste de Pierre Elliott Trudeau va néanmoins trouver son contrepoids au sein du Parti progressiste-conservateur, désormais converti aux mérites du libre-échange. Dès son élection en 1984, le gouvernement conservateur de Brian Mulroney abolit donc plusieurs régies créées par les libéraux et engage des pourparlers avec Washington en vue de ratifier une entente de libre-échange. L'administration républicaine de Ronald Reagan est partante et les négociations s'amorcent en mai 1986. Celles-ci sont pourtant très âpres, ce qui démontre l'importance des échanges entre les deux pays (environ 200 milliards de dollars en 1990). L'entente est finalement signée le 1er janvier 1989. Elle prévoit l'abolition sur 10 ans de la plupart des obstacles au commerce transfrontalier. Le Québec et le Canada obtiennent en particulier des garanties quant au maintien de leurs programmes sociaux (plus élaborés qu'aux États-Unis) et de leurs industries culturelles.

En 1987, Jean Chrétien prédit que le libre-échange mènera le Canada à la ruine. Ce sera pourtant lui qui, une fois premier ministre du Canada en 1993, intensifiera le processus de libéralisation des échanges, devant mener en 1994 à l'Accord de libre-échange nord-américain (ALENA).

■ Le rôle du gouvernement ■ ■ □

Dans une flambée d'enthousiasme, la Révolution tranquille avait accru l'accessibilité à l'éducation et aux services sociaux. Restreints par une conjoncture économique bien moins favorable, les gouvernements des années 1970 et 1980 vont surtout s'efforcer de « conserver ces acquis ». En 1985, Québec contribue à lui seul à 23 % du PIB et dépense près de 40 milliards de dollars ; 60 milliards, si on y ajoute le budget des principales sociétés d'État, soit la Société des alcools, Hydro-Québec, Sidbec et Loto-Québec. Le gouvernement du Québec emploie alors 476 000 personnes, dont 180 000 dans l'éducation et 220 000 en santé et en affaires sociales.

L'importance de l'État réside surtout dans les **paiements de transfert** qu'il verse directement aux Québécois. À la suite de la Loi sur l'aide sociale de 1969, l'objectif consiste à assurer un revenu minimal à toute personne incapable de travailler, soit sous forme de prestations d'aide sociale, d'indemnisations aux accidentés du travail ou d'allocations pour les frais de garde, par exemple.

Ces programmes s'avèrent vite très coûteux, tandis que le filet de sécurité sociale n'est même pas étanche. À la fin des années 1970 s'amorce donc un débat à propos des limites de la mission sociale de l'État, débat qui se poursuit d'ailleurs toujours.

Un autre grand chantier de la Révolution tranquille, l'universalité et la gratuité des soins médicaux, a aussi contribué à l'explosion des dépenses de l'État. Dès 1971, les centres locaux de services communautaires (CLSC) visent alors à réduire les coûts de santé en misant sur la prévention et le désengorgement des hôpitaux. Ils n'atteindront cependant jamais ces objectifs.

> **Paiement de transfert**
>
> Somme versée par les gouvernements sous forme de prestations d'aide sociale, d'assurance-emploi ou de tout autre supplément au revenu.

■ La crise des finances publiques ■ ■ □

La constitution de 1867 garantit aux gouvernements fédéral et provinciaux le droit d'emprunter pour financer leurs activités. La dette publique résulte ainsi des déficits annuels successifs qui s'accumulent année après année. L'existence d'un déficit annuel, voire d'une dette accumulée, n'est pas néfaste en soi. Elle démontre même la volonté des gouvernements de jouer un rôle actif dans la

■ ■ ■ Profil d'une région >>>

Le Nouveau-Québec représente 60 % du territoire québécois, mais n'y habitent que 40 000 Cris, Inuits et Jamésiens (non autochtones), soit 0,04 habitant au kilomètre carré.

Au nord du 55e parallèle, le Nunavik est depuis longtemps peuplé d'Inuits qui vivent le long des côtes de la pêche et de la chasse aux mammifères marins et dont l'intégration à la société québécoise ne date guère que des années 1950. De tous les peuples autochtones, ils sont donc ceux ayant le mieux conservé leur mode de vie.

Entre les 49e et 55e parallèles s'étend la région de la Baie-James (voir la carte ci-contre). Cette région est peuplée depuis 5000 ans de bandes cries qui pratiquent le nomadisme, généralement sur les traces des hordes de caribous. Entre 1610 et 1631, Henry Hudson et Thomas James abordent cette région par la mer et la revendiquent au nom de l'Angleterre. La région possède cependant de nombreuses rivières qui coulent de l'est vers l'ouest, permettant aux explorateurs d'y pénétrer à partir du bassin du lac Saint-Jean. Radisson et Des Groseilliers découvrent ainsi les principales routes terrestres et fondent en 1670, pour le compte de la Grande-Bretagne, la Compagnie de la baie d'Hudson.

Après la Conquête, la Baie-James demeure la propriété exclusive de la Compagnie de la baie d'Hudson, puis est rattachée à la province de Québec en 1912. Les prospecteurs s'y rendent alors nombreux à la recherche de métaux précieux. La découverte par Robert Bell d'un gisement d'or à Chibougamau provoque à compter de 1934 un afflux sans précédent d'aventuriers de même que la naissance de villes minières telles Chapais et Matagami.

Le projet hydroélectrique de la Baie-James est d'une toute autre envergure. Le « projet du siècle » consistait à créer le plus vaste bassin artificiel du monde et à aménager en particulier les rivières La Grande, Caniapiscau et Eastmain. Un tel projet posait cependant de nombreux problèmes, comme le lotissement des milliers de travailleurs requis, les répercussions sur l'environnement et la faune et surtout les droits ancestraux des autochtones sur ce territoire. La Convention de la Baie-James et du Nord québécois, signée en 1972 entre les Cris, les Inuits et le gouvernement du Québec, constitue un véritable traité entre nations souveraines. Le colossal chantier bourdonne donc tout le long des années 1970, alimenté par un incessant pont aérien. La pénurie de main-d'œuvre, l'inflation galopante et les problèmes logistiques causés par l'arrivée

société, où l'argent dépensé permet, par exemple, de relancer l'économie. C'est le keynésianisme. Par contre, lorsque cette dette devient trop importante, elle génère des effets pervers, comme l'accroissement des taxes et des impôts, ainsi que la dépendance aux prêteurs étrangers.

La croissance rapide de la dette publique au cours des années 1980 et la « lutte au déficit » va ainsi dominer l'actualité pendant près de 20 ans. Plusieurs phénomènes sont à l'origine de cette crise, qui force de nos jours les gouvernements à se retirer de nombreux champs où l'on s'était habitué à leur présence. Le premier phénomène est d'ordre macroéconomique. Entre 1973 et 1981, le Canada connaît un taux d'inflation exceptionnel de 10 % en moyenne, ce qui a pour effet d'augmenter le coût de la vie et, par conséquent, les dépenses des gouvernements, qui voient alors la taille de leur déficit décupler. Entre 1981 et 1986, on assiste au contraire à une hausse brutale des taux d'intérêt, qui réussit à stopper l'inflation, mais qui fait subitement grimper le **service de la dette.** La dette fédérale passe ainsi de 24 milliards de dollars en 1975 à 123 milliards en 1983 et à 550 milliards en 1995. Celle du gouvernement du Québec passera, elle, de 24 à 69 milliards entre 1981 et 1995.

Le second phénomène est d'ordre politique. Qu'ils soient fédéralistes ou nationalistes, les politiciens ont utilisé à profusion l'argent des contribuables pour faire triompher leurs idées politiques. De 1968 à 1984, le long gouvernement

Service de la dette

Sommes que les gouvernements doivent acquitter chaque année pour payer les intérêts sur leur dette.

>>> Le Nouveau-Québec et la Baie-James

massive de travailleurs dans la région provoquent de nombreux arrêts de travail et un dépassement des coûts. Progressivement, on inaugure au début des années 1980 pas moins de sept centrales produisant aujourd'hui la moitié de l'électricité du Québec. Parmi celles-ci, la centrale Robert-Bourassa fait l'équivalent de 53 étages de haut ; l'eau s'y engouffre à 140 mètres sous terre dans la plus vaste grotte artificielle du monde. Après 1985, on entreprend d'aménager la région et surtout de la rendre plus accessible grâce à la construction de deux routes, l'une la reliant à l'Abitibi, l'autre au Lac-Saint-Jean. Dès son retour au pouvoir en 1985, Robert Bourassa promet de lancer une phase II de la Baie-James, mais la baisse du prix du pétrole, la résistance des autochtones et les contraintes environnementales mènent à la mise au rancart du projet. Les Québécois peuvent cependant se montrer fiers des travaux réalisés. En plus de fournir une énergie propre et renouvelable, les gigantesques installations de la Baie-James ont permis l'essor des industries de la construction et du génie-conseil au Québec ainsi qu'à des milliers de travailleurs, puis de touristes, de découvrir l'autre moitié de l'immense territoire québécois.

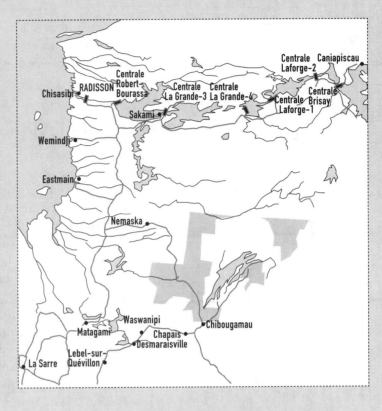

Trudeau a ainsi disposé des fonds publics afin de promouvoir un Canada homogène, soudé par des subventions et de plantureux programmes sociaux d'un océan à l'autre, en particulier pour endiguer la volonté autonomiste du Québec. L'ingérence croissante du fédéral dans des champs de compétence provinciale, comme l'éducation, les affaires sociales et l'environnement, entraîne aussi la multiplication de chevauchements coûteux avec l'administration des provinces. Depuis Maurice Duplessis, le Québec mène lui aussi une lutte pour l'occupation des champs de compétence. Par la création d'un impôt provincial (1954) et le retrait de nombreux programmes fédéraux (1963), le gouvernement du Québec a cherché, comme son homologue fédéral à coups de milliards, à se convaincre qu'il était bien le meilleur gouvernement pour les Québécois. En découle alors une gestion particulièrement complexe et parfois chaotique des différents programmes gouvernementaux. On compte ainsi en 1986 plus de 46 programmes de supplément de revenu au Québec, allant des allocations familiales aux pensions de vieillesse ou de l'aide sociale aux pensions d'invalidité.

Enfin, la fonction publique des années 1980 traîne une image d'inefficacité et de luttes intestines. La haute fonction publique, en particulier, demeure la sphère où se côtoient des amis du régime, d'anciens députés et d'anciens militants auxquels on offre des sinécures grassement rémunérées. Ce favoritisme

PIERRE VALLIÈRES (1938-1998)

Journaliste et essayiste, Pierre Vallières appartient à la génération d'abord engagée dans le combat contre le régime duplessiste, puis dans celui pour l'indépendance du Québec. Collaborateur au journal *Le Devoir* et à la revue *Cité libre*, il entretient également des liens étroits avec les poètes du groupe de l'Hexagone, eux aussi attachés à l'effort de rénovation sociale et politique du Québec.

C'est toutefois son association avec la revue *Parti pris* qui assure une certaine notoriété à Pierre Vallières. Il recourt alors au joual pour rendre son message plus percutant en vue de libérer le Québec de l'emprise du colonialisme britannique et du capitalisme américain. Son adhésion au socialisme radical l'amène à se joindre au Front de libération du Québec (FLQ) au début des années 1965. Arrêté aux États-Unis en 1966, il écrit durant son emprisonnement son essai-choc. *Nègres blancs d'Amérique,* dans lequel il compare la situation des Québécois à celle des Noirs américains. De retour au Québec en 1967, Vallières sera de nouveau emprisonné pendant quatre ans.

Vallières est ébranlé par son incarcération et par la tournure des événements d'octobre 1970. Il rompt ses liens avec le FLQ en 1971 et encourage le recours à des moyens démocratiques et non violents pour réaliser l'indépendance du Québec de même que la libération des travailleurs.

La chute au niveau du primaire signifie que de plus en plus de jeunes Québécois poursuivent leurs études au secondaire et, à la fin, jusqu'à l'université.

connaîtra de beaux jours durant le régime Mulroney à Ottawa, de 1984 à 1993, ainsi qu'avec le gouvernement Parizeau, qui, après son arrivée au pouvoir en 1994, distribuera aux amis du Parti québécois bon nombre de postes de cadre et de présidence dans plusieurs sociétés d'État. De plus, les fonctionnaires, très nombreux depuis les années 1960 et 1970, ont obtenu le droit de grève et constituent alors un groupe très articulé et revendicateur, en mesure d'exiger des salaires plus élevés que ceux accordés dans l'entreprise privée.

■ Le déclin du militantisme ■ ■ □

Les groupes de jeunes et de femmes, les syndicats et les idées de gauche en général connaissent un âge d'or durant les années 1970; chacun de ces mouvements est alors en mesure de mobiliser des milliers de sympathisants autour d'un programme radical. Cependant, les crises économiques de 1974 et de 1982 ouvrent bientôt la voie à un discours néolibéral qui prône plutôt le désengagement de l'État et la déréglementation de l'économie.

Les mouvements de gauche adoptent alors eux aussi un discours économiste. La stagnation économique et le déclin de la famille traditionnelle forcent les jeunes à acquérir plus tôt une autonomie financière. L'Association nationale des étudiants du Québec (ANEQ) mène donc une lutte sur le terrain de la gratuité scolaire et de l'aide financière aux étudiants. Toutefois, le contexte économique difficile n'explique pas seul l'essor de l'individualisme chez les jeunes. Les médias de masse, et notamment la télévision, les rivent désormais à leur fauteuil. Ils consomment alors une culture standardisée en privé, et non plus seulement lors de grands rassemblements, et ils prennent l'habitude de terminer l'année en regardant le *Bye Bye* à la télévision.

La scolarisation des Québécois connaît néanmoins des progrès remarquables durant cette période (*voir la figure 8.6*). En 1971, seuls 59 % des écoliers poursuivaient leurs études au-delà du niveau primaire. Ils sont 73 % à le faire

FIGURE 8.6 **Le niveau scolaire atteint par la population du Québec de 15 ans et plus en pourcentage de la population totale**

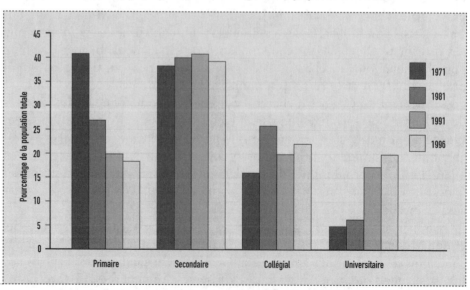

en 1981. L'école reste toutefois mal adaptée à la réalité du marché du travail. Ainsi, au début des années 1980, elle produit surtout des professionnels destinés aux études universitaires tandis que le Québec connaît une pénurie de techniciens.

■ Le syndicalisme

Les syndicats ont joué un rôle clé lors de la Révolution tranquille. Ils constituent toujours en 1970 une force redoutable, profitant d'un nouveau Code du travail favorable et de la syndicalisation de la fonction publique qui a eu lieu en 1964. Leurs effectifs augmentent, passant de 353 000 à plus d'un million de syndiqués entre 1961 et 1991. Ces années sont alors marquées par une série de grèves du secteur public, à peu près toutes placées sous le thème du rattrapage salarial par rapport au secteur privé. L'affrontement culmine vers 1970 tandis que le Québec enregistre un nombre record de journées de grève. En 1972, les centrales CSN, FTQ et CEQ oublient leurs différends lors d'un front commun intersyndical qui réunit 210 000 travailleurs des secteurs public et parapublic. Leurs chefs sont par la suite emprisonnés pour avoir incité les membres à défier une injonction.

LOUIS LABERGE (1924-2001)

« Le syndicalisme, c'est ma vie », disait Louis Laberge. Deux ans après son entrée chez Canadair en 1944 comme mécanicien en aéronautique, il devient délégué syndical à l'Association internationale des machinistes. Président du puissant Congrès des métiers et du travail de Montréal (CMTM) de 1956 à 1963, il participe à la création de l'aile québécoise, qui porte le nom de Fédération des travailleurs du Québec (FTQ). Il en est le président de 1963 à 1994. Il s'attache alors à donner le change à la CSN, jugée plus militante et engagée socialement. Sous Laberge, la FTQ est nationaliste : elle donne régulièrement son appui au Parti québécois de René Lévesque et s'implique concrètement dans le développement économique de la province en créant le Fonds de solidarité des travailleurs du Québec, qui investit dans des entreprises d'ici.

Accompagnés d'une foule de sympathisants, les chefs des trois grandes centrales syndicales. De gauche à droite, Louis Laberge de la FTQ, Marcel Pépin de la CSN et Yvon Charbonneau de la CEQ se dirigent vers la prison d'Orsainville afin d'y purger leur peine de 12 mois pour avoir défié une ordonnance de retour au travail en 1972. Notons qu'en 1994, Yvon Charbonneau a été élu député sous la bannière du Parti libéral, le parti même qu'il avait combattu et qui l'avait envoyé en prison.

LISE PAYETTE (NÉE EN 1931)

Le parcours de Lise Payette est celui d'une combattante, critique des rapports traditionnels entre hommes et femmes. Journaliste, puis animatrice d'émissions de variétés telles que *Appelez-moi Lise*, elle use tantôt d'un ton sérieux, tantôt d'ironie en organisant par exemple le concours du plus bel homme du Québec. Aux Québécoises, elle propose une image plus forte et plus sereine. Après avoir fait un immense succès des fêtes de la Saint-Jean-Baptiste sur le mont Royal en 1975, Lise Payette s'engage dans la politique au sein du Parti québécois. De 1976 à 1981, elle est successivement ministre de la Consommation (1976-1979), ministre d'État à la Condition féminine (1979-1981) et ministre d'État au Développement social (1980-1981). On lui doit entre autres la Société de l'assurance automobile du Québec et la première Loi sur la protection du consommateur. Déçue de la politique et des résultats au référendum de 1980, elle quitte la politique en 1981 pour se consacrer à l'écriture de livres — *Le pouvoir? Connais pas* (1982), *Des femmes d'honneur* (1998) — et de téléromans — *La bonne aventure*, *Les machos*. Elle est actuellement chroniqueuse dans la presse écrite, où ses opinions tranchées font toujours l'actualité.

Jours-personnes

Unité de mesure des répercussions d'une grève, dont la valeur est calculée en multipliant le nombre de jours ouvrables que dure l'arrêt de travail par le nombre de grévistes.

La tension entre les syndicats et l'État demeure élevée jusqu'à l'accession au pouvoir du Parti québécois en 1976. Une forme d'harmonie s'établit dès lors entre les travailleurs et le gouvernement, et le nombre de **jours-personnes** de grève passe de 6,5 millions en 1976 à 1,4 million en 1982. La lune de miel prend cependant fin en 1982 quand le PQ, aux prises avec une crise économique sans précédent, entreprend de geler le salaire des employés de l'État, ce qui explique que les grandes centrales aient depuis retiré leur appui inconditionnel au parti. Entre-temps, la fonction publique a comblé son retard salarial par rapport au secteur privé. Les syndicats ont donc plus de mal à mobiliser leurs membres et à s'attirer la sympathie du public. Soucieuse de jouer un rôle positif, la centrale FTQ crée alors en 1983 le Fonds de solidarité des travailleurs du Québec afin de financer des entreprises québécoises et de contribuer à sortir le Québec de la récession.

■ L'âge d'or du féminisme   ■ ■ □

L'obtention du droit de vote aux élections provinciales en 1940 avait entraîné une pause dans les revendications féministes, tandis que les femmes poursuivaient leur ascension dans le marché du travail ainsi que dans les facultés universitaires et les corporations professionnelles. Sur le front juridique, un redressement crucial s'était produit en 1964 lorsque la réforme du Code civil avait institué l'égalité dans le couple, forçant le gouvernement à revoir la législation dans une foule de domaines.

En 1970, les conditions sont réunies pour qu'émerge un nouveau féminisme : les valeurs religieuses sont rejetées en bloc, la révolution sexuelle bat son plein et, partout, des femmes diplômées revendiquent l'accès aux cercles du pouvoir. Selon Jennifer Stoddart, la société apparaît alors mûre pour un «nouveau partenariat social entre les deux sexes; un partage du pouvoir public et privé, la répartition équitable entre les deux sexes du travail rémunéré et non rémunéré, le respect de l'autonomie et la dignité du corps humain, y compris le droit de procréer dans les conditions [que les femmes] choisissent». On lutte désormais pour le principe d'un salaire égal pour un travail égal, pour le droit à l'avortement, et contre la publicité sexiste de même que la violence faite aux femmes.

Après avoir fondé la Fédération des femmes du Québec en 1966, on met en place le Conseil du statut de la femme en 1974, puis le ministère d'État à la Condition féminine en 1979. Des revues comme *La Vie en rose* (1980-1987) jettent alors un regard féministe sur l'actualité politique. L'année 1975, décrétée année internationale des femmes par l'ONU, marque cependant le point culminant des luttes féminines au Québec, notamment en raison des manifestations culturelles qui la ponctuent.

Les femmes augmentent donc sensiblement leur visibilité dans toutes les sphères de la société québécoise au cours de cette période, et si leur présence dans les lieux de pouvoir est surprenante en 1970, elle est relativement courante dès le milieu des années 1980. Les femmes sont aussi plus nombreuses que les hommes sur les bancs des universités. Toutefois, la richesse continue à être inégalement répartie et le problème de la violence faite aux femmes (révélé notamment par la tuerie de l'École polytechnique en 1989) n'est encore guère abordé par les partis politiques. Ces combats pour l'équité salariale et le contrôle des armes à feu seront menés plus tard…

■ Une culture qui s'ouvre au monde

Nourrie par l'effervescence de la Révolution tranquille, la production culturelle des années 1970 est intimement liée à l'affirmation nationale des Québécois. La télévision accroît particulièrement la cohésion entre les francophones. Ainsi, c'est devant le petit écran que les Québécois élisent leurs gouvernements «si la tendance se maintient», vibrent en assistant aux exploits sportifs de Guy Lafleur ou de Gilles Villeneuve et s'esclaffent en regardant les blagues d'Yvon Deschamps ou de *Symphorien*.

L'univers musical québécois vit pour sa part de profonds changements. Tout le long de la décennie, les chansonniers de la Révolution tranquille – Félix Leclerc, Gilles Vigneault, Claude Gauthier – cèdent graduellement leur place à des artistes influencés par le rock anglo-saxon. Robert Charlebois, Diane Dufresne et des groupes comme Beau Dommage, Harmonium et Octobre proposent ainsi au public québécois de nouvelles sonorités et des textes urbains et plus éclatés. C'est également à cette époque que sont organisés, à l'image du festival de Woodstock en 1969, les premiers grands spectacles rassemblant des dizaines de milliers de spectateurs : Manseau (1970), les célébrations de la Saint-Jean-Baptiste sur le mont Royal, la Superfrancofête sur les plaines d'Abraham (1974).

De tous les artistes québécois engagés en faveur de la souveraineté au tournant des années 1980, Gilles Vigneault est certainement le plus visible. Né à Natashquan sur la Côte-Nord en 1928, il s'impose durant les années 1960 et 1970 à titre d'auteur-compositeur-interprète capable de raconter avec passion le Québec et ses habitants. *Mon pays, Les gens de mon pays* ou encore *Gens du pays*, que l'on entonne à tous les anniversaires, sont devenus des classiques du répertoire québécois.

Par ailleurs, la littérature n'est pas en reste. La période s'ouvre avec le chef-d'œuvre de Gaston Miron, *L'homme rapaillé* (1970), et un événement-phare, la Nuit de la poésie du 27 mars 1970. Autour de l'écrivaine Michèle Lalonde sont réunis pour l'occasion Claude Gauvreau, Roland Giguère, Paul Chamberland ainsi qu'un Raoul Duguay extatique.

Les années 1980 entraînent une émancipation de la culture québécoise, qui explose sur la scène internationale et devient, à proprement parler, une industrie. Au cinéma, des productions plus ambitieuses voient le jour. On pense d'abord à Denys Arcand avec *Le déclin de l'empire américain* (1986), prix de la critique internationale au Festival de Cannes et nominé aux Oscars, à Léa Pool avec *La femme de l'hôtel* (1984) et *Anne Trister* (1986) ou à Jean-Claude Lauzon avec *Un zoo la nuit* (1987). Dans les arts de la scène, une immense mutation est également en marche. De fait, Robert Lepage, Céline Dion, André-Philippe Gagnon, Louise Le Cavalier et le Cirque du Soleil font tous leurs premiers pas avant 1990, en attendant de se lancer à la conquête du show-business international. En littérature, si tous les auteurs québécois ne reçoivent pas la reconnaissance internationale accordée à Antonine Maillet – prix Goncourt de 1979 pour son *Pélagie la Charrette* –, certains d'entre eux parviennent tout de même à offrir au public leurs premiers «best sellers». C'est le cas de Michel Tremblay (*Chroniques du Plateau*), d'Yves Beauchemin (*Le Matou*) et d'Arlette Cousture (*Les filles de Caleb*).

■ Robert Bourassa au pouvoir ■ ■ □

Le Parti libéral s'installe au pouvoir en 1970, profitant de l'impopularité de l'Union nationale de Jean-Jacques Bertrand et de la division des votes entre la gauche péquiste et l'extrême droite créditiste. À 36 ans, Robert Bourassa devient ainsi le plus jeune premier ministre de l'histoire du Québec. Durant les six années de son gouvernement, la priorité est donnée aux questions économiques. Aussi, Bourassa veille-t-il à stimuler la croissance au moyen de grands chantiers : édifices publics, autoroutes, barrages hydroélectriques. Le jeune Bourassa semble cependant toujours hésiter sur la politique à suivre, prenant rarement une position claire dans les dossiers. Les syndicats, passablement écorchés par la répression d'octobre 1970, n'ont alors aucun mal à mobiliser leurs membres contre son gouvernement, et une série de grèves crée un climat chaotique dans les hôpitaux de même que sur les chantiers de la Baie-James et du Parc olympique à Montréal.

Si les libéraux sortent indemnes de la crise d'Octobre qui se déroule quelques mois à peine après leur élection, le Parti québécois souffre en revanche de sa comparaison avec les terroristes du FLQ. C'est ce qui explique la nouvelle défaite du parti de René Lévesque aux élections de 1973. Comme la souveraineté du Québec demeure à l'état de projet, plusieurs tendances coexistent au sein du PQ sur la manière d'y parvenir. Si l'**aile parlementaire** souhaite d'abord former un «bon gouvernement» avant de tenir un référendum, l'aile militante consacre toutes ses énergies à l'accession à l'indépendance. Fidèle à l'**étapisme,** le chef René Lévesque menace plusieurs fois de démissionner si son autorité est contestée. Le Parti québécois a depuis toujours entretenu une relation orageuse avec ses chefs. Ancien ministre et grand communicateur, Lévesque contribue à démystifier et à populariser l'idée de souveraineté.

Aile parlementaire

Dans tout parti politique, il s'agit du caucus des députés élus sous sa bannière. D'abord préoccupée par la conquête du pouvoir, l'aile parlementaire est généralement plus modérée que les militants de la base.

Étapisme

Popularisée par le ministre péquiste Claude Morin, cette stratégie consiste à ce que le Québec accède à la souveraineté «par étapes». L'étapisme prévoit notamment la tenue de deux référendums ; l'un demandant un mandat de négocier la souveraineté-association avec le Canada, l'autre, que la population entérine le résultat de cette négociation.

L'aventure olympique de 1976 a laissé un goût amer aux Québécois. À la suite des grèves de plusieurs corps de métier, des abus de nombre d'entrepreneurs et de la gestion malhabile du maire Jean Drapeau, les Jeux de la XXIᵉ Olympiade finiront en effet par coûter cinq fois plus cher que prévu. Le stade à la conception révolutionnaire (qu'on voit ici à quelques jours de l'ouverture des Jeux) demeure encore aujourd'hui le symbole vivant des rêves du maire Drapeau. Toutefois, son mât ne sera terminé qu'au début des années 1980 et son toit rétractable n'aura jamais fonctionné.

Jeune, inexpérimenté et inconnu du public, Robert Bourassa devient en janvier 1970 chef du Parti libéral du Québec. Dynamique et « fort en chiffres », Bourassa correspond en tous points au chef modèle tel que défini par un sondage commandé par le PLQ.

■ La saga constitutionnelle ■ ■ ■ □

La Révolution tranquille ayant redéfini le rôle de l'État québécois, il incombe désormais à celui-ci d'assumer diverses missions économiques et sociales. Il a pour cela besoin de pouvoirs supplémentaires, que seul détient le gouvernement fédéral. On peut voir là l'origine de ce qui va devenir une véritable saga constitutionnelle.

Au début des années 1960, le Québec avait conclu des ententes administratives (*opting out*) qui lui permettaient de créer ses propres programmes en matière de retraite ou d'aide financière aux étudiants, par exemple. Gouverné par Pierre Elliott Trudeau à partir de 1968, le Canada ferme ensuite la porte à de telles ententes et propose plutôt une révision globale du partage des pouvoirs ainsi qu'une modification de la constitution canadienne, découlant d'une loi britannique de 1867. Il est alors question de « rapatrier » la constitution et de décider d'une **formule d'amendement** permettant de la modifier. Si l'Angleterre n'y voit pas d'objection, au Canada, les provinces exigent qu'on s'entende d'abord sur un nouveau partage des pouvoirs avec le fédéral. En 1971, le Québec fait achopper les diverses formules proposées par Trudeau, lesquelles auraient entre autres pour effet de faire du Québec « une province comme les autres ». Le Canada anglais se demande alors *What does Quebec want?*

Opting out

Entente administrative prévoyant le droit pour une province de se retirer d'un programme fédéral à la condition que les sommes allouées soient consacrées à mettre sur pied un programme provincial équivalent.

Formule d'amendement

La constitution de 1867 ne dicte aucune règle concernant la modification de son contenu. Ce « vide » juridique explique tout le débat entourant le droit de veto du Québec (formule de Victoria) ou le « degré appréciable de consentement provincial » requis lors d'un amendement constitutionnel. La constitution de 1982 a finalement établi la règle de l'unanimité de toutes les législatures afin de modifier la constitution du Canada.

**PIERRE ELLIOTT TRUDEAU
(1919-2000)**

Sans doute le politicien québécois le plus influent du siècle dernier, Pierre Elliott Trudeau fréquente d'excellentes écoles avant d'entreprendre de longs voyages, au Moyen-Orient, en Chine, en Inde et en URSS. De retour au Québec, il accuse dans les pages de *Cité libre* le régime Duplessis d'isoler le Québec. Trudeau joint les libéraux fédéraux et gravit vite les échelons, au point de devenir premier ministre du Canada de 1968 à 1984, exception faite d'un bref intermède conservateur en 1979-1980.

Frondeur et excentrique, Trudeau imprime un nouveau style à la fonction de chef de l'État canadien. Si sa gestion économique est fade et peu créative, sa politique étrangère marque une certaine distance avec les États-unis, notamment dans les rapports avec Cuba et la Chine. Sa principale contribution à l'histoire canadienne réside cependant dans le dossier constitutionnel, où il fait triompher sa vision multiculturelle lors du rapatriement unilatéral de la constitution, et dans l'établissement de la *Charte canadienne des droits et libertés*, proclamée en 1982.

À la fois aimé et détesté, il se retire de la vie politique en 1984, mais se permet régulièrement quelques interventions publiques remarquées, comme ce fut le cas lors des négociations du lac Meech en 1987. Il s'éteint le 28 septembre 2000, à l'âge de 81 ans.

Loi antiscabs

Le terme «scab» ou briseur de grève désigne un employé embauché pour remplacer un travailleur en grève. Cette pratique est désormais illégale au Québec.

■ L'élection du Parti québécois   ■ ■ □

La victoire du Parti québécois aux élections du 15 novembre 1976 s'explique d'abord par le mécontentement envers le gouvernement Bourassa, devenu vacillant et tourné en ridicule par les syndicats. L'Union nationale de Rodrigue Biron obtient d'ailleurs à ces élections un score étonnant (11 sièges ; 18,1 % des votes) et soutire de précieux votes fédéralistes au Parti libéral (26 sièges ; 33,8 % des votes). Malgré l'onde de choc provoquée par la victoire d'un parti «séparatiste», le Parti québécois (71 sièges ; 41,4 % des votes) joue d'abord la carte de l'étapisme et du «bon gouvernement» afin de rallier une majorité d'électeurs à son projet de souveraineté.

Le bilan législatif du premier gouvernement Lévesque rappelle alors le climat enfiévré de la Révolution tranquille. On vote en effet coup sur coup la **loi antiscabs**, la Loi sur la protection du consommateur, la Loi sur le financement des partis politiques et la Loi sur la protection du territoire agricole. On crée aussi la Régie de l'assurance automobile du Québec, on nationalise des compagnies d'amiante et on octroie des congés de maternité. Le dossier qui monopolise le plus d'attention concerne cependant la question linguistique.

Votée en 1969, la Loi pour promouvoir la langue française au Québec (projet de loi 63) laissait aux parents le libre choix de la langue d'enseignement. En 1974, le gouvernement Bourassa adopte la Loi sur la langue officielle

Le 15 novembre 1976, la population du Québec donne à un parti souverainiste le mandat de former un gouvernement. «Je n'ai jamais été aussi fier d'être Québécois», laisse alors tomber René Lévesque.

(projet de loi 22), qui fait du français la seule langue officielle au Québec et qui restreint mollement l'accès à l'école anglaise. Pour le Parti québécois, il est évident que le français est menacé dans la province et que la Loi sur la langue officielle n'en fait pas assez. En 1977, la Charte de la langue française (projet de loi 101) voit le jour et prévoit que les Québécois travailleront en français, qu'ils afficheront en français, et que les enfants des immigrants fréquenteront l'école française. Depuis, la fameuse «loi 101» a considérablement changé le visage de Montréal et, après une implantation houleuse, vient instaurer la paix linguistique au Québec. Cette loi soulève toutefois un tollé au Canada anglais, à qui Trudeau promet de rétablir les privilèges de l'anglais. La Charte de la langue française sera donc torpillée par pas moins de sept jugements des tribunaux fédéraux.

D'autre part, la Loi sur les consultations populaires prévoit dès 1977 qu'un référendum sur la souveraineté-association devra opposer un comité du «oui» et un comité du «non» dont les dépenses devront être dûment comptabilisées. C'est finalement à la fin de 1979 que le gouvernement Lévesque fait connaître sa question référendaire, en vue d'un scrutin le 20 mai 1980 :

> «Le gouvernement du Québec a fait connaître sa proposition d'en arriver, avec le reste du Canada, à une nouvelle entente fondée sur le principe de l'égalité des peuples. Cette entente permettrait au Québec d'acquérir le pouvoir exclusif de faire ses lois, de percevoir ses impôts et d'établir ses relations extérieures, ce qui est la souveraineté, et, en même temps, de maintenir avec le reste du Canada une association économique comportant l'utilisation de la même monnaie. Aucun changement de statut politique résultant de ces négociations ne sera réalisé sans l'accord de la population lors d'un autre référendum. En conséquence, accordez-vous au gouvernement du Québec le mandat de négocier l'entente proposée entre le Québec et le Canada ? »

En demandant un mandat de négocier la souveraineté et en promettant un autre référendum avant de passer aux actes, le gouvernement péquiste reste fidèle à l'étapisme, dont l'ambiguïté profitera finalement surtout à ses adversaires du «non».

Dès le départ, la machine péquiste imprime un certain dynamisme au camp du «oui», et le camp du «non», dirigé par Claude Ryan, doit compter sur une aide massive du gouvernement fédéral. L'entrée en scène de Pierre Elliott Trudeau et de ses 74 députés du Québec marque un tournant dans la campagne. Le 20 mai, les résultats sont clairs : 59 % des Québécois votent «non» et acceptent de donner une nouvelle chance au fédéralisme. Fort déçu, René Lévesque respecte la décision de ses concitoyens, tandis que Pierre Elliott Trudeau s'engage à donner suite à sa promesse de réformer le fédéralisme canadien.

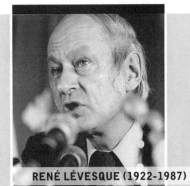

RENÉ LÉVESQUE (1922-1987)

Originaire de la Gaspésie, René Lévesque abandonne ses études en droit en 1943 pour joindre les services d'information de l'armée américaine, dont il décrit les déplacements en Allemagne à la fin de la guerre. Il est ainsi l'un des premiers journalistes occidentaux à pénétrer dans un camp de concentration.

En 1952, il couvre la guerre de Corée pour le compte de la radio de Radio-Canada, puis il fait le saut en télévision en 1956, où il anime la populaire émission *Point de mire* jusqu'en 1959.

Vedette médiatique et auréolé par son rôle durant la grève des réalisateurs de Radio-Canada en 1959, Lévesque joint l'équipe libérale et devient ministre des Richesses naturelles en 1960. Il pilote la nationalisation des ressources hydroélectriques du Québec. À la fois trop excentrique, socialiste et nationaliste pour le Parti libéral du Québec, Lévesque se voit montrer la porte en 1967. Il fonde alors le Mouvement souveraineté-association, qui devient le Parti québécois l'année suivante.

Le PQ de Lévesque connaît la défaite en 1970 et en 1973, puis prend le pouvoir en 1976. Pour plusieurs, les réformes du premier gouvernement péquiste (1976-1981) ont une importance comparable à celles entreprises lors de la Révolution tranquille. Cependant, l'homme est profondément miné par la défaite référendaire de 1980, puis par le rapatriement de la constitution sans le consentement du Québec en 1982. En 1985, il quitte le pouvoir avant la fin d'un second mandat difficile. Il rédige alors des mémoires (*Attendez que je me rappelle...*), renoue avec le journalisme, puis meurt d'un infarctus le 1er novembre 1987.

■ Le beau risque

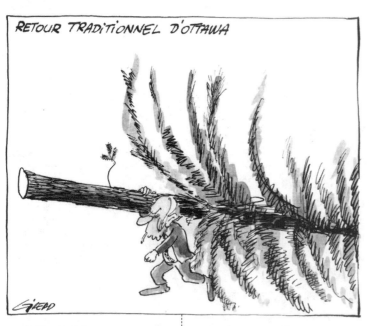

RETOUR TRADITIONNEL D'OTTAWA

Le Québec s'est-il encore «fait passer un sapin» à Ottawa, comme le suggère la caricature ? Plusieurs le pensent, à commencer par René Lévesque, dégoûté par les manœuvres des émissaires fédéraux lors de la «Nuit des longs couteaux». Depuis ce 4 novembre 1981, tout le processus constitutionnel vise à réintégrer le Québec dans la famille canadienne.

À la surprise générale, le Parti québécois est quand même reporté au pouvoir en avril 1981, moins d'un an après l'échec référendaire. Ce second mandat est toutefois plus difficile, notamment en raison de la crise économique de 1982 et des lancinantes négociations constitutionnelles. Acceptant le verdict du référendum, René Lévesque promet de collaborer de bonne foi avec le fédéral et il parvient même à rallier sept autres provinces à sa vision décentralisée du fédéralisme. Trudeau entreprend cependant de saper ce front commun. Durant la nuit du 4 au 5 novembre 1981, des émissaires fédéraux rencontrent ainsi les représentants des provinces canadiennes et finalisent une entente constitutionnelle qui exclut le Québec. Satisfait de ce «degré appréciable de consentement provincial» (9 provinces sur 10), Trudeau proclame alors une nouvelle constitution, une formule d'amendement et une charte des droits et libertés. La nouvelle constitution du Canada est adoptée le 17 avril 1982. Le Québec y est soumis, même s'il ne lui a jamais donné son appui.

Le départ de Trudeau en 1984 fait renaître l'espoir. Dès son élection, le conservateur Brian Mulroney souhaite en effet que le Québec rejoigne la famille constitutionnelle «dans l'honneur et l'enthousiasme». René Lévesque accepte de prendre ce «beau risque», provoquant du coup une crise au sein du Parti québécois et la démission de 10 ministres, dont Jacques Parizeau. Après plus de huit ans de pouvoir, le PQ présente alors toutes les caractéristiques d'une formation usée et divisée. Poussé vers la porte par son propre parti,

La grande popularité de René Lévesque et de Pierre Elliott Trudeau illustre bien l'ambivalence des Québécois par rapport à leur avenir politique. À la suite de l'accord constitutionnel de 1982, c'est la vision de Trudeau qui triomphe.

Lévesque démissionne en 1985 et cède sa place à Pierre-Marc Johnson (le fils de Daniel), qui conduira le PQ à la défaite.

Alors que se déroulent de profondes mutations socioéconomiques, un homme, Robert Bourassa, aura pour tâche de mener la barque québécoise. Tel le phénix renaissant de ses cendres, Bourassa revient en effet au pouvoir en 1985, après s'être éloigné de la scène publique depuis sa défaite de 1976. La désorganisation du Parti québécois et l'ambiguïté générale de son propre discours lui permettront de se maintenir au pouvoir jusqu'en 1994. Il est difficile de dégager une ligne directrice de la pensée de Bourassa pendant cette période, si ce n'est un discours essentiellement économique, qui juge que le séparatisme a accaparé les énergies au point de faire négliger les graves maux économiques dont souffre le Québec et qui tente de prouver que le fédéralisme demeure la clé de la prospérité pour les Québécois. Aux yeux de Bourassa, le Canada représente encore un ensemble avantageux qui permet de garantir la cote de crédit du Québec auprès des prêteurs internationaux. En fait, Bourassa a particulièrement besoin de ces investisseurs européens et américains pour réaliser certains « mégaprojets » qui lui tiennent à cœur, comme le lancement de la seconde phase d'aménagement hydroélectrique de la Baie-James. Il aura cependant du mal à passer à l'action, puisque la récession frappera le Québec entre 1990 et 1993 et qu'une baisse des prix du pétrole rendra l'hydroélectricité moins intéressante pour les Américains.

Malgré ses réticences, Bourassa se voit aussi forcé de rouvrir le dossier linguistique. La *Charte canadienne des droits et libertés* a en effet très tôt condamné plusieurs des dispositions de la loi 101 votée par le Parti québécois en 1977. Le gouvernement du Québec doit donc ramener tous les trois ans la question linguistique au menu législatif, se prévaloir régulièrement de la clause dérogatoire de la constitution de 1982 et invoquer le fait que le français doit être protégé au Québec.

Un autre dossier auquel Bourassa s'intéresse personnellement est celui d'une constitution qui accorderait une fois pour toutes une place acceptable au Québec au sein du Canada. Lorsqu'il reprend le pouvoir des mains d'un Parti québécois démobilisé, il pose cinq conditions essentielles pour que le Québec accepte de signer la constitution de 1982, entérinée malgré l'opposition de la province :

1. la reconnaissance de la société distincte ;
2. un droit de veto sur les amendements constitutionnels ;
3. des pouvoirs accrus dans la nomination des juges francophones ;
4. la limitation du pouvoir fédéral d'investir dans les domaines de compétence québécoise ;
5. la permanence du contrôle québécois sur l'immigration.

C'est sur la base de ces demandes que les 10 premiers ministres provinciaux signent l'accord du lac Meech au mois d'avril 1987. Toutefois, ce projet s'écroule au mois de juin 1990 quand les législatures du Manitoba et de Terre-Neuve refusent de le ratifier, considérant qu'il donne trop de pouvoir au Québec. Cette situation provoque alors une crise constitutionnelle sans précédent qui laisse les libéraux de Bourassa désemparés. Pour la première fois de l'histoire, tous les sondages donnent alors l'option souverainiste gagnante, avec ou sans association économique avec le reste du Canada. La vision du Canada si chère à Pierre Elliott Trudeau est sauve, mais le pays apparaît profondément divisé, ce qui permet aussi tous les espoirs aux héritiers de René Lévesque.

ROBERT BOURASSA (1933-1996)

Armé de diplômes des universités de Montréal, Oxford et Harvard, Robert Bourassa est élu député en 1966 et devient rapidement l'un des conseillers financiers de Jean Lesage ainsi qu'un des réformistes du Parti libéral aux côtés de René Lévesque et Paul Gérin-Lajoie. Se disant à l'époque socialiste-démocrate, Bourassa travaille même étroitement à l'élaboration du manifeste souverainiste *Option-Québec*.

Manœuvrant habilement, il remplace alors Lesage à la tête de son parti en 1970, devenant, à 36 ans, le plus jeune premier ministre de l'histoire. S'il doit affronter la crise d'Octobre et les nombreux conflits syndicaux, Bourassa préside néanmoins à d'importants projets de développement du Québec : les installations de la Baie-James, le chantier olympique, la construction d'hôpitaux. Battu lors de l'élection de 1976, il retourne discrètement à l'enseignement tout en préparant, en coulisses, sa réapparition sur la scène politique.

Son retour triomphal à la tête des libéraux se produit en 1983. Il est ensuite réélu aux commandes de la province en 1985. Les années suivantes sont alors placées sous le thème du fédéralisme rentable, véritable credo qu'il sert sans relâche aux Québécois lors des négociations constitutionnelles. Croyant avoir triomphé lors de l'accord du lac Meech en 1987, il réserve cependant sa plus belle manœuvre politique après son échec de 1990, laissant croire qu'il peut se tourner vers la souveraineté, chose qu'il ne fera jamais. Déjà malade au début des années 1990, il consacrera ses dernières forces à la question autochtone et à l'accord de Charlottetown. Retiré de la politique en 1994, il meurt d'un cancer en 1996.

■ ■ ■ L'essentiel

Après la cascade de réformes politiques et sociales opérées durant la Révolution tranquille, ce sont les questions économiques qui occupent le devant de la scène durant les années 1970 et 1980. C'est que le Québec est alors frappé par une série de récessions, en particulier en 1973-1975, tandis que l'inflation et le chômage dépassent les 10 %, puis en 1982-1983, alors que les taux d'intérêt dépassent les 20 %. L'appareil industriel vieillissant supporte mal ces perturbations et plusieurs usines ferment. Le déclin de la natalité menace aussi la croissance économique, en particulier en ce qui concerne l'achat de biens durables. Le Québec demeure néanmoins riche et entreprend, d'abord sous la direction de Robert Bourassa, puis sous celle de René Lévesque, de grands projets collectifs tels l'aménagement hydroélectrique de la Baie-James, les Jeux olympiques de Montréal et un train de mesures sociales visant à assurer la sécurité du revenu. Toute une génération retient aussi son souffle lorsque, en novembre 1976, le Parti québécois est porté au pouvoir avec pour objectif de tenir un référendum sur la souveraineté. Toutefois, coup sur coup, l'échec du 20 mai 1980, le rapatriement unilatéral de la constitution en 1982, puis la pire crise économique depuis celle des années 1930 ramènent brutalement les Québécois à la dure réalité. L'échec de l'accord du lac Meech scandalise les Québécois en 1990 cependant qu'il fait renaître l'espoir chez les souverainistes.

■ ■ ■ Documents

La campagne référendaire d'octobre 1995 a été l'occasion d'un retour sur le sens à donner au débat constitutionnel de 1971 et de 1983. La Nuit des longs couteaux a-t-elle vraiment eu lieu ? Le Québec a-t-il été victime d'un complot fédéraliste ? La Charte canadienne des droits et libertés retire-t-elle des pouvoirs à l'Assemblée nationale du Québec ? Tout est bien sûr affaire d'interprétation. En février 1996, l'ancien premier ministre du Canada Pierre Elliott Trudeau sort de sa retraite pour répliquer une dernière fois aux nationalistes québécois. Il s'en prend notamment à Lucien Bouchard, fraîchement propulsé chef du Parti québécois et premier ministre du Québec. Le plaidoyer de Trudeau vous convainc-t-il ? Qu'est-ce qui distingue les arguments de Bouchard de ceux de Trudeau ?

J'accuse Lucien Bouchard !
Pierre Elliott Trudeau

« J'accuse Lucien Bouchard d'avoir trompé la population du Québec durant la campagne référendaire d'octobre dernier. En dénaturant l'histoire politique de sa province et de son pays, en semant la discorde entre les citoyens par son discours démagogique, en prêchant le mépris pour les Canadiens qui ne partagent pas ses opinions, Lucien Bouchard a outrepassé les bornes de l'honnête débat démocratique.

Pour réhabiliter la démocratie au Québec, il importe de rétablir la vérité : c'est ce que je ferai en examinant quelques-unes des déclarations que M. Bouchard a faites entre le 14 octobre et le 27 octobre 1995.

I – LES ÉCHECS ET LEUR CAUSE

L'affirmation de Lucien Bouchard :

> « Depuis trente ans, il y a eu je ne sais combien de dizaines de négociations entre le Québec et le reste du Canada : dans tous les cas on a échoué… On a profité de notre faiblesse politique… »
>
> (Le 14 octobre 1995, Centre communautaire de Saint-Justin, Rosemont.)

Les faits

En 1964, en 1971, comme en 1981, ce fut toujours le gouvernement du Québec qui fit échouer les négociations, en revenant sur sa parole donnée. Le cas de Meech, en 1990, est différent et j'y reviendrai plus loin.

1. En 1962, le premier ministre Jean Lesage – fortement secondé par son ministre René Lévesque – avait négocié et signé l'accord Fulton-Favreau pour rapatrier la Constitution canadienne.

   En 1964, M. Lesage changea d'idée et répudia l'accord.

2. En 1971, le premier ministre Robert Bourassa avait négocié une entente constitutionnelle qui donnait un droit de veto au Québec, avec plusieurs autres avantages d'ordre linguistique et judiciaire. Le gouvernement canadien avait convaincu les premiers ministres des autres provinces d'accepter cet accord. Le moment venu de signer cette « Charte de Victoria », M. Bourassa annonça à ses collègues qu'il avait de nouvelles demandes à formuler et qu'il avait besoin d'un court délai pour des raisons tactiques.

   Quelques jours plus tard, il annonçait qu'il ne voulait plus signer ce qu'il avait lui-même négocié et proposé.

3. Le 16 avril 1981, le premier ministre René Lévesque signa avec sept autres provinces un accord constitutionnel.

   Cette tactique constitua un obstacle quasi incontournable au rapatriement dès lors que la Cour Suprême du Canada déclarait en septembre 1981 que – selon les conventions – le gouvernement canadien ne pouvait pas rapatrier la Constitution sans « un degré appréciable de consentement provincial ».

II – LES REVENDICATIONS ET LEUR EFFET

L'affirmation de Lucien Bouchard :

> « Durant 30 ans, la raison profonde pour laquelle… on n'a jamais réussi à convaincre le Canada anglais (de concéder) la moindre revendication historique du Québec, ce n'est pas parce qu'on a envoyé des gens qui n'étaient pas des bons négociateurs – On avait les meilleurs. On avait René Lévesque. »
>
> (Le 18 octobre 1995, à Saint-Léonard.)

Les faits

Examinons d'abord la question des revendications [...]

1. Les revendications véritablement «historiques» des Canadiens français consistaient essentiellement en une chose : le respect du fait français au Canada, principalement en matière de langue dans les instances fédérales et d'éducation dans les provinces où les francophones étaient en minorité. Ainsi, les deux premières revendications du premier ministre Jean Lesage, énoncées au début de la Révolution tranquille, étaient : premièrement, la reprise immédiate des pourparlers sur le rapatriement et la formule d'amendement de la Constitution ; et deuxièmement, l'adoption dans la Constitution d'une charte des droits fondamentaux, incluant les droits linguistiques et éducationnels des minorités francophones hors Québec.

    Or, n'en déplaise à M. Bouchard, la formule Fulton-Favreau satisfaisait à la première demande, et la Charte de Victoria satisfaisait à la première et partiellement à la seconde, tandis que l'Acte constitutionnel de 1982 satisfaisait pleinement aux deux demandes à la fois. Dans les trois cas, ce sont les gouvernements du Québec qui – en manquant à leur parole – ont abandonné ces revendications traditionnelles.

    [...]

III – LA NUIT DES LONGS COUTEAUX[1] : UNE FABRICATION

L'affirmation de Lucien Bouchard :

> «Alors qu'il y avait une alliance avec René Lévesque pour faire une entente qui avait du bon sens, ces sept provinces anglophones... l'ont laissé tomber en une seule nuit.»
>
> (Le 23 octobre 1995, Cégep de Limoilou.)

[...]

Les faits

La «nuit» en question, c'est évidemment celle dite «des longs couteaux», appellation honteusement empruntée à l'histoire du nazisme par la gent séparatiste aux prises avec une paranoïa aiguë.

Que s'est-il donc passé? Alors que René Lévesque avait trahi ses alliés du groupe des Huit en acceptant ma proposition d'un référendum, il perdit sa crédibilité auprès d'eux. Les sept premiers ministres anglophones se trouvèrent en désarroi et la séance constitutionnelle fut ajournée au lendemain, 5 novembre.

Mais il importe de souligner que ce ne sont pas les «sept provinces anglophones [qui] ont laissé tomber» M. Lévesque, comme l'affirme M. Bouchard. C'est M. Lévesque qui a trahi ses sept alliés. Le couteau, c'est M. Lévesque qui l'a plongé dans le cœur de l'Accord des Huit qu'il avait pourtant signé moins de sept mois plus tôt.

[...]

---

1. À l'échelle internationale, l'expression «Nuit des longs couteaux» fait référence à l'exécution, sous les ordres d'Hitler, de 1000 chefs et membres des SA du parti nazi en juin 1934. Par ce massacre, la Gestapo élimina toute opposition à Hitler au sein de son parti.

V – Le rapatriement de 1982

L'affirmation de Lucien Bouchard :

> « On a rapatrié la Constitution en 1982 contre notre volonté… parce que les intérêts du Canada anglais étaient tels qu'il fallait qu'ils fassent cela. »
>
> (Le 27 octobre 1995, 19 h 30, télévision de Radio-Canada.)

Les faits

M. Bouchard interprète singulièrement notre histoire constitutionnelle ! Ne sont-ce pas plutôt les Canadiens français qui, traditionnellement, voulaient relâcher les liens coloniaux avec la Grande-Bretagne en rapatriant de Londres la Constitution canadienne ? Mais pour ce qui est des « intérêts », les provinces anglophones avaient généralement les mêmes que le Québec : troquer leur consentement au rapatriement contre une augmentation des pouvoirs provinciaux.

Depuis 1927, tous les gouvernements canadiens avaient tenté en vain de convaincre les provinces de mettre fin à ce vestige de colonialisme, depuis celui de Mackenzie-King en passant par ceux de Bennett, Saint-Laurent, Diefenbaker et Pearson. Tous avaient échoué et le Canada était le seul pays au monde qui possédât pour constitution une loi située dans un autre pays et, pour l'essentiel, amendable seulement par celui-ci. Or, en 1982, nous sortions d'une très longue période de discussions constitutionnelles inaugurée par les provinces en 1967. Les citoyens en avaient assez et il fallait en finir – cent quinze ans après sa fondation comme pays, le Canada dépendait toujours de Londres pour amender sa Constitution. La Cour Suprême (à qui trois provinces dont le Québec avaient demandé de définir la règle du jeu constitutionnel) statua que le rapatriement ne pouvait se faire qu'avec un « degré appréciable de consentement provincial » ; or cette exigence était largement satisfaite (neuf provinces sur dix).

Par ailleurs, 70 des 75 députés élus au Parlement fédéral par le Québec avaient voté en faveur du rapatriement, tandis qu'à l'Assemblée nationale 38 députés (M. Ryan en tête) sur 108 avaient voté – le 1er décembre 1981 – contre une résolution qui, à toutes fins pratiques, claquait la porte aux efforts en cours pour chercher des compromis. Ainsi, moins de 40 pour 100 des députés élus au fédéral et au provincial par les citoyens du Québec s'opposaient irréductiblement à l'entente constitutionnelle. On peut certes contester cette analyse arithmétique en prétendant que seul le gouvernement du Québec peut parler pour les Québécois. Mais cette prétention constitue l'essence même du séparatisme. Si l'on croit au Canada, on croit également que, sur la question constitutionnelle, les députés québécois au Parlement canadien représentaient l'électorat du Québec tout autant que les députés de l'Assemblée nationale.

Du reste, les sondages ont démontré que le rapatriement n'était pas répudié par la volonté populaire. En mars 1982, un sondage CROP indiquait que 48 pour 100 de la population québécoise blâmait le gouvernement Lévesque pour son refus de signer l'accord, alors que seulement 32 pour 100 approuvait son attitude. Et en juin 1982, selon Gallup, 49 pour 100 des Québécois considéraient la loi constitutionnelle comme une bonne chose et 16 pour 100 seulement en désapprouvaient la teneur. ≫

Source : Pierre Elliott Trudeau, « J'accuse Lucien Bouchard ! », *La Presse*, 3 février 1996.

LE QUÉBEC DANS LA MONDIALISATION
1990-2008

AU QUÉBEC	
1990	Échec de l'accord du lac Meech. Lucien Bouchard fonde le Bloc québécois à Ottawa. Crise amérindienne d'Oka.
1991	Rapport de la commission Bélanger-Campeau. Démission de Robert Bourassa. Daniel Johnson fils devient premier ministre.
1994	Victoire du Parti québécois dirigé par Jacques Parizeau.
1995	Deuxième référendum sur la souveraineté ; l'option du « non » l'emporte de justesse. Démission de Jacques Parizeau, remplacé par Lucien Bouchard.
1998	Victoire des péquistes de Lucien Bouchard sur les libéraux de Jean Charest. Crise du verglas.
1999	Québec atteint l'équilibre budgétaire par le déficit zéro.
2001	Démission de Lucien Bouchard. Bernard Landry devient premier ministre.
2002	Mouvement de fusion des principales agglomérations du Québec.
2003	Victoire des libéraux de Jean Charest.
2007	Les libéraux de Jean Charest sont réélus de justesse.

AILLEURS DANS LE MONDE	
1990	Rejet par le Canada anglais de l'entente constitutionnelle du lac Meech. Guerre du Golfe.
1992	Éclatement de l'URSS en républiques indépendantes, dont la Russie.
1993	À la suite des élections fédérales, Jean Chrétien devient le premier ministre du Canada, et Lucien Bouchard, le chef de l'opposition.
1994	Signature de l'Accord de libre-échange nord-américain (ALENA) entre le Canada, les États-Unis et le Mexique.
1996	Le gouvernement fédéral recommence à enregistrer des excédents budgétaires.
1999	À la Chambre des communes, dépôt du projet de loi sur la « clarté référendaire ».
2001	Attentats terroristes contre New York et Washington.
2003	Invasion américaine en Irak.
2005	Intervention canadienne dans la région de Kandahar en Afghanistan.

■ La mondialisation des marchés ■ ■ □

Les deux dernières décennies se caractérisent par une vaste libéralisation des échanges commerciaux à l'échelle internationale. Du point de vue québécois, l'accord de libre-échange avec les États-Unis (1989) suivi cinq ans plus tard de l'Accord de libre-échange nord-américain (ALENA) font du Canada, des États-Unis et du Mexique des partenaires au sein de la plus grande zone de libre-échange au monde. Cette alliance leur permet de former un bloc commercial cohérent vis-à-vis de la Communauté économique européenne (CEE) et de l'Asie, dominée par la puissante économie chinoise. En 1993, les accords du GATT mènent à la création de l'Organisation mondiale du commerce (OMC) ainsi qu'à l'abolition des subventions aux exportations et des offices de commercialisation. L'Union des producteurs agricoles du Québec (UPA), véritable syndicat rural qui a vu le jour en 1972, défend jusqu'au bout le système de mise en marché québécois, le jugeant vital pour la survie de l'agriculture. Qu'à cela ne tienne, de partout dans le monde proviennent des signes que la concurrence est devenue mondiale. L'adoption de l'euro (la monnaie de l'Europe unie), l'invasion des produits fabriqués en Chine et en Inde, la fusion informatique des parquets de bourse, l'accroissement du flux des capitaux au niveau planétaire et le commerce électronique par Internet concourent tous à une intégration sans précédent des économies du monde, radicalement mises en concurrence les unes avec les autres au nom des omniprésentes lois du marché.

Le Québec s'est engagé avec enthousiasme dans cet élan de libéralisation. Les souverainistes tels que Bernard Landry y voient l'occasion de réduire la dépendance du Québec envers le Canada en accroissant ses échanges avec l'étranger. Depuis la Révolution tranquille s'est en effet établie au Québec une solide classe d'entrepreneurs qui dirigent des entreprises prospères et sont en mesure de protéger leur part de marché, voire d'envahir les marchés étrangers.

TABLEAU 9.1 Les principaux produits exportés vers l'étranger (2004)

Produits	Valeur (M$)	Part dans les exportations totales (%)
Avions et autres véhicules aériens	6762,8	9,9
Aluminium sous forme brute	4048,5	5,9
Papier journal	2384,2	3,5
Turboréacteurs, turbopropulseurs	2149,8	3,1
Bois sciés	2021,3	3,0
Circuits intégrés et micro-assemblages électroniques	1754,4	2,6
Papiers et cartons pour écriture	1619,8	2,4
Appareils électroniques pour la téléphonie	1314,7	1,9
Meubles	1244,6	1,8
Viandes de porcins	859,3	1,3

Source : Direction de l'analyse des relations économiques extérieures, *Le commerce extérieur du Québec*, Québec, Développement économique, innovation et exportation.

L'entente de libre-échange produit rapidement des effets positifs sur les industries exportatrices : les expéditions de bois d'œuvre augmentent de 18 % en 1992 ; celles de pièces d'avion, de 16 % ; et celles de pâte de bois, de 15 %. C'est d'ailleurs l'essor des livraisons aux États-Unis qui entraîne la croissance économique du Québec : 56 % de la production industrielle y est exportée en 1994, contre seulement 38 % en 1989. Le Mexique devient quant à lui un client important, notamment en ce qui concerne le matériel de communication, l'amiante transformée, le papier journal et le matériel de transport (*voir le tableau 9.1*).

L'ALENA et la croissance de la Chine font aussi grimper le prix des matières premières du Québec. En 2003, plus d'un million d'emplois et plus de la moitié du PIB québécois dépendent des exportations, ce qui place alors la province au sixième rang mondial des économies les plus « extraverties ». Le rythme de croissance du Canada dépasse depuis celui des États-Unis, tandis que le taux de chômage au Québec descend sous les 7 %. Pour la première fois en 40 ans, la devise canadienne dépasse en valeur celle des États-Unis en 2007 (*voir la figure 9.1*).

FIGURE 9.1 La valeur du dollar canadien en cents américains (1973-2007)

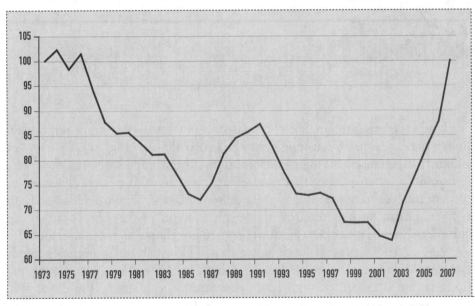

Longtemps aligné sur son vis-à-vis américain, le dollar canadien avait rapidement perdu de la valeur au début des années 1980, ce qui avait stimulé les exportations du pays vers les États-Unis, notamment celles de pétrole et de bois d'œuvre. La hausse subite de la devise canadienne est certes un signe de prospérité, mais elle perturbe à l'heure actuelle plusieurs industries qui profitaient d'un dollar « faible ».

Source : Direction de l'analyse des relations économiques extérieures, *Le commerce extérieur du Québec*, Québec, Développement économique, innovation et exportation.

Les francophones profitent particulièrement de cette croissance économique. L'écart entre le revenu moyen des francophones bilingues et celui des anglophones bilingues n'est plus que de 105 $ par an en 2001, alors qu'il s'élevait à 1580 $ en 1971. Le bilinguisme s'étend (*voir la carte 9.1 à la page suivante*) en même temps que la gestion de l'économie québécoise par des francophones passe de 47 % à 67 %.

La mondialisation se fait en revanche durement sentir dans certains secteurs déjà affaiblis tels ceux du textile et des appareils électriques, dont elle accélère le déclin. Cependant, la croissance est telle que la main-d'œuvre ainsi libérée est absorbée dans d'autres secteurs ou adhère à un programme de « mise à la retraite anticipée ».

CARTE 9.1 La distribution par région des personnes maîtrisant le français et l'anglais en 1996

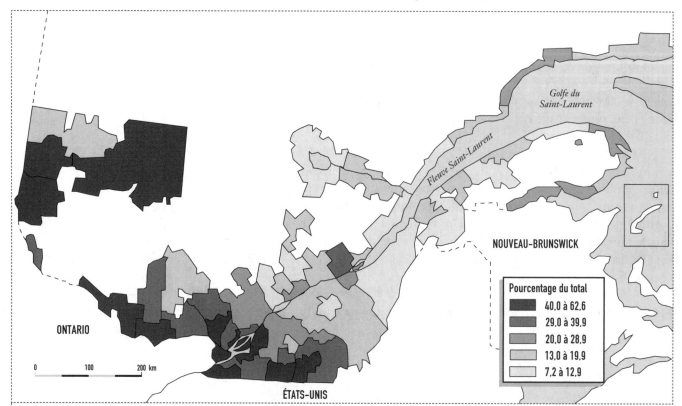

Les rapports du Québec avec ses partenaires étrangers font en sorte que le bilinguisme est aujourd'hui un phénomène panquébécois. Il est particulièrement remarquable à Montréal et le long des frontières des États-Unis et de l'Ontario.

✚ Selon vous, un taux élevé de bilinguisme est-il un atout économique pour le Québec ou le signe d'une assimilation à la culture nord-américaine dominante ?

Une croissance semblable n'est pas non plus sans affecter l'équilibre du milieu naturel. Ainsi, tandis que s'écroule le prix du papier, la forêt boréale est aujourd'hui sérieusement mise à mal. Au nord, les entreprises de pâtes et papiers recourent en effet depuis 1970 à un équipement lourd, utilisé pour effectuer d'épouvantables «coupes à blanc» qui nuisent à la régénération de la forêt. Au sud, l'industrie du bois d'œuvre doit aussi soutenir une guerre commerciale contre les États-Unis et faire face, là encore, à une diminution de la ressource.

Plus grave encore est la situation dans l'industrie de la pêche. Surtout concentrée en Gaspésie et sur la Côte-Nord, la pêche a longtemps conservé un caractère artisanal, en marge de l'économie laurentienne. Toutefois, avec l'essor de la pêche hauturière à compter de 1960, de grands chalutiers sont directement venus d'outre-mer pour pêcher au large des côtes canadiennes et ont cessé d'engager les pêcheurs québécois, regroupés en coopératives. Au cours des années 1980, les populations de morues ont ainsi dramatiquement diminué, au point que cette pêche fait désormais l'objet d'un moratoire et que ce poisson figure sur la liste des espèces menacées. Les grandes compagnies de pêche du Québec ont depuis disparu, et les pêcheurs artisanaux se sont réorientés vers la pêche aux crustacés, aux crabes et aux homards entre autres.

Entre-temps, l'agriculture est devenue l'activité la plus polluante du Québec. L'attrait pour l'élevage de même que les bons prix offerts pour la viande de porc durant les années 1980 ont mené à l'aménagement de «mégaporcheries». L'évacuation des lisiers est dès lors rapidement devenue un problème, si bien qu'on a généralisé la culture du maïs sous le seul prétexte qu'il permet d'absorber, en guise d'engrais, les déchets de l'élevage. Dans bien des régions, on fait

Depuis une vingtaine d'années, les groupes environnementaux et écologistes ont permis d'étaler au grand jour les problèmes résultant de l'exploitation abusive des richesses naturelles. La question des coupes à blanc, notamment, occupe désormais l'avant-scène de l'actualité.

donc maintenant face à la contamination de la nappe phréatique, à une invasion de cyanobactéries («algues bleues») et à la pollution des réserves d'eau potable.

La demande pour les ressources naturelles du Québec pose aussi bien d'autres problèmes d'environnement, qu'on pense aux débats actuels sur les aménagements hydroélectriques des dernières rivières sauvages, sur la construction de ports méthaniers, sur les parcs éoliens ou sur l'exportation de l'eau potable. Créé en 1978, le Bureau d'audiences publiques en environnement (BAPE) évalue l'impact environnemental de projets d'aménagement en sollicitant la participation du public. D'abord favorable aux entrepreneurs, le BAPE subit de nos jours l'influence constante de groupes écologistes comme Greenpeace, ainsi que de groupes de citoyens bien organisés.

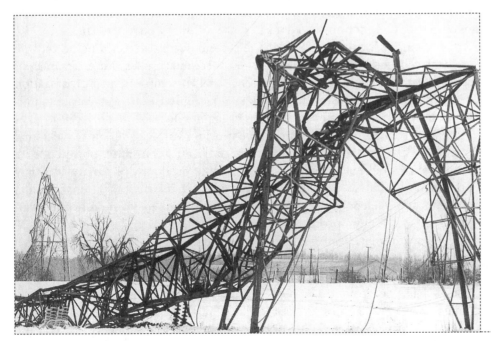

Durant le mois de janvier 1998, tout le sud du Québec est paralysé par une pluie verglaçante qui givre une bonne partie du réseau de transport de l'électricité d'Hydro-Québec et entraîne le bris de nombreuses lignes de haute tension. Le prestige de la société d'État n'en est pas amoindri, mais la «crise du verglas» met brutalement les Québécois à l'heure des changements climatiques planétaires.

Les opposants à la mondialisation s'en prennent notamment aux forces de l'ordre en avril 2001 lors du Sommet des Amériques, alors que les dirigeants de 20 pays – dont le président des États-Unis George W. Bush – sont réunis à Québec pour discuter d'un projet de zone de libre-échange des Amériques (ZLEA).

Malgré ces inconvénients, les avantages de la libéralisation des marchés pour le Québec sont indéniables. L'augmentation des exportations et le développement de secteurs de pointe (aéronautique, industrie pharmaceutique, imagerie) expliquent à eux seuls la croissance continue depuis 1994. Ils constituent, de fait, les locomotives de toute l'économie de la province.

■ L'affirmation d'une économie de services   ■ ■ ■

L'essor des industries exportatrices ne doit cependant pas faire oublier que l'on vit aujourd'hui dans une économie de services, un secteur qui représente 75 % de toute l'activité économique dans la province. On y retrouve ainsi, en 1991, 72 % des emplois, contre 24 % dans le secteur secondaire et à peine plus de 4 % dans celui de l'agriculture et des ressources naturelles. La croissance du secteur tertiaire s'explique généralement par l'enrichissement, l'urbanisation et l'automatisation industrielle. De plus, la taille de l'État s'est accrue depuis 30 ans, tout comme les effectifs dans les domaines de la santé, de l'éducation et des services sociaux. Contrairement à ce que l'on voit dans les autres secteurs, l'offre des entreprises de services doit en outre être constante, puisqu'elle ne peut pas être stockée. Par ailleurs, les gains de productivité par travailleur y demeurent inférieurs à ceux qu'on trouve dans l'industrie, car on imagine mal comment une quelconque technologie pourrait remplacer une infirmière, un travailleur social ou un professeur.

Le secteur tertiaire a aussi fait l'objet d'une féminisation importante. En 1986, les femmes ne représentaient que 27 % de la main-d'œuvre dans l'agriculture, 11 % dans la forêt, 8 % dans les mines et 30 % dans les manufactures. Au même moment, elles occupaient déjà 60 % des emplois dans la finance, 41 % dans le commerce et 59 % dans les services socioculturels. Les femmes ont donc vu leur présence s'affirmer au fur et à mesure que s'instaurait cette économie de services.

Toutefois, la montée fulgurante de l'informatique ainsi qu'une féroce concurrence affectent aussi les entreprises de services, provoquant depuis 1990 l'abolition de dizaines de milliers d'emplois dans les services financiers (caisses, banques), la téléphonie (Bell, Telus) ainsi que dans le commerce.

On reste donc plus longtemps aux études afin de décrocher un poste qui exige des compétences variées et pointues. Les emplois stables tendent à diminuer au profit d'embauches à temps partiel ou de travail à la pige assuré par des travailleurs autonomes ne bénéficiant d'aucun avantage social ni d'aucune protection syndicale. En ayant leur bureau à domicile, ces personnes arrivent cependant parfois à concilier le travail et la famille.

Les analystes ne s'entendent pas sur le sens à donner à l'essor des services dans l'économie québécoise. Considérant l'importance de certaines branches telles que le tourisme et la recherche scientifique, certains considèrent que c'est là le signe que le Québec est entré dans une phase postindustrielle fondée sur l'échange d'informations. Pour d'autres, par contre, cette hypertrophie apparaît ruineuse, puisque les services dépendent de la richesse créée par l'agriculture et les industries exportatrices. Ainsi, selon l'économiste Pierre Lamonde, « loin de démontrer que l'économie québécoise est entrée dans l'ère postindustrielle, le gonflement du tertiaire est plutôt l'indice d'une anémie inquiétante du secteur secondaire ».

Quoi qu'il en soit, la prépondérance des services signifie que le capital humain, ou en d'autres mots les compétences, est devenu la principale ressource du Québec. Comme cette tendance est mondiale, une intense « chasse aux cerveaux » est en cours un peu partout, une lutte de laquelle le Québec sort actuellement perdant. En recherche médicale particulièrement, on assiste au départ pour l'étranger de spécialistes formés à grands frais dans les universités québécoises.

■ Les nouvelles tendances de consommation ■ ■ □

Les achats par Internet, l'invasion des produits fabriqués en Chine et la libéralisation des échanges bouleversent les règles du commerce de détail. Aucun autre phénomène n'est cependant aussi visible que la concentration des entreprises et l'aménagement de vastes magasins-entrepôts en périphérie des villes.

Dans tous les domaines, la libéralisation des marchés force les entreprises à se regrouper afin de faire face à une concurrence devenue mondiale. Depuis la fin des années 1980, on assiste ainsi à la naissance de quelques « géants québécois », résultats de ces fusions : Bombardier-Canadair (1986), Molson-O'Keefe (1989), SNC-Lavalin (1991), Provigo-Loblaws (1998), Alcan-Pechiney (1999). À leur tour, ces géants doivent s'intégrer à des groupes encore plus vastes, tels que, à l'échelle internationale, Labatt-Interbrew (2004), Abitibi-Bowater (2007) ou Rio Tinto-Alcan (2007), numéro un mondial de l'aluminium. Les « fleurons » de l'économie du Québec sont donc moins nombreux, plus puissants, et leurs intérêts sont d'abord et avant tout axés sur l'international.

Ces regroupements ont des répercussions sur le commerce de détail. À partir des années 1970, les centres commerciaux installés en banlieue avaient causé le déclin des plus petits commerces des centres-villes. Certains commerçants s'étaient toutefois regroupés afin d'augmenter leur pouvoir d'achat et de

L'arrivée des magasins entrepôts modifie profondément les habitudes de consommation des Québécois. En plus de changer radicalement le paysage du commerce de détail, ils entraînent la fermeture de plusieurs magasins pourtant implantés depuis longtemps au Québec.

faire face à la concurrence des grandes chaînes. C'est de cette façon qu'étaient nées les chaînes Provigo, Bonisoir, Pharmaprix et Rona. Ces initiatives avaient permis de maintenir le pouvoir québécois dans le commerce de détail, qui risquait de passer à des mains étrangères.

Depuis 1990, de véritables entrepôts tels Costco, Home Depot et Wal-Mart se sont installés en périphérie, au bord des autoroutes, vendant directement aux consommateurs leurs articles au prix de gros. Cette tendance a vite été imitée par des entreprises du Québec : Super Carnaval, Réno Dépôt, Maxi. Ces nouveaux joueurs bouleversent les règles traditionnelles du commerce de détail et entraînent à leur tour la disparition de véritables institutions telles que Simpson, Eaton et Woolco.

Un mouvement semblable se produit aussi dans le domaine bancaire, à l'occasion du décloisonnement des institutions financières. Les compagnies d'assurances, les fiducies et les courtiers immobiliers, autrefois indépendants, se joignent à des holdings financiers dirigés par les banques et les caisses. Le Mouvement Desjardins, par exemple, est aujourd'hui présent dans les assurances, le placement boursier et le capital de risque. Le Mouvement gère des sommes qui, en 1995, frôlaient les 80 milliards de dollars (91 milliards en 2006). Son rayon d'action se limite toutefois au Québec et aux transactions de petite et de moyenne envergure. Les caisses et certains fonds publics, comme la Caisse de dépôt et placement et la Société générale de financement, se portent aujourd'hui à la défense de l'économie du Québec, investissent dans des secteurs stratégiques et orchestrent la fusion d'entreprises québécoises pour faire face aux défis de la mondialisation.

■ L'essor des communications   ■ ■ □

Le secteur des services qui connaît la plus forte croissance à l'heure actuelle est sans aucun doute celui des communications. Dans un contexte d'engouement pour Internet et le multimédia, les journaux traditionnels ont du mal à tirer leur épingle du jeu : leur tirage baisse et, au cours des dernières années, tous sont passés aux mains d'un grand groupe appartenant généralement à un imprimeur d'envergure. Le Québec compte toujours une dizaine de quotidiens : quatre à Montréal, deux à Québec, les autres à Trois-Rivières, Sherbrooke et Saguenay. Tous sont aujourd'hui contrôlés soit par Quebecor Média, soit par Gesca. Il existe aussi une cinquantaine d'hebdomadaires régionaux, la plupart propriété de Médias Transcontinental.

Premier imprimeur au Canada et sixième en Amérique du Nord, Transcontinental est également le plus important éditeur de magazines destinés aux consommateurs et d'ouvrages pédagogiques en francais, et le deuxième éditeur de journaux locaux et régionaux au pays.

Le Québec dispose également d'une trentaine de stations de radio et de six réseaux de télévision, dont quatre sont francophones. Le rôle de la Société Radio-Canada tend à diminuer, tant au chapitre des productions qu'à celui de « référence »

en matière d'information. La télévision par câble connaît une grande ferveur à la fin du XXe siècle, ce qui a permis l'essor rapide d'un câblodistributeur, Vidéotron, et d'un diffuseur, Astral Média, qui propose des chaînes spécialisées au marché québécois : Canal D, Canal Vie, Historia, Télétoon, etc. Autour d'elles gravitent une myriade de maisons de production privées qui proposent des documentaires, des téléromans et des émissions d'affaires publiques.

L'essor de la publicité destinée au grand public joue aussi un rôle déterminant dans la croissance des communications. Même les chaînes publiques comme Radio-Canada et Télé-Québec comptent de plus en plus sur la publicité pour boucler leur budget d'exploitation. La publicité produite pour Internet croît plus rapidement encore. Elle représente un milliard de dollars en 2006, soit déjà presque le double qu'en 2005. Une part croissante de ce matériel promotionnel est réalisée au Québec pour un public québécois. Des agences comme National, Cossette Communication-Marketing et BCP ainsi que des maisons de sondage comme BBM, CROP et Léger Marketing emploient des milliers de relationnistes, d'infographistes, de téléphonistes et de spécialistes en marketing.

De leur côté, la télévision par satellite, la haute définition, la téléphonie cellulaire et la radio numérique imposent actuellement des standards technologiques qui risquent d'accroître encore davantage la concentration de la propriété. Le Conseil de la radiodiffusion et des télécommunications canadiennes (CRTC) a donc pour mandat de garantir une saine concurrence ainsi qu'un contenu canadien dans les émissions diffusées au Québec. Ces objectifs ne sont toutefois pas pleinement atteints, puisqu'ils heurtent la liberté d'expression et contreviennent aux lois du marché. Les Américains, notamment, souhaitent obtenir un meilleur accès aux ondes canadiennes. Au Québec, seule l'entreprise Quebecor semble avoir remporté le pari de cette **convergence** en gérant à la fois la production et la diffusion du contenu culturel. Présent dans les domaines de la presse, des magazines, des librairies, de l'édition, de la télévision et d'Internet, l'empire de Pierre Karl Péladeau est en mesure de façonner la culture des Québécois au gré de ses intérêts commerciaux.

L'industrie culturelle

Favorisant un flux de marchandises, de capitaux et de personnes, la mondialisation entre aussi de plein fouet dans les champs de l'information, de la culture et du divertissement. Les goûts du public québécois en matière de musique, de tourisme ou d'alimentation se diversifient considérablement et s'ouvrent sur les cultures du monde. Dans le domaine sportif, les sports dits traditionnels sont en perte de vitesse. Québec perd son club de hockey, les Nordiques (1972-1995), et Montréal, son équipe de baseball, les Expos (1969-2004). En revanche, émerge la pratique de sports jusque-là associés à d'autres cultures, comme le soccer. C'est en général la reconnaissance internationale conférée à un athlète québécois qui popularise un nouveau sport, qu'on pense à Jacques Villeneuve et à Patrick Carpentier en course automobile, à Sylvie Fréchette en nage synchronisée, à Marc Gagnon en patinage de vitesse, à Jean-Luc Brassard en ski acrobatique ou à Alexandre Despatie en plongeon.

PIERRE PÉLADEAU (1925-1997)

À la fin du XXe siècle, le groupe Quebecor génère des revenus avoisinant les 7 milliards de dollars et emploie environ 33 000 personnes. La croissance de l'entreprise est presque entièrement attribuable à la personnalité de son fondateur, Pierre Péladeau. L'histoire de cet empire financier commence en 1950 lorsque Péladeau achète *Le Journal de Rosemont*, au bord de la faillite. Il acquiert ensuite d'autres hebdomadaires tout le long des années 1950. Ne voulant dépendre de personne, il achète ensuite une première imprimerie, qui l'amène à acquérir et à lancer des revues de toutes sortes dont *Échos Vedettes*.

Le succès recueilli et la grève à *La Presse* en 1964 le décident à publier son premier quotidien, *Le Journal de Montréal*, suivi trois ans plus tard du *Journal de Québec*. Par une stratégie d'achat graduel, Quebecor Imprimerie se hisse au premier rang des imprimeurs au Canada et en Europe, ainsi qu'au deuxième rang aux États-Unis. L'entreprise imprime notamment les magazines *Time, People, Sports Illustrated* de même que la collection des romans Harlequin. À son décès en 1997, il laisse son empire à son fils Pierre Karl. Sous sa gouverne, Quebecor Media prend notamment le contrôle de Vidéotron (2000) et de Télé-Métropole (2001).

Convergence

Dans le présent contexte, association entre une entreprise propriétaire de droits sur des œuvres audiovisuelles (des films et de la musique pour l'essentiel) avec une entreprise qui gère l'ensemble des canaux de diffusion (presse, radio, télévision, Internet).

CÉLINE DION (NÉE EN 1968)

Présentée au gérant René Angélil alors qu'elle n'a que 12 ans, Céline Dion débute sa carrière de chanteuse au tournant des années 1980. Elle conquiert graduellement le marché québécois et remporte de prestigieuses distinctions internationales.

En 1983, elle devient la première Québécoise à obtenir un disque d'or en France. C'est cependant en interprétant la chanson-thème du film *La Belle et la Bête* en 1991 qu'elle se fait véritablement connaître aux États-Unis. Gagnant d'un Oscar, ce tube est suivi de plusieurs dizaines d'autres mégasuccès, dont celui de la bande originale du film *Titanic*, vendue à plus de 27 millions d'exemplaires. Elle continue tout de même d'enregistrer en français. Son album *D'eux* demeure à ce jour l'album francophone le plus vendu dans le monde. En 2000, elle se retire temporairement de la scène avant de s'installer à Las Vegas, où son spectacle *A New Day* connaît, de 2003 à 2007, un succès ininterrompu.

En vingt ans de carrière, Céline Dion est devenue à ce jour l'artiste féminine ayant vendu le plus d'albums dans l'histoire de la musique. Elle a également été nommée officier de l'Ordre du Canada et du Québec en 1999, chevalier dans l'ordre des Arts et des Lettres de la République française et ambassadrice de la paix pour l'UNESCO.

Retombées économiques

Principe selon lequel une activité économique a des effets démultiplicateurs sur d'autres secteurs. Ces retombées sont particulièrement visibles en région, où chaque dollar provenant de l'extérieur entraîne diverses répercussions sur l'économie locale.

Toutefois, la reconnaissance internationale des Québécois dans les arts de la scène est encore plus remarquable. Le cas le plus éclatant demeure sans contredit celui de la chanteuse Céline Dion qui, après avoir collectionné les Félix de la chanson québécoise durant les années 1980, accumule ensuite les Grammy et les Oscar américains. Le marché états-unien ouvre aussi ses portes aux groupes Simple Plan et Arcade Fire, à l'humoriste André-Philippe Gagnon ainsi qu'au Cirque du Soleil, maintenant installé à demeure à Las Vegas et présent sur les principales scènes du monde. En France, on assiste à une véritable « invasion » de chanteurs et d'artistes québécois : Céline Dion, bien sûr, mais aussi Lynda Lemay, Isabelle Boulay, Stéphane Rousseau, Anthony Kavanagh et Luc Plamondon, dont les célèbres opéras rock *Starmania* et *Notre-Dame-de-Paris* sont joués dans toute la francophonie.

La reconnaissance internationale atteint aussi la culture d'élite grâce à Robert Lepage, l'un des hommes de théâtre les plus admirés au monde. Dans le domaine littéraire par contre, les réussites internationales sont moins éclatantes, et les écrivains qui connaissent le succès sont plutôt ceux issus du métissage : l'Albertaine Nancy Huston – qui écrit en français – ou le Québécois Yann Martel – qui écrit en anglais (*L'Histoire de Pi*).

Tous ces succès sont surtout rendus possibles grâce à une industrie vigoureuse offrant une place inédite à la relève. Ainsi, des organismes tels que l'École nationale de cirque de Montréal et la Cité des arts du cirque de Montréal (TOHU) permettent à plusieurs artistes comme ceux du Cirque Éloize d'émerger et de briller sur la scène internationale. De son côté, l'École nationale de l'humour continue sans cesse de former de nouveaux performeurs dont certains se produisent ensuite au festival Juste pour rire. Des événements tels que le Festival international de jazz, les Francofolies de Montréal, le Festival d'été de Québec, la Fabuleuse histoire d'un royaume (Saguenay) et les Légendes fantastiques (Drummondville) attirent aussi des milliers de touristes qui génèrent des centaines de millions de dollars en **retombées économiques**.

Avides de succès à l'étranger, les artistes du Québec adoptent désormais une langue et un style internationaux. Des troupes telles que La La La Human Steps, Carbone 14 et le Cirque du Soleil n'utilisent plus la langue comme mode d'expression. Des créateurs issus de l'immigration comme Sergio Kokis, Wajdi Mouawad et le groupe rap Dubmatique élargissent la palette culturelle de la province. Le phénomène touche également la télévision, où des émissions et des concepts comme *Un gars, une fille,*

Plus que jamais, la culture québécoise rayonne sur la scène internationale. Le Cirque du Soleil, qui présente simultanément plusieurs spectacles à travers le monde tout le long de l'année, en est certainement le meilleur exemple.

Omertà, la loi du silence et *Catherine* sont vendus aux télévisions étrangères. Au cinéma, la baisse de la valeur du dollar canadien fait croître le nombre de productions étrangères tournées au Québec et employant des techniciens et acteurs d'ici. Contrairement à Pierre Falardeau (*Elvis Gratton*) ou à Michel Poulette (*Les Boys*), les cinéastes comme François Girard, Charles Binamé, Jean Beaudin et Philippe Falardeau ne ressentent plus autant le besoin de célébrer la « québécitude », mais excellent plutôt dans un cinéma accessible au public étranger, qui connaît d'ailleurs des succès inouïs en salle (*voir le tableau 9.2*).

En plus de ses succès au guichet, le cinéma québécois obtient la consécration internationale avec *Les Invasions barbares,* Oscar du meilleur film en langue étrangère en 2004. En haut, de gauche à droite : Toni Cecchinato, Marina Hands, Yves Jacques, Pierre Curzi. En bas, de gauche à droite : Louise Portal, Rémy Girard, Dorothée Berryman, Stéphane Rousseau et Dominique Michel.

DANY LAFERRIÈRE (NÉ EN 1953)

Dany Laferrière incarne bien la tendance actuelle de la culture québécoise qui consiste à s'ouvrir à des influences extérieures, en particulier à celles issues de la francophonie. À cause de l'instabilité et de la répression du régime Duvalier, il quitte Haïti en 1978 et s'installe au Québec. Tour à tour journaliste, poète et écrivain, il publie un premier roman, *Comment faire l'amour avec un nègre sans se fatiguer*, qui est ensuite porté à l'écran et obtient un certain succès tant en France qu'au Québec. Ses 11 romans publiés à ce jour ont tous une touche autobiographique. Le récit évoque souvent la situation en Haïti, l'expérience de l'exil et la situation actuelle au Québec. Sous la forme de contes urbains, ses histoires en viennent invariablement à critiquer le rêve américain en exposant les travers de la société moderne : l'individualisme, le racisme, le rythme de vie effréné et la recherche éperdue du bonheur et de la gloire.

TABLEAU 9.2 Les plus grands succès de l'histoire du cinéma québécois

#	Film	Année	Recettes*
1	Bon cop Bad cop	2006	9 395 452
2	Séraphin, un homme et son péché	2002	9 299 833
3	La grande séduction	2003	8 424 617
4	Les Boys	1997	6 990 925
5	Les Invasions barbares	2003	6 598 670
6	Les Boys II	1998	6 240 472
7	Les Boys III	2001	6 136 013
8	C.R.A.Z.Y.	2005	5 915 863
9	Aurore	2005	5 319 957
10	Camping sauvage	2004	4 357 561
11	Horloge biologique	2005	4 330 431
12	Les Boys IV	2005	4 319 710
13	Elvis Gratton II – Miracle à Memphis	1999	4 303 452
14	Maurice Richard	2005	4 250 619
15	Cruising Bar	1989	3 740 000

Le succès en salle pour un film québécois est un phénomène récent. Dans ce palmarès, il faut remonter à la quinzième place pour retrouver un film qui date d'avant 1997.

* Recettes avec taxes au 24 septembre 2006
Source : CINEAC, Agence cinéma, [en ligne], www.cineac.ca (page consultée le 12 juillet 2006).

■ L'effritement de la société québécoise ■■□

Au terme d'un exercice budgétaire difficile, le ministre des Finances de l'époque, Paul Martin, réussit à la fin des années 1990 à équilibrer le budget du gouvernement fédéral. Cette lutte au déficit a cependant été en grande partie gagnée au détriment des fonctionnaires, des chômeurs et des provinces, lesquelles ont vu diminuer brutalement les transferts provenant d'Ottawa. Le passage de Paul Martin au poste de premier ministre du Canada (2003-2006) sera beaucoup moins remarquable.

Métissage

Influence mutuelle de cultures différentes en contact les unes avec les autres, notamment dans les domaines artistiques.

Tandis que l'économie du Québec connaît une croissance soutenue et que ses chefs de file sont reconnus à l'étranger, l'observateur se demande alors pourquoi les hôpitaux de la province demeurent engorgés ; le réseau routier, si mal en point ; l'éducation, à ce point sous-financée ; et les centres-villes, surtout remarquables par leur malpropreté et leurs jeunes mendiants…

En fait, bien que la mondialisation des marchés ait permis d'accroître les échanges et de diminuer la pauvreté dans de nombreux pays, elle a aussi placé les États en compétition les uns avec les autres, chacun désirant attirer chez lui les entreprises de la nouvelle économie. Dans ce contexte, s'il souhaite rivaliser avec les économies émergentes de l'Asie et de l'Amérique latine, le Québec se doit d'offrir lui aussi une fiscalité concurrentielle, une main-d'œuvre hautement qualifiée et des lois avantageuses pour les multinationales. Il lui faut par conséquent prioriser ses secteurs d'excellence, essentiellement ceux tournés vers l'exportation et l'économie du savoir. En revanche, la santé, l'éducation et l'aide aux démunis, bien qu'essentielles, ne contribuent pas directement à la croissance de l'économie. Elles font donc peu l'objet d'attention et souffrent d'un grave sous-financement. De leur côté, les investisseurs, les yeux rivés sur la concurrence internationale, concentrent leurs investissements dans les domaines d'excellence : l'énergie, l'aéronautique, l'électrométallurgie, l'industrie pharmaceutique et l'imagerie virtuelle.

Le Québec devient donc le théâtre d'affrontements idéologiques. D'un côté se trouvent les tenants d'une économie performante misant sur les secteurs de pointe pour «créer la richesse», tels que les «lucides» réunis autour de l'ancien premier ministre Lucien Bouchard et de l'Institut économique de Montréal. À ce groupe s'opposent les «solidaires», partisans de Françoise David, qui se portent à la défense d'une économie au service des démunis et du «partage de la richesse». De façon plus générale, la mondialisation, la dé-natalité chez les francophones et le désengagement de l'État ont fait en sorte que les valeurs qui réunissaient les Québécois sont en voie de disparaître et que la majorité, après avoir concédé toutes sortes de droits à ses minorités, se retrouve tout à coup incapable de se définir elle-même. Le Québec est en fait devenu une société plus complexe, **métissée,** de moins en moins tricotée serrée et tiraillée entre divers intérêts.

Pour le meilleur comme pour le pire, la morale catholique a longtemps défini les valeurs de la majorité. À compter de la Révolution tranquille, on a opposé aux valeurs catholiques celles de la justice sociale, de l'universalité, de la démocratie et des droits de la personne. La Charte québécoise des droits et libertés de la personne (1975) et la Charte canadienne des droits et libertés (1982) sont alors venues garantir les droits de chaque individu avant ceux de la majorité. Aujourd'hui, de nombreuses minorités (Amérindiens, homosexuels, minorités religieuses, retraités, immigrants, etc.) ont développé une identité plus forte que le lien qui les unit aux autres Québécois, ce qui les mène à vouloir bénéficier d'une reconnaissance juridique. Selon certains, comme pour Maurice Champagne, l'un des artisans de la charte québécoise, c'est là « un pluralisme qui confond tout et se refuse à admettre qu'on ne peut pas ériger en valeurs collectives toutes les libertés individuelles possibles ».

En Europe et aux États-Unis, l'intégration des immigrants originaires de pays en voie de développement ou d'ex-colonies entraîne des tensions importantes ; on ne trouve rien de tel au Québec. Cependant, la funeste croisade anti-terroriste du président américain George W. Bush consécutive aux attentats du 11 septembre 2001 suscite localement des tensions avec la communauté arabo-musulmane de Montréal. Le débat sur les **accommodements raisonnables** traduit ainsi la réaction des milieux conservateurs, qui comprennent mal pourquoi les néo-Québécois ne se conforment pas davantage aux us et coutumes de leur société d'accueil. En 2007, la commission d'enquête coprésidée par l'historien Gérard Bouchard et le philosophe Charles Taylor révèle à quel point la majorité canadienne-française souffre d'insécurité et ne sait plus se définir après 30 ans de promotion des droits individuels.

Les différends entre hommes et femmes illustrent aussi très bien l'effritement des valeurs de la majorité. Le mouvement féministe des années 1960 et 1970 a permis aux femmes de s'affirmer dans toutes les sphères de la vie publique ; il a aussi bouleversé leurs rapports traditionnels avec les hommes. Tandis que les femmes réclamaient un nouveau partage des tâches afin d'arriver à mieux concilier travail et famille, la mentalité masculine a mis du temps à suivre la même évolution. Aujourd'hui, le divorce et la vie de couple sans enfant sont donc devenus un mode de vie pour toute une génération de Québécois, champions mondiaux de l'union libre selon le recensement de 2006. Ce phénomène a concrètement entraîné l'écroulement de la natalité. Avec 1,62 enfant par femme, le taux de fécondité actuel ne permet même pas de renouveler la population du Québec qui, estimée à 7,7 millions d'habitants, représente désormais moins du quart de la population canadienne. À moins d'une augmentation substantielle de son nombre d'immigrants, la population du Québec commencera donc à diminuer en chiffres absolus en 2014 (*voir la figure 9.2 à la page suivante*). Cela signifie aussi qu'il y aura davantage de bénéficiaires de pensions de retraite (déjà 18 % en 2000) et moins de jeunes capables de payer des impôts et de renouveler la population.

Un conflit de générations pointe donc à l'horizon. Somme toute, les enfants du baby-boom ont donné naissance à assez peu d'enfants. Ayant maintenant atteint l'âge de la retraite, ce segment de la population représente une charge insoutenable pour ses descendants, à qui il laisse en outre une dette publique accumulée de 117 milliards de dollars (2007) et des infrastructures publiques souvent délabrées. Bien que les jeunes profitent de la pénurie de la main-d'œuvre, les emplois disponibles requièrent des compétences devenues

FRANÇOISE DAVID (NÉE EN 1948)

Fille du cardiologue Paul David, petite-fille du sénateur Athanase David, arrière-petite-fille de l'historien Laurent-Olivier David et sœur de l'éminent politologue Charles-Philippe David, Françoise David choisit de se consacrer aux plus démunis et trouve sa véritable voie dans l'action sociale et communautaire. En 1987, elle est coordonnatrice du Regroupement des centres de femmes du Québec, puis présidente de la Fédération des femmes du Québec. C'est à ce titre qu'elle se fait remarquer lors de la marche des femmes contre la pauvreté « Du pain et des roses » organisée en 1995, puis lors de la marche mondiale des femmes contre la pauvreté et la violence, en 2000.

En 2004, la militante engagée devient porte-parole du mouvement féministe et altermondialiste Option citoyenne, qui fusionne en 2006 avec l'Union des forces progressistes, notamment dirigée par Amir Khadir. Un parti de gauche unifié est alors fondé : Québec solidaire. Ce nouveau parti connaît cependant la déception aux élections de 2007, en ne remportant aucun siège. Françoise David poursuit parallèlement son engagement dans diverses causes et participe aux débats publics. Elle publie notamment, en collaboration avec d'autres, le manifeste *Pour un Québec solidaire*, dans lequel elle exprime son souhait de voir la lutte contre la pauvreté et l'exclusion sociale être relancée.

Accommodement raisonnable

Conformément à la charte de 1982, les services publics doivent chercher à accommoder les convictions et les handicaps de chaque individu, dans la mesure où cela ne nuit pas à l'exercice des droits de la majorité.

FIGURE 9.2 Les pyramides des âges au Québec (1996-2051)

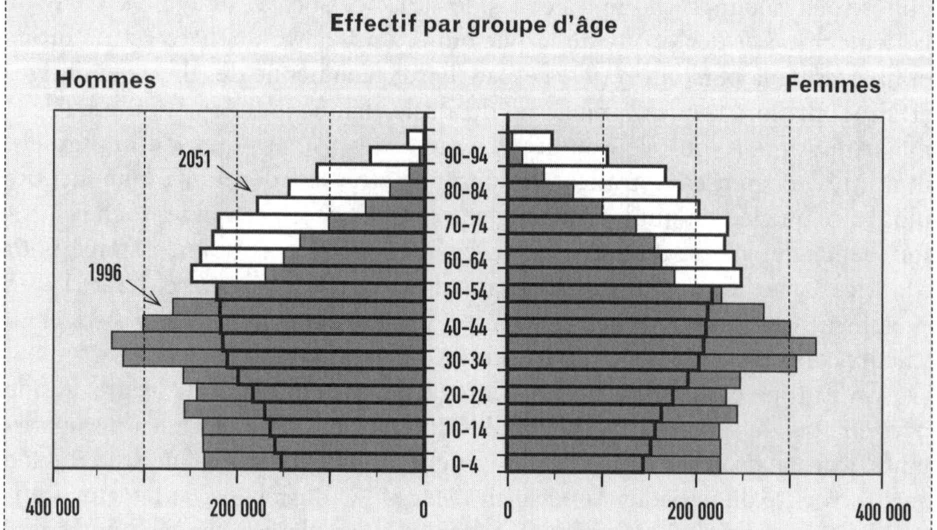

Le pourcentage et le nombre de personnes âgées croîtront rapidement au cours des prochaines années, conséquence des comportements passés. L'arrivée des baby-boomers au troisième âge (à compter de 2011), puis au quatrième âge (à compter de 2026) viendra amplifier ce phénomène amorcé depuis déjà plusieurs années.

Source : *Statistique, données socio-démographiques en bref,* février 1999, vol. 3, nº 2, p. 3.

rares dans plusieurs domaines, comme dans celui de la santé par exemple. Le jeune Québécois de 2007, souvent enfant unique et complaisamment appelé « enfant roi », n'est cependant ni insouciant ni foncièrement égoïste, mais il a simplement à cœur des valeurs différentes de celles de ses aînés. Plus matérialiste, moins nationaliste, il est cependant plus ouvert au métissage entre les cultures et s'avère un fervent défenseur de l'environnement.

Le désengagement financier de l'État explique largement l'effritement du corps social. La majorité des administrations publiques a aujourd'hui atteint l'équilibre budgétaire. À Québec, le gouvernement de Lucien Bouchard atteint le « déficit zéro » en 1999 au terme d'un douloureux exercice de compression des dépenses et de privatisation d'entreprises publiques. Entre 1986 et 1994, pas moins de 38 activités de privatisation ont lieu, dont celle de l'aciérie Sidbec-Dosco, un symbole de la Révolution tranquille. Les Québécois demeurent néanmoins les contribuables les plus imposés en Amérique du Nord. En 2000, ils payaient ainsi 31,2 % d'impôt de plus que les Ontariens et 37,4 % de plus que les Albertains.

Le gouvernement du Québec a donc dû effectuer des compressions budgétaires dans une grande partie de ses programmes, ce qui a considérablement nui à sa « mission sociale ». Les tribunaux et les groupes sociaux lui rappellent cependant ses devoirs, qui consistent à assurer à la population la gratuité scolaire, l'universalité des services de santé et le respect des choix de vie et des convictions religieuses de chacun. Enfin, plus tiraillés que jamais, les politiciens n'ont plus la capacité d'engager de nouveaux projets de société et ils participent eux aussi à la lutte pour s'arracher les lambeaux de l'État providence.

Des grèves étudiantes sans précédent ont lieu à l'hiver 2005. La majorité des cégeps demeurent paralysés pendant plusieurs mois pour dénoncer des compressions de 103 millions dans le régime des prêts et bourses. Les syndicats de la fonction publique ne suivent pas les mouvements de contestation, si bien que le gouvernement Charest parvient finalement à les réprimer.

■ La question autochtone ■ ■ □

Le Québec compte aujourd'hui environ 60 000 autochtones répartis en 11 nations (*voir la carte 9.2 à la page suivante*). La majorité d'entre eux vivent dans des conditions qui seraient difficilement acceptables pour les autres Québécois : 60 % dépendent de l'aide sociale, et la mortalité infantile, le suicide ainsi que diverses formes de toxicomanie sont présents dans des proportions infiniment plus élevées que chez les autres groupes de la société.

En vertu de la constitution de 1867, les questions concernant les autochtones relevaient du gouvernement fédéral. La *Loi sur les Indiens* (1876) leur accordait un statut de mineurs, sans réelle possibilité d'épanouissement. Le gouvernement fédéral avait alors institué 24 réserves sur le territoire du Québec. Ainsi, avant 1960, les autochtones vivaient en marge de la société canadienne. Toutefois, les choses avaient ensuite commencé à changer, d'abord grâce au redressement démographique de la population amérindienne, puis à un accès accru à l'éducation supérieure. La vogue écologiste avait également permis aux autochtones d'associer leur lutte aux enjeux environnementaux et de faire connaître leurs revendications hors du Québec. Cette prise de conscience avait débouché sur une série de revendications territoriales au nom de l'héritage ancestral. Les recours devant les tribunaux s'étaient alors multipliés. En 1969, le gouvernement fédéral avait dû instaurer le Bureau des revendications territoriales, qui pour l'essentiel accumula les dossiers. Québec, qui formulait depuis 1960 des exigences semblables, s'était montré plus proactif. Le dialogue

CARTE 9.2 Les Premières Nations

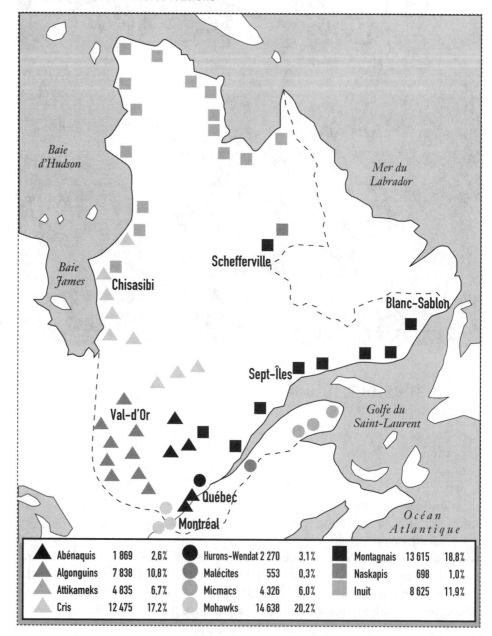

▲	Abénaquis	1 869	2,6%	●	Hurons-Wendat	2 270	3,1%	■ Montagnais	13 615	18,8%
▲	Algonquins	7 838	10,8%	●	Malécites	553	0,3%	■ Naskapis	698	1,0%
▲	Attikameks	4 835	6,7%	●	Micmacs	4 326	6,0%	■ Inuit	8 625	11,9%
▲	Cris	12 475	17,2%	●	Mohawks	14 638	20,2%		

avait finalement débouché en 1975 sur la Convention de la Baie-James et du Nord québécois, qui venait fixer les conditions d'exploitation des ressources hydrauliques du Grand-Nord par Hydro-Québec et reconnaître les droits territoriaux des Cris.

Depuis, au sud, les Mohawks de la région de Montréal mènent toujours un combat afin de récupérer des territoires grignotés par l'étalement urbain et agricole des Blancs. Leurs demandes ayant été déboutées à deux reprises, soit en 1975 et en 1986, les Mohawks ont recours à des moyens plus spectaculaires pour se faire entendre. La tension qui en résulte débouche sur la crise d'Oka (Kanesatake) de juin 1990, alors qu'un policier est abattu et qu'une barricade captive et divise profondément le Québec trois mois durant. Les travaux de la Commission royale sur les peuples autochtones s'étalent ensuite sur cinq ans sans qu'aucun règlement ne soit trouvé. Les deux communautés mohawks de Kanesatake et de Kahnawake demeurent encore aujourd'hui des foyers d'agitation politique et de véritables zones franches pour le crime organisé.

Malgré cela, depuis la fin des années 1990, les relations entre les autochtones et les gouvernements sont en voie de réchauffement. En 1995, la politique autochtone du ministre Guy Chevrette prévoit d'accroître l'autonomie financière et administrative des réserves. Puis, en 2001, le premier ministre Bernard Landry et le grand chef du Conseil des Cris, Ted Moses, signent la « paix des braves », par laquelle le gouvernement du Québec arrache, à coup de milliards, l'accord des Cris pour de futurs aménagements hydroélectriques à la Baie-James. En 2007 enfin, le gouvernement fédéral de Stephen Harper réforme le Bureau des revendications territoriales afin d'accélérer les règlements. Le désir du gouvernement de renforcer sa souveraineté sur l'Arctique canadien, riche en ressources naturelles, la sensibilité de l'opinion internationale envers la condition autochtone, de même que la persistance des enjeux environnementaux forcent actuellement l'État à s'entendre avec les peuples autochtones.

L'embarras des Québécois par rapport à la question des autochtones, comme à celle des immigrants ou des accommodements raisonnables, est là encore symptomatique d'une crise d'identité (*voir le tableau 9.3*). Lorsqu'une communauté culturelle marque aujourd'hui clairement sa dissidence avec la majorité, le débat tend à être ramené à une dimension ethnique et religieuse, ce dont les Québécois s'étaient si péniblement défaits. Les Québécois en sont donc encore à inventorier ce qui constitue leur identité distincte en Amérique. Ils pourront ensuite élaborer un projet national, qui devra concilier l'affirmation de leur identité et l'objectif de demeurer une collectivité ouverte et tolérante.

Après des décennies de silence, le monde amérindien recommence à se manifester au cours des années 1960 et 1970. Un nationalisme plus revendicateur, des moyens financiers plus importants et une organisation plus structurée amènent certains groupes à accomplir des gestes d'éclat, comme ce fut le cas des Mohawks à Oka en 1990. Utilisant à merveille les médias, ils ont su transmettre leur message à un auditoire international.

✦ Êtes-vous en mesure de fournir un autre exemple d'utilisation médiatique par un groupe d'autochtones ?

TABLEAU 9.3 Le sentiment d'appartenance des Québécois

S'identifient comme (%)	1970	1984	1999
Québécois	21	37	64
Canadien français	44	48	23
Canadien	35	15	12

Source : *Le sentiment d'appartenance des Québécois,* sondage Léger et Léger, paru dans la *Gazette du Montréal* le 25 avril 2000, p. D2.

■ L'échec du lac Meech

La personnalité de Brian Mulroney explique largement les succès électoraux des conservateurs entre 1984 et 1993. Depuis la pendaison de Louis Riel (1885) et la première crise de la conscription (1917), le Parti conservateur avait toujours été vu avec hostilité au Québec. Sous Mulroney, ce parti réussit à renverser cette image et à se montrer plus ouvert aux aspirations du Québec.

L'arène politique continue à opposer les politiciens souverainistes et les politiciens fédéralistes, un débat qui intéresse cependant de moins en moins les électeurs. On reproche à la classe politique de constamment polariser l'électorat sur cet enjeu et de réduire l'appartenance nationale aux seules conditions d'accession à la souveraineté : on parle d'« obsession référendaire ». Le projet politique de la plupart des Québécois consiste apparemment à obtenir davantage de pouvoirs à l'intérieur du Canada. Les politiciens, critiqués et discrédités comme jamais auparavant, s'enferrent pourtant dans un imbroglio constitutionnel qui prolonge indéfiniment les dilemmes de la Révolution tranquille. On assiste donc à une rupture progressive entre les Québécois et la classe politique, une rupture éloquemment illustrée par le scandale des commandites de 2004-2005, où les politiciens corrompus comparaissent en direct à la télévision. Depuis, les Québécois élisent des gouvernements minoritaires et ne croient plus leurs dirigeants capables de soutenir un projet de société crédible et emballant.

De 1987 à 1990, les premiers ministres Brian Mulroney et Robert Bourassa avaient pourtant déployé des efforts désespérés afin de faire accepter l'accord du lac Meech et le principe de société distincte pour le Québec au reste du Canada. Rien n'y fit. Aussi, après un délai légal de trois ans, l'accord tombe sans avoir été adopté, ce qui met fin à la seule tentative sérieuse de réintégrer le Québec dans le giron constitutionnel canadien depuis 1982. Au Québec, la conscience des plus fédéralistes est ébranlée par ce rejet des aspirations de la province.

En juin 1990, pour la première fois, tous les sondages indiquent qu'une majorité de Québécois sont favorables à la souveraineté. À Ottawa, un petit groupe de députés dissidents se forme derrière Lucien Bouchard, jusque-là proche de Brian Mulroney, et créent le Bloc québécois, qui se consacre depuis à la promotion de la souveraineté sur la scène fédérale. Le vent souffle toujours dans la même direction quand s'ouvrent, au mois de novembre 1990, les travaux de la Commission sur l'avenir constitutionnel et politique du Québec, dite commission Bélanger-Campeau.

Au début des audiences de la commission Bélanger-Campeau, les leaders de la société québécoise semblent s'unir pour cet examen de conscience qui promet d'être déterminant. De gauche à droite : Jacques Parizeau, Henri-Paul Rousseau, Gérald Larose, Michel Bélanger, Lucien Bouchard, Jean Campeau, Jacques Léonard, André Ouellet, Robert Bourassa et Robert Libman. Le large sourire de Bourassa masque cependant d'autres intentions. Dès la fin des travaux de la commission, il met son rapport de côté et s'empresse d'aller négocier une nouvelle entente avec le gouvernement fédéral.

Le rapport de la commission Bélanger-Campeau propose que le gouvernement libéral de Robert Bourassa tienne un référendum sur la souveraineté du Québec. Il paraît cependant clair que le premier ministre ne cherche alors qu'à gagner du temps en attendant que l'opinion publique oublie la rebuffade du lac Meech. Si bien que dès le mois d'août 1992, il accepte les termes de l'accord de Charlottetown, lequel accorde au Québec la « substance de Meech » ; aux provinces de l'Ouest, le Sénat égal qu'elles réclament ; et aux autochtones, le droit à l'autodétermination. Toutefois, l'entente est rejetée lors d'un référendum par une majorité de Québécois et de Canadiens, ce qui ramène tout le débat constitutionnel à la case départ et le Québec devant la même impasse qu'en 1982. Puis, au début de 1994, après neuf années au pouvoir, Robert Bourassa, dont la santé décline, se retire et laisse sa place à Daniel Johnson fils. Ce dernier est défait en septembre 1994 par le Parti québécois de Jacques Parizeau et son programme résolument souverainiste.

■ Le référendum de 1995   ■ ■ □

La victoire modeste du Parti québécois le 12 septembre 1994 montre que la fièvre nationaliste consécutive à l'échec de l'accord du lac Meech n'était que passagère et que les souverainistes n'ont jamais cessé d'être minoritaires (*voir la figure 9.3 à la page suivante*). Le PQ n'obtient qu'une mince majorité (44,75 % ; 77 députés sur 125) sur le Parti libéral (44,40 %), pourtant dirigé par un Daniel Johnson fils franchement fédéraliste. Annonçant une « nouvelle façon de gouverner », Jacques Parizeau lance rapidement le processus référendaire afin de ranimer l'élan souverainiste de 1990 et de la commission Bélanger-Campeau. Contrairement à la stratégie « étapiste » de 1980, qui consistait à amener progressivement les Québécois vers une souveraineté doublée d'une association économique avec le Canada, le gouvernement Parizeau propose une démarche directe, transparente, vers une indépendance décrite comme inévitable.

Indifférent aux sondages, Jacques Parizeau replonge le Québec dans l'aventure référendaire et appelle le peuple aux urnes pour le 30 octobre 1995. L'appui précieux du charismatique Lucien Bouchard, chef du Bloc québécois, permet au camp du « oui » d'obtenir 49,4 % des voix contre 50,6 % pour le « non ». Le taux de participation atteint un niveau record de 93,5 % (*voir le tableau 9.4 à la page suivante*). Les Québécois ont parlé, mais bien malin qui peut interpréter de tels résultats. Incapable d'assumer la défaite, même de justesse, le premier ministre Parizeau démissionne le lendemain, tendant ainsi un pont d'or au populaire Lucien Bouchard, qui devient chef du Parti québécois et premier ministre du Québec le 29 janvier 1996.

Dès son élection en septembre 1994, Jacques Parizeau fait preuve d'une fermeté et d'une détermination qui contrastent avec le style effacé et ambivalent de ses trois prédécesseurs, Pierre-Marc Johnson, Robert Bourassa et Daniel Johnson.
❖ À qui le caricaturiste Serge Chapleau compare-t-il Jacques Parizeau ?

LOUIS XIV PAR HYACINTHE RIGAUD

LUCIEN BOUCHARD (NÉ EN 1938)

Depuis 30 ans, Bouchard se retrouve constamment au centre des grands enjeux du Québec. Il travaille d'abord comme avocat à Chicoutimi puis préside des tribunaux d'arbitrage en éducation, participe à la commission Cliche, et, fait historique, négocie pour le gouvernement les baisses de salaire des employés de l'État (1982). Nommé ambassadeur du Canada en France en 1985, il organise le Sommet de la Francophonie de 1987.

À l'invitation de Brian Mulroney, Bouchard se présente comme candidat aux élections et devient député en 1988, puis ministre de l'Environnement. Il démissionne en mai 1990 pour dénoncer l'échec de l'accord du lac Meech, puis participe à la fondation du Bloc québécois, qui se porte depuis à la défense des intérêts du Québec à Ottawa.

Les actions de Bouchard serviront ensuite à promouvoir la souveraineté du Québec. Aussi, quand le premier ministre Parizeau démissionne au soir de la défaite, on pense immédiatement à Bouchard pour le remplacer à la tête du Parti québécois et du gouvernement du Québec. Propulsé premier ministre en janvier 1996, Bouchard doit affronter une crise des finances publiques. Ses efforts visent surtout à atteindre le déficit zéro et à juguler la crise dans le secteur de la santé. En ce qui concerne la souveraineté du Québec, il souhaite d'abord réunir les «conditions gagnantes» avant de tenir un nouveau référendum. Injustement critiqué par les militants de son propre parti, Bouchard quitte brusquement la politique au début de 2001.

Avocat réputé et négociateur de haut vol, Bouchard présente en 2005, le manifeste *Pour un Québec lucide,* dans lequel il invite les Québécois à prendre davantage leurs responsabilités pour le bien des générations futures. L'histoire se souviendra de Bouchard comme étant un franc-tireur de la politique québécoise, l'homme des sorties fracassantes.

FIGURE 9.3 L'évolution du sentiment souverainiste au Québec

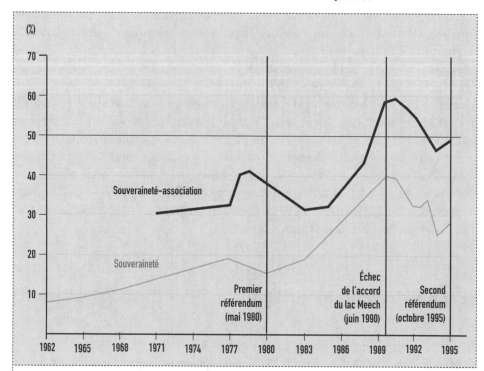

L'évolution du sentiment souverainiste au Québec à partir des sondages et du résultat de consultations populaires (1962-1995). Cette figure permet de constater l'ampleur de la réaction à l'échec de l'accord du lac Meech. Elle illustre surtout la versatilité des intentions des Québécois sur une question pourtant aussi fondamentale.

TABLEAU 9.4 Les résultats du référendum de 1995 par région

Région	Nombre de circonscriptions	Taux de participation	% de votes pour le OUI	% de francophones dans la région	% de francophones ayant voté OUI
Gaspésie, Côte-Nord et Bas-Saint-Laurent	10	90,2	60,3	94,0	64,2
Saguenay—Lac-Saint-Jean	5	92,6	69,6	98,8	70,4
Ville de Québec	11	93,5	54,4	96,6	56,3
Chaudière-Appalaches	8	92,3	50,7	98,8	51,3
Saint-Maurice, Bois-Francs	8	93,0	57,2	98,0	58,3
Estrie	8	93,4	49,6	89,4	55,4
Rive-Sud de Montréal	18	94,8	53,7	86,5	62,1
Laurentides, Lanaudière	13	93,9	61,6	93,6	65,8
Outaouais	5	93,7	27,4	81,1	33,8
Abitibi-Témiscamingue	4	89,8	55,8	87,4	63,9
Ville de Laval	5	95,4	46,8	78,4	59,6
Île de Montréal	30	93,9	49,4	82,3	60,0
Total	125	93,5	49,4	82,3	60,0

Source : Pierre Drouilly, «Le référendum du 30 octobre 1995 : une analyse des résultats», dans Robert Boily, *L'année politique au Québec, 1995-1996,* Montréal, Fides, 1997, p. 134.

Les résultats très serrés du référendum énervent au plus haut point le gouvernement libéral de Jean Chrétien, qui avait pourtant déployé des trésors d'ingéniosité afin d'écraser le souverainisme québécois depuis son élection en 1993. En décembre 1999, Ottawa présente le projet de loi sur la « clarté référendaire ». Cette loi autorise le gouvernement fédéral à ne pas tenir compte du résultat d'un référendum au Québec si la question posée n'est pas jugée suffisamment claire et si la majorité en faveur de la souveraineté n'apparaît pas significative. Au même moment, le gouvernement Chrétien inonde la province de publicité vantant les mérites du Canada aux Québécois par le biais d'un programme de commandites destiné aux événements publics se déroulant au Québec. Dix ans plus tard, la commission présidée par le juge John Gomery démontre combien la gestion de ce programme fut entachée d'irrégularités et jusqu'où le gouvernement Chrétien était prêt à aller pour briser la vague séparatiste au Québec.

Il est alors assez malaisé pour Lucien Bouchard de répliquer à Ottawa, lui qui en 1996 n'est encore que le remplaçant de Jacques Parizeau et qui a fort à faire pour convaincre ses propres militants de la solidité de ses convictions souverainistes. La population apprécie cependant ses talents de rassembleur, en particulier lors de deux sommets économiques en 1996 et 1997, où il réussit à arracher l'adhésion des acteurs sociaux au principe du « déficit zéro », soit l'équilibre entre les dépenses de l'État et ses revenus. Lucien Bouchard peut alors songer sereinement à se faire plébisciter par les électeurs. Mais, coup de théâtre, le chef libéral Daniel Johnson démissionne et est remplacé par Jean Charest. Jusque-là chef du Parti progressiste-conservateur, un parti en reconstruction depuis l'écroulement du régime Mulroney en 1993, Charest est jeune, populaire et excellent communicateur. La campagne électorale est donc beaucoup plus âpre que prévu. De fait, lors des élections de 1998, le Parti libéral de Charest obtient 43,5 % des voix contre seulement 42,9 % pour le Parti québécois et 12 % pour l'Action démocratique, un tiers parti qui, derrière Mario Dumont, propose un programme populiste et conservateur. Le Parti québécois rafle pourtant 76 sièges et conserve le pouvoir.

La Commission Gomery a démontré à quel point le gouvernement Chrétien voulait éradiquer le mouvement souverainiste au Québec. Jusqu'à maintenant, seuls des entrepreneurs proches du gouvernement ont été traduits devant les tribunaux pour répondre de leurs actes, comme Jean Lafleur que l'on voit ici à droite.

■ Une crise permanente en santé ■ ■ □

Depuis 20 ans, la dégradation du système de soins de santé monopolise le débat politique au Québec, en particulier en période électorale. L'atteinte du déficit zéro en 1999 et la réduction des transferts de fonds fédéraux destinés aux provinces se sont en grande partie faites aux dépens des deux principaux ministères : celui de l'éducation et celui de la santé. La crise proprement dite tire son origine d'une décision malheureuse prise en 2002, qui consiste à procéder à des mises à la retraite anticipées dans le domaine de la santé, de même qu'à fermer des facultés de médecine et de soins infirmiers.

Lancée dans un tel contexte, la réforme en santé entreprise par le ministre Jean Rochon est déjà condamnée à l'échec. Cette vaste réforme prévoit un **virage ambulatoire** censé accroître le rôle des CLSC et des centres de santé de longue durée afin de désengorger les salles d'urgence. On procède alors à la rationalisation du réseau hospitalier autour de quatre centres

Virage ambulatoire

Terme qui désigne la vaste réforme entreprise dans le milieu hospitalier afin de désengorger les urgences et de raccourcir les listes d'attente. La principale solution envisagée était de réduire la durée des séjours à l'hôpital.

LISTE D'ATTENTE EN CHIRURGIE...

BONNE NOUVELLE MONSIEUR, ON VOUS OPÈRE DEMAIN... ...MONSIEUR... MONSIEUR!?

Au cours de la dernière décennie, la lenteur dans les soins de santé est au cœur des grands débats publics du Québec. Cependant, aucune des formations politiques n'a encore été en mesure de formuler une solution satisfaisante et efficace au problème.

hospitaliers universitaires, à savoir McGill, Montréal (CHUM), Laval (CHUL) et Sherbrooke (CHUS), qu'on prévoit doter chacun d'un mégahôpital où seront concentrés les traitements spécialisés et plus coûteux.

Malgré les aménagements nécessaires qu'elle entraîne, la réforme en santé ne prend jamais vraiment son envol, ce qui se solde par un état quasi permanent de crise dans le réseau. Le problème apparaît d'abord dans les régions, entre autres au Saguenay et en Abitibi, où sévit une pénurie de spécialistes de la santé. Puis, il se généralise dans le reste de la province. Les médias et l'opposition ont alors tout le loisir d'exhiber les listes d'attente dans les hôpitaux, de souligner la pénurie de médecins spécialistes et de montrer l'affligeant spectacle de salles d'urgence bondées.

Progressivement, ceux favorables à une certaine « privatisation » se font entendre. En septembre 2006, un jugement dans l'affaire Chaoulli autorise la présence du secteur privé en santé au Québec. À l'automne 2007, la commission Castonguay émet des avis qui vont dans le même sens, provoquant l'ire des opposants à une « médecine à deux vitesses ». Ce problème est appelé à demeurer un fardeau pour tous les prochains gouvernements du Québec, tant se confirment le vieillissement de la population et l'accroissement des coûts des médicaments et de l'hospitalisation.

■ Une réforme municipale ratée ■ ■ □

L'étalement urbain vers les banlieues n'est pas unique au Québec ; il touche toute l'Amérique du Nord. Ce phénomène a pris des proportions impressionnantes dans la région de Montréal, où l'on assiste depuis 1960 à l'émergence de villes-dortoirs qui ont transformé le mode de vie du Québécois moyen. L'essor des banlieues avait initialement provoqué l'aménagement de nombreux ponts, viaducs, routes et aqueducs, réalisés dans un élan d'enthousiasme durant les années 1970. Leur entretien a cependant été négligé. Au début du XXIᵉ siècle, de nombreuses villes se retrouvent donc avec des installations vétustes dont la réfection promet de coûter des milliards de dollars. Les banlieues sont aussi très onéreuses pour les villes-centres, qui se retrouvent privées des taxes des contribuables les mieux nantis, mais qui doivent quand même leur offrir des services publics sous forme de transports en commun, de déneigement ou de sécurité policière durant leurs déplacements au centre-ville.

Le mouvement des fusions municipales émane d'une initiative du maire de Montréal Pierre Bourque et de son projet « Une île, une ville ». À Québec, le

Construites rapidement au cours des années 1960 et 1970 lors de l'essor fulgurant des banlieues, plusieurs infrastructures (autoroutes, aqueducs, ponts et viaducs) ont été mal entretenues par la suite. Trop longtemps retardée, leur réfection entraîne de nos jours des dépenses de plusieurs dizaines de milliards de dollars. Le signal d'urgence devient particulièrement clair le 30 septembre 2006, quand le viaduc autoroutier de La Concorde s'écroule à Laval, tuant cinq personnes et en blessant six autres.

gouvernement Bouchard s'emballe pour les projets de fusion. Sans prendre la peine de consulter les élus des villes, il lance en 2002 un mouvement de fusions municipales dans le but de renforcer les assises des villes-centres en leur permettant d'assumer leurs obligations financières (*voir la carte 9.3*). Naissent ainsi les «grandes villes» de Québec, Longueuil, Gatineau, Saguenay, Sherbrooke et Trois-Rivières. À Montréal, le projet «Une île, une ville» provoque cependant la colère des anglophones du «West Island». Profitant de cette vague d'insatisfaction, Jean Charest est élu premier ministre du Québec, et Gérald Tremblay, maire de Montréal. Dès leur arrivée au pouvoir, ils donnent suite à leur promesse de «défusionner» les nouvelles villes, créant des «conseils d'agglomération» et espérant que le temps aura raison du fouillis engendré. Le mouvement de défusions de 2005 touche surtout Montréal et Longueuil. Cependant, en définitive, c'est le Parti québécois qui paie le tribut le plus lourd, s'aliénant le vote des francophones des banlieues, un électorat particulièrement bousculé lors de l'opération.

CARTE 9.3 Les municipalités fusionnées (2005)

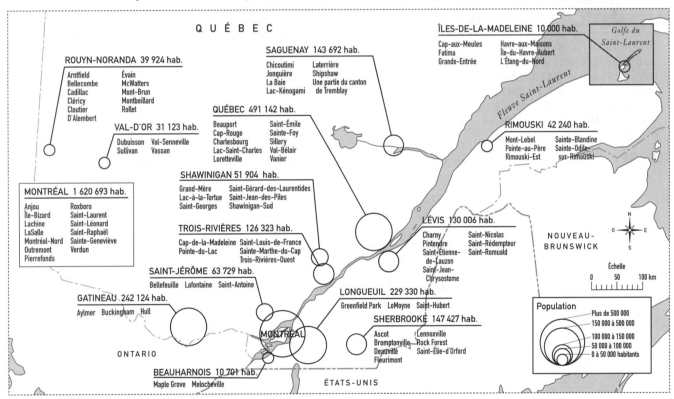

■ La montée du conservatisme ■ ■ □

Les résultats ambigus aux élections de 1998 ne donnent pas à Lucien Bouchard les «conditions gagnantes» d'un prochain référendum sur la souveraineté. Le dilemme est encore pire pour le Bloc québécois dirigé par Gilles Duceppe. Élu à Ottawa pour négocier la souveraineté avec le Canada, le Bloc est réduit

Première femme à la tête d'un grand parti provincial, Pauline Marois est une politicienne aguerrie. Chef du Parti québécois depuis juin 2007, elle aura pour tâche de rétablir l'unité parmi les nationalistes québécois et d'actualiser le projet de souveraineté.

à défendre les intérêts d'une province. Comme les autres politiciens québécois avant lui, Bouchard s'avère en réalité incapable de voir clair dans la volonté des électeurs et il n'a donc d'autre choix que de jouer la carte du fédéralisme rentable. Il participe alors à toutes les conférences fédérales-provinciales que boycottaient ses prédécesseurs péquistes et adhère à certains programmes fédéraux, puisque l'argent vient d'Ottawa. Au même moment, comme René Lévesque avant lui, Bouchard est accusé par son propre parti de ne pas promouvoir suffisamment la souveraineté et de sacrifier les acquis sociaux sur l'autel du déficit zéro. La pression devenant trop forte, Lucien Bouchard présente sa démission comme premier ministre en janvier 2001, quittant brusquement la politique. Il est promptement remplacé par Bernard Landry, « couronné » chef du PQ et premier ministre.

Landry n'a cependant pas la légitimité d'un chef élu, n'ayant été mis en place ni par son parti, ni par la population lors d'une élection. Vieux routier du Parti québécois, Landry évite néanmoins la crise grâce à une direction collégiale avec les poids lourds de son cabinet : Pauline Marois, François Legault, Guy Chevrette et Diane Lemieux. Économiste de formation, Bernard Landry est convaincu que l'État doit intervenir pour stimuler l'économie. Il s'implique dans le sauvetage de l'usine Packard-Bell à Sainte-Thérèse, offre des tarifs énergétiques préférentiels aux usines d'aluminium et stimule la création de la Cité du multimédia dans le Vieux-Montréal. L'interventionnisme du gouvernement Landry s'avère rentable, mais il a aussi pour effet de mettre à mal le fragile équilibre budgétaire de la province. Ce sont finalement les problèmes en santé, talon d'Achille de tous les gouvernements du Québec précédents, qui vont coûter le pouvoir au Parti québécois. Depuis 1970, les Québécois ont toujours accordé deux mandats consécutifs de gouvernement au Parti libéral, puis au Parti québécois. La règle de l'alternance s'applique à nouveau en 2003 avec la victoire des libéraux de Jean Charest. Les racines conservatrices et fédérales du jeune premier ministre s'acclimatent cependant assez mal au terreau du PLQ. Très tôt, les libéraux ont donc l'occasion de regretter le choix de leur slogan électoral « Nous sommes prêts », tant l'improvisation et l'amateurisme semblent guider chacun de leurs gestes.

Le premier gouvernement Charest connaît deux phases bien distinctes. De 2003 à 2005, il prend des initiatives préfigurant un virage vers la droite conservatrice et dans lesquelles dominent la « réingénierie » de la bureaucratie gouvernementale, la réforme du Code du travail pour limiter l'influence des syndicats et les partenariats public-privé, les fameux PPP destinés à partager avec l'entreprise privée la gestion de certains services publics. Manifestement, les Québécois n'en sont pas là, si bien que le gouvernement Charest est vite dépassé par un raz-de-marée de contestations. Les étudiants et les syndicats mènent le bal dans un combat contre ce qu'on qualifie déjà un peu vite de « pire gouvernement de l'histoire du Québec ».

Dès la fin de 2005, le gouvernement Charest a compris. Sous peine d'être chassé aux prochaines élections, les libéraux interrompent des réformes jugées trop à droite et se convertissent à la plus totale passivité. Les défusions municipales ratées, la privatisation du parc du mont Orford et la chute d'un viaduc à Laval ponctuent la fin du premier gouvernement Charest.

L'arrivée à Ottawa en janvier 2006 d'un gouvernement minoritaire dirigé par le conservateur Stephen Harper est providentielle pour Jean Charest et certainement responsable de sa survie électorale au printemps de 2007. Dès son élection, Stephen Harper pose des gestes d'ouverture à l'égard du Québec, qu'il reconnaît comme une « nation à l'intérieur d'un Canada uni ». Son initiative la plus significative consiste à corriger le **déséquilibre fiscal** en accordant à la province de généreux subsides que Jean Charest consacre immédiatement, à la toute veille du scrutin québécois, à des baisses d'impôt. Le Parti québécois, dirigé par un jeune chef inexpérimenté et controversé, est laminé, ne récoltant que 28 % d'appui. Les libéraux conservent ainsi le pouvoir, avec 33 % des votes et 48 sièges, mais le grand gagnant des élections de 2007 est sans conteste l'Action démocratique de Mario Dumont. Avec 31 % des voix et 41 sièges, l'ADQ force la formation du premier gouvernement provincial minoritaire depuis plus d'un siècle.

La montée d'un parti comme l'ADQ témoigne de l'essor du conservatisme au sein de l'électorat québécois et de l'éclatement de la famille nationaliste. Le rêve d'un Québec souverain ne s'avère plus assez tangible pour réunir le vote francophone, qui se divise désormais entre une tendance conservatrice associée aux régions et à la ville de Québec, celle de l'ADQ, et une tendance progressiste essentiellement basée à Montréal, celle du PQ. Le Parti libéral continue quant à lui de recueillir le vote des communautés culturelles. On peut donc penser que les prochaines années seront dominées par des gouvernements minoritaires, un phénomène jusque-là inédit au Québec.

Parallèlement, les conservateurs fédéraux sont également de retour sur la scène électorale québécoise, généralement dans les régions où l'ADQ a marqué des points. Le discours urbain et social-démocrate du Bloc québécois a vraisemblablement fini par lasser la population, et les électeurs nationalistes se remettent donc à voter conservateur, comme durant les années 1980 sous Brian Mulroney.

Les Libéraux de Jean Charest sont réélus l'automne 2008 pour un troisième mandat. Cette élection marque aussi le retour en force du Parti québécois, l'écroulement de l'ADQ et l'élection d'un premier député de la formation de gauche Québec solidaire.

■ Le Québec dans le monde   ■ ■ □

« Quoi qu'on dise et quoi qu'on fasse, le Québec est, aujourd'hui et pour toujours, une société distincte, libre et capable d'assurer son destin et son développement. » Ces paroles du premier ministre Robert Bourassa, prononcées en juin 1990 au terme de la saga du lac Meech, doivent cependant être nuancées. En effet, la province n'échappe pas aux grands mouvements qui touchent

En tant que membre de l'Alliance atlantique (OTAN) et des Nations unies (ONU), le Canada participe depuis 1947 à des missions de « maintien de la paix » à titre de force d'interposition. Depuis les attentats du 11 septembre 2001, les pressions américaines ont forcé le pays à s'engager dans la « guerre au terrorisme » et à envoyer notamment un corps expéditionnaire dans la région de Kandahar, en Afghanistan, pour y combattre les Talibans apparemment liés à la mouvance terroriste d'Al-Quaïda.

le reste du Canada, l'Amérique et le monde, et qui l'influencent directement. Depuis 1867, on compose au Québec avec les orientations économiques adoptées par le gouvernement fédéral ou par les institutions financières de Toronto et de New York. Malgré un certain décalage parfois, les idéologies qui marquent le XXe siècle – le libéralisme, le keynésianisme, le syndicalisme ou le féminisme – agissent sur le Québec et le Canada. Même les grandes manifestations du nationalisme québécois sont généralement conditionnées par le contexte canadien.

Au cours des années à venir, l'opinion canadienne-anglaise devrait donc continuer à influer sur le Québec. Par contre, la mondialisation et la croissance des échanges de la province avec l'étranger sont telles que la conjoncture mondiale est en voie de l'influencer plus encore. Depuis 20 ans, l'actualité internationale occupe en effet le haut du pavé, qu'il s'agisse de la chute du mur de Berlin en 1989, de l'écroulement du bloc soviétique, ou de l'éclatement de conflits ethniques et religieux au Rwanda, dans le Caucase ou au Moyen-Orient.

Les Québécois considèrent à juste titre avoir jusqu'ici échappé à toutes ces perturbations. L'histoire suggère cependant que le Québec devra tôt ou tard faire face à certaines réalités qui émergent à l'heure actuelle. Les changements climatiques, par exemple, ne connaissent aucune frontière, pas plus désormais que l'exode des cerveaux, la concurrence internationale ou le difficile dialogue entre les cultures. Engagé dans les écueils de la mondialisation, le Québec bénéficie heureusement d'atouts indéniables : abondantes ressources naturelles, taux de scolarisation élevé et solides ambassadeurs, qui vont de Bombardier à Céline Dion. Il reste toutefois que les Québécois ont pour l'instant majoritairement choisi de mener ce combat avec un simple gouvernement provincial qui, sous la tutelle du gouvernement canadien, apparaît sans voix au sein du concert des nations.

■ ■ ■ **L'essentiel**

Prospérité économique, réalisations culturelles prodigieuses et montée du conservatisme résument assez bien la vie au Québec au tournant du XXIe siècle. Les 15 dernières années sont d'abord marquées par la crise des finances publiques et par l'intégration croissante du Québec à l'économie nord-américaine, en particulier depuis la signature de l'Accord de libre-échange nord-américain (ALENA) en 1994. La mondialisation et le déclin du rôle de l'État accélèrent la dissolution du tissu social et l'affirmation de groupes de pression revendiquant des droits.

Au chapitre de la politique, la période débute avec l'échec de l'accord du lac Meech et une vague nationaliste qui se brise sur les résultats serrés du référendum de 1995. Depuis, on assiste à une montée du conservatisme : les Québécois élisent les libéraux de Jean Charest en 2002, les conservateurs de Stephen Harper en 2005 et se laissent de plus en plus séduire par le populisme de Mario Dumont.

■ ■ ■ Documents

C'est sur fond de crise des finances publiques et de vieillissement de la population du Québec que se déroule à l'automne 2005 le débat entre les «lucides», autour de l'ex-premier ministre Lucien Bouchard, et les «solidaires», autour de la militante Françoise David. Le *Manifeste pour un Québec lucide* invite d'abord les Québécois à davantage de rigueur et d'austérité pour faire face aux grands défis de l'heure. Au pessimisme des lucides, le *Manifeste pour un Québec solidaire* oppose un interventionnisme jubilatoire inspiré de la Révolution tranquille. En fait, derrière ces étiquettes s'affrontent une vision conservatrice et une vision progressiste des problèmes contemporains du Québec.
✚ Identifiez ces enjeux et établissez les solutions proposées à «droite» et à «gauche».

Manifeste pour un Québec lucide

« Alors que notre avenir est menacé par le déclin démographique et la concurrence mondiale, le Québec ne peut se permettre d'être la république du statu quo.

Nous sommes inquiets. Inquiets pour le Québec que nous aimons. Inquiets pour notre peuple qui a survécu contre vents et marées, mais qui ne semble pas conscient des écueils qui menacent aujourd'hui son avenir.

[...]

Par rapport au reste du Canada, le Québec du dernier demi-siècle a [...] accompli un rattrapage spectaculaire. Nous avons raison d'être fiers de ce progrès, réalisé grâce à un modèle de société qui, somme toute, a bien fonctionné. Cependant, nous ferions une grave erreur en nous satisfaisant de cette performance. D'abord parce qu'il reste du chemin à faire. Ensuite parce que c'est à l'aune du continent et à celle du monde qu'il faut aujourd'hui se mesurer. Or, dès que l'on adopte ce point de vue plus large, on constate que le retard économique du Québec est loin d'avoir été comblé. Au plan du niveau de vie, notamment, le Québec fait encore partie des 25 % les moins riches parmi les provinces et États d'Amérique du Nord. Au plan financier, le gouvernement du Québec fait figure d'un lourd albatros qui ne parvient pas à prendre son envol, notre dette publique par habitant étant la plus élevée du continent.

À cette constatation que l'économie du Québec a encore bien des croûtes à manger s'ajoutent deux menaces de première importance pour notre avenir. D'une part, le Québec s'apprête à vivre le déclin démographique le plus rapide de tous les pays industrialisés à l'exception du Japon. D'autre part, comme toutes les autres régions de l'Occident, il subit déjà une concurrence féroce de la part des pays asiatiques, au premier chef de la Chine et de l'Inde.

[...]

Selon les projections de l'Institut de la statistique du Québec, le Québec comptera 7,8 millions en 2050, à peine 300 000 personnes de plus qu'aujourd'hui. Aussi tôt qu'en 2012, il y aura de moins en moins de gens en âge de travailler, de moins en moins de jeunes et de plus en plus de personnes âgées. Cela voudra dire un peuple moins dynamique, moins créatif, et moins productif. Pendant que le Québec subira ce freinage démographique, la population du reste de l'Amérique augmentera à un rythme rapide, de sorte que dans 40 ans, les 7,8 millions de Québécois seront

entourés par près de 1,2 milliard de personnes, parlant pour la plupart anglais et/
ou espagnol. Ce ralentissement démographique se produit au pire moment qui soit,
à une époque où les pays occidentaux sont appelés à faire face à une concurrence
inédite venant des pays asiatiques, tout particulièrement les géants chinois et indien.
L'entrée de plus d'un milliard de nouveaux travailleurs dans le circuit de l'économie
mondiale a commencé il y a 15 ans avec l'essor économique de la Chine et des autres
« tigres » asiatiques. Elle va continuer à interpeller nos forces vives pendant plusieurs
décennies à venir.

[...]

Malheureusement, au moment précis où nous devons opérer un changement radical
de notre façon de nous voir et de voir le monde qui nous entoure, la moindre évolution dans le fonctionnement de l'État, le moindre projet audacieux, le moindre
appel à la responsabilité, la moindre modification dans nos confortables habitudes de
vie sont accueillis par une levée de boucliers, une fin de non-recevoir, au mieux par
l'indifférence. Cette espèce de refus global du changement fait mal au Québec parce
qu'il risque de le transformer en république du *statu quo*, en fossile du 20e siècle.

À l'heure actuelle, le discours social québécois est dominé par des groupes de
pression de toutes sortes, dont les grands syndicats, qui ont monopolisé le label
« progressiste » pour mieux s'opposer aux changements qu'impose la nouvelle donne.
Tous se souviennent de l'ouverture et du leadership manifestés par les dirigeants syndicaux lorsque, d'un commun accord avec le monde des affaires et l'ensemble de la
classe politique, ils ont donné en 1996 un appui indéfectible à l'atteinte du déficit
zéro. Aujourd'hui comme à cette époque, tous les Québécois sont interpellés par les
mêmes défis. Nous ne parviendrons à les relever que si nous y travaillons ensemble.

La population québécoise s'accommode de cette situation de blocage parce
qu'elle y trouve son aise. Les Québécois travaillent moins que les autres Nord-
Américains ; ils prennent leur retraite plus tôt ; ils se paient des programmes sociaux
plus généreux ; dans leur vie privée comme collective, ils s'endettent jusqu'à la limite
de leur carte de crédit. Tout cela n'est qu'humain ; nous recherchons tous la vie la
plus agréable possible. Mais il faut aussi être réaliste. D'ici quelques années tout au
plus, nos rêves – en fait, pas les nôtres, mais ceux de nos enfants – seront brutalement interrompus par des coups sur la porte : les huissiers !

[...]

La lucidité exige que nous arrêtions de nous bercer d'illusions. Le Québec est
une société privilégiée, mais notre prospérité est menacée. En continuant d'écouter
ceux qui nous disent que tout va bien, qui nous offrent des solutions à courte portée,
nous nous destinons à un recul que nous ne parviendrons bientôt plus à freiner. Le
temps viendra, beaucoup plus rapidement qu'on le pense, où nous serons trop peu
nombreux, pas assez riches et trop engoncés dans nos vieilles façons de penser pour
assumer la solidarité sociale qui nous est si chère, et pour promouvoir la culture sans
laquelle nous ne sommes plus Québécois.

[...]

Les idées que nous mettons de l'avant ici visent précisément à accélérer le rythme
de développement du Québec. À cet égard, quelques priorités nous semblent s'imposer d'elles-mêmes tellement la marge de manœuvre du Québec est étroite. C'est

le cas de l'allégement du fardeau de la dette publique. À l'heure actuelle, le gouvernement du Québec consacre 16 % de ses dépenses au service de la dette, une part beaucoup plus importante que celle que supportent les autres gouvernements provinciaux. Si l'État parvient à diminuer sa dette, il dégagera une marge de manœuvre lui permettant de rencontrer les dépenses de santé croissantes provoquées par le vieillissement de la population.

Libéré d'une partie du fardeau de la dette, le gouvernement du Québec pourrait aussi contribuer à une corvée essentielle pour la prospérité future du Québec, soit un investissement massif en éducation et en formation. Une petite nation pourra seulement faire sa marque par la qualité de sa main-d'œuvre, par le haut niveau de son développement culturel et scientifique, par sa créativité. Il est donc fondamental de valoriser ces domaines et d'y investir la part la plus importante de nos ressources. Notamment, il faut faire en sorte que le taux de décrochage diminue et que de plus en plus de jeunes poursuivent leurs études au niveau post-secondaire dans des institutions de haut calibre.

Le niveau d'investissement requis pour atteindre ces objectifs dépasse les capacités financières de l'État québécois. C'est pourquoi un esprit de lucidité et de responsabilité mènera à l'abandon du gel des droits de scolarité, une politique qui va à l'encontre du bon sens et de toutes les études menées sur la question. Au cours des dix dernières années, le gel a privé les universités québécoises de plus de 3 milliards par rapport aux ressources financières dont elles auraient disposé si les droits avaient augmenté au même rythme qu'ailleurs au Canada. Conséquence : cette année, les universités du Québec souffrent, lorsqu'on les compare à celles des autres provinces, d'un manque à gagner annuel de 375 millions. Les premières victimes de cette situation sont les étudiants eux-mêmes, menacés d'une détérioration de la qualité de l'enseignement et de la recherche universitaires.

[...]

La lucidité devrait aussi nous amener à revoir notre attitude collective en ce qui a trait aux tarifs d'électricité. Le Québec a la chance de disposer d'une ressource aussi précieuse que le pétrole. Si l'Alberta parvient à générer des revenus considérables avec son or noir, pourquoi le Québec se prive-t-il d'une partie du potentiel financier de son or bleu ? La politique tarifaire actuelle d'Hydro-Québec n'est qu'une des manières dont on peut faire profiter les Québécois de cette ressource ; ce n'est ni la plus productive ni la plus efficace. [...]

Il faudrait aussi se défaire de la méfiance malsaine qui s'est développée dans certains milieux à l'égard du secteur privé. Ouvrir la porte au privé dans certains secteurs ne signifie pas l'abandon du modèle québécois. L'État doit bien sûr conserver son pouvoir régulateur, et dans certains cas le renforcer – on l'a vu récemment dans le domaine financier avec l'éclatement de divers scandales. Il s'agit tout simplement de rechercher un juste milieu afin d'être en mesure de canaliser toutes nos énergies en faveur de la prospérité de tout le Québec.

[...]

Les défis des années 1960 exigeaient une révolution tranquille non seulement de nos institutions, mais aussi de notre façon de voir les choses, de notre culture ; il en est de même aujourd'hui. Cet esprit nouveau sera lucide, responsable, et libre.

Il accueillera avec ouverture les idées originales, plutôt que d'excommunier sur le champ ceux qui les proposent. Animés de cet esprit nouveau, les Québécois feront face à leurs problèmes, plutôt que de s'en prendre aux autres et se contenter de faux-fuyants. Alors, comme tant d'autres fois depuis leur arrivée en Amérique, les Québécois prendront leur sort en main. Et ils réussiront. »

Source : Lucien Bouchard, Joseph Facal, Pierre Fortin, Robert Lacroix, Sylvie Lalande, Claude Montmarquette, André Pratte, Denise Robert, Jean-Claude Robert, Guy Saint-Pierre, Marie Saint-Pierre, Denise Verreault, *Manifeste pour un Québec lucide,* rendu public le 19 octobre 2005, [en ligne], www.pourunquebeclucide.com (page consultée le 25 septembre 2007).

Manifeste pour un Québec solidaire

« [...]
Les douze signataires du manifeste pour un Québec lucide avancent des «solutions» à des problèmes dont plusieurs sont grossis démesurément. Ces solutions, nous le craignons, nous feront reculer :

Mettre les syndicats au pas : en oubliant que les pays classés parmi les plus compétitifs au monde sont fortement syndiqués et que leurs syndicats participent directement aux décisions et stratégies corporatives !

Rembourser la dette : alors que l'essentiel n'est pas là comme nous l'avons démontré.

Investir massivement en éducation : nous sommes d'accord. Pourquoi alors, du même souffle, en appeler au dégel des frais de scolarité pour les études post-secondaires ? La Norvège, la Finlande et le Danemark assurent non seulement une éducation totalement gratuite à leurs citoyens et citoyennes, mais versent jusqu'à 800 à 1500 $ par mois à leurs étudiants et étudiantes universitaires pour qu'ils étudient gratuitement ! Rappelons, par ailleurs, que l'éducation commence au primaire. Les préoccupations doivent commencer là, notamment pour les enfants en difficulté dont un bon nombre ne terminent pas leur secondaire.

Investir en recherche et développement : oui, mais les entreprises devraient, pour le moins, être contraintes de faire leur part comme c'est la règle dans les pays scandinaves. Des lois les y obligent à réinvestir un pourcentage fixe de leur chiffre d'affaires ou de leur masse salariale dans la qualification des travailleurs et dans l'amélioration technologique.

Innover en matière «d'organisation du travail» et «éliminer les rigidités» : ces mots en cachent habituellement d'autres comme davantage de précarité, de baisses de salaires et de renoncements à des conditions de travail durement acquises. Ce serait pour faire face à la concurrence de la Chine, de l'Inde. Pourquoi alors les pays scandinaves demeurent-ils parmi les plus compétitifs sans ce genre de mesures ?

Hausser les tarifs d'électricité et les taxes à la consommation : ce seront encore les personnes pauvres et la classe moyenne qui seront les plus affectées.

Instaurer un revenu minimum garanti : voilà une mesure qui pourrait être intéressante dans un contexte où la valeur de base est la solidarité. Dans le contexte proposé, il y a tout à craindre qu'elle ne serve de prétexte à réduire les enveloppes et la gamme, déjà détériorée, des protections sociales de base et à affranchir les employeurs de leur obligation d'assurer un salaire décent. Alors il faudrait discuter du niveau de ce revenu minimum garanti. Couvrirait-il vraiment les besoins essentiels de tous et de toutes ? Il faudrait discuter aussi, en même temps, des normes du travail, notamment du salaire minimum : permettrait-il la sortie de la pauvreté ?

Ouvrir davantage les services publics au secteur privé : penser que le secteur privé pourra financer des infrastructures que le public n'aurait plus le moyen de financer est une illusion. Ne voit-on pas ce qu'il est advenu, après de telles mesures, des secteurs de l'électricité au Brésil et en Californie ? À la fin des années 1990, l'entretien déficient des infrastructures, les fermetures de centrales et des mesures de baisse artificielle de l'offre ont causé une grave crise de disponibilité de l'alimentation électrique alors que les coûts ont explosé. Et que dire du chemin de fer en Angleterre ? Après les années du règne de Margaret Thatcher, il est devenu moins fiable, moins sécuritaire et plus cher. Pensons aussi à l'industrie forestière en Nouvelle-Zélande, où le taux de chômage a atteint les 80 %. Par ailleurs il est connu que les taux de financement sont plus élevés dans le privé. Ils seront inévitablement transférés aux utilisateurs et utilisatrices. L'exemple de la France est, en ce sens, très mal choisi, car là comme ailleurs, on commence à remettre en question des partenariats avec le privé qui accroissent les coûts et diminuent les services. L'entreprise privée n'est pas une œuvre charitable ! Rappelons-nous les 3000 téléphonistes de Bell qui, après avoir subi un licenciement massif, ont été contraintes de travailler dans des centres d'appel pour moins des deux tiers de leur salaire antérieur. Est-ce bien ce que nous voulons dans les services publics ou d'intérêt public ? [...] ≫

Source : Omar Aktouf , Michèle Asselin, Richard Bergeron, Josée Blanchette, Éric Bondo, Gilles Bourque, Gaétan Breton, France Castel, Jean-Pierre Charbonneau, Gonzalo Cruz, Françoise David, Gilles Dostaler, Bernard Élie, Meili Faille, Jean-Marc Fontan, Jacques B. Gélinas, Ruba Ghazal, Lorraine Guay, Steven Guilbault, Amir Khadir, Vivian Labrie, Jean-François Lessard, Éric Martin, Luck Mervil, Sylvie Morel, Lorraine Pagé, Pierre Paquette, Hélène Pedneault, Marie Pelchat, Ruth Rose, François Saillant, Arthur Sandborn, Daniel Turp, Denise Veilleux, Christian Vanasse, Laure Waridel, *Manifeste pour un Québec solidaire,* rendu public le 1er novembre 2005.

Crédits et sources

■ ■ ■

Couverture

(Pont ferroviaire) Archives du Canadien Pacifique, 12576; (Expo 67) Bibliothèque et Archives Canada / C-018536; (Première Guerre mondiale) W.I. Castle / Canada. Ministère de la Défense nationale / Bibliothèque et Archives Canada / PA-001101; (Pylone) Robert Skinner / La Presse; (Autochtones) Musée McCord d'histoire canadienne; (Loco Locass) Images Distribution; (Pères de la Confédération) George P. Roberts / Bibliothèque et Archives Canada / C-000733; (Maurice Duplessis) Vic Davidson / The Gazette (Montreal); (Bataille de Saint-Denis) Bibliothèque et Archives Canada / C-018294; (René Lévesque) F. Renaud / PUBLIPHOTO.

Chapitre 1

P. 1 : Bibliothèque et Archives Canada / e002140149; p. 2 : Bibliothèque et Archives nationales du Québec; p. 4 : Bibliothèque et Archives nationales du Québec; p. 6 : Bibliothèque et Archives nationales du Québec; p. 8 : Bibliothèque et Archives Canada / NLC-024555; p. 10h : Bibliothèque et Archives Canada / e002140149; p. 10b : Bibliothèque et Archives nationales du Québec / p600,S5,PGC49; p. 11 : Bibliothèque et Archives nationales du Québec; p. 13 : Bibliothèque et Archives nationales du Québec; p. 16 : Courtoisie de l'Assemblée nationale du Québec.

Chapitre 2

P. 21 : Bibliothèque et Archives Canada / C-013992; p. 23 : Bibliothèque et Archives Canada / C-041067; p. 24 : Copyright 2007 TerraMetrics Inc. http://www.truearth.com; p. 29 : Canadian Illustrated News, 1er décembre 1877; p. 31h : Bibliothèque et Archives Canada / C-040827; p. 31b : Série Office du Film du Québec / Bibliothèque et Archives nationales du Québec; p. 32 : Archives publiques de l'Ontario, RG 1-448-1; p. 33 : Collection John Ross Robertson, Toronto Public Library; p. 34 : Archives publiques de l'Ontario, S1146; p. 35h : Musée McCord d'histoire canadienne; p. 35b : Archives de la Banque de Montréal; p. 36 : Collection Molson; p. 38h : Bibliothèque et Archives Canada / C-005462; p. 38b : Bibliothèque et Archives Canada / C-018294; p. 40 : Bibliothèque et Archives nationales du Québec / P560,S2,P300370-812; p. 41 : Bibliothèque et Archives Canada / C-006032; p. 42h : Bibliothèque et Archives Canada / C-005456; p. 42b : Bibliothèque et Archives Canada / C-002726; p. 43 : Bibliothèque et Archives Canada / C-005951; p. 44 : Collection du Musée régional de Vaudreuil-Soulanges, Vaudreuil-Dorion; p. 45 : Bibliothèque et Archives nationales du Québec / P600,S6,PPCVD-2.

Chapitre 3

P. 51 : Bibliothèque et Archives nationales du Québec / P186,S9,P84; p. 52 : Alexander Henderson / Bibliothèque et Archives Canada / C-019385; p. 53h : Archives du Canadien Pacifique, 12576; p. 53b : Alexander Ross / Bibliothèque et Archives Canada / C-003693; p. 54 : Bibliothèque et Archives nationales du Québec / N-275-32; p. 58h : Collection Éditeur officiel du Québec / Bibliothèque et Archives nationales du Québec; p. 58b : Tiré de *La province de Québec*, 1905 d'Alex Girard; p. 59h : Bibliothèque et Archives nationales du Québec / P428,S3,DLI; p. 59b : Musée McCord d'histoire canadienne; p. 60 : Archives du Centre d'études des traditions populaires du Québec (CÉLAT), Université Laval; p. 61 : Musée McCord d'histoire canadienne; p. 62 : Canadian Illustrated News, 25 décembre 1875; p. 64 : Bibliothèque et Archives nationales du Québec; p. 65 : Archives de la Ville de Montréal; p. 67h : Bibliothèque et Archives nationales du Québec; p. 67b : Bibliothèque et Archives nationales du Québec / P600,S6,PGH570-38; p. 68 : Bibliothèque et Archives nationales du Québec; p. 69h : Centre d'archives du Séminaire Saint-Hyacinthe; p. 69b : Bibliothèque et Archives Canada; p. 74 : Musée McCord d'histoire canadienne; p. 76 : University of Manitoba Archives & Special Collections; p. 77h : Jules-Ernest Livernois / Bibliothèque et Archives Canada / PA-023361; p. 77b : Bibliothèque et Archives Canada / C-011583.

Chapitre 4

P. 83 : Archives du Canadien Pacifique, 8679; p. 84 : John Woodruff / Bibliothèque et Archives Canada / C-014658; p. 85h : A.A. Chesterfield / Bibliothèque et Archives Canada / C-003623; p. 85b : Archives de la ville de Sherbrooke; p. 86 : Confédération des Caisses populaires Desjardins; p. 89 : Dominion Bridge Company of Canada / Bibliothèque et Archives Canada / PA-109294; p. 90 : Bibliothèque et Archives Canada / PA-015576; p. 91h : Musée McCord d'histoire canadienne; p. 91b : Albertype Company / Bibliothèque et Archives Canada / PA-045895; p. 93 : Canada. Departement de l'Intérieur / Bibliothèque et Archives Canada / PA-044433; p. 96b : Archives de la STCUM; p. 97h : Ville de Montréal. Gestion de documents et archives; p. 97b : Collection Cinémathèque québécoise; p. 99 : Collection Cinémathèque québécoise; p. 101 : Bibliothèque et Archives nationales du Québec; p. 102 : Archives de la Ville de Montréal; p. 104 : Le vrai canard, 6 mars 1880; p. 105 : Collection privée, Anne Bourassa; p. 106 : W.I. Castle / Canada. Ministère de la Défense nationale / Bibliothèque et Archives Canada / PA-001101.

Chapitre 5

P. 111 : Nicholas Morant / Office national du film du Canada. Photothèque / Bibliothèque et Archives Canada / PA-112912; p.113 : Bibliothèque et Archives nationales du Québec; p. 114h : Jardin botanique de Montréal; p. 114b : Bibliothèque et Archives Canada; p. 117h : Archives du Canadien Pacifique, 19773; p. 117b : Bibliothèque et Archives Canada / C-087432; p. 118 : Bibliothèque et Archives Canada / C-091437; p.119 : Office national du Film du Canada. Photothèque / Bibliothèque et Archives Canada / C-001700; p. 120 : Bibliothèque et Archives Canada / PA-183767; p.121 : Gilbert Alexander Milne / Canada. Ministère de la Défense nationale / Bibliothèque et Archives Canada / PA-137013; p. 123 : Nicholas Morant / Office national du film du Canada. Photothèque / Bibliothèque et Archives Canada / PA-112912; p. 124 : Yousuf Karsh / Bibliothèque et Archives Canada / PA-178177; p. 125 : Arthur Roy / Bibliothèque et Archives Canada / PA-047655; p. 126h : Collection privée; p.126b : The Gazette (Montreal); p. 127 : Canadian Broadcasting Corporation / Bibliothèque et Archives Canada / C-019527; p. 128h : Collection privée; p. 128b : Archives du Centre de recherche Lionel-Groulx / Fonds Familles Laurendeau et Perrault / P2,T1,54.1; p. 129 : Archives de l'Université McGill; p. 130 : Bibliothèque et Archives Canada / NL-2499.

Chapitre 6

P. 133 : Vic Davidson / The Gazette (Montreal); p. 137 : Ministère de l'Énergie, des Mines et des Ressources du Québec; p. 138h : George Hunter / Office national du Film du Canada. Photothèque / Bibliothèque et Archives Canada/PA-151651; p. 138b : Chris Lund / Office national du Film du Canada. Photothèque / Bibliothèque et Archives Canada / PA-151638; p. 139 : Photos-Hi-tech, Longueuil; p.140 : © Sa Majesté la Reine du Chef du Canada, Ministère de l'Énergie, des Mines et des Ressources / A18763-113 / Photothèque nationale de l'air; p. 142 : T.V. Little / Bibliothèque et Archives Canada / C-021524; p. 143h : Hockey Hall of fame; p. 143b : The Gazette (Montreal); p. 145 : Société d'histoire d'Asbestos; p. 147 : Archives La Presse; p. 148 : Fonds Famille Livernois. Bibliothèque et Archives nationales du Québec; p. 150h : Reproduit avec l'autorisation des Publications du Québec; p. 150b : Fonds Armour Landry / Bibliothèque et Archives nationales du Québec / P97,P4592.

Chapitre 7

P. 155 : Bibliothèque et Archives Canada / C-018536; p. 156 : Duncan Cameron / Bibliothèque et Archives Canada / PA-108147; p. 158 : Archives du centre de recherche Lionel-Groulx / Fonds Familles Laurendeau et Perrault / P2,T1,53.4; p. 159 : Archives d'Hydro-Québec; p. 160 : The Gazette (Montréal); p. 161 : Archives du Cégep du Vieux Montréal; p. 162h : Gar Lunney / Office national du Film du Canada. Photothèque / Bibliothèque et Archives Canada / PA-133218; p. 162b : The Gazette (Montreal); p. 165 : The Gazette (Montreal); p. 166 : Bibliothèque et Archives nationales du Québec; p. 167 : Duncan Cameron / Bibliothèque et Archives Canada / PA-117502; p. 168h : Centennial Commission / Bibliothèque et Archives Canada / C-005306; p. 168b : The Gazette (Montreal); p. 169 : Centre de documentation CSN; p. 170 : Pierre Longtin Photographe; p. 171 : Office national du Film du Canada. Photothèque / Bibliothèque et Archives Canada / PA-107872; p. 174h : Archives La Presse; p. 174b : © Succession Paul-Émile Borduas / SODRAC (2007). Musée des beaux arts de Montréal.

Chapitre 8

P. 181 : Brooks Kraft / CORBIS; p. 183 : Ville de Montréal; p. 184 : Images du Québec; p. 190 : CP PHOTO / Chuck Stoody; p. 194 : Archives La Presse; p. 195h : Archives de la FTP / Photo features Ltd; p. 195b : Centre de documentation CSN; p. 196 : Productions Point de Mire / Photographie de Jean Bernier; p. 197 : Françoise BAJANDE / RAPHO; p. 198 : Parc olympique; p. 199 : Archives La Presse; p. 200h : Bettmann / CORBIS; p. 200b : F. Renaud / PUBLIPHOTO; p. 201 : Daniel Lessard / Bibliothèque et Archives nationales du Québec / E10,D76-658,P23A; p. 202b : CP PHOTO; p. 202h : Jean-Pierre Girerd / La Presse; p. 203 : Bibliothèque et Archives nationales du Québec / E10,D86-201B,P2.

Chapitre 9

P. 209 : AFP / Getty images; p. 213h : Pierre Dunnigan / Alpha Presse; p. 213b : Robert Skinner / La Presse; p. 214 : CP PHOTO / Kevin Frayer; p. 216h : Megapress.ca / Pharand; p. 216b : Pierre Charbonneau; p. 217 : Armand Trottier / La Presse; p. 218 : Rémi Lemée / La Presse; p. 219h : Robert Mailloux / La Presse; p. 219bg : AFP / Getty images; p. 219bd : Canal + / The Kobal Collection; p. 220 : CP PHOTO / Tom Hanson; p. 221 : Gracieuseté de Québec solidaire; p. 223 : CP PHOTO / Jacques Boissinot; p. 225 : R. Kocsis / PUBLIPHOTO; p. 226h : CP PHOTO / Fred Chartrand; p. 226b : Assemblée nationale, Cabinet du whip en chef du gouvernement; p. 227 : Serge Chapleau; p. 228 : P. Roussel / PUBLIPHOTO; p. 229 : CP PHOTO / Ryan Remiorz; p. 230h : Serge Chapleau / Musée McCord d'histoire canadienne; p. 230b : CP PHOTO / Montréal La Presse, Bernard Brault; p. 232 : CP PHOTO / Tom Hanson; p. 233 : CP PHOTO / Jacques Boissinot; p. 234 : CP PHOTO / Tom Hanson.

Médiagraphie

■■■

Synthèses d'histoire du Québec

BROWN, Craig. *Histoire générale du Canada*, Montréal, Boréal, 1990.

CARDIN, Jean-François, et Claude COUTURE. *Histoire du Canada. Espace et différences*, Québec, Les Presses de l'Université Laval, 1996.

GROULX, Lionel. *Histoire du Canada français depuis la découverte*, Montréal, Éditions de l'Action nationale, 1952, 4 tomes.

HAMELIN, Jean (dir.). *Histoire du Québec*, Montréal, Éditions France-Amérique, 1976.

Histoire du Canada et de l'Acadie, [en ligne], http://pages.infinit.net/lej/index.htm.

Histoire du Québec et du Canada, [en ligne], http://www.cam.org/~prodjpf/.

LINTEAU, Paul-André, *et al. Histoire du Québec contemporain. Tome 1 : Le Québec depuis 1867*, Montréal, Boréal, 1989.

LINTEAU, Paul-André, *et al. Histoire du Québec contemporain. Tome 2 : Le Québec depuis 1930*, Montréal, Boréal, 1989.

MANN, Susan. *Visions nationales : une histoire du Québec*, Montréal, Trécarré, 1986.

MONIÈRE, Denis. *Le développement des idéologies au Québec des origines à nos jours*, Montréal, Québec Amérique, 1977.

Musée virtuel de la Nouvelle-France, [en ligne], http://www.mvnf.muse.digital.ca/.

Notre histoire, [en ligne], http://www.notrehistoire.com/.

Notre mémoire en ligne (Canadiana), [en ligne], http://www.canadiana.org/ECO/.

RIOUX, Marcel. *La question du Québec*, Montréal, Éditions de l'Hexagone, 1987.

ROBERT, Jean-Claude. *Du Canada français au Québec libre. Histoire du mouvement indépendantiste*, Paris, Flammarion, 1975.

RUMILLY, Robert. *Histoire de la province de Québec*, Montréal, Éditions Bernard Valiquette, 1942, 42 volumes.

WADE, Mason. *Les Canadiens français de 1760 à nos jours*, Montréal, Fides, 1966.

WEINMANN, Heinz. *Du Canada au Québec : généalogie d'une histoire*, Montréal, Éditions de l'Hexagone, 1987.

YOUNG, Brian, et John DICKINSON. *Brève histoire socio-économique du Québec*, Sillery, Septentrion, 1989.

Références, atlas, bibliographies

Archives nationales du Canada, [en ligne], http://www.archives.ca/MenuPrincipal.html.

Archives nationales du Québec, [en ligne], http://www.gouv.qc.ca/minorg/indexf.htm.

Atlas historique du Canada, Montréal, Boréal, 1991, 4 tomes.

BEAULIEU, André, *et al. Guide d'histoire du Canada*, Québec, Les Presses de l'Université Laval, 1986.

BÉLANGER, Réal, Richard JONES et Marc VALLIÈRES. *Les grands débats parlementaires, 1792-1992*, Québec, Les Presses de l'Université Laval, 1994.

BOILY, Robert, *et al. Données sur le Québec*, Québec, Les Presses de l'Université Laval, 1974.

BOISMENU, Gérard, *et al. Le Québec en textes*, Montréal, Boréal, 1986.

BOUDREAU, Claude, *et al. Le territoire*, Sainte-Foy, Archives nationales du Québec, Les Presses de l'Université Laval, 1997.

BRUNET, Michel. *Histoire du Canada par les textes. Tome II (1855-1960)*, Montréal, Fides, 1963.

Canadiana, page des ressources canadiennes, [en ligne], http://www.cs.cmu.edu/Unofficial/Canadiana/.

CAPISTRAN, Yves, *et al. Le Québec, 1867 – aujourd'hui*, coll. L'histoire canadienne à travers le document, n° 6, Montréal, Guérin, 1986.

Chronologie de l'histoire du Québec, [en ligne], http://pages.infinit.net/histoire/.

COURNOYER, Jean. *Le petit Jean. Dictionnaire des noms propres du Québec*, Montréal, Stanké, 1999.

COURVILLE, Serge, *et al. Le pays laurentien au XIXᵉ siècle : les morphologies de base*, Québec, Les Presses de l'Université Laval, 1995.

Encyclopédie du Canada, Montréal, Stanké, 1987, 3 volumes.

FRÉGAULT, Guy, et Marcel TRUDEL. *Histoire du Canada par les textes*, Montréal, Fides, 1963, 2 tomes.

HAMELIN, Jean (dir.). *Dictionnaire biographique du Canada*, Québec, Les Presses de l'Université Laval, 13 volumes.

HAMELIN, Jean, et André BEAULIEU. *La presse québécoise*, Québec, Les Presses de l'Université Laval, 1974, 7 tomes.

Histoire et patrimoine archivistique, [en ligne], http://www.uqac.uquebec.ca/~a2cote/accueil.html.

KERR, Donald, et Deryck W. HOLDSWORTH (dir.). *Atlas historique du Canada*, Montréal, Les Presses de l'Université de Montréal, 1990, 3 tomes.

LANGLOIS, S., *et al. La société québécoise en tendances, 1960-1990*, Québec, Institut québécois de recherche sur la culture, 1990.

LATOUCHE, Daniel. *Le manuel de la parole : manifestes québécois*, Montréal, Boréal, 1977.

Page des étudiants en histoire de l'UQAM, [en ligne], http://www.er.uqam.ca/merlin/ck191898/sfframes.htm.

Parole d'historiens, Anthologie des réflexions sur l'histoire au Québec, choix de textes et présentation par Éric Bédard et Julien Goyette, coll. PUM-Corpus, 2006, 492 p.

PROVENCHER, Jean. *Chronologie du Québec, 1534-1995*, Montréal, Boréal, 1997.

RESCOL (site sur l'enseignement de l'histoire au Canada), [en ligne], http://www.rescol.ca/ lang_soc/hist/index.html.

Revue d'histoire de l'Amérique française, index des volumes 31 à 40, juin 1977 au printemps 1987.

ROBERT, Jean-Claude. *Atlas historique de Montréal*, Montréal, Art global, 1994.

ROUILLARD, Jacques (dir.). *Guide d'histoire du Québec du régime français à nos jours. Bibliographie commentée*, Montréal, Méridien, 1991.

ROUILLARD, Jacques. *Guide d'histoire du Québec*, Montréal, Méridien, 1993.

Société des professeurs d'histoire du Québec (SPHQ), [en ligne], http://partenaires. cyberscol.qc.ca /sphq/.

ST-PIERRE, Jocelyn. *Répertoire des parlementaires québécois : mise à jour 1978-1987*, Québec, Bibliothèque de l'Assemblée nationale, 1987.

VEYRON, Michel. *Dictionnaire canadien des noms propres*, Montréal, Larousse Canada, 1989.

Histoire économique

ARMSTRONG, Robert. *Structure and Change. An Economic History of Quebec*, Chicago, Gage, 1984.

BELLAVANCE, Claude. « Patronat et entreprise au XXᵉ siècle : l'exemple mauricien », *Revue d'histoire de l'Amérique française*, vol. 38, nᵒ 2, automne 1984, p. 181-201.

BOLDUC, André, *et al. Québec, un siècle d'électricité*, Montréal, Libre Expression, 1984.

BURGESS, Johanne. « L'industrie de la chaussure à Montréal : 1840-1870 », *Revue d'histoire de l'Amérique française*, vol. 31, nᵒ 2, septembre 1977, p. 187-210.

COMEAU, Robert (dir.). *L'économie québécoise*, Montréal, Presses de l'Université du Québec, 1969.

DUROCHER, René, et Paul-André LINTEAU. *Le retard du Québec et l'infériorité économique des Canadiens français*, Montréal, Boréal Express, 1971.

FAUCHER, Albert. *Histoire économique et unité canadienne*, Montréal, Fides, 1971.

FAUCHER, Albert. *Québec en Amérique au XIXᵉ siècle*, Montréal, Fides, 1973.

FRÉCHETTE, P., et J.-P. VÉZINA. *L'économie du Québec*, Anjou, Éditions Études Vivantes, 1990.

HAMELIN, Jean, et Yves ROBY. *Histoire économique du Québec, 1851-1896*, Montréal, Fides, 1971.

Histoire du mouvement ouvrier au Québec, Montréal, CSN/CEQ, 1984.

INNIS, Harold Adams. *The Fur Trade in Canada. An Introduction to Canadian History*, Toronto, University of Toronto Press, 1970.

LETARTE, Jacques. *Atlas d'histoire économique et sociale du Québec, 1851-1901*, Montréal, Fides, 1971.

LINTEAU, Paul-André. *Maisonneuve : comment des promoteurs fabriquent une ville*, Montréal, Boréal Express, 1981.

McCALLUM, James. *Unequal Beginnings*, Toronto, University of Toronto Press, 1980.

OUELLET, Fernand. *Histoire économique et sociale du Québec, 1760-1850*, Montréal, Fides, 1966.

RUDIN, Ronald. *Banking en français. Les banques canadiennes-françaises, 1835-1925*, Montréal, Boréal, 1988.

SÉGUIN, Normand. *L'agriculture et la colonisation au Québec*, Montréal, Boréal, 1980.

WALLOT, Jean-Pierre. « Sur quelques discontinuités dans l'expérience socio-économique du Québec : une hypothèse », *Revue d'histoire de l'Amérique française*, 1982, p. 483-521.

Histoire sociale

BOUCHARD, Gérard. *Quelques arpents d'Amérique : population, économie, famille au Saguenay (1838-1971)*, Montréal, Boréal, 1996.

BOUCHARD, Gérard, et J. GOY (dir.). *Famille, économie et société rurale en contexte d'urbanisation (17e-20e siècles)*, Chicoutimi, SOREP, 1990.

BRADBURY, B. *Familles ouvrières à Montréal*, Montréal, Boréal, 1995.

CALDWELL, G., et E. WADDELL (dir.). *Les anglophones du Québec de majoritaires à minoritaires*, Québec, Institut québécois de recherche sur la culture, 1982.

CHARBONNEAU, H. *La population du Québec*, Montréal, Boréal Express, 1973.

COUSINEAU, Jacques. *L'Église d'ici et le social, 1940-1960*, Montréal, Bellarmin, 1982.

DAIGLE, G. (dir.). *Le Québec en jeu*, Québec, Les Presses de l'Université Laval, 1992.

DUMONT, Fernand (dir.). *La société québécoise après trente ans de changements*, Québec, Institut québécois de recherche sur la culture, 1991.

GALARNEAU, Claude. *Les collèges classiques au Canada français (1620-1970)*, Montréal, Fides, 1978.

HARVEY, Fernand. *Révolution industrielle et travailleurs*, Montréal, Boréal Express, 1978.

HARVEY, Fernand. *Le mouvement ouvrier au Québec*, Montréal, Boréal, 1980.

KESTEMAN, Jean-Pierre. *Histoire du syndicalisme agricole au Québec, UCC-UPA 1924-1984*, Montréal, Boréal, 1984.

LAJEUNESSE, Marcel. *L'éducation au Québec*, Montréal, Boréal, 1971.

LÉGARÉ, Anne. *Les classes sociales au Québec*, Montréal, Presses de l'Université du Québec, 1977.

MARTIN, Yves, et Marcel RIOU. *La société canadienne-française*, Montréal, HMH, 1973.

PONTAUT, Alain. *Santé et sécurité. Un bilan du régime québécois de santé et sécurité au travail, 1885-1985*, Montréal, Boréal, 1985.

ROUILLARD, Jacques. *Histoire de la CSN, 1921-1981*, Montréal, Boréal Express/CSN, 1981.

ROUILLARD, Jacques. *Histoire du syndicalisme québécois*, Montréal, Boréal, 1989.

ROY, Fernande. *Progrès, harmonie, liberté. Le libéralisme des milieux d'affaires francophones à Montréal au tournant du siècle*, Montréal, Boréal, 1988.

RUDIN, Ronald. *Histoire du Québec anglophone, 1759-1980*, Québec, Institut québécois de recherche sur la culture, 1986.

TREMBLAY, Arthur, *et al. Le ministère de l'Éducation et le Conseil supérieur, antécédents et création, 1867-1964*, Québec, Les Presses de l'Université Laval, 1989.

TROTTIER, Louis. « La genèse du réseau urbain du Québec », *Recherches sociographiques*, vol. 9, n°s 1-2, janvier 1968, p. 23-32.

TRUDEAU, Pierre Elliott. « La province de Québec au moment de la grève », *La grève de l'amiante*, Montréal, Éditions du Jour, 1970 [1956].

VAILLANCOURT, Yves. *L'évolution des politiques sociales au Québec, 1940-1960*, Montréal, Les Presses de l'Université de Montréal, 1988.

VOISINE, Nive (dir.). *Histoire du catholicisme au Québec*, Montréal, Boréal, 1983, 2 volumes.

Histoire culturelle

BEAUDOIN, R. *Le roman québécois*, Montréal, Boréal, 1991.

BRUNET, Michel. « Trois dominantes de la pensée canadienne-française : l'agriculturisme, l'anti-étatisme et le messianisme », *La présence anglaise et les Canadiens*, Montréal, Beauchemin, 1958, p. 113-166.

CHARTIER, Daniel, et Catherine VAUDRY (dir.). *La Fête nationale du Québec*, Montréal, Lanctôt éditeur, 2007.

COULOMBE, Michel, et Marcel JEAN. *Dictionnaire du cinéma québécois*, Montréal, Boréal, 1999 [1988].

GRANPRÉ, Pierre de. *Histoire de la littérature française du Québec*, Montréal, Beauchemin, 1967, 4 volumes.

HAMEL, Réginald, John HARE et Paul WYCZYNSKI. *Dictionnaire pratique des auteurs québécois*, Montréal, Fides, 1976.

HARPER, John Russel. *La peinture au Canada, des origines à nos jours*, Québec, Les Presses de l'Université Laval, 1969.

LAMONDE, Yvan, et E. TRÉPANIER (dir). *L'avènement de la modernité culturelle au Québec*, Québec, Institut québécois de recherche sur la culture, 1986.

LEMIRE, Maurice (dir.). *Dictionnaire des œuvres littéraires du Québec*, Montréal, Fides, 1978-1987.

LEMIRE, Maurice, *et al. La vie littéraire au Québec*, Québec, Les Presses de l'Université Laval, 1992.

MAILHOT, Laurent. *La littérature québécoise*, coll. Que sais-je ?, Paris, Presses universitaires de France, 1974.

MARCOTTE, Gilles (dir.). *Anthologie de la littérature québécoise*, Montréal, La Presse, 1978-1980, 4 volumes.

OSTIGUY, Jean-René. *Les esthétiques modernes au Québec de 1916 à 1946*, Ottawa, Galerie nationale du Canada, 1982.

PLOURDE, Michel (dir.). *Le français au Québec, 400 ans d'histoire et de vie*, Montréal, Fides/Publications du Québec, 2000.

ROBERT, Guy. *La peinture au Québec depuis ses origines*, Montréal, Éditions France-Amérique, 1978.

VINCENTHIER, Georges. *Histoire des idées au Québec*, Montréal, VLB éditeur, 1983.

Histoire politique

BOISMENU, Gérard. *Le duplessisme. Politique économique et raison de la force, 1944-1960*, Montréal, Les Presses de l'Université de Montréal, 1981.

BRUNET, Michel, *Québec/Canada anglais. Deux itinéraires, un affrontement*, Montréal, HMH, 1968.

DION, Léon. *Nationalismes et politique au Québec*, coll. Sciences de l'homme et humanisme, Montréal, Hurtubise HMH, 1975.

Galerie des premiers ministres, [en ligne], http://www.cam.org/~beaur/gen/politiciens.html.

GODIN, Pierre. *La poudrière linguistique*, Montréal, Boréal, 1990.

GOUGEON, Gilles. *Histoire du nationalisme québécois*, Montréal, VLB éditeur, 1993.

Gow, J. I. *Histoire de l'administration publique québécoise, 1867-1970*, Montréal, PUM, 1986.

Gravel, Jean-Yves. *Le Québec et la guerre*, Montréal, Boréal Express, 1974.

Hamelin, Marcel. *Les premières années du parlementarisme québécois, 1867-1878*, Québec, Les Presses de l'Université Laval, 1974.

Jones, Richard. *Duplessis et le gouvernement de l'Union nationale*, Ottawa, Société historique du Canada, nº 35, 1983.

Lamarre, Jean. *Les Canadiens français et la guerre de Sécession 1861-1865 – Une autre dimension de leur migration aux États-Unis*, coll. Études québécoises, Montréal, VLB éditeur, 2006.

Lamontagne, Maurice. *Le fédéralisme canadien*, Québec, Les Presses de l'Université Laval, 1954.

Lapalme, Georges-Émile. *Pour une politique. Le programme de la Révolution tranquille*, Montréal, VLB éditeur, 1988.

Lemieux, Vincent. *Le quotient politique vrai*, Québec, Les Presses de l'Université Laval, 1973.

Lemieux, Vincent (dir.). *Quatre élections provinciales au Québec, 1956-1966*, Québec, Les Presses de l'Université Laval, 1969.

Lemieux, Vincent (dir.). *Personnel et partis politiques au Québec*, Montréal, Boréal, 1982.

Lemieux, Vincent, et Raymond Hudon. *Patronage et politique au Québec : 1944-1972*, Montréal, Boréal, 1975.

Lisée, Jean-François. *Le tricheur. Robert Bourassa et les Québécois, 1990-1991*, Montréal, Boréal, 1994.

Lisée, Jean-François. *Le naufrageur. Robert Bourassa et les Québécois, 1991-1992*, Montréal, Boréal, 1994.

Lisée, Jean-François. *Sortie de secours*, Montréal, Boréal, 2000.

Massicotte, Louis, et André Bernard. *Le scrutin au Québec. Un miroir déformant*, Montréal, HMH, 1985.

McRoberts, Kenneth. *Quebec : Social Change and Political Crisis*, Toronto, McLelland and Stewart, 1988.

Morin, Jacques-Yvan, et J. Woehrling, *Les constitutions du Canada et du Québec : du régime français à nos jours*, Montréal, Thémis, 1994.

Morton, Desmond. *Une histoire militaire du Canada, 1608-1991*, Sillery, Septentrion, 1992.

Paquet, Gilles, et Jean-Pierre Wallot, *Un Québec moderne 1760-1840*, Hurtubise HMH, Montréal, 2007, 740 p.

Pelletier, Réjean. *Partis politiques au Québec*, Montréal, HMH, 1976.

Pelletier, Réjean. *Partis politiques et société québécoise : 1944-1970*, Montréal, Québec Amérique, 1989.

Roy, Jean-Louis. *Les programmes électoraux au Québec*, Montréal, Léméac, 1970, 2 volumes.

Vincent, Sébastien. *Laissés dans l'ombre. Les Québécois engagés volontaires de 39-45*, VLB éditeur, Montréal, 2004, 288 p.

Wallot, J.-P. *Un Québec qui bougeait : trame socio-politique du Québec au tournant du XIXᵉ siècle*, Montréal, Boréal Express, 1973.

Histoire régionale

BÉLANGER, Jules (dir.). *Histoire de la Gaspésie*, Québec, Institut québécois de recherche sur la culture, 1981.

BLANCHARD, Raoul. *L'ouest du Canada français. Montréal et sa région*, Montréal, Beauchemin, 1953.

BLANCHARD, Raoul. *L'ouest du Canada français. Les pays de l'Ottawa, l'Abitibi-Témiscamingue*, Montréal, Beauchemin, 1954.

BOUCHARD, Francine. *La vallée du Richelieu : introduction à l'histoire et au patrimoine*, Québec, Ministère des Affaires culturelles, 1981.

DAIGNEAU, G. H., *et al. La ville de Québec : histoire municipale (1867-1920)*, Québec, Société historique de Québec, 1983.

DUBOIS, Jean-Marie. *Les Cantons de l'Est. Aspects géographiques, politiques, socio-économiques et culturels*, Sherbrooke, [s.e.], 1989.

FORTIN, Jean-Charles (dir.). *Histoire du Bas-Saint-Laurent*, Québec, Institut québécois de recherche sur la culture, 1993.

FRENETTE, Pierre (dir.). *Histoire de la Côte-Nord*, Québec, Institut québécois de recherche sur la culture, 1996.

GAFFIELD, Chad (dir.). *Histoire de l'Outaouais*, Québec, Institut québécois de recherche sur la culture, 1994.

GIRARD, Camil (dir.). *Histoire du Saguenay Lac-Saint-Jean*, Québec, Institut québécois de recherche sur la culture, 1989.

HARE, John, Marc LAFRANCE et David-Thiéry RUDDEL. *Histoire de la ville de Québec, 1608-1871*, Montréal, Boréal, 1987.

HUGHES, Everett C. *Rencontre entre deux mondes*, Montréal, Boréal, 1972.

KESTEMAN, Jean-Pierre. *Histoire des Cantons de l'Est*, Québec, Institut québécois de recherche sur la culture, 1998.

La Beauce et les Beaucerons : portraits d'une région, 1737-1987, Saint-Joseph, Société du patrimoine des Beaucerons, 1990.

LABERGE, Alain (dir.). *Histoire de la Côte-du-Sud*, Québec, Institut québécois de recherche sur la culture, 1993.

LABERGE, Alain (dir.). *La Côte-du-Sud*, Québec, Institut québécois de recherche sur la culture, 1998.

LANTHIER, Pierre. « Stratégie industrielle et développement régional : le cas de la Mauricie au XXᵉ siècle », *Revue d'histoire de l'Amérique française*, 1983.

LAURIN, Serge (dir.). *Histoire des Laurentides*, Québec, Institut québécois de recherche sur la culture, 1995.

LINTEAU, Paul-André. *Histoire de Montréal depuis la Confédération*, Montréal, Boréal, 1992.

MINER, Horace. *Saint-Denis, un village québécois*, Montréal, HMH, 1985.

MORISSONNEAU, Christian. *La terre promise. Le mythe du Nord québécois*, Montréal, HMH, 1978.

RUMILLY, Robert, *Histoire de Montréal*, Montréal, Fides, 1970-1975, 5 volumes.

SAMSON, Roch. *La Rive-Sud de Québec : esquisse d'une histoire*, Québec, Institut québécois de recherche sur la culture, 1990.

SAMSON, Roch (dir.). *Histoire de Lévis-Lotbinière*, Québec, Institut québécois de recherche sur la culture, 1996.

SÉGUIN, Normand. *Forêt et société en Mauricie*, Montréal, Boréal, 1984.

Société historique du Marigot (Longueuil), [en ligne], http://www3.sympatico.ca/m.pratt/Index.html.

Vincent, Odette (dir.). *Histoire de l'Abitibi-Témiscamingue*, Québec, Institut québécois de recherche sur la culture, 1995.

Quelques biographies

Black, Conrad. *Duplessis*, Montréal, Les Éditions de l'Homme, 1977, 2 tomes.

Charbonneau, P. *Le projet québécois d'Honoré Mercier*, Saint-Jean-sur-Richelieu, Éditions Mille Roches, 1980.

Clarkson, S., et C. McCall. *Trudeau : l'homme, l'utopie, l'histoire*, Montréal, Boréal, 1990.

Comeau, Robert (dir.). *René Lévesque*, Montréal, Presses de l'Université du Québec, 1989.

Comeau, Robert, et Lucille Beaudry (dir.). *André Laurendeau. Un intellectuel d'ici*, Montréal, Presses de l'Université du Québec, 1990.

Creighton, Donald. *John A. Macdonald*, Montréal, Les Éditions de l'Homme, 1981, 2 tomes.

Dussault, Gabriel. *Le curé Labelle. Messianisme, utopie et colonisation au Québec, 1850-1900*, Montréal, Hurtubise HMH, 1983.

Ferland, Philippe. *Paul Gouin*, Montréal, Éditions Guérin, 1991.

Gallichan, Gilles. *Honoré Mercier. La politique et la culture*, Sillery, Septentrion, 1994.

Godin, Pierre. *Daniel Johnson*, Montréal, Les Éditions de l'Homme, 1980, 2 tomes.

Godin, Pierre. *René Lévesque, Un enfant du siècle*, Montréal, Boréal, 1994.

Godin, Pierre. *René Lévesque, héros malgré lui*, Montréal, Boréal, 1997.

Lévesque, René. *Attendez que je me rappelle…*, Montréal, Québec Amérique, 1986.

Lorimier, M. de. *Chevalier de Lorimier, notaire et patriote montréalais de 1837-1838*, Mémoire de maîtrise, Montréal, Université du Québec à Montréal, 1975.

Morin, Claude. *Mes premiers ministres*, Montréal, Boréal, 1991.

Munro, K. *The Political Career of Sir Adolphe Chapleau*, Lewington, Edwin Mellen Press, 1992.

Nadeau, Jean-François. *Bourgault*, Lux éditeur, Montréal, 2007, 610 p.

Robert, Guy. *Jean-Paul Lemieux ou la poétique de la souvenance*, Québec, Garneau, 1968.

Robert, Guy. *Borduas ou le dilemme culturel québécois*, Montréal, Stanké, 1977.

Roy, Jean-Louis. *Édouard-Raymond Fabre, libraire et patriote canadien (1799-1854) : contre l'isolement et la sujétion*, Montréal, Hurtubise HMH, 1974.

Rumilly, Robert. *Henri Bourassa. La vie publique d'un grand Canadien*, Montréal, Les Éditions de l'Homme, 1953.

Rumilly, Robert. *Papineau et son temps*. Montréal, Fides, 1977, 2 volumes.

Trudeau, Pierre Elliott. *Mémoires politiques*, Montréal, Le Jour éditeur, 1993.

Young, Brian. *George-Étienne Cartier, bourgeois montréalais*, Montréal, Boréal Express, 1982.

Histoire des autochtones

ASSINIWI, Bernard. *Histoire des Indiens du Haut et du Bas-Canada*, Montréal, Leméac, 1974.

BEAULIEU, Alain. *Les autochtones du Québec : des premières alliances aux revendications contemporaines*, Québec, Musée de la civilisation et Fides, 1997.

BOUCHARD, Serge, Sylvie VINCENT et Josée MAILHOT. *Peuples autochtones de l'Amérique du Nord : de la réduction à la coexistence*, Sainte-Foy, Télé-Université, 1989.

DUPUIS, Renée. *La question indienne au Canada*, Montréal, Boréal, 1991.

La piste amérindienne, [en ligne], http://www.autochtones.com/.

Les autochtones et le Québec : le chemin parcouru, Québec, Les Publications du Québec, 1991.

Les Indiens du Canada, Ottawa, Affaires indiennes et du Nord, 1990.

Native Web, [en ligne], http://www.nativeweb.org/.

PELLETIER, Clotilde (dir.). *Relations entre les habitants autochtones et allochtones du Québec. Points de vue des uns et des autres : synthèse*, Québec, Les Publications du Québec, 1991.

Rapport de la Commission royale sur les peuples autochtones, Ottawa, Ministère des Affaires autochtones, 1998.

SAVARD, Rémi. *Canada : derrière l'épopée, les autochtones*, Montréal, Éditions de l'Hexagone, 1982.

Histoire des femmes

COLLECTIF CLIO. *L'histoire des femmes au Québec depuis quatre siècles*, Montréal, Le Jour éditeur, 1992.

DUMONT, Micheline. *L'instruction des filles au Québec (1639-1960)*, Ottawa, Société historique du Canada, 1990.

DUMONT, Micheline. *Les religieuses sont-elles féministes ?*, Montréal, Éditions Bellarmin, 1995.

FAHMY-EID, Nadia, et Micheline DUMONT. *Maîtresses de maison et maîtresses d'école. Femmes, famille et éducation dans l'histoire du Québec*, Montréal, Boréal Express, 1983.

LAVIGNE, Marie, et Yolande PINARD. *Travailleuses et féministes. Les femmes dans la société québécoise*, Montréal, Boréal Express, 1983.

LEGAULT, Ginette. *L'institutionnalisation du mouvement féministe auprès de certaines organisations québécoises*, Montréal, Université de Montréal, 1982.

LEMIEUX, Denise. *Les femmes au tournant du siècle : 1880-1940. Âges de la vie, maternité et quotidien*, Québec, Institut québécois de recherche sur la culture, 1989.

MAILLÉ, Chantal. « Le vote des Québécoises aux élections fédérales et provinciales depuis 1921 », *Recherches féministes*, vol. 3, n° 1, 1990.

MARCHAND, Suzanne. *Femmes et histoire : bilan de la production universitaire québécoise (1970-1993)*, Québec, Groupe de recherche multidisciplinaire féministe, Université Laval, 1994.

MONET-CHARTRAND, Simonne. *Pionnières québécoises et regroupements de femmes d'hier à aujourd'hui*, Montréal, Éditions du Remue-ménage, 1990.

Rébellions de 1837-1838

BERNARD, Jean-Paul. *Les Rébellions de 1837-38*, Montréal, Boréal, 1983.

BERNARD, Jean-Paul. *Les Rebellions de 1837 et de 1838 dans le Bas-Canada*, Ottawa, Société historique du Canada, 1996.

FAUTEUX, A. *Les patriotes de 1837-38*, Montréal, Éditions des Dix, 1950.

FILTEAU, Gérard. *Histoire des patriotes*, Montréal, Action canadienne-française, 1938-1939, 3 volumes.

FORTIN, Réal. *La guerre des Patriotes : le long du Richelieu*, Saint-Jean-sur-Richelieu, Éditions Mille Roches, 1988.

HARE, John. *Les Patriotes. 1830-1839*, Ottawa, Éditions Libération, 1971.

Les patriotes de 1837-38, [en ligne], www.cvm.qc.ca/patriotes.

OUELLET, Fernand. *Le Bas-Canada, conjoncture et crise*, Ottawa, Presses de l'Université d'Ottawa, 1976.

Confédération de 1867

ARÈS, Richard. *Dossier sur le pacte fédératif de 1867 : la confédération – pacte ou loi*, Montréal, Bellarmin, 1967.

BELLAVANCE, Marcel. *Le Québec et la confédération : un choix libre ? Le clergé et la constitution de 1867*, Sillery, Septentrion, 1992.

BONENFANT, Jean-Charles. *Les Canadiens français et la naissance de la Confédération*, Ottawa, Société historique du Canada, 1966.

CREIGHTON, Donald C. *Le premier premier ministre du Canada : John A. McDonald*, Montréal, Les Éditions de l'Homme, 1981.

KELLY, Stéphane. *La petite loterie : comment la Couronne a obtenu la collaboration du Canada français après 1837*, Montréal, Boréal, 1997.

MARTIN, Ged. *The Causes of Canadian Confederation.* Fredericton, Acadiensis Press, 1990.

SILVER, Arthur Isaac. *The French Canadian Idea of Confederation, 1864-1900*, Toronto, University of Toronto Press, 1982.

UNDERHILL, Frank H. *The Image of Confederation*, Toronto, Canadian Broadcasting Corp., 1964.

WAITE, P.B. *The Life and Times of Confederation, 1864-1867 : Politics, Newspapers and the Union of British North America*, Toronto, University of Toronto Press, 1962.

Régime Duplessis

ARCAND, Denys. *Duplessis*, Montréal, Société Radio-Canada, 1976, 3 vidéocassettes.

BALTHAZAR, Louis. *Bilan du nationalisme au Québec*, Montréal, Éditions de l'Hexagone, 1986.

BEHIELS, Michael. *Prelude to Québec's Quiet Revolution*, Montréal, McGill/Queen's University Press, 1985.

BLACK, Conrad. *Duplessis*, Montréal, Les Éditions de l'Homme, 1977, 2 volumes.

BOISMENU, Gérard. *Le duplessisme. Politique économique et rapports de force, 1944-1960*, Montréal, Presses de l'Université de Montréal, 1981.

BOURQUE, Gilles, et Jules DUCHATEL. *Restons traditionnels et progressifs… Le cas du régime Duplessis au Québec*, Montréal, Boréal, 1988.

DENIS, Roch. *Luttes de classes et question nationale au Québec, 1948-1968*, Montréal, Presses socialistes internationales, 1979.

DESBIENS, Jean-Paul. *Les insolences du frère Untel*, Montréal, Les Éditions de l'Homme, 1988.

DESROSIERS, Richard. *Maurice Duplessis et l'autonomie provinciale*, Mémoire de maîtrise, Montréal, Université de Montréal, 1971.

DUROCHER, René. « Le long règne de Duplessis : un essai d'explication », *Revue d'histoire de l'Amérique française*, vol. 25, n⁰ 3, décembre 1971, p. 392-396.

GAGNON, Alain-G., et Michel SARRA-BOURNET (dir.). *Duplessis. Entre la Grande Noirceur et la société libérale*, coll. Débats, Montréal, Québec Amérique, 1997.

JONES, Richard. *Duplessis et le gouvernement de l'Union nationale*, Ottawa, Société historique du Canada, 1983.

LAPORTE, Pierre. *Le vrai visage de Duplessis*, Montréal, Les Éditions de l'Homme, 1960.

QUINN, Herbert F. *The Union Nationale*, Toronto, University of Toronto Press, 1979.

ROBERTS, Leslie. *Le chef*, Montréal, Éditions du Jour, 1963.

RUMILLY, Robert. *Maurice Duplessis et son temps*, Montréal, Fides, 1973, 2 volumes.

TREMBLAY, Louis-Marie. *Le syndicalisme québécois. Idéologies de la CSN et de la FTQ, 1940-1970*, Montréal, Presses de l'Université de Montréal, 1972.

Crise d'Octobre

BRAULT, Michel. *Les Ordres*, Montréal, Productions Prisma, 1974, enregistrement vidéo, 107 min.

CARDIN, Jean-François. *Comprendre Octobre 1970. Le FLQ, la Crise et le syndicalisme*, Montréal, Méridien, 1990.

DION, Germain. *Une tornade de 60 jours : la crise d'octobre 1970 à la Chambre des communes*, Hull, Éditions Asticou, 1985.

DUMONT, Fernand. *La vigile du Québec, Octobre 1970 : l'impasse ?*, Montréal, Hurtubise HMH, 1971.

FALARDEAU, Pierre. *Octobre*, ACPAV en association avec l'Office national du film du Canada, Montréal, Cinepix Film properties, Audio Cine Films, 1994, enregistrement vidéo.

FOURNIER, Louis. *FLQ : histoire d'un mouvement clandestin*, Montréal, Lanctôt éditeur, 1998.

LAURENDEAU, Marc. *Les Québécois violents : la violence politique, 1962-1972*, Montréal, Boréal, 1990.

Octobre 1970, [en ligne], http://www.simm.qc.ca/octobre/.

PROVENCHER, Jean. *La grande peur d'octobre '70*, Montréal, L'Aurore, 1974.

RYAN, Claude. *Le Devoir et la crise d'octobre 70*, Montréal, Leméac, 1971.

SIMARD, Francis. *Pour en finir avec Octobre*, Montréal, Stanké, 1982.

SPRY, Robin. *Les événements d'octobre 1970*, Montréal, Office national du film du Canada, 1974, film, 87 min.

VALLIÈRES, Pierre. *L'exécution de Pierre Laporte : les dessous de l'opération*, Montréal, Québec Amérique, 1977.

Index